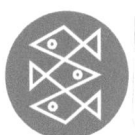 

Kontaktadresse nach EU-Produktsicherheitsverordnung:
produktsicherheit@fischerverlage.de

Sie war immer nur die »andere Kahlo«, die stille und unbekannte. Und sie war ihr ganzes Leben lang eifersüchtig: Cristina Kahlo erzählt die Geschichte ihres Lebens mit der berühmten Frida.

Frida ist schon als Kind exzentrisch, egoistisch und außergewöhnlich begabt. Gegen furchtbare Krankheiten und Schicksalsschläge erkämpft sie sich ihre Kunst. Sie wird weltberühmt, heiratet den legendären Künstler Diego Rivera, trifft Rockefeller und Picasso, hat eine Affäre mit Leo Trotzki. Und Cristina? ›Meine Schwester Frida‹ ist eine Geschichte von inniger Verbundenheit, aber auch die eines Verrats: Denn Cristina wird Diegos Modell, und beide teilen ein Geheimnis …

Bárbara Mujica hat diesen einfühlsamen, mitreißenden Roman auf der Grundlage von biographischen Fakten, Briefen und Tagebüchern geschrieben. ›Meine Schwester Frida‹ entführt in das schillernde Mexiko einer turbulenten Zeit und ist das Porträt einer absolut faszinierenden Künstlerin – intensiv geschildert aus der Sicht der Frau, die ihre tiefsten Geheimnisse kannte.

»Ein faszinierendes Porträt, mitreißend erzählt.«
Nürnberger Nachrichten

Bárbara Mujica hat in Kalifornien, Mexiko und Frankreich gelebt. Sie ist Spanisch-Professorin an der Universität Georgetown, Washington D.C. Bárbara Mujica ist Herausgeberin von Anthologien, schreibt Romane, Essays, Kritiken sowie Artikel u. a. für die New York Times und hat viele literarische und wissenschaftliche Preise erhalten.

Unsere Adresse im Internet: www.fischerverlage.de

Bárbara Mujica
Meine Schwester Frida

Roman

Aus dem Amerikanischen von
Elisabeth Müller

Fischer Taschenbuch Verlag

Für Mauro, in Liebe

3. Auflage

© 2024 S. Fischer Verlag GmbH,
Hedderichstr. 114, 60596 Frankfurt am Main
Die Nutzung unserer Werke für Text- und
Data-Mining im Sinne von § 44b UrhG
behalten wir uns explizit vor

Die Originalausgabe erschien 2001
unter dem Titel ›Frida. A novel.‹
im Verlag The Overlook Press, Woodstock, NY
© Bárbara Mujica 2001
Printed in Germany
ISBN 978-3-596-17233-7

1

Mir ist klar, was Sie hören wollen, Doktor. Da sind sie bei mir aber an der falschen Adresse. Sie werden es nicht schaffen, mir irgendwelche schäbigen Geständnisse zu entlocken. Ihr Psychoklempner seid doch alle gleich. Sie wollen hören, ich hätte auf sie herabgesehen, ich hätte ihr verübelt, dass sie immer im Mittelpunkt stand. Aber das stimmt gar nicht. Ich hasste es nämlich, wenn die Leute mich ansahen ... Und offen gestanden, geschah das ziemlich häufig, denn ich war die Hübschere von uns beiden. Das hat *er* mir selbst gesagt.

Nein ... da tun Sie mir wirklich Unrecht. Ich habe sie aufrichtig geliebt, trotz allem.

Schauen Sie, Frida war stets lieb zu mir, soweit ich mich zurückentsinnen kann. Sie hat mich beschützt, und ich habe zu ihr aufgesehen, weil sie die Gescheitere war, die Intelligentere. Ich war schüchtern. Sie war forsch. Natürlich war ich hübscher ... Was sie zwar vielleicht nicht fand ... Obwohl sie ja gemerkt haben muss, dass mich alle für mein Aussehen bewunderten, selbst wenn sie es sich nicht eingestehen wollte. Sie war schließlich nicht dumm. *Er* hat immer zu mir gesagt, ich sähe großartig aus. Na gut, *er* war ein Lügner, ein Schmeichler. Aber trotzdem, ich war es, die er malen wollte. Ich war sein Lieblingsmodell. Sie mochte es nicht, wenn ich für ihn stand, aber ich tat es trotzdem. Immer. Nackt.

Ich wollte ihr nichts heimzahlen oder so was. Es war eher so, dass jede von uns ihre Stärken und ihre Schwächen hatte. Sie war klug, und ich war schön. Sie war nicht schön. Wie hätte sie das auch sein sollen, mit Damenbart und einem Bein kürzer als das andere.

Manchmal hat sie mich gequält, aber das konnte ja nicht ausbleiben, sie war eben klug und ich dämlich. Sie hat übrigens alle gequält. Ich war da keineswegs eine Ausnahme. Ich war sowieso nie die Ausnahme.

Man kann nicht behaupten, ich hätte nicht gewusst, was ich tat. Ich wusste ganz genau, was ich tat, aber ich dachte, es würde ihr nichts ausmachen. Sie war so ungehemmt und exzentrisch. Regeln gab es für sie nicht. Die Gefühle anderer waren ihr gleichgültig. Aus diesem Grund sagte ich mir, na schön, wenn sie sich um nichts und niemand einen feuchten Kehricht schert, wenn sie es in Ordnung findet, einfach so draufloszuleben wie es ihr gerade passt, scheißegal, was die anderen dazu sagen, mache ich das eben genauso.

Sie sehen also, sie war die Anführerin. Ich dackelte hinter ihr her. Ich bin immer hinter ihr hergedackelt.

Ich werde Ihnen mal ein Beispiel dafür erzählen. Sie haben mich doch nach unserer Kindheit gefragt. Also hören Sie zu.

Es ist lange, lange her, wir waren damals noch klein – obwohl es Ewigkeiten her ist, steht mir immer noch alles deutlich vor Augen. Die Bilder haben sich mir eingeprägt wie Kupferstiche. Sehen Sie, ich bin auch eine Künstlerin. Nein, natürlich keine Künstlerin wie sie eine war. Ich meine, ich kann keine Leinwände bemalen, aber ich kann Bilder und Szenen sehr lebendig in meinem Gedächtnis speichern. Na ja, das zählt wohl nicht viel, was?

Ich sehe Folgendes: Frida kauert hinter einer Säule und beobachtet ihre Feindinnen – die Anführerin Estela, die ihrer Strategin María del Carmen etwas ins Ohr flüstert. Auf einen Wink von Estela formiert sich die Kampflinie. Ungefähr vierzig Mädchen sind auf dem Schulhof, fünfzehn davon bilden die Angriffstruppe, während der Rest ganz vertieft ist ins Seilhüpfen und Himmel-und-Hölle-Spielen. Frida lugt hinter dem Pfeiler hervor und schätzt das feindliche Heer ab; dabei beißt sie sich auf die Unterlippe.

Sie war ein entzückendes Kind. Nicht wie ich, pummelig und schwer von Begriff. Also, ich gebe es zu, dass damals *sie* die Hübschere von uns war, aber nicht lange. Sie war ein puttenartiges kleines Mädchen mit teefarbener Haut, rosigen Pausbacken und rundlichen Ärmchen. Sie war etwa sechs Jahre alt und hatte kinnlange dunkelbraune Locken, die ihr kleinkindliches Gesicht weich umrahmten. Meine Mutter schickte sie immer mit einer weißen Schleife zur Schule, und in ihrem gestärkten Baumwollschürzchen sah sie aus wie ein Engelchen.

Das Schulhaus war ein renovierter spanischer Kolonialbau mit einem Arkadenhof. Es hatte gerade geregnet – einer dieser kurzen Platzregen, die im April immer in der Hochebene niedergehen –, aber die Sonne war schon wieder herausgekommen und glitzerte in dem Wasser, das sich auf den Bodenplatten im Patio gesammelt hatte. Die Schulmädchen sprangen kreischend in die Pfützen, und jede versuchte, das Wasser noch weiter spritzen zu lassen.

Frida schenkte ihnen keinerlei Beachtung, denn ihr Blick war starr auf Estela und María del Carmen gerichtet, die eingehakt an der Spitze ihres Trupps in Position gegangen waren. Im nächsten Moment würden sie anfangen, sie zu verhöhnen, um sie aus dem Versteck hervorzulocken. Aber Frida wartete nicht, bis die Spottrufe begannen. Sie schob herausfordernd das Kinn vor, so, und kam hinter der Säule hervor.

»Frida!«, flüsterte ich, »Frida, geh nicht hin!«, dann ging ich wieder in Deckung.

»Halt den Mund!«, zischte sie. »Sei keine Memme!« Sie nannte mich immer eine Memme.

Ich duckte mich hinter die Säule und beobachtete angespannt, wie sie weiterging, mitten in die Angriffslinie. Mit einem Mal spürte ich etwas Feuchtes, und mir begann die Haut zwischen den Schenkeln zu brennen. Ich veränderte die Stellung, und das Pipi rann mir die Beine herab, direkt in die neuen weißen Spitzensöckchen. Ich wusste, dass meine Mutter außer sich sein würde vor Wut.

Jetzt stand Frida Estela gegenüber. Sie kniff die Augen zusammen – wahrscheinlich war sie vom Licht geblendet –, und ihre Lippen bebten, aber ihre Füße standen fest, und sie blickte ihrer Feindin direkt ins Gesicht.

Estela grinste, und wie auf Kommando hoben die Mädchen aus der feindlichen Brigade mit ihrem Singsang an:

»Frida, Frida! / Wurd' dem Teufel / aufgetischt / zum Mittagstisch! Frida, Frida! / Hat er ausgespuckt / Weil sie Jüdin ist!«

Es war abscheulich! Einfach abscheulich! Wir waren katholisch! Meine Mutter war Katholikin. Wir besuchten mit ihr die Messe und waren zur Erstkommunion gegangen, alle meine Schwestern und ich, aber in dieser schrecklichen Schule hörten die Kinder nicht auf, uns wegen meines Vaters als Juden zu beschimpfen.

Ich hoffte inständig, Frida würde sich auf dem Absatz umdrehen und gehen, aber sie biss nur die Zähne zusammen, damit das Kinn nicht bebte. Die Mädchen, die eben noch in ihr Spiel versunken waren, kamen nun herbeigelaufen und umringten sie in einem lockeren Halbkreis. Frida hob das Kinn und verschränkte die Arme vor der Brust. Mir schnürte es den Magen zusammen. Ich begann zu wimmern.

Für einen Augenblick zitterte Fridas Kiefer, dann blinzelte sie entschlossen, um die aufsteigenden Tränen zurückzudrängen. In der Zuschauerreihe kicherten einige und zeigten mit dem Finger auf sie. Der Schulhof wirkte mit einem Mal wie ... wie phosphoreszierend. Frida schluckte beherzt und holte tief Luft.

»Haltet den Mund!« Sie spie Estela die Worte ins Gesicht. Aber die Kinder riefen ihren Spottvers nur noch lauter.

»Haltet den Mund!« Der Schrei ging im Sprechgesang unter. *Frida, Frida! Frida, Frida!*

»Haltet den Mund! Haltet den Mund!«

Allmählich verebbte die Leier.

»Was für ein blöder Spruch!«, rief sie. »Der kann nur von einer Idiotin stammen!«

Einige kicherten und andere begannen von neuem, bloß leiser: *Frida, Frida! Frida, Frida!*

Ich konnte nicht genau erkennen, was vorging, weil ich kleiner war als die Mädchen, die Frida umzingelten. Ich stellte mich auf Zehenspitzen und lugte hinter der Säule hervor. Am liebsten hätte ich mich durch die Reihe gedrängt, um etwas sehen zu können, aber ich fürchtete, die anderen würden sich über mein nasses Höschen und die feuchten Socken lustig machen. Außerdem bestand die Gefahr, dass sie auch über mich herfielen, weil ich die Schwester war. Also blieb ich in meinem Versteck.

»Frida, Frida!«, riefen sie. »Frida, Frida!« Es war schrecklich.

Estela und Frida standen einen Fußbreit voneinander entfernt und starrten sich an. Keine von beiden rührte sich. Ihre Feindschaft hatte sich schon eine ganze Weile aufgebaut – Wochen, vielleicht sogar Monate. Und jetzt kam es endlich zur Konfrontation, zur Kraftprobe. Die anderen standen gespannt da und warteten. Insgeheim fürchteten oder hofften sie sogar, dass etwas Schreckliches geschehen würde.

»Du gehörst nicht hierher. Du bist keine von uns«, zischte Estela. »Du bist Jüdin!«

Die Kinder wichen erschrocken zurück, als wäre der schwarze Mann vom Dach gefallen und in ihrer Mitte gelandet. Alle Augen wandten sich jetzt Frida zu. Ich hätte Estela umbringen können, aber was konnte ich schon ausrichten? Also blieb ich hinter der Säule hocken.

»Bin ich nicht!«, widersprach Frida.

»Bist du wohl, Frieda!« Estela sprach den Namen Freyda aus, mit einem gutturalen deutschen »r«. »Du bist eine Fremde! Du hast einen ausländischen Namen!«

Frida zögerte einen Augenblick. Es stimmte, dass sie ihren Namen damals deutsch buchstabierte, Frieda. Und es stimmte auch, dass unser Vater ein deutscher Jude ungarischer Abstammung war. Ich konnte nachempfinden, was in Frida vorging. Ich spürte es so deutlich, als stünde ich selbst an ihrem Platz. Wie die Mädchen sie anstarrten und hofften, dass sie aufgeben würde, dass sie sich umdrehte und weglief. Dann hätten sie mit dem Finger auf sie zeigen und sie auslachen können.

Sie sah Estela gerade in die Augen. »Mein Name ist Magdalena Carmen Frieda Kahlo y Calderón. Auf diesen Namen bin ich kirchlich getauft!«

»Ihr seid Fremde! Dein Vater spricht Spanisch mit Akzent. Wenn er *república* oder *revolución* sagt, klingt es, als würde ein Schwein grunzen!«

»Ich bin keine Fremde. Ich bin Mexikanerin!«

»Mexikaner sind katholisch!«

»Ich bin katholisch! Ich bin genauso katholisch und mexikanisch wie du! Ich gehe jeden Sonntag zur Messe! Ich gehe in die Kirche von San Juan, genau wie du, das müsstest du eigentlich wissen!«

»Dein Vater heißt Wilhelm!«

»Mein Vater heißt Guillermo!«

»Das ist nicht sein echter Name, Freyda. Sein echter Name ist Wilhelm!«

»Wilhelm, Wilhelm«, echoten die anderen Kinder. »Ihr Vater heißt Wilhelm!«

»Jude ist man aber von der Mutter her. Man kann nicht Jude sein, wenn man keine jüdische Mutter hat. Und meine Mutter ist katholisch!«

Das Sonnenlicht fing sich in Fridas Haar und schimmerte wie ein Heiligenschein um ihren Kopf. Inmitten der Strahlen sah sie aus wie ein Lichtengel, zart und leuchtend. Sie legte die Fingerchen an die Lippen und starrte Estela an.

»Meine Mutter hat gesagt, dass dein Vater einer von diesen Ausländern ist, die uns Porfirio Díaz ins Land geholt hat. Sie hat gesagt, dass die Ausländer unser Land kaputtmachen, aber in der Revolution, hat sie gesagt, da werdet ihr alle aufgehängt!«

»Deine Mutter ist eine verfluchte Hure und strohdumm dazu!«

Damit hatte Estela nicht gerechnet. Ihre Eltern sympathisierten mit Zapata, aber sie waren ehrbare Leute. In ihren kleinbürgerlichen Kreisen war man eine solche Ausdrucksweise nicht gewohnt. Und schon gar nicht von einer jungen Dame. Aber erst recht nicht von einer Sechsjährigen! Estela hielt die Luft an. Ich muss noch heute über ihren Gesichtsausdruck lachen, als Frida ihr diese Worte um die Ohren schlug!

Ein ungläubiges Raunen ging durch die Menge. Manche kicherten. »Hast du gehört, was Frida gesagt hat?«, flüsterten sie. »Sie hat ver... gesagt! Sie hat Hure gesagt!« Nicht einmal die *campesinos* bedienten sich einer solchen Ausdrucksweise. Die *campesinos* waren anständig und zurückhaltend. Nur das ordinäre Pack redete so. Frida brach sämtliche Regeln. Das war mutig! Ich war stolz auf sie.

Die Blicke der Schulmädchen gingen zwischen Frida und Estela hin und her. In den Mienen spiegelten sich Angst und Erwartung. Manche nickten beifällig und lächelten in Fridas Richtung. Sie schienen geneigt, sich auf ihre Seite zu schlagen. Estela musste versuchen, wieder die Oberhand zu bekommen, denn die hatte jetzt eindeutig diese Göre mit dem losen Mundwerk.

»Dein Vater ... dein Vater hat für die Regierung Díaz gearbeitet. Meine Mutter hat gesagt ...«

»Deine Mutter ist voller Scheiße! Deine Mutter ist eine ekelhafte Nutte! Deine Mutter ist so gemein, dass ihr Schlangen und Spinnen aus der Fotze kriechen!«

»FRIDA KAHLO!«

Das Brüllen der Lehrerin teilte die Luft wie ein Donnerschlag. Die Mädchen stoben auseinander wie von einem mächtigen Magneten abgeprallt. Im nächsten Augenblick stürzte sich Señora Caballero auf dieses kecke kleine Ding, meine Schwester, das da solche liederlichen Reden führte, packte sie am Ohr und zog sie aus dem Patio.

»Was sind denn das für Ausdrücke! Hat man von einem anständigen kleinen Mädchen schon einmal solche Ausdrücke gehört? Das ist ja widerwärtig!«

Frida entwand sich dem Griff, doch die Lehrerin bekam sie an der Schürzenrüsche zu fassen und fing sie wieder ein.

»Ausgerechnet du!«, rief sie aufgebracht. »Ausgerechnet du, die du aussiehst wie ein Engel Gottes! Und hast das Mundwerk eines Straßenfegers! Du redest, als wärst du in der Gosse groß geworden und nicht in einem anständigen Haus, bei einer achtbaren, frommen Christenmutter! Du solltest dich schämen!«

Sie zerrte Frida durch den Bogengang zum Klassenzimmer. Und ich stolperte hinterher.

Plötzlich drehte Señora Caballero sich um.

»Und du!«, sagte sie, indem sie mit ihrem Wurstfinger auf mich deutete. »Du bist natürlich auch da! Die Schwester. Na klar! Wo

Frida ist, bist du auch nicht weit. Du klebst an ihr wie ein Schatten. Aber nimm dich in Acht, kleine Cristina. Es wird dir schlecht bekommen, sie ist eine Unruhestifterin und wird auch dich in Schwierigkeiten bringen.«

Ich stand da und sah zur Lehrerin auf. Meine Beine klebten, und die feuchte Unterhose juckte auf der Haut. Ich begann mich zu winden. Señora Caballero nahm mich bei der Hand, dann schnupperte sie. Der Urin begann zu riechen.

»Oh nein, nicht schon wieder«, seufzte sie. »Hast du schon wieder in die Hose gemacht, Cristina? Ihr seid zwei ekelhafte kleine Biester!«

So nannte sie uns, »ekelhafte kleine Biester«.

Sie packte Frida am Ohr und mich am Oberarm und schob uns ins Klassenzimmer. »Los«, sagte sie zu mir, »zieh den nassen Schlüpfer aus und gib ihn mir. Ich wickel ihn in ein Stück Papier, damit du ihn für eure Waschfrau mitnehmen kannst. Und dann kommst du her und lässt dich waschen.«

Statt meine Unterhose auszuziehen, wich ich aber zurück und verkroch mich unter einem Pult. Sie angelte nach mir und versuchte, meinen Rock zu fassen.

»Ich kann das selber«, wimmerte ich. Ich wollte nicht von ihr angefasst und auf keinen Fall von ihr gewaschen werden. Ich wollte um keinen Preis, dass sie mich … da unten berührte.

»Sei nicht albern«, schnauzte sie, packte mich am Arm und versuchte mich herauszuziehen, aber ich biss ihr so fest in den Daumen wie ich nur konnte und floh in eine Ecke. Sie gab einen schrillen Aufschrei von sich, aber mehr aus Überraschung als vor Schmerz.

Dann versuchte ich, meine Unterhose selbst auszuziehen, ohne den Rock zu heben, sodass Señora Caballero meinen Po nicht sehen konnte. Ich hatte schon mitbekommen, dass über Señora Caballero geredet wurde. Aber ich war noch zu jung, um die Andeutungen zu verstehen. Doch allein an der Art, wie die Leute die Stimmen senkten, wenn sie über sie sprachen, merkte ich, dass mit ihr etwas nicht stimmte. Manche mokierten sich über den Namen

Caballero, was ja »Mann« oder »Herr« heißt, und ich machte mir meinen Reim darauf, weil sie so ungewöhnlich große Hände hatte, die aussahen wie von einem Mann.

Ich weiß nicht genau, was Frida von ihr hielt. Ich glaube, sie empfand eine Mischung aus Abscheu und Faszination für sie. Sie spielte ihr gern Streiche und stellte sie auf die Probe, wie Kinder das mit Autoritätspersonen eben so tun, aber sie hielt sich auch gerne in ihrer Nähe auf und beobachtete sie. Sie liebte es, von Señora Caballero beachtet zu werden, aber das war nichts Ungewöhnliches, denn Frida liebte es ohnehin, im Mittelpunkt zu stehen.

Die Lehrerin war eine hellhäutige Mestizin mit groben Zügen. Ihr verkniffener Mund drückte sowohl Resolutheit als auch Frustration aus. Man munkelte, dass sie eine Perücke trug, da aber niemand von uns sie je ohne die dicken schwarzen Zöpfe sah, die sie als Kranz um den Kopf geschlungen trug, waren wir nicht sicher. Sie ging immer in Schwarz, und ihre Gewänder sahen aus wie umgeänderte Ballkleider aus längst vergangener Zeit. Trotz ihres rauen Wesens war ihr Körper erstaunlich rund und sinnlich. Für eine Frau ihrer Statur besaß sie riesige Hände. Mich erinnerten sie stets an zwei Büschel reifer Bananen, aber die von der großen, roten Sorte. Ich hatte das Gefühl, dass Señora Caballero, wenn sie wollte, durchaus nett sein könnte, aber sie wollte einfach nicht. So klein ich war, ich spürte, dass sie etwas in sich verschlossen hielt, das sie daran hinderte, ihre durchaus vorhandene Zuneigung offen zu zeigen.

Señora Caballero erwischte mich schließlich in einem Engpass zwischen Tisch und Wand. Mit einer Hand hielt sie mich fest, während sie mit der anderen Wasser in einen Eimer laufen ließ. Dann fuhr sie mir mit dem nassen Waschlappen über Beine und Gesäß.

»Los, heb den Rock hoch«, befahl sie. Da ich nicht den Mut hatte, mich zu widersetzen, raffte ich mein Schürzchen hoch und hielt es auf Taillenhöhe. Ich wäre am liebsten gestorben!

In diesem Moment hätte mir Frida zu Hilfe kommen müssen. Sie hätte doch schreien oder irgendetwas nach Señora Caballero werfen können. Vielleicht tat sie es nicht, weil ich sie vorher auf dem Schulhof gegen Estela auch nicht verteidigt hatte. Vielleicht schwieg sie aus Rache. Jedenfalls stand sie da und sah zu, wie der Waschlappen meine Schenkel auf- und abglitt, mir zwischen die Beine fuhr, hoch, runter, dazwischen, ein ums andere Mal.

»Los«, bellte Señora Caballero, »mach die Beine breit, damit ich dich sauber machen kann.« Ich spreizte die Beine und beugte die Knie. Señora Caballero setzte die Wischerei fort, während Frida uns anstarrte. Hier hätte sie wirklich den Mund aufmachen müssen, aber sie starrte nur wie gebannt hin.

Als sie endlich fertig war, wusch Señora Caballero den Waschlappen und wrang ihn aus.

»Jetzt«, sagte sie zu Frida, »ziehst du deine Unterhose aus und gibst sie Cristina.«

Frida warf mir einen verächtlichen Blick zu. »Wieso sollte ich?«, fragte sie.

»Weil ich es sage.«

»Wieso soll ich denn ohne Schlüpfer nach Hause gehen? Sie ist doch diejenige, die in die Hose gemacht hat!«

»Weil du die Ältere bist«, bellte Señora Caballero. Frida prüfte das Argument, verstand aber die Logik nicht.

»Was hat das damit zu tun, dass ich älter bin?«, fragte sie und schob das Kinn vor.

»Mach schon!«, schnauzte Señora Caballero.

Frida entledigte sich langsam ihrer Unterhose und gab sie mir. »Dummes Baby!«, zischte sie.

»Mach dir nichts draus!«, sagte Señora Caballero und half mir in die trockene Unterwäsche. Dann setzte sie hinzu: »Glaubst du, dass du schon so groß bist, kleine Frida? Erinnerst du dich nicht mehr an die Stunde im Naturkundeunterricht, als ich euch das Sonnensystem erklärt habe?«

Frida sah auf ihre Schuhe.

Señora Caballero sprach weiter. »Wir haben das Licht ausgemacht. In der einen Hand hatten wir eine Kerze und in der anderen eine Orange. Dann habe ich euch gezeigt, wie sich die Erde um die Sonne dreht und wie der Mond um die Erde kreist. Weißt du noch?«

»Ja«, sagte Frida. Sie wusste, worauf Señora Caballero hinauswollte. Sie schürzte die Lippen und wartete, dass die Lehrerin sie demütigte.

»Und was ist dann passiert, Frida?«

Frida antwortete nicht.

»Du warst sehr aufgeregt, stimmt's?«

Frida warf ihr einen gehässigen Blick zu, schwieg aber weiter.

»Na komm, du kannst dich doch entsinnen, Frida, oder?«

»Ja.«

»Ja, Frau Lehrerin.«

»Ja, Frau Lehrerin.« Frida wusste, dass sie verloren hatte. Die Röte stieg ihr ins Gesicht, und ihr Kiefer spannte sich.

»Und, was hast du getan, Frida?«

»Ich habe in die Hose gemacht.«

»Genau. Du hast in die Hose gemacht.« Señora Caballero grinste zufrieden. Sie hatte gesiegt.

Aber am Tag mit dem Naturkundeunterricht war ihr Sieg nicht so eindeutig gewesen.

Damals hatte Estela die Pfütze unter Fridas Stuhl entdeckt und gerufen: »Frida hat in die Hose gemacht! Frida hat in die Hose gemacht!«, bis die ganze Klasse sang: *Frida hat in die Hose gemacht!*

Ein anständiger Lehrer hätte Frida hinausbegleitet und das Unglück beseitigt, ohne ein Wort darüber zu verlieren. Nicht so Señora Caballero. Sie hatte Frida vor die Klasse gestellt und versucht, ihr das Kleid hochzuheben. Aber Frida war wendig und schnell genug, um ihr zu entwischen. Señora Caballero wollte sie am Volant ihres Kleides festhalten, aber Frida machte sich los. Dabei stieß sie mit dem Ellenbogen an die Waschschüssel, die die Lehrerin bereitgestellt hatte, um sie zu waschen. Um sie vor der ganzen Klasse zu waschen! Die Schüssel fiel scheppernd zu Boden. Frida eilte zur Tür und riss dabei Schiefertafeln und Bilderbücher um. Durch den Lärm muss sie ganz benommen gewesen sein, denn sie taumelte und stieß an das Bord, auf dem die angerührte Temperafarbe stand. Eine Flasche fiel herunter, zerbrach und verspritzte ihren blutroten Inhalt im weiten Umkreis. Sie hätte laufen und sich in Deckung bringen können, doch stattdessen blieb Frida stehen und starrte wie hypnotisiert auf das Muster, das die rote Farbe auf dem Fußboden hinterließ. Ihre weißen Spitzensöckchen waren durchtränkt und ihre Beine rot gesprenkelt.

Plötzlich tunkte sie die Händchen in die Schmiere.

»Halt!«, schrie Señora Caballero, aber Frida war bereits dabei, sich das Kleid, die Arme und das Gesicht mit Farbe zu besudeln. Bis ihr die dickflüssige rote Pampe selbst von den Lidern troff. Sie hatte sich durch eine … wie heißt das noch? … eine … Metamorphose … in ein Ungeheuer verwandelt. Mit der lebhaften Vorstellungskraft einer Fünfjährigen sah ich das Blut von ihren Lippen tropfen und ein überirdisches Flackern in ihren Augen. Durch das Fenster strömte ein nebliges Licht und ließ sie riesenhaft und unheimlich erscheinen.

»Geh sofort und mach dich sauber!«, befahl Señora Caballero ihr. Frida kicherte. Sie hielt die Hände in die Höhe und bewegte die Finger wie Krebsbeine. Es war grotesk. Ich war entsetzt und so böse auf Frida, dass ich am liebsten mit den Fäusten auf sie losgegangen wäre.

Endlich hatte Señora Caballero aufgegeben, und Frida war von oben bis unten mit Farbe bekleckert nach Hause gegangen.

Damals hatte Frida Señora Caballero vor der ganzen Klasse besiegt, und nun rächte sich die Lehrerin, indem sie keine Gelegenheit ausließ zu erzählen, wie Frida einmal im Naturkundeunterricht vor Aufregung in die Hose gemacht hatte. Auf diese Weise wollte Señora Caballero Frida klein machen, bis sie sich fühlte wie eine Schmeißfliege auf einem Kothaufen.

Wo war ich stehen geblieben? Ich habe den Faden verloren. Das ist das Alter. Ich werde langsam zerstreut. Was wollte ich eigentlich erzählen. Ach so, ja, dass Frida mich immer beschützt hat.

Genau: Ich hatte also die trockene Unterhose meiner Schwester an. Frida gab mir die Hand und ich drückte das Gesicht an ihre Schulter.

Die anderen Kinder hatten sich inzwischen in Zweierreihen vor der Klasse aufgestellt und warteten darauf, hereingelassen zu werden. »Ihr bleibt hier stehen«, befahl uns Señora Caballero und strich sich den Rock glatt und ging zur Tür. Auf ein Zeichen von ihr betraten die Schülerinnen in Reih und Glied das Schulzimmer und setzten sich auf ihre Plätze.

»Komm, Cristi!«, flüsterte Frida. »Wir hauen ab!«

Unser Schulgebäude war zweigeschossig und in Hufeisenform um den Innenhof angelegt. Im Erdgeschoss waren in den Seitentrakten zwei Klassenzimmer untergebracht, ein Lagerraum, ein kleines Büro und eine winzige Kapelle. Im ersten Stock befanden sich die Unterkünfte für den Schuldirektor und Señora Caballero. Es gab keine Eingangshalle, vielmehr gingen im Erdgeschoss sämtliche Räume zum Patio und im ersten Stock auf einen Balkon oberhalb des Säulenganges. Die Klassenzimmer hatten jeweils zwei Ausgänge zum Innenhof. Während Señora Caballero also die Kinder durch die eine Tür in die Klasse einließ, flitzte Frida zur anderen und zog mich hinter sich her.

Ich bekam einen Schrecken und stammelte: »Wir können nicht einfach gehen. Mami bringt uns um.«

»Mami wird nichts davon erfahren«, entgegnete Frida.

Als Señora Caballero unsere Flucht bemerkte, setzte sie uns nach, doch bevor sie uns einholen konnte, waren wir bereits aus dem unverschlossenen Hoftor hinaus und standen auf der Straße.

Frida und ich kannten jeden Stein in Coyoacán. Ich weiß nicht, ob Sie mal dort waren. Es ist ein malerisches Kolonialstädtchen etwa eine Autostunde südlich von Mexiko-Stadt, mit Barockkirchen, schönen Plätzen und einheimischen Märkten. Hernan Cortés hat eine Zeit lang hier gelebt, während er gegen die Azteken kämpfte. Heute ist es herausgeputzt, für die Touristen natürlich. Für die Touristen, die unser Haus besichtigen kommen … ich meine Fridas Haus. Sie wollen es sehen, weil Frida dort gelebt hat, nicht etwa, weil ich dort gelebt hätte. Unsere Stadt ist immer noch von offenen Feldern und Farmen umgeben, aber heute gilt sie als Vorort von Mexiko-Stadt, diesem wuchernden Ungetüm. Die Hauptstadt ist schmutzig, verrückt und geschäftig, wie Großstädte eben so sind – dagegen ist Coyoacán irgendwie altmodisch geblieben und hat seinen kleinstädtischen Charakter behalten, eine heimelige Wärme, eine gewisse Schrulligkeit und Geschichtsträchtigkeit.

Wir sausten jedenfalls das Kopfsteinpflaster hinunter und bogen in eine unbefestigte Straße ab, die zu den Viveros de Coyoacán führte, einem dicht mit Bäumen bestandenen großen Park, durch den sich ein schmales, träges Flüsschen schlängelte. Die Straßenverkäufer boten ihre bunt bemalten Spielsachen aus Holz, Flaschenkürbissen oder Pappmaché feil, und ich bat Frida, mir einen *balero* zu kaufen, ein Fangbecherspiel mit Ball, das wir als Kinder hatten.

»Na, das wäre ja was!«, schimpfte sie. »Dann wüsste Mami sofort, dass wir uns auf der Straße herumgetrieben haben! Ehrlich, Cristi, du bist so blöd!« Das sagte sie andauernd zu mir: »Ehrlich, Cristi, du bist so blöd.«

Fridas Plan war ganz einfach. Wir würden in den Park gehen und so lange spielen, bis Conchita, unser Kindermädchen, uns von der Schule abholen käme. Dann würden wir uns in der kleinen Verkaufsbude gegenüber der Schule vor Señora Caballeros Geierblicken verstecken und auf Conchita warten. Sobald wir das Mädchen die Straße hinaufkommen sahen, würden wir ihr entgegenlaufen und wie gewohnt mit ihr nach Hause gehen. Auf diese Weise würde Mami keinen Wind von der Sache bekommen.

Obwohl mich das nicht ganz überzeugte, trabte ich hinterdrein, indem ich die Füße im Staub nachzog. Wir kamen an einer *pulquería* vorbei, einer Kneipe, in der *pulque* ausgeschenkt wird, der gegorene milchige Saft der Agave. Ihre Mauern waren bunt bemalt mit Szenen des mexikanischen Volkslebens – ein berühmter Bandit, der einen abgemagerten Landeigentümer überfällt, eine schamlose Dirne, die ihr Geld zählt. Ich wollte so schnell wie möglich weiter, aber Frida war wie gebannt von den leuchtenden Farben und lauschte den schmutzigen Liedern, die die Bauarbeiter im Innern grölten.

Dann holte Frida eine Münze aus ihrer Schürze und kaufte mir bei einem Straßenverkäufer eine *quesadilla* – eine Tortilla mit Käsefüllung und Chilisauce. Sie wusste zwar nicht, wie der Verkäufer hieß, betrachtete ihn aber als Freund, weil sie schon häufiger bei ihm Halt gemacht hatte.

»Bekleckere dich nicht mit dem Käse, sonst weiß Mami sofort, dass ich dir auf der Straße eine *quesadilla* gekauft habe«, warnte sie mich.

»Wir schwänzen die Schule«, vertraute sie dem Mann an. Er lächelte und reichte ihr eine zweite *quesadilla*.

»Ich habe nur noch einen Centavo«, wandte sie ein.

»Macht nichts«, antwortete er. »Schenk ich dir.«

Wir liefen zum Park und spielten so lange, bis wir meinten, dass eine halbe Stunde herum sein müsste. Während der ganzen Zeit gängelte Frida mich. Ich sollte mir das Kleid nicht schmutzig machen und keine Grasflecken an die Söckchen bekommen, damit Mami nicht erfuhr, wo wir gewesen waren.

Frida beobachtete den Lauf der Sonne, und als es nach ihren Berechnungen für uns Zeit war zu gehen, führte sie mich durch die staubigen Straßen zur Schule zurück.

Beim ersten Blick auf das Büdchen spürte ich, wie mir das Blut in den Adern stockte. Der Laden war geschlossen. Da die Geschäfte gewöhnlich zwischen zwei und fünf oder sechs Uhr Siesta machten, bedeutete es, dass längst Schulschluss gewesen war, wahrscheinlich vor Stunden. Ich sah die Häuserzeile hinunter. Der Blumenladen hatte ebenfalls geschlossen und genauso die Bäckerei und die *tortillería*. Kein einziges Kind wartete mehr am Schultor. Die Straßen waren leer gefegt.

»Komm, wir gehen!«, befahl Frida. »Sie suchen uns wahrscheinlich schon!«

»Jetzt werden wir's aber kriegen!«, fing ich an zu heulen. »Und alles nur wegen dir.«

Ohne zu antworten, fasste Frida mich an der Hand und wir rannten die Straße hinunter nach Hause.

2

Ich habe immer gedacht, dass der Grund, weshalb Frida so verdammt patriotisch war, so mexikanischer als jeder Mexikaner, in den Erfahrungen unserer Schulzeit liegt. Für Frida war der mexikanische Himmel so rein und blau wie sonst nirgends auf der Welt – obwohl über der Hauptstadt eine pissgelbe Dunstglocke hängt. Aber das hätte man ihr niemals sagen können. Sie hätte einem sofort unterstellt, mit den Yankees zu paktieren; eine Schachfigur des Kapitalismus hätte sie einen genannt oder behauptet, man wollte der intellektuellen Elite Europas in den Arsch kriechen. Ihre Ausdrucksweise stank zum Himmel wie der faule Atem eines Säufers. Aber wieso erzähle ich Ihnen das überhaupt, Sie wissen es ja längst. Jedenfalls machte sie aus einem Kleinholz, wenn man zu sagen wagte, dass Mexikos Himmel nicht genauso leuchtete wie, sagen wir mal, der in Kalifornien zum Beispiel. Sehen Sie, so war sie, fanatisch in jeglicher Hinsicht. Für Frida strahlte der Himmel über Mexiko wie ein türkisfarbener Juwel. Er war nicht, was er eben nun mal war, nämlich ein Haufen dreckiger Luft. Für Frida war nichts so, wie es eben nun mal war. Sie lebte in ihrer eigenen Welt. Also, *er* fand das ungeheuer attraktiv, aber offen gestanden konnte sie auch ziemlich übertreiben. Sie konnte einem mächtig auf die Nerven gehen damit. Aber eigentlich war das nicht ihre Schuld. Wenn ein Kind immer nur gehänselt und als Ausländerin beschimpft wird, dann entwickelt es sich wahrscheinlich irgendwann zur Fanatikerin.

Oder vielleicht auch nicht. Wer bin ich schon, um mir darüber ein Urteil zu erlauben. Was weiß ich denn schon? Sie haben herauszufinden, was in ihrem Kopf vor sich ging. Verflixt, das ist Ihre Aufgabe!

Was ich nur sagen will, vielleicht wissen Sie, was ich meine – schließlich sind Sie hier auch fremd und kennen das Gefühl, nicht dazuzugehören. Obwohl das, was wir damals durchgemacht haben, mit dem, was jemand wie Sie heutzutage erlebt, im Grunde nicht vergleichbar ist. Sie sind eine Respektsperson, ein Profi. Aber wir waren nur zwei leicht zu beeindruckende kleine Mädchen. Und dass wir ständig Ausländer, Hebräer, Immigranten geschimpft wurden, hatte natürlich Folgen. Vor allem bei Frida, die von uns beiden die Aggressivere war, bei jedem Streit dabei. Das war übrigens auch eine Seite, die *er* an ihr liebte, ihre Streitlust. Obwohl ich manchmal auch denke, dass sie nur eine Rolle spielte, um seine Aufmerksamkeit nicht zu verlieren. Sie war zwar streitsüchtig, das lag in ihrer Natur, aber später wurde dieser Kampfgeist zum Teil ihrer Rolle. *Er* war auch ein Schauspieler. Der Revolutionär. Der Freskenmaler für die Massen. Das gehörte alles zu seiner … *Persona*.

Jedenfalls war sie ganz versessen darauf zu beweisen, dass sie genauso mexikanisch war wie jeder andere Mexikaner oder sogar mexikanischer als die meisten von ihnen. Das wurde ihre fixe Idee. Wussten Sie zum Beispiel, dass Frida 1907 geboren ist, genau gesagt am sechsten Juli, aber überall herumerzählte, sie wäre 1910 geboren, im Jahr der mexikanischen Revolution? Sie wollte eine wahre Tochter des neuen Mexiko sein, bis hin zu ihrem Geburtsdatum.

Manchmal stellte sie sich hin, schloss die Augen und rief voller Inbrunst: »Ich bin so mexikanisch wie der Adler, der mit seinen Schwingen aus Schnee und Asche die Lüfte teilt und mit seinem mächtigen Schnabel bis an die Stratosphäre stößt!«

»Und seine Scheiße auf meine schönen Wandbilder klecksen lässt!«, setzte *er* hinzu, und wir schüttelten uns aus vor Lachen.

Viele Leute meinen, dass sie diese langen mexikanischen Gewänder nur trug, um ihr verkrüppeltes Bein zu verbergen oder ihr Hinken. Aber das ist nur die halbe Wahrheit. Sie wollte damit nämlich ebenso ihre *mexicanidad* betonen, ihre Solidarität mit dem einfachen mexikanischen Volk, obwohl in unseren Adern so viel indianisches Blut fließt wie Honig im Ozean. Na ja, das stimmt nicht ganz. Mutters Vater war immerhin ein Indio aus Morelos. Ich will nur sagen, es ging ihr darum, mit der Revolution in Verbindung gebracht zu werden, insbesondere weil *er* eine Schlüsselfigur der Bewegung war. Und außerdem hob sie sich gerne von der Masse ab.

Was soll das heißen, ich schweife schon wieder ab?

Ach so, ja. Neulich habe ich Ihnen erzählt, wie Frida mich immer beschützte. Immer. Auch als wir noch klein waren.

Ich habe von dem Tag erzählt, als wir aus der Schule fortgelaufen sind. Also gut, als wir merkten, wie spät es war, machten wir uns schleunigst auf den Heimweg. Wir flehten zum Himmel, dass meine Mutter noch keinen Wind von der Sache bekommen hatte, denn wir kannten sie: Sie würde schäumen vor Wut. Aber zu unserem Pech hatte Señora Caballero schon einen Schulangestellten mit der Nachricht zu uns nach Hause geschickt. Wir nannten sie Angestellte, um nicht Diener sagen zu müssen, weil wir so taten, als wären wir Demokraten und würden jeden respektieren. Weil wir uns vormachten, dass sie etwas anderes waren als Indios, die für uns springen mussten. Jedenfalls hieß dieser »Angestellte« Arturo und sah aus wie ein Kalb, dem gerade die Kehle aufgeschlitzt worden war. Arturo rannte los und traf unterwegs auf Conchita, die uns von der Schule abholen sollte.

Als Mutter hörte, dass wir aus dieser Hölle, die sie Schule nannten, ausgerissen waren, schickte sie, ohne zu überlegen oder erst mal abzuwarten, ob wir vielleicht von alleine zurückkämen, unseren Laufburschen Manuel zu Vaters Fotoatelier nach Mexiko-Stadt, damit er ihm Bescheid gab.

Ich kann mir die Szene lebhaft vorstellen, wie Manuel, dieser kleine, knorrige Mischling, in Vaters Dunkelkammer stürzt und ruft: »Die Kleinen sind weg!«

Ich sehe meinen Vater vor mir mit diesem halb irren Blick, wie er Manuel anstarrt und versucht, dessen Botschaft in sich aufzunehmen.

»Señor! Die kleinen Mädchen sind weg! Sie sind aus der Schule verschwunden und niemand weiß, wo sie sind. Die Lehrerin hat einen Boten geschickt! Die Señora ist außer sich!«

Mein Vater steht da, vollkommen stumm.

»Ihre Töchter, Señor!«

»Meine Töchter?« Langsam sickert die Nachricht zu Guillermo Kahlo durch, während sich Schweißperlen auf seiner Stirn bilden.

Sie müssen wissen, dass in jener Zeit ein vermisstes Kind ohne weiteres ein totes Kind bedeuten konnte. Huertas Männer waren dafür bekannt, dass sie kleine Kinder von den Spielplätzen raubten, um deren Familien zu erpressen oder zu bestrafen. Zapata-Anhänger wie meine Eltern gehörten zu den bevorzugten Zielen solcher Anschläge. Die Huertistas der oberen Ränge gaben sich zwar redlich Mühe, ihre Rechtschaffenheit unter Beweis zu stellen – hatten sie nicht die Rebellen aus der Macht verdrängt und wieder Ruhe und Ordnung ins Land gebracht? –, aber sie unterhielten gleichzeitig Schläger für die Dreckarbeit, und die kannten kein Erbarmen. Einem dreijährigen Cherubim mit Engelsgesichtchen würden sie genauso kaltblütig die Kehle durchschneiden wie jeder Ziege. Kinder waren in diesem Machtspiel leichte Opfer.

Ich bin sicher, dass mein Vater, als Manuels Nachricht endlich zu ihm durchgedrungen war, die Negative fallen ließ, die er gerade entwickelte, und zur Tür hinausrannte – vermutlich ohne vorher den Hut aufzusetzen und indem er sämtliche Chemikalien offen auf dem Ladentisch stehen ließ.

Was er für ein Vater war? Was tut denn das zur Sache? Was ich zu erklären versuche, ist, wie gut Frida zu mir war, also hören Sie endlich auf, daraus folgern zu wollen, dass ich tat, was ich getan habe, weil ich mich an ihr rächen wollte, oder weil ich sie gehasst hätte ... ich weiß doch, dass Sie nur darauf hinauswollen.

Was hat denn das mit meinem Vater zu tun?

Ja, ja, schon gut, ich erzähle Ihnen von meinem Vater. Warten Sie, lassen Sie mich einen Augenblick nachdenken ... Er war ein sonderbarer Mensch. Als Vater war er uns fern, sogar etwas bedrohlich. Aber tief im Inneren liebte er uns, besonders Frida. Frida war sein Ein und Alles, vielleicht, weil sie so war wie er, klug, gehetzt, verrückt ... Frida bedeutete ihm sehr viel. Sie war für ihn wie ein seltener, begehrter Schatz, wie das letzte hart gekochte Ei im Picknickkorb, das letzte Aspirin im Arzneischränkchen, der letzte Becher Punsch im Eisschrank. Frida, der Satansbraten. Frida, die Unruhestifterin. Frida war es, die er auf seine Spaziergänge mitnahm, wo sie gemeinsam Pflanzen bestimmten und Steine sammelten, um sie anschließend nach Farben und Größen zu sortieren. Manchmal schloss ich mich ihnen an, aber dann fühlte ich mich immer irgendwie fehl am Platz, wie ein Küken im falschen Nest. Vater setzte große Hoffnungen auf Frida und sah in ihr schon die zukünftige Wissenschaftlerin oder Ärztin. Er nahm sie auf den Schoß und starrte gedankenverloren vor sich hin, dabei sah er entrückt und jenseitig aus, wie ein Heiliger beim Anblick der Auferstehung.

Was mich betrifft, so ging er wahrscheinlich davon aus, dass aus mir schon werden würde, was dann auch aus mir wurde, nämlich nichts.

Die Vorstellung, Frida könnte in Gefahr sein, muss ihn wie ein Blitz aus heiterem Himmel getroffen und sein armes Gehirn in den Grundfesten erschüttert haben.

Inzwischen näherten Frida und ich uns vorsichtig unserem Haus. Obwohl meine Schwester den ganzen Heimweg über ein tapferes Gesicht gemacht hatte, merkte ich jetzt, wie sehr sie sich fürchtete.

»Vielleicht können wir reinschleichen und heimlich auf unser Zimmer gehen«, flüsterte sie. »Wir tun so, als wären wir die ganze Zeit da gewesen.«

»Glaubst du, das klappt?«

»Vielleicht.« Sie gab sich Mühe, überzeugend zu klingen, aber wir wussten nur zu gut, dass meine Mutter das ganze Haus auf den Kopf gestellt haben musste, um uns zu finden. Im Geiste sah ich sie unseren Krimskrams an die Wand werfen und hörte sie die Apostel, Señora Caballero und vor allem den Taugenichts von Ehemann verfluchen, der ihr solche ungeratenen Kinder beschert hatte.

»Komm, wir suchen als Erstes Conchita«, schlug Frida vor.

Wir schlüpften am Haus vorbei und betraten die Küche durch den Hintereingang. Concha war nicht da, aber Inocencia, die Köchin, lag im Wirtschaftsraum vor einem kleinen Altar auf den Knien und flehte zur Heiligen Jungfrau von Guadalupe: »Heilige Mutter Gottes ... Schurken ... Mörder ... die armen Kinder ... *virgen madre* ... führe du sie wieder nach Hause ...«

»Sieht schlecht aus«, flüsterte Frida.

Ich fing leise zu winseln an. Frida hob den Zeigefinger an die Lippen und bedeutete mir, still zu sein.

»Scht! Sei ruhig, du Baby!«, fauchte sie.

Die Köchin setzte ihr Gebet fort und die Tränen rannen ihr über die braunen Hängebacken.

Frida schlich sich von hinten heran und tippte ihr auf die Schulter. »Inocencia!«, sagte sie leise.

Die Köchin fuhr zusammen und sperrte die Augen auf.

»Fridita!«

Frida kicherte, dann lächelte sie zögerlich. Immer noch auf den Knien schlang Inocencia die Arme um uns und rief laut: »Oh, danke lieber Gott! Heilige Jungfrau, danke, danke!« Sie zog sich unbeholfen auf die Füße, dann goss sie jedem ein Glas Saft ein und gab uns einen Teller Tortillas.

»Wo seid ihr gewesen?«, fragte sie und gab sich Mühe, ärgerlich zu klingen. »Eure arme Mami ist halb verrückt vor Sorge. Ihr müsst sofort zu ihr gehen und ihr Bescheid sagen, dass ihr heil zurück seid.«

Ich verdrückte eine Tortilla nach der anderen, während Frida nur dastand und auf den Lippen kaute.

»Kannst du ihr nicht sagen, dass wir die ganze Zeit hier bei dir gewesen sind?«, brachte sie nach einer Weile heraus.

»Nein, nein. Dann bekomme ich ja die Schelte. Und außerdem glaubt Doña Matilde mir das sowieso nicht. Sie hat das ganze Haus nach euch durchkämmt und zwei Burschen losgeschickt, um euch draußen auf der Straße zu suchen. Manuel ist sogar in die Stadt unterwegs, um euren Vater zu holen.«

»Sie holen Papa? O nein!«, rief Frida. »Ich glaube, wir sollten in den Fluss gehen und uns vom Dienstboten rausfischen lassen. Wir sagen einfach, dass wir ertrunken wären, wenn sie uns nicht in letzter Minute gerettet hätten. Mami wird so froh sein, uns wiederzuhaben, dass sie ganz vergisst, mit uns zu schimpfen.«

»Das habt ihr euch jetzt selbst eingebrockt«, tadelte Inocencia uns mit gespielter Strenge. »Ihr geht am besten jetzt gleich zu eurer Mutter. Ihr sagt ihr, dass ihr wohlbehalten wieder da seid, und ertragt das Donnerwetter.«

»Bitte, Inocencia«, bettelte Frida. »Hilf uns«, dabei schmiegte sie sich an die Köchin und gab ihr einen Kuss auf die Wange. Darin war Frida gut. Ich meine, sich bei Leuten einzuschmeicheln, damit sie taten, was sie wollte.

»Komm, Cristi«, sagte sie dann und gab mir einen Schubs. »Wir gehen zum Fluss.«

Ich war vollauf damit beschäftigt, mit ungeschickten Händchen Avocado auf der Tortilla zu verteilen, und rührte mich nicht vom Fleck.

»Komm jetzt, du dumme Kuh! Hör auf zu essen! Kein Wunder, dass du so ein Tönnchen bist!«

Ich schnappte mir eine Avocadoschale und warf sie nach ihr. »Lass mich in Frieden!«, schniefte ich. »Es ist nur deine Schuld, dass wir Schimpfe kriegen. Ich gehe jetzt zu Mami.«

Da schwoll meiner Schwester der Kamm. Ich war zwar nicht Mutters Liebling – sie zog die Großen vor, Matilde und Adriana –, aber mit mir kam sie besser zurecht als mit Frida. Wenn sie sich entscheiden müsste, wem sie glauben sollte, würde sie mit Sicherheit mich wählen und nicht meine freche Schwester.

»So, du meinst also, wir kriegen Schimpfe, ja?«, schnauzte Frida. »Na schön. Dann reiß dich mal zusammen und hör auf zu schnüffeln, du Heulsuse!«

Aber ich sauste schon zur Tür.

»Halt, du dumme Gans! Denk doch erst mal nach! Wir erzählen, diese Kerle von der Regierung, von denen sie immer reden, hätten uns entführt. Die, die einen schnappen und im großen schwarzen Auto mitnehmen. Also ... sie waren brutal und gemein. Sie hatten Pistolen, so lang wie der Schwanz von einem Bullen. Aber wir sind ihnen entwischt, weil wir aus dem Wagenfenster geklettert sind. Mein Gott, nach dem Schrecken wird Mutter selig sein, uns wiederzuhaben. Außer ... du verdirbst uns wieder alles.«

Ich schrie: »Mami! Wir sind wieder da, Mami!«

Meine Mutter hielt sich gerade in einem anderen Teil des Hauses auf und teilte den Dienstboten die Arbeit zu. Im ersten Moment traute sie ihren Ohren nicht. Hatte sie wirklich meine Stimme gehört, oder hatte ihr die Einbildung einen Streich gespielt? Viele Jahre später erzählte sie mir, dass sie nach dem Besuch von Señora Caballeros Boten den ganzen Vormittag lang Kinderstimmen vernommen hatte. Sie hörte es im Wandschrank kichern, riss die Türen auf und fand ihn leer. Sie hörte es in der Küche jammern und befahl Inocencia, sämtliche Schränke, Kisten und Körbe zu durchsuchen, aber vergebens. Das Wimmern und Flüstern hatte sie schier hysterisch gemacht.

»Señora!« Inocencia platzte in die Waschküche. »Die kleinen Mädchen sind zurück! Fridita ist in der Küche und Cristinita im Patio!«

»Sie sind zurück? Geht es ihnen gut?«

»Ja, Señora. Es geht ihnen Gott sei Dank gut.«

Da verfiel meine Mutter in so etwas wie einen religiösen Wahnanfall, sie tobte und schrie: »Oh, gebenedeite Jungfrau, ich danke dir, ich danke dir!« Ich konnte sie von meinem Platz im Patio neben der Küchentür lärmen hören. Als sie der Muttergottes genügend ihren Dank erwiesen hatte, stürzte sie hinaus und entdeckte mich im Schatten der Mauer, schluchzend wie Maria Magdalena. Sie packte mich am Arm und verpasste mir eine schallende Ohrfeige. Ich muss wohl aufgeschrien haben, denn die Bediensteten kamen herbeigelaufen. Aber meine Mutter erlaubte ihnen nicht näher zu kommen, sondern herrschte sie an: »Holt mir Frida! Sie ist in der Küche!«

Aber Frida war nicht in der Küche und auch nicht im Schlafzimmer. Sie war nicht im Wohnzimmer und nicht in der Waschküche.

Frida war nirgends zu finden. Meine Mutter bebte, aber diesmal nicht vor Angst, sondern vor Wut. Sie war kreideweiß, bis auf die Nasenspitze, die glänzte rötlich wie eine unreife Erdbeere. Schließlich entdeckte die alte Inocencia, als sie aus dem Hoftor auf die Straße hinaus watschelte, Frida einen halben Häuserblock von zu Hause entfernt.

»Da ist sie, Señora!«, rief sie. Concha fing die Flüchtige ein und schubste sie unsanft nach Hause.

»Was soll das? Wo warst du?« Meine Mutter fasste Frida an den Schultern und schüttelte sie, bis sie auf ihren runden Beinchen zu schwanken begann. »Wir haben dich überall gesucht! Wo bist du gewesen?« Ihr Gekreisch wurde von den Hofmauern zurückgeworfen, und ihr Gesicht war angespannt, entstellt, scheußlich. Ich musste plötzlich an diese Spiegel in den Vergnügungsparks denken, die einen so verzerren, dass man aussieht wie Pinocchio oder wie ein birnengesichtiger Gnom. Ich stellte mir meine Mutter vor mit einem riesigen, sanduhrenförmigen Schädel, schmalen Schultern und ausladenden Hüften. Ich biss mir auf die Lippen, um nicht herauszuprusten. Ich möchte nicht wissen, was mir geblüht hätte, wenn ich damals auch nur gegrinst hätte. Wahrscheinlich säße ich dann nicht hier, um es Ihnen zu erzählen!

Dann war Mutter still, aber gespannt wie ein Geigenbogen. Sie holte aus, um meine Schwester zu ohrfeigen, aber Frida duckte sich und wich dem Schlag aus. Es war empörend und gleichzeitig irrsinnig witzig. Wie meine Mutter dastand, so autoritär, so selbstgerecht, und in die Luft schlug, als wollte sie eine Fliege fangen, wie eine dieser amerikanischen Comicfiguren, die erst viel später aufkamen: Die Katze, die verzweifelt versucht, den Vogel zu erwischen ... patsch! patsch! klatsch! ... Jedenfalls verlor sie das Gleichgewicht, unsere große, starke, unerschütterliche Mami ... und wäre fast vornüber gefallen. Doch kaum hatte sie sich wieder gefangen, holte sie von neuem aus, und diesmal traf sie Frida mitten aufs Ohr.

Ich spürte, wie weh das tat. Obwohl die Züchtigung nicht mir galt, fühlte ich mich, als hätte mir jemand einen Knüppel auf den

Schädel geschlagen. Der Kopf hämmerte mir, Nacken und Schultern schmerzten. Aber Frida gab keinen Mucks von sich, sondern sah meiner Mutter nur herausfordernd ins Gesicht.

»Ihr kleinen Blagen!«, brüllte meine Mutter.

Frida verschränkte die Arme. »Es ist nicht Cristis Schuld«, sagte sie und täuschte Gelassenheit vor. »Es ist meine.«

Sehen Sie, das meine ich. Frida tat immer alles, um mich zu beschützen. Sie stellte sich direkt vor meine Mutter hin und erzählte ihr, dass sie die Unfolgsame gewesen war.

»Luzifer persönlich hat in deinem Herzen sein Nest gebaut, du verruchtes kleines Ding!« Das hat meine Mutter zu ihr gesagt! Stellen Sie sich das einmal vor, Doktor, eine Frau, die so mit ihrem sechsjährigen Kind redet! Kein Wunder, dass Frida so geworden ist.

Nein, so meine ich das nicht. Ich meine nicht, dass Frida ein schlechter Mensch geworden wäre, dass sie nicht tief in ihrem Inneren süß war wie eine Mango. Sie war süß. Na ja, nicht direkt süß, aber jedenfalls gut. Genau das versuche ich Ihnen ja zu erklären. Sie nahm immer alles auf die eigene Kappe.

»Es ist meine Schuld!«, wiederholte sie. »Ich habe in der Schule Streit gehabt. Ich will da nicht mehr hin, Mami. Ich hasse Señora Caballero!«

»Was für einen Streit?«, fragte meine Mutter barsch. »Worum ging's denn diesmal?«

»Ach, nichts«, sagte Frida und schob verstockt das Kinn vor.

Ich begann zu erklären: »Sie beschimpfen uns als …«

Frida warf mir einen warnenden Blick zu.

»Nichts«, wiederholte sie. Sie wollte meiner Mutter nicht erzählen, dass sie uns in der Schule schon wieder Juden und Ausländer genannt hatten. Sie wollte ihr nichts an die Hand geben, was sie wieder meinem Vater ins Gesicht schleudern konnte.

Mit einem Mal war meine Mutter ganz ruhig. »Ihr bringt mich noch ins Grab«, sagte sie nur noch. »Bei allem, was ich für euch tue, habt ihr nichts anderes im Sinn, als mir Kummer zu bereiten. Heilige Muttergottes, was habe ich nur verbrochen, um mit solchen

Kindern gestraft zu sein?« Aber sie schrie nicht mehr. Sie legte nicht mehr ihre ganze Wut in diese Worte.

Inzwischen hatte mein Vater den Patio betreten und beobachtete stumm und verdrießlich, was zwischen Frau und Töchtern vor sich ging. Grußlos, ja ohne ihn auch nur eines Blickes zu würdigen, nahm meine Mutter seine Anwesenheit zur Kenntnis.

»Euer Vater ist extra von der Arbeit nach Hause gekommen, weil er dachte, ihr wärt in Gefahr«, sagte sie. »Er hat den ganzen Weg von der Stadt hierher gemacht und musste dafür sein Studio schließen. Das alles, obwohl es ihm nicht gut geht. Er hatte in den frühen Morgenstunden wieder einen Anfall. Aber er ist trotzdem gekommen. Damit ihr uns hier zum Narren haltet!« Auch das sagte sie ohne die Stimme zu heben.

Jetzt bekam ich ein schlechtes Gewissen. Mein Vater kam nur selten mittags nach Hause. Manuel machte täglich den langen Fußmarsch in die Stadt und brachte ihm sein Essen in einem Korb. Mir war klar, dass mein Vater halb wahnsinnig vor Angst gewesen sein musste, um extra bis nach Coyoacán herauszukommen.

»Na los«, forderte meine Mutter ihn auf und wandte sich zum Gehen. »Sag du ihnen, wie ungezogen sie waren. Sag ihnen, wie du sie bestrafen willst.«

Mein Vater stand da und sah uns mit seinem vernebelten Blick an.

Frida lief zu ihm hin. Er bückte sich ungelenk, und sie warf ihm die Ärmchen um den Hals und küsste ihn auf die Wange.

»Komm, Cristi!«, forderte sie mich auf.

Ich folgte ihrem Beispiel und gab ihm einen Kuss, dann rannte ich in unser Zimmer. Ich dachte wahrscheinlich, ich täte besser daran, die beiden alleine zu lassen, damit Frida ihm ungestört ihre eigene Geschichte erzählen konnte. Sie würde darin natürlich die Heldin sein. Und sie würde die anderen nachahmen: Estela mit krächzender Stimme, Señora Caballero mit aufgeblähten Backen und breiten Fingern. Wie sie mich wohl spielen würde? Ob ich in ihrer Geschichte überhaupt vorkam? Zu guter Letzt würde sie ihre Feindinnen glorreich besiegen. Frida, der Star! Frida, die Retterin!

Ich kroch ins Bett und schlief ein.

Als wir am nächsten Morgen aufwachten, sagte Frida zu mir: »Weißt du was? Prinzessin Frida Zoraída hat mich heute Nacht besucht.«

Ich war erst fünf und glaubte an Prinzessin Frida Zoraída. »Glaubst du, dass sie eines Tages auch mal zu mir kommt?«, fragte ich.

»Bestimmt nicht«, sagte sie. »Sie ist nämlich *meine* Freundin.«

Frida saß auf einem Kindersessel in Nachbildung unserer Wohnzimmermöbel und sah zum Fenster auf die Calle Allende hinaus. Sie wirkte bedrückt. Wir hatten am Vorabend nichts zu essen bekommen. Meine Mutter war so böse auf uns, dass sie Inocencia verbot, uns ein Abendessen zu bereiten. Es kam mir vor, als wäre Frida den Tränen nahe, aber sie hätte nie in meiner Gegenwart geweint.

»Plötzlich«, sagte sie, »habe ich ihre Stimme gehört.«

»Ihre Stimme?«, flüsterte ich. »Was hat sie gesagt?« Ich beneidete Frida, weil eine echte Prinzessin – Prinzessin Frida Zoraída – sie besuchen kam, wenn sie eine Verbündete brauchte.

Sie habe ihre Ohren spitzen müssen, berichtete sie mir, dann endlich habe sie Prinzessin Frida Zoraída wie aus der Mitte der Erde ihren Namen rufen hören: »Frida! Frida!«

»Ich bin aufgestanden und ans Fenster gegangen«, sagte Frida. Prinzessin Frida Zoraídas melodisches Stimmchen habe geklungen wie ein helles Glöckchen oder ein orientalisches Windspiel aus Glas. »Komm, Frida! Komm und spiel mit mir!«, hatte die Prinzessin gerufen, und ihre Stimme war nicht die eines Menschen gewesen, sondern die eines überirdischen Wesens.

»Bist du es, Prinzessin Frida Zoraída?«, flüsterte Frida.

Keine Antwort.

»Bist du es, Prinzessin Frida Zoraída?«, fragte sie noch einmal.

Die Antwort kam geisterhaft und aus weiter Ferne in Form eines Liedes.

»Ich verstecke mich in dir! / Öffne mir die Tür!
Frage mich nicht wie. / Ich erzähle es dir nie.«

»Ich war so aufgeregt!«, sagte Frida. »Ich habe an die Scheibe gehaucht, und als sie beschlagen war, mit dem Finger eine Tür hineingemalt. Dann habe ich gefühlt, wie ich durch die Tür nach draußen gezogen wurde, und bin quer über die Ebene von Coyoacán geflogen. Ich kam zur Molkerei mit dem riesigen Schild mit der Aufschrift *Lechería Pinzón*. Ich umkreiste es mehrmals, bis sich endlich das ›o‹ von Pinzón auftat und mich einließ.«

Sie war immer weiter und weiter geflogen, bis zur Mitte der Erde, wo Prinzessin Frida Zoraída sie erwartete.

Die Prinzessin war ein kleines Mädchen genau wie Frida, mit dem gleichen Grübchen im Kinn, mit den gleichen schelmischen Augen, den gleichen Pausbacken und der gleichen weißen Schleife im Haar. Aber statt einer Schürze trug sie ein langes rotoranges Kleid, das besetzt war mit kleinen kreisrunden Spiegelchen, mit Zierknöpfen, Perlen und purpurnen Tressen. An den rundlichen Füßchen hatte die Prinzessin purpurfarbene Filzstiefeletten mit aufwärts gebogenen Spitzen.

»Komm!«, sagte sie mit einer Stimme wie klirrendes Glas. »Komm, tanz mit mir.«

Sie reichte Frida die Hände und küsste sie auf die Wange. Dann begann sie zu tanzen, einen schwebenden, schwerelosen Tanz hierhin und dorthin, indem sie die Füße mit den Purpurstiefelchen in der Luft hinter sich herzog, während sie Frida an den Händen hielt.

»Tanz!«, drängte sie. »Tanz!« Frida drehte sich und hüpfte, und Zoraída folgte ihren Bewegungen wie ein Luftballon. Dabei berührten ihre niedlichen Füßchen kein einziges Mal den Boden.

»Das ist herrlich!«, sagte Prinzessin Frida Zoraída und lachte. »Du bist so anmutig! Du bist so schön! Ich liebe dein hübsches Schürzchen!«

Frida lächelte und küsste sie. »Plötzlich ist mir ganz warm ums Herz geworden«, erzählte sie. »Es ist mir sofort besser gegangen und ich habe Mamis Wutanfall und die ekligen Kinder in der Schule ganz vergessen.«

»Ich mag dein Kleid auch«, hatte Frida zu Prinzessin Zoraída gesagt und hinzugefügt: »Ich hatte heute einen schlechten Tag in der Schule.« So war das nämlich, verstehen Sie? Sie vertraute Frida Zoraída alle ihre Nöte an.

»Was ist passiert?«, hatte die Prinzessin gefragt und Frida mit den Fingerspitzen die Wange liebkost. »Erzähl mir alles.«

»Die Kinder haben mich geärgert! Besonders Estela und María del Carmen!«

»Was für ungezogene Mädchen!«

»Weißt du, wie sie mich genannt haben?«

»Wie haben sie dich genannt?«

»Ausländerin und Jüdin! Bin ich Ausländerin und Jüdin, Prinzessin Frida Zoraída?«

»Nein! Woher denn! Das ist doch lachhaft!«

»Sie haben gesagt, dass wir keine echten Mexikaner sind, weil Papa in Deutschland geboren ist.«

»So ein Unsinn! Du solltest es ihnen heimzahlen!«

»Das habe ich mir auch gedacht … Und weißt du wie?«

»Erzähl mal!«

»Ich habe sie beleidigt! Ich habe ihnen schreckliche Schimpfworte an den Kopf geworfen!«

»Wunderbar, Fridita! Das hast du richtig gemacht. An deiner Stelle hätte ich genau das Gleiche getan.«

»Und als Señora Caballero dann angefangen hat, mich auszuschimpfen, bin ich weggelaufen und habe mich im Park versteckt!«

Prinzessin Frida Zoraída brach in ein Gelächter aus, das Frida in den Ohren klang wie das Zwitschern von tausend Spatzen und das Läuten von tausend Windspielen. Sie hatten sich aneinander festgehalten und sich vor Lachen geschüttelt, während sie sich weiter im Kreis drehten.

»Cristi, es war wunderbar«, sagte sie. Sie ging zum Fenster und sah hinaus.

»Ist sie noch da?«, flüsterte ich voller Hoffnung. Ich stand auf und stellte mich neben sie ans Fenster, um die Calle Allende nach einem Zeichen von der Prinzessin abzusuchen. Aber das gleichförmige Muster des Kopfsteinpflasters wurde nur von den Zedern unterbrochen, die in den farblosen Himmel ragten.

3

*F*rida war immer eine begabte Schauspielerin und liebte es, Theater zu spielen. Als sie eines Nachts plötzlich schreiend aus dem Schlaf auffuhr, dachte ich deshalb erst mal, sie würde eine Schau machen.

Der Schmerzensschrei eines Kindes geht einem durch Mark und Bein. Er schnürt einem die Kehle zu und macht einen unfähig, in der Finsternis nach Hilfe zu rufen. Wie kann eine Mutter das nur ertragen? Als mein Antonio und meine Isolda klein waren, haben sie manchmal nachts so geschrien, und ich geriet in Panik, weil der Albtraum von Fridas Schreien in scharfkantigen Bruchstücken aus meiner Erinnerung zurückkam. Aber in der besagten Nacht war ich noch längst keine Mutter. Ich war nur ein kleines Mädchen, und mein erster Gedanke war: Frida hat schlecht geträumt oder Luft im Bauch und schreit, um uns zu wecken. Es wäre nicht das erste Mal. Sie hatte es sich nämlich zur Gewohnheit gemacht, ab und zu nachts das ganze Haus zusammenzubrüllen, bis alle herbeigelaufen kamen, Mutter in ihrer gekräuselten Nachthaube, Inocencia in ihrem zerfransten Schultertuch. Mit verquollenen Augen taumelten sie in unser Zimmer und waren Frida zu Diensten, damit das arme kleine Ding, der arme geplagte Liebling wieder einschlummern konnte.

»Inocencia, eine Tasse Pfefferminztee!« Das Dienstmädchen watschelte in die Küche und bereitete den lindernden Aufguss zu.

»Mami, die neue Puppe!« Meine Mutter entriss mir das Spielzeug und legte es meiner Schwester auf die Brust.

Eigentlich teilten Frida und ich ein Zimmer, aber da sie schon seit einer Woche mit einer Grippe das Bett hütete, war ich bei Adriana und Matilde einquartiert worden.

Meine beiden älteren Schwestern schienen nichts gehört zu haben, sie schliefen tief und fest. Ich lauschte auf Mutters Schritte im Patio, aber außer mir war offensichtlich niemand wach geworden. Vielleicht hatte ich nur geträumt, sagte ich mir, schmiegte mich wieder an Adriana und versuchte einzuschlafen.

Ich war gerade am Eindösen, als ein weiterer Schrei durch die Stille hallte. Diesmal sprang ich aus dem Bett und eilte zu unserem Zimmer. Mein erster Impuls war, ihr zu sagen, sie sollte endlich still sein und aufhören, mitten in der Nacht solchen Radau zu machen. Aber dann sah ich, dass meine Eltern schon bei ihr waren. Meine Mutter zitterte. Mein Vater torkelte schlaftrunken an Fridas Bett.

Ich glaube, dass meinen Vater schon seit Tagen eine heimliche Sorge um Frida quälte, denn sie hatte erst Fieber bekommen und dann Kopfschmerzen und Halsweh. Er versuchte sich einzureden, dass es nichts anderes war als eine harmlose Grippe. Mein Vater hatte sechs Töchter – uns vier und zwei weitere aus erster Ehe. Als sie meinen Vater heiratete, hatte meine Mutter dafür gesorgt, dass meine beiden Halbschwestern ins Kloster kamen. Sie waren ihr im Weg, verstehen Sie? Sie wollte kein Andenken an jene andere. Später lernten wir uns kennen und wurden alle Freundinnen, aber das ist eine andere Geschichte. Obwohl mein Vater sich nur beiläufig an unserer Erziehung beteiligte, wusste er, dass kleine Kinder häufig Fieber und Halsschmerzen haben. Aber bei Frida waren Übelkeit und Erbrechen hinzugekommen und zum Schluss auch noch Durchfall.

»Wahrscheinlich eine Darmgrippe«, hatte er am Nachmittag gemutmaßt.

»Wahrscheinlich«, hatte meine Mutter erwidert, während sie einen Mammeiapfel teilte. Der süße, goldgelbe Saft war ihr über die Finger geronnen, als sie die orangefarbene Schale aufbrach. »Aber ich glaube, wir sollten trotzdem den Arzt rufen.«

»Ruf ihn, wenn du willst.« Mein Vater hatte in Mutters Miene nach einem Zeichen echter Besorgnis geforscht. Er fand, dass

Frauen wundersame Wesen waren, wie Katzen, die geheime Quellen des Wissens haben. Meine Mutter hatte sich auf die Lippen gebissen und fuhr fort, mit sicheren, gleichmäßigen Bewegungen die Frucht aufzuschneiden.

»Du glaubst doch nicht, dass es etwas Schlimmeres ist als eine Darmgrippe, oder?«, hatte er sie gefragt. Ich meine, seine Stimme hätte gezittert, aber es ist so lange her, dass ich mich nicht darauf festlegen möchte. Wissen Sie, man neigt nämlich dazu, solche Geschichten im Geiste neu zu erfinden. Man hat sie so oft durchlebt, dass man am Ende selbst nicht mehr weiß, ob sie sich tatsächlich so ereignet haben, wie man denkt, oder ob man sie sich ausgedacht hat, indem man sie jedes Mal ein wenig ausschmückt – hier und da ein Detail hinzufügt –, bis das Bild, das man im Kopf hat, nichts mehr mit der Realität zu tun hat.

Wie dem auch sei, jedenfalls hatte meine Mutter nicht geantwortet, aber auch nicht nach dem Arzt geschickt. Das Geld war knapp und der Arzt teuer. Ich glaube, sie hatte beschlossen, noch einen Tag abzuwarten.

Frida war am Abend zur gewohnten Zeit zu Bett gegangen, aber sie hatte am Tag über ein Steifheitsgefühl im Nacken und im Rücken geklagt. Ich dachte bei mir, dass sie nur einen Vorwand suchte, um beachtet zu werden. Aber die Art, wie mein Vater ihr übers Haar strich und sie in ihre Decke wickelte, hatte für mich etwas Beängstigendes.

»Ich fühle mich nicht gut, Papa«, winselte sie immer wieder. Ihr Atem ging keuchend und schwer, und ihre Stimme klang dünn und gebrochen. Mein Vater blickte in das aufgedunsene, ängstliche Gesichtchen und fuhr zusammen, als säße ihm eine Schlange in der Magengrube. »O Gott«, flüsterte er. »Obwohl ich nicht an dich glaube, lass es bitte nichts Schlimmeres sein als eine Grippe.«

Ihre Augen trafen sich und ich, na ja, warum soll ich es nicht zugeben? Ich war eifersüchtig. Vergessen Sie bitte nicht, dass ich erst fünf Jahre alt war, und es kam mir vor, als würde Frida wieder den sterbenden Schwan spielen, um alle Aufmerksamkeit auf sich zu lenken und zu erreichen, dass mein Vater sich zu ihr ans Bett setzte.

»Ich weiß, Friducha«, sagte er, »morgen holen wir ganz bestimmt den Doktor.«

Dann löschte er das Licht. Er war so mit sich selbst beschäftigt, dass er mich nicht in der Finsternis hocken sah. Doch kaum war er aus der Tür, rief Frida ihn zurück.

»Papa«, jammerte sie, als er sich zu ihr setzte. Ihre Augen glänzten fiebrig. »Cristi war heute scheußlich zu mir.«

Ich hasste sie. Ich gebe es zu. In dem Augenblick hasste ich sie.

»Aber, aber, das war sie bestimmt nicht. Cristina ist eben noch klein. Sie macht dummes Zeug, aber bestimmt nicht, um dich zu ärgern.«

»Doch! Sie ist böse!«

»Ich werde Mami sagen, sie soll mal mit ihr reden.« Typisch! Er hat mich nie auf den Schoß genommen oder mir übers Haar gestrichen und mich gefragt, ob Fridas Verleumdungen überhaupt zutrafen. Er machte immer nur Ausflüchte und sagte so etwas wie: »Ich werde Mami sagen, sie soll mal mit ihr reden.« Immer ließ er Frida davonkommen, weil sie sein Liebling war.

Frida fing an zu heulen. »Sie hat mir meine Puppe weggenommen!« Das war gelogen! Ich hatte ihre Puppe nicht angerührt. Ich nahm zwar manchmal ihre Spielsachen, aber nicht an jenem Tag, weil ich gar nicht in unser Zimmer gedurft hatte. Aber mein Vater kam nicht auf die Idee, mich zu fragen, ob das überhaupt stimmte.

»Na schön. Sie wird sie dir morgen zurückgeben«, sagte er.

»Ich will sie aber jetzt haben!«

»Cristina schläft. Wir werden bis morgen warten müssen.«

Fridas kleine Finger ballten sich zur Faust und ihr Körper bebte vor Wut.

»Ich will sie aber jetzt!«

Ich hätte am liebsten laut aufgeschrien: »Ich habe deine dämliche Puppe nicht!«, aber ich wollte mich nicht als Lauscherin zu erkennen geben, deshalb hielt ich den Mund.

Mein Vater wirkte erschöpft. Fridas Launenhaftigkeit hatte, seit sie krank war, so zugenommen, dass selbst er sie unerträglich fand.

»Schlaf jetzt, Friducha!«

»Das ist ungerecht! Ich will sie jetzt haben!«

Mein Vater löschte das Licht zum zweiten Mal, dann ging er mit schweren Schritten zu seinem Studierzimmer. »Wisst ihr, was ich bin?«, sagte er zu den unsichtbaren Kreaturen, die die Nacht bevölkern. Er sprach so leise, dass seine Worte kaum vernehmbar waren. »Ich bin so was wie ein uraltes Reptil und hätte schon vor Jahrhunderten aussterben müssen.« Ich spähte durch das Schlüsselloch – es war eins von diesen antiken, zu denen ein schwerer, schmiedeeiserner Schlüssel gehört – und sah ihn seine Schallplattensammlung durchsehen, ohne dass er die Aufschrift einer einzigen Hülle wirklich wahrnahm. Dann suchte er noch einmal sorgfältiger und traf seine Wahl. Er zog die Victrola auf und ließ sich in einen schweren Polstersessel fallen. Einige Augenblicke später durchfluteten die Klänge einer Beethoven-Sonate den Raum und sickerten durch das Schlüsselloch bis nach draußen. Er schloss die Augen und versuchte sich der Musik hinzugeben, da begann Frida von neuem zu jammern. Er richtete sich auf und reckte sich zur Tür, als hätte er etwas vernommen, aber ich wusste, dass er sie unmöglich hatte hören können. Ihre Stimme war zu schwach, um die Musik zu übertönen. Dann sah ich ihn wieder auf seine charakteristische Weise zusammenzucken, als hätte er Schlangen im Bauch. Ich war zwar noch sehr klein, aber ich spürte seine Furcht. Heute weiß ich, dass er mit aller Gewalt eine Frage zurückzudrängen versuchte, die ihn an der Schwelle des Unterbewusstseins peinigte: Was, wenn Fridas Krankheit doch keine Grippe war? Was, wenn ihr wirklich ernsthaft etwas fehlte?

Ich sah ihn im Sessel eindösen, plötzlich aufschrecken, wieder eindösen. Er wehrte sich dagegen, zu Bett zu gehen. Vielleicht dachte er, dass die Dämonen, die ihn verfolgten, weniger Macht über ihn hätten, solange er aufrecht im Sessel saß. Seine Geldsorgen hatten ihn bereits mürbe gemacht, und nun nagte auch noch diese neue Furcht an ihm. Als er schließlich dem Gewicht seiner Lider nicht länger standzuhalten vermochte, zwang er den Kopf in die Senkrechte und schlurfte zur Tür. Ich sprang auf die Seite und verbarg mich unter einem Ziertischchen, das vor seinem Studierzimmer stand. Von dort aus beobachtete ich seinen gebeugten Gang zum Schlafzimmer.

Die schweren Vorhänge an den Fenstern zum Patio waren zugezogen, nur einer war offen geblieben und der Flügel dahinter angelehnt. Ich stellte mich auf eine Gießkanne und konnte so schemenhaft erkennen, was im Elternschlafzimmer vorging. Wenn ich mir sehr viel Mühe gab, konnte ich sogar hören, was dort gesprochen wurde.

Meine Mutter saß im Bett, den Rücken an ein Kissen gelehnt und las in der Bibel.

»Glaubst du, dass das hilft?«, fragte mein Vater sie. Ich glaube nicht, dass er sarkastisch klingen wollte, aber meine Mutter verweigerte ihm die Antwort. Sie klappte das Buch zu und rollte sich auf die Seite. Er legte sich neben sie, küsste sie aufs Ohr und löschte das Licht.

Ich starrte in das dunkle Zimmer. Ihr Gespräch war beendet. Es hatte keinen Zweck, weiter in der Finsternis zu stehen, also ging ich zu meinen großen Schwestern zurück und kroch zu Adriana unter die Decke. Aber ich fand keinen Schlaf. Ich musste an meinen Vater denken, der sich im Bett hin- und herwälzte wie eine Katze in den Brennnesseln. Ich stellte mir vor, wie er ins Dunkel starrte und auf jedes Geräusch lauschte, das darauf hindeuten konnte, dass sich Fridas Zustand verschlechterte.

Ich versank in einen schrecklichen Albtraum und träumte, dass Papa einen noch schrecklicheren Albtraum hatte, bis unsere beiden Träume von einer nicht weniger schrecklichen Wirklichkeit jäh beendet wurden: Frida schrie. Ihr Schrei durchstieß die Nacht und bohrte sich als Schmerz in meinen Kopf, aber ich regte mich nicht. Ich lag da und stellte mir vor, wie mein Vater unter Aufbietung seiner ganzen Kraft die Hand hob, um mit steifen, bleiernen Fingern die Decke zurückzuschlagen. Ein zweiter Schrei, schriller und näher als der erste, der bereits Lichtjahre entfernt schien.

Ich sah nicht, wie sich Matilde und Adriana im Bett aufsetzten, ich spürte nur ihre Bewegungen, rasch und fast automatisch, als hätte Fridas Stimme Sprungfedern an ihren Hüften in Gang gesetzt. Aber ich war noch vor ihnen aus dem Bett und lief barfuß zu Fridas Zimmer.

»Du hättest den Arzt rufen sollen«, sagte mein Vater. »Es war ein Fehler zu warten.« Meine Mutter warf ihm einen grimmigen Blick zu.

»Mein Bein!«, jammerte Frida. »Mein Bein tut weh! Es tut so schrecklich weh!«

»Welches Bein?« Meine Mutter schlug mit beunruhigender Bestimmtheit die Bettdecke zurück.

»Dieses hier, das rechte. Hier, dieses ganze Stück hier.« Frida zeigte auf ihre Wade.

Mein Vater beobachtete, wie meine Mutter Fridas Nachthemd bis zum Knie hochschob und das Bein massierte. Mutter machte eine finstere Miene, aber sie weinte weder, noch wurde sie hysterisch. Nichts an ihrer Haltung deutete darauf hin, dass wir uns mitten in einer Krise befanden.

»Hier?«, fragte sie und knetete noch kräftiger.

»Das tut weh!«, heulte Frida. »Ich kann es nicht aushalten! Es tut weh, Mami! Es tut so schrecklich weh, dass ich es am liebsten abhacken würde!«

Mein Vater erschauerte und kniff die Augen zusammen. »Ich lasse Dr. Costa holen«, stammelte er.

»Ja, er soll sofort kommen«, ordnete meine Mutter an. Dann drehte sie sich zu meiner Schwester Matilde um: »Sag Inocencia Bescheid, und du«, wandte sie sich an Adriana, »geh Wasser aufsetzen.«

»Es ist doch nicht nötig, die Dienstboten zu wecken«, murmelte mein Vater.

»Nur Inocencia und Manuel. Manuel muss zum Doktor laufen.«

Bevor Matilde sie rufen konnte, erschien Inocencia mit einem Rosenkranz in den Fingern auf der Türschwelle. In ihrem zerdrückten weißen Nachthemd sah sie aus wie ein schlafwandelndes Wollschaf. Ihre Zöpfe kreuzten sich mitten auf dem Kopf und hingen wie zwei Ohren zu beiden Seiten herunter. Frida verzog den Mund.

»Inocencia sieht ja lustig aus.« Ein Lächeln quälte sich auf ihr schmerzverzerrtes Gesicht.

»Heiliges Kind vom Allerheiligsten Gottvater«, flüsterte Inocencia. »Was hat denn unsere kleine Frida?«

»Hol was zum Einreiben. Das Kind hat fürchterliche Schmerzen.«

Meine Mutter setzte entschlossen ihre Massage fort und ließ sich von Inocencia ablösen, wenn ihr die Hände erlahmten. Aber Frida hörte nicht auf zu schluchzen.

»Frida, Fridita …«, murmelte die Köchin. »Ist ja schon gut, meine Kleine. Du bist doch immer so tapfer. Du brauchst nicht zu weinen.«

Mein Vater und ich begleiteten Manuel bis vors Haus. Ein phosphorfarbener Mond stand starr am schwarzen Nachthimmel. Krampfhaft versuchte ich, ein Gesicht darin zu entdecken, aber ich sah keins. Nur tote Materie.

Dr. Costa ließ sich Zeit. Manuel berichtete uns später, dass er eine halbe Ewigkeit hatte ans Tor hämmern müssen, bevor endlich ein Dienstbote mit einem Licht in der Hand erschienen war.

»Der Doktor schläft«, hatte dieser ihm mitgeteilt.

»Natürlich schläft der Doktor«, hatte Manuel geantwortet. »Es ist ja auch mitten in der Nacht. Da schläft jeder. Aber es ist ein Notfall. Du musst ihn wecken.«

Der Hausangestellte hatte sich gesträubt, aber Manuel war fest geblieben.

»Die kleine Frida ist krank. Das Kind von Don Guillermo und Doña Matilde, an der Ecke Calle Londres, Calle Allende.«

Als der Doktor endlich bei uns eintraf, sah er zerknittert und verschlafen aus, aber er hatte nicht vergessen, seinen schwarzen Arztkoffer mitzubringen. Manuel kam eine Dreiviertelstunde nach ihm. Dr. Costa war nämlich in seinem Wagen mit Chauffeur vorgefahren und hatte Manuel zu Fuß gehen lassen. Dieses Schwein!

Aber Frida liebte Ärzte. Ich glaube, sie liebte jeden, der sie eingehend betrachtete, sie untersuchte und aufmerksam jedes ihrer Worte verfolgte. Was mich betrifft: Ich hasse Ärzte. Na ja, nicht alle, Sie nicht.

Der Doktor untersuchte sie jedenfalls ausführlich, ohne zu einem eindeutigen Befund zu kommen. Er sagte nur, dass sie am nächsten Morgen ins Krankenhaus gebracht werden müsste, für weitere Untersuchungen.

»Wir können sie nicht bewegen«, widersprach meine Mutter. »Es bereitet ihr ungeheure Schmerzen.« Aber Vater und sie wussten natürlich, dass sie gar keine andere Wahl hatten.

Matilde und Adriana blieben zu Hause, aber aus irgendeinem Grund, den ich bis heute nicht verstehe, bestanden meine Eltern darauf, dass ich mitfuhr. Vielleicht dachten sie, meine Anwesenheit könnte Frida auf der langen Strecke von Coyoacán nach Mexiko-Stadt beruhigen. Vielleicht nahmen sie mich auch mit, damit ich ihr die Zeit vertrieb. Ich kann mich gut erinnern, wie es im Krankenhaus roch: nach Siechtum und Formaldehyd. Und dass alles grün war. Grüne Wände, grüne Fußböden, grüne Stühle. Mir schwindelte. Nur die Kittel und Häubchen der Krankenschwestern waren weiß.

Mein Vater sah benommen aus. Wer weiß, was in ihm vorging. In jener Zeit wagte man kaum, die gefürchteten Kinderkrankheiten auch nur im Geiste zu benennen. Er war blass, und der Schreck hatte ihn starr gemacht wie eine verpuppte Larve. Vom bloßen Hinsehen wusste ich, dass er einen schalen Geschmack im Mund haben musste.

»Ich bin wahrhaftig ein Angehöriger des auserwählen Volkes«, sagte mein Vater laut vor sich hin. »Alles wird mir im Leben genommen.«

Meine Mutter betete den Rosenkranz. »Gegrüßet seist du Maria voll der Gnaden …« Ihre Stimme ratterte wie ein Stöckchen an einem Gitter.

»Hör auf!«, fauchte mein Vater halblaut, sodass die Leute die Köpfe wendeten.

»Ich soll aufhören? Ich bete doch zur Heiligen Jungfrau für die Gesundheit unserer Tochter!«

»Du musst an die Ärzte glauben!«

»Ich glaube an Gott.«

»Ich nicht«, sagte mein Vater gedämpft. Er sah mitgenommen

aus. Dann sank er auf einen Holzstuhl, und ich dachte schon, er hätte mich völlig vergessen, als er plötzlich das Wort an mich richtete: »Weißt du, woran ich gerade denke, Cristina?«

»Woran, Papi?«

»Ich mache in meinem Kopf lärmende Bilder: tosende Wellen, biblische Gewitterstürme, krachende Verkehrsunfälle, Vulkanausbrüche, knurrende Tiger. So was. Weißt du auch warum, Cristi?«

»Warum, Papi?«, fragte ich ihn.

»Um Mamis Beten zu übertönen.«

»Aber Mami betet doch für Frida.«

Er antwortete nicht. Die Stimme meiner Mutter leierte weiter: »Gegrüßet seist du Maria voll der Gnaden ... der Herr ist mit dir ... gebenedeit bist du unter den Frauen ... gebenedeit ist die Frucht deines Leibes, Jesus ... Maria rette sie, rette sie Maria ...«

»Liebe ich diese Frau wirklich?«, sagte mein Vater unvermittelt.

»Was?«, fragte ich.

Dann stand plötzlich ein fremder Mann vor uns, ein vollkommen Fremder mit einem mürrischen Gesicht.

Mein Vater schaltete auf höchste Alarmstufe. Ich bemerkte einen bräunlichen Fleck auf dem weißen Kittel des Fremden und die schwarzen Haare, die ihm aus dem linken Nasenloch wuchsen. Sein Kragen war von gelblichen Schuppen gesprenkelt. Ich begriff, dass er der Arzt war. Irgendwo weinte ein Baby, und draußen krächzten heiser die Vögel. Man hörte einen metallischen Gegenstand klirrend zu Boden gehen, der, wäre er näher bei uns hier gefallen, einen ohrenbetäubenden Lärm verursacht hätte. Eine Krankenschwester trug einen Blumenstrauß hinaus, der faul roch. Am Arm eines Jugendlichen humpelte ein rachitischer Greis vorüber. Mein Vater sah auf seine Fingernägel.

»Wir haben Frida untersucht und eine Diagnose gestellt«, sagte der Doktor.

»Heilige Jungfrau«, flüsterte meine Mutter, während mein Vater stumm blieb.

»Es tut mir Leid, Ihnen mitteilen zu müssen, dass Ihre Tochter Kinderlähmung hat.«

Ich wusste nicht, was »Kinderlähmung« ist, zuckte aber bei dem Ausdruck »es tut mir Leid« zusammen.

»Auch als Poliomyelitis oder Polio bekannt.«

Ich sah zwischen meiner Mutter und meinem Vater hin und her. Jeder wusste, was Polio war, eine grauenhafte Krankheit, die ein Kind so schwächte, dass es nicht mehr laufen konnte oder Fahrrad fahren, einen Ball werfen oder auch nur das Knöchelchenspiel spielen. Ein fürchterlicher Gedanke jagte mir durch den Kopf: Ha! Jetzt wird sie nicht mehr in allem die Beste sein! Nein, warten Sie. Es war kein echter Gedanke. Ich meine, nichts, worüber ich wirklich ... nachgedacht hätte oder so. Es war einfach ... so eine Art Gedankenblitz. Im nächsten Augenblick war er schon wieder verschwunden, und ich hatte ein schrecklich schlechtes Gewissen. Aber man kann mir das wahrhaftig nicht zum Vorwurf machen. Ich war schließlich noch ein kleines Kind und hatte ja gar keine Ahnung, und Frida hackte andauernd auf mir herum. Ich habe nicht weiter darüber nachgedacht, es war nur so ein plötzlicher Einfall, der aber sofort wieder weg war.

Ich wusste nicht, wie ich mich verhalten sollte. Welche Reaktion wurde jetzt von mir erwartet? Sollte ich in Tränen ausbrechen? Sollte ich mich ängstlich an meine Mutter klammern oder einen Wutanfall bekommen? Meine Eltern boten mir keine Orientierung. Meine Mutter hielt sich an ihrem Rosenkranz fest, aber ihre Augen blieben trocken. Ihre Gefasstheit erstaunte, ja verwunderte mich. Allerdings rechnete ich damit, dass der Damm brechen würde, sobald der Doktor aus dem Zimmer war.

»Ihre Tochter hat Kinderlähmung«, wiederholte der Arzt. »Das ist eine unheilbare Viruskrankheit. Im akuten Krankheitsstadium muss Frida strenge Bettruhe halten und jede körperliche Anstrengung vermeiden. Gegen die Schmerzen können Sie heiße Wickel verabreichen.«

»Wird sie sterben?«, flüsterte ich und meine Stimme klang sogar in meinen eigenen Ohren hauchdünn. Meine Worte zitterten in der Luft wie Spatzen, die ein früher Schnee überrascht.

»Wir werden alle sterben«, erwiderte der Doktor nüchtern.

In jenem Augenblick wünschte ich, mein Vater wäre ein Muskelprotz und verstünde sich aufs Prügeln. Ich wünschte, er würde die spanische Sprache ohne Akzent beherrschen.

Meine Mutter öffnete den Mund, aber es dauerte einige Momente, bis ihre Lippen die Worte geformt hatten. »Wie lange … wie lange dauert das akute Stadium?«

»Unmöglich zu sagen. Sie werden sorgfältig auf ihre Flüssigkeitszufuhr zu achten haben. Viel trinken, verstehen Sie?«

Er sagte ›verstehen Sie?‹, als spräche er mit einer Zweijährigen. Mein Vater sah den Arzt mit unverhohlener Missbilligung an.

»Sie müssen ihre Trinkmenge genau überwachen, um einer Dehydratation vorzubeugen. Das bedeutet Austrocknung. Eine Dehydratation kann zur Stuhlverhärtung führen. Das heißt, dass der Stuhl dann von trockener, harter Materie blockiert ist und der Patient ihn nicht ausscheiden kann.«

»Dieser Mann scheint es nur mit Indios zu tun zu haben«, sagte mein Vater halblaut.

»Und danach?«, fragte meine Mutter. »Ich meine, nach … dem akuten Stadium?«

Ich hielt die Luft an. Was war, wenn der Doktor ein »Danach« gar nicht in Betracht zog?

»Beantworten Sie bitte diese Frage«, sagte mein Vater und versuchte, einen Befehlston anzuschlagen, aber seine Stimme bebte. Er war hin- und hergerissen zwischen seiner Sorge um Frida und seinem Ärger über die empörende Arroganz dieses Arztes. Einerseits wollte er von ihm über alles informiert werden, andererseits hätte er ihm am liebsten die Fresse poliert.

»Danach« – und ich meine, er hätte hinzugefügt, »wenn es ein Danach geben sollte«, aber ich bin mir nicht mehr ganz sicher – »wird Frida so viel Sport treiben müssen wie nur möglich, um der Lähmung vorzubeugen – etwa Tanzen, Seilhüpfen und dergleichen.«

Seine Stimme dröhnte weiter, aber ich hörte nicht mehr zu. Ich wendete die Worte »Wenn es ein Danach geben sollte …« in meinem Kopf hin und her. Ich bin übrigens doch sicher, dass er das gesagt hat. Ziemlich sicher. Wie könnte ich Ihnen beschreiben, was ich in jenem Augenblick empfand? Frida war mir in allen Dingen überlegen und hatte mich stets besiegt, und ich war zugegebenermaßen eifersüchtig. Ja, es gab Augenblicke, in denen ich sie regelrecht verabscheute. In dem Alter ist das schließlich ganz normal, dass Schwestern sich gegenseitig hassen. Aber ich habe mir ganz bestimmt nie ... nie ihren Tod gewünscht. Das schwöre ich Ihnen. Ich wollte nicht, dass sie stirbt!

»Ich möchte mit unserem Hausarzt sprechen«, sagte mein Vater, und sein Akzent war hörbarer als sonst.

»Selbstverständlich. Er ist schon bei ihr. Sie können jetzt zu Frida hineingehen.«

Frida saß auf einem Stuhl und hatte die Beine sittsam an den Knöcheln gekreuzt. Ihrem Gesicht war zwar der Schmerz noch anzusehen, aber offenbar war es ihr gelungen, Dr. Costas jungen Assistenten für sich zu gewinnen. Er saß ihr gegenüber und unterhielt sich so angeregt mit ihr, als wäre er mit einer Dame von Welt in ein gebildetes Gespräch vertieft. Dr. Costa stand rauchend am Fenster und hatte den beiden den Rücken zugekehrt.

Tja ... was soll ich Ihnen noch dazu erzählen? In der Schule war Frida immer meine Beschützerin gewesen, aber jetzt konnte sie nicht mehr zur Schule gehen, und ich fand, dass ich nicht mehr beschützt werden brauchte. Ich kam ganz gut alleine zurecht. Ich hielt mich aus den Streitereien heraus und suchte mir Freunde. Ich tat mich vor meinen Klassenkameraden mit der Geschichte von Fridas fürchterlicher Krankheit dicke und der Schilderung vom heldenhaften Kampf meiner Familie, um den Tod aus unserem Haus fern zu halten. Endlich stand ich auch mal im Mittelpunkt. Nicht andauernd, aber wenigstens ab und zu.

Aber mein Vater ... Neulich haben Sie mich nach ihm gefragt, was er für ein Vater war. Also eins steht fest: Fridas Krankheit veränderte ihn. Bevor sie krank wurde, lebte er in seiner eigenen Welt, er verlor sich im Nebel seiner Melancholie und seiner Einsamkeit. Manchmal unternahm er Spaziergänge mit Frida – und hin und wieder trottete ich ihnen hinterher –, aber selbst auf diesen Ausflügen, bei denen er seine Liebe für Steine, Vögel und Insekten mit ihr teilte, schwebte er immer irgendwo über ihr, freundlich zwar, aber irgendwie abwesend. Während der neun Monate, in denen Frida ans Bett gefesselt war, wurde er wacher und aufmerksamer, zumindest ihr gegenüber.

Frida magerte ab und wurde trübselig. Das rechte Bein hing kraftlos wie eine tote Schlange an ihrem Körper. Sie schien von dieser Verwandlung gleichzeitig entsetzt und fasziniert zu sein. Manchmal flößte sie mir Angst ein, wenn sie stundenlang mit dem Spiegel in der Hand dasaß, darin ihr Gesicht studierte und die fahlen Wangen mit den frischen Pausbacken auf dem Porträt verglich, das mein Vater erst vor wenigen Monaten von ihr gemacht hatte. Es schien ihr eine perverse Lust zu bereiten, zuzusehen, wie ihr Körper einfiel und die Augen in ihre Höhlen zurücksanken.

»Wir tun alles für dich, was in unserer Macht steht«, sagte mein Vater zu ihr.

»Das sagt Mami auch.«

»Der Arzt hat uns versichert, dass du bald wieder laufen kannst.«

»Der Doktor furzt wie ein trächtiger Hund.«

Mein Vater runzelte in gespieltem Ärger die Stirn.

»Jedes Mal, wenn er kommt, verstänkert er das ganze Zimmer.«

»Er ist ein guter Arzt und versucht, dir zu helfen.«

»Ich weiß, aber er stinkt wie ein Nachttopf!«

»Frida …«

Frida kicherte, und mein Vater zwinkerte ihr zu und drückte ihr die Hand.

Es war offensichtlich, dass Frida sich alle Mühe gab, ihm zu beweisen, dass sie immer noch das freche kleine Mädchen war. Aber tatsächlich wurde sie schwermütig und in sich gekehrt. Wenn mein Vater an manchen Tagen von der Arbeit nach Hause kam, fand er sie am Fenster sitzen und gedankenverloren in den verhangenen Himmel schauen. Wie ein Leguan konnte sie stundenlang einfach dasitzen und ins Leere starren, ohne eine Regung zu zeigen.

Was meinen Sie damit, wie das für mich war? Wie was für mich war?

In körperlicher Hinsicht? Sie meinen ihre körperliche Veränderung? Es gefiel mir keineswegs, sie so dahinwelken zu sehen. Wie kommen Sie bloß auf einen solchen Gedanken? Natürlich stimmt es, dass ich in der Rolle der Hübschen, der Gesunden und Niedlichen aufblühte, nachdem ich immer das Dickerchen gewesen war, die Unattraktive. Aber ich hatte auch Schuldgefühle, weil es jetzt keinen Zweifel mehr gab, dass ich von uns beiden die Süßere war, die kleine Schönheit. Ich fühlte mich, als hätte ich ihr etwas weggenommen. Es war erschreckend. Wir dachten ja alle, dass sie vielleicht sterben würde, und die Vorstellung, sie könnte sich unmittelbar vor meinen Augen in ein Skelett verwandeln, fand ich schaurig. Ich fühlte mich schuldig, weil ich sie mir manchmal, nicht oft, aber ein- oder zweimal, als wir klein waren, weggewünscht hatte. Und jetzt schien sie plötzlich wirklich zu verschwinden, vor meinen eigenen Augen dahinzusiechen und zu verfallen. Aber nein, ich schwöre Ihnen, dass ich, als sie krank wurde, nichts sehnlicher wünschte, als dass sie wieder gesund würde.

Die Sache ist, dass sie nicht nur unheimlich aussah, sondern sich auch so benahm, als lebte sie in einer jenseitigen Welt. Frida hatte ja schon immer ihre fiktive Prinzessin Zoraída, aber jetzt schien sie wirklich abzudriften. Sie unterhielt sich laut mit unsichtbaren Wesen, die sie übrigens als einzige aus ihrer Trübsal zu reißen vermochten. Mein Vater sagte, wir sollten uns keine Sorgen machen, es seien wahrscheinlich warmherzige, schelmische Seelen, die ihr Trost zusprachen und sie aufmunterten. Und es stimmt, dass Frida manchmal, wenn sie in ihr Geplapper versunken war, plötzlich zu kichern anfing. Aber wenn mein Vater sie nach ihren neuen Freunden fragte, reagierte sie abweisend und schwieg.

Die meiste Zeit verbrachte sie alleine in ihrem Zimmer. Sie durfte nicht einmal zum Fenster humpeln, um eine Tür in die beschlagene Scheibe zu malen, aber sie konnte Prinzessin Frida Zoraída auch so herbeirufen, indem sie die Augen schloss, ein paar tiefe Atemzüge nahm und die Zauberworte sprach:

»Zoraída, Zoraída / Komm herbei / Zu deiner Frida. / Sei nicht säumig, / Spute dich, / Zu dem Spiel / Erwart' ich dich!«

»Weißt du was?«, erzählte sie mir, »Prinzessin Frida Zoraída hat auch ein wehes Bein.«

»Woher weißt du das?«, fragte ich sie.

»Ich habe sie gesehen. Sie ist heute Nacht aus dem Nebel zu mir gekommen.« Sie rollte die Augen und sah in die Ferne. Dieses Kind war eine unglaubliche Schauspielerin.

Aber sie log nicht. Sie rief die Prinzessin tatsächlich aus dem Nebel herbei. Aus dem Nebel ihrer Einsamkeit. Wenn man ihr glauben wollte, so hatte die Prinzessin dasselbe rotorangene Kleidchen an wie zuvor. Nur ihre Schuhe waren jetzt anders. Statt der spitzen Stiefeletten trug sie am linken Fuß ein Gymnastikschläppchen und am rechten einen schweren orthopädischen Schuh. Das rechte Bein war außerdem geschient.

»Sie lud mich zum Tanzen ein«, erzählte mir Frida, »und als ich ihr sagte, ich könnte nicht mehr tanzen, da antwortete sie: ›Und ob du es kannst!‹«

Ich hörte gespannt zu.

»Ich habe ein wehes Bein. Kannst du das nicht sehen?«, sagte Frida zu ihr.

»Ich auch! Kannst du das nicht sehen?«

Dann reichte Prinzessin Frida Zoraída Frida die Fingerspitzen, hauchte ihr einen Kuss auf die Wange, und alle beide schwangen sich in die Lüfte empor, sodass ihre hässlichen Schuhe wie glitzernde, schwarzsilberne Zeppeline überm Boden schwebten.

Meine Mutter unterwarf sich den Ratschlägen des Arztes wie ein Steuermann dem Befehl seines Kapitäns und gab Inocencia ihre Anweisungen mit militärischer Präzision: »Füll die Wanne mit warmem Walnusswasser. Das lindert den Schmerz.« Inocencia bereitete das medizinische Bad zu. »Lass Frida jetzt das Bein eine halbe Stunde lang hineintauchen.« Inocencia badete das Bein. »Nimm heiße Tücher und mach ihr damit Wickel auf der Wade.« Wenn Inocencia müde wurde, lösten meine Mutter oder mein Vater sie auf dem Stuhl neben Fridas Bett ab.

Frida fügte sich klaglos in ihre Behandlung. Wahrscheinlich genoss sie all die Aufmerksamkeit, die ihr dadurch zuteil wurde. Aber jedes Mal, wenn ich anfing, von der Schule zu erzählen, reagierte sie gereizt. Von Estelas gemeinen Verbündeten und María del Carmens fiesen Mitläuferinnen wollte sie nichts wissen. Señora Caballeros Spleen für saubere Unterhosen interessierte sie nicht, und sie wurde ungehalten, wenn ich von den wechselnden Mädchenfreundschaften erzählte. Wahrscheinlich klangen diese Geschichten durch den Filter meines geistlosen Berichts in ihren Ohren alle gleich. Manchmal kamen auch die Nachbarskinder herüber und schwatzten über die letzten Familienfeste, über Erstkommunionen und beste Freunde. Frida lieh ihnen, sichtlich gelangweilt, für ein Weilchen ihr Ohr, dann wandte sie sich ab, verzog das Gesicht und griff sich jammernd ans wehe Bein.

Ich zweifle nicht daran, dass sie wirklich litt. Aber in solchen Situationen kam es mir vor, als wäre ihr der Schmerz eine willkommene Ablenkung vom Geplapper ihrer Freundinnen gewesen. Ich weiß nicht. Vielleicht war sie auch gekränkt, weil die Schule und das Leben auch ohne sie weitergingen ...

Frida war neun Monate bettlägerig. Neun Monate! Neun Monate sind im Leben einer Sechsjährigen eine Ewigkeit. In neun Monaten wird ein sechsjähriges Mädchen sieben, und aus dem runden Kindergesichtchen formt sich deutlich ein eigenes Profil. Ich kann mich entsinnen, als meine Tochter Isolda sechs war. Aber wenn ein sechsjähriges Kind Polio hat, ist die Veränderung noch viel krasser. Das weiche Babygesicht verschwindet ganz und gar, und an seiner Stelle erscheint eine schmale, bleiche Maske. Frida verlor die strahlenden Augen mit dem lausbübischen Funkeln und blickte aus zwei matten, erloschenen Scheiben in die Welt. Ihre fröhlichen, vollen Lippen waren jetzt schmal und blutleer. Und was das Schlimmste war, diese übermütige Selbstsicherheit der Sechsjährigen war bei der Siebenjährigen einer kaum auszuhaltenden Schüchternheit gewichen, weil sie wusste, dass sie anders war.

Neun Monate ... so lange braucht ein Säugling, um im Mutterleib heranzureifen und sich ans Licht vorzuarbeiten. Und Frida brauchte neun Monate, um zur Invaliden zu werden.

Aber irgendwann kam der Tag, an dem Frida wieder aufstehen durfte … Sehen Sie mal, Doktor, dieses Familienbild hier, es wurde 1914 aufgenommen. Dieses schlaksige kleine Mädchen, das sich da hinter den Büschen versteckt, ist nicht mehr das Kind vom Vorjahr, das aufbegehrt und der Klassentyrannin die Stirn bietet. Sehen Sie, wie sie sich verändert hatte, Doktor? Sie war schwach und schwermütig geworden. Sie wollte weder hinaus in den Garten gehen noch zum Schwimmen oder auf dem roten Fahrrad fahren, das mein Vater ihr gekauft hat. Das Einzige, was sie wollte, war im Halbdunkel sitzen. Sie zog Prinzessin Frida Zoraída ihren echten Spielkameraden vor. Sie versank in Trübsinn, statt die enorme Anstrengung auf sich zu nehmen und sich wieder zu kräftigen.

Aber mein Vater ließ sein Lieblingskind nicht einfach dahinwelken und kläglich eingehen. »Ich bin nicht Hiob«, sagte er zu meiner Mutter, »und werde Gott nicht gestatten, mir alles zu nehmen.«

»Ich dachte, du glaubst nicht an Gott«, entgegnete meine Mutter trocken.

»Tue ich auch nicht«, sagte mein Vater. »Deshalb werde ich ihn diesmal auch nicht so leicht davonkommen lassen.«

Er wandte sich zu Frida. »Komm«, sagte er, »lass uns ein Stück gehen.«

Aber Frida wollte nicht.

»Befehl vom Doktor.«

Frida wimmerte und weigerte sich, aber mein Vater war unerbittlich.

»Dieses Mal wirst du deinen Dickkkkopffff nicht durrrchsetttzen«, krächzte er. Jedes Mal, wenn er sich aufregte, schlug ihm sein Akzent ein Schnippchen. »Du kommst jetzt soforrrt mit!«

Obwohl Frida damals fast nie lachte, konnte sie bei Papas kehligem »r« nicht an sich halten. Es klang so, als würde er gurgeln.

»Ja, Herr Kahlo.«

»Sag nicht Herr Kahlo zu mir!«

»In Orrrdnung, Herrr Kahlo! Ich komme soforrrrt, Herr Kahlo!«

Sie mussten beide lachen. Mein Vater ließ sich nicht gern mit seinem Akzent aufziehen. Aber in diesem Fall war es ein gutes Zeichen: Frida wurde endlich wieder frech.

Bei ihren ersten Gängen durfte ich nicht mitgehen, aber mein Vater merkte bald, dass Frida jemanden zum Spielen brauchte oder zumindest jemanden, vor dem sie sich wichtig machen konnte.

Am Anfang schlichen wir nur durch den Garten, und Frida machte alle fünf bis zehn Minuten eine Verschnaufpause unter der großen Zeder. Aber bald hoppelte sie schon hinter einem Ball her, den ich erst in die eine und dann in die andere Richtung warf.

»Ich will auf die Zeder klettern!«, verkündete Frida eines Tages.

»Nein, tu das nicht, ich glaube nicht, dass du schon so weit bist, liebe Frrrida«, sagte mein Vater.

»Hör zu, Herr Kahlo«, sagte Frida aufmüpfig. »Wenn ich auf diesen Baum klettern will, dann werde ich das auch tun.«

»Wirrrst du nicht!«, stachelte mein Vater sie scherzhaft an.

»Werde ich wohl, Herr Kahlo. Ich werde tun, was mir passt!«

»Na schön, dann mal los!«

Frida sprang auf die Zeder, klammerte die Beine um den Stamm und hielt sich mit den Knien fest. Dann schob sie sich Zentimeter für Zentimeter nach oben.

»Bravo!«, rief mein Vater.

»Brrravo, für dich, Herr Kahlo!«, rief Frida. »Du klingst, als würdest du ersticken!«

Mein Vater ging mit uns in den Chapultepec-Park, wo Frida auf dem See ruderte. Sie lernte sogar Ringen und Boxen, und einmal, als Verwandte zu Besuch waren, verdrosch sie einen unserer Cousins dermaßen, dass er mit blutiger Nase heulend ins Haus lief.

Doktor Costa fand das Ringen für Frida nicht sonderlich passend.

»Himmel und Hölle!«, kicherte Frida, nachdem der Arzt das als geeigneteres Bewegungsspiel für ein junges Mädchen vorgeschlagen hatte.

»Himmel und Hölle!«, echote mein Vater.

Er zwickte Frida in den Ellbogen. »Was fürrr ein unmoderrrner Mann«, flüsterte er. »Errr mit seinem Himmel und Hölle.«

Mein Vater hatte nicht genügend Geld, um sich eine neue Ausstattung für sein Fotoatelier zu leisten, aber irgendwie brachte er die nötigen Mittel auf, um Frida jede Menge Jungenspielsachen zu kaufen: Rollschuhe, Bälle und eine Hupe für das knallrote Fahrrad, das sie schließlich auch zu fahren lernte. Sie bot mir nie an, diese Dinge mit ihr zu teilen, und offen gestanden legte ich auch keinen Wert darauf. Ich zog nämlich Puppen vor.

Manchmal an den milden, duftenden Nachmittagen jenes Herbstes sprang Frida im Park auf ihr Fahrrad und sauste los, als säße ihr der Teufel im Nacken. Sie scheuchte schlendernde Liebespaare vom Weg, schreckte Kleinkinder auf, warf Picknickkörbe um und jagte die Hunde. Sie wurde auch eine richtig gute Schwimmerin und nahm es dabei mit den Jungen auf. Sie spielte mit jedem Fußball, mit den Vettern, den Nachbarn und sogar mit den Straßenjungen, die an der *pulquería* herumlungerten. Und wenn sie Rollschuh fuhr! Wenn sie Rollschuh fuhr, blähte sich ihr Rock im Wind, und sie sah aus wie ein Drachen, der an seiner Schnur zerrt, um sich in die Lüfte zu erheben. Das war ein Anblick!

Frida machte Fortschritte, aber die Folgen ihrer Kinderlähmung ließen sich nie ganz beheben. Sie würde zwei ungleiche Beine behalten, und das Hinken lastete der Siebenjährigen so schwer auf der Seele, dass mein Vater ihr beibrachte, die Kniestrümpfe in mehreren Lagen übereinander zu ziehen, um die Wade auszupolstern. Außerdem sorgte er dafür, dass der Arzt ihr für den rechten Fuß einen orthopädischen Schuh mit erhöhtem Absatz verordnete. Mit Vaters fester Hand am Ellbogen lernte Frida, erst sicher, dann gleichmäßig, dann anmutig zu gehen. Manchmal begleitete sie meinen Vater auf seine Foto-Exkursionen. Dann wanderten sie meilenweit über Land, und Frida brachte Kiesel und Rindenstückchen mit nach Hause. Am Abend saß sie häufig nach dem Abendessen mit meinem Vater im Patio und ergötzte sich an der Schönheit der Leuchtkäfer oder am Liebreiz der quakenden Frösche. Mein Vater, der immer so verschlossen gewesen war, schien in Fridas Gegenwart aufzutauen. Ich glaube, er teilte seine innersten Gedanken mit ihr. Manchmal bekam er einen Anfall, wenn er mit Frida unterwegs war. Dann vertrieb sie die Schaulustigen und bewachte seine Fotoausrüstung, bis die Krise vorüber war. Ich glaube, dass sie das noch zusätzlich verband. Vater und Frida waren die besten Freunde. Ob ich eifersüchtig war? Ich weiß nicht. Ich glaube, ich habe das einfach so hingenommen.

Mein Vater hatte nie einen Sohn. Doch, er hatte einen, meine Mutter hatte einen Knaben geboren, der aber sofort nach der Geburt gestorben war, und ich glaube, für Vater war Frida wie ein Sohn. Vielleicht sogar wie er selbst, wenn sein Leben anders verlaufen wäre. Und als Frida krank wurde, da war er einfach nicht bereit, diesen Traum aufzugeben.

Mein Vater hatte in Nürnberg an der Universität studiert, aber er hatte einen Unfall gehabt, einen ganz üblen Sturz, von dem er eine Kopfverletzung davontrug. Danach wurde er Zeit seines Lebens von epileptischen Anfällen geplagt. Armer Papa! Er hatte seine Universitätslaufbahn aufgeben müssen, und dann war auch noch seine Mutter gestorben. Sein Vater hatte eine andere Frau geheiratet, die mein Vater als aufgeblasene Zicke empfunden hatte. Seine Welt war aus den Fugen geraten, und er hatte nur noch die Möglichkeit gesehen, Deutschland zu verlassen. Er war damals neunzehn und abenteuerlustig. Er hatte sich bei seinem Vater ein wenig Geld geborgt, eine Überfahrt nach Mexiko gebucht und nie wieder zurückgeblickt.

Wir sahen sie in den Straßen von Coyoacán – Estela, María del Carmen, Aurora, Inés – alle diese fiesen kleinen Mädchen aus der Schule. Da standen sie und glotzten uns an, wenn wir an Vaters Hand die Straße entlangspazierten. Mein Papa war so hübsch. Oder vielleicht auch nicht. Beim eigenen Vater ist man selten objektiv. Aber er war wirklich hübsch. Die Leute sagten von ihm, er wäre einer der hübschesten Männer von Coyoacán. Er war hellhäutig, hatte braunes gewelltes Haar und einen wunderschönen dicken Schnauzbart. Diese Mädchen, manchmal verhöhnten sie uns.

Manchmal zeigten sie mit dem Finger auf Fridas klobigen Schuh und riefen: »Holzbein-Frida!«

»Einfach weiterrgehen«, murmelte mein Vater. »Nicht drrauf achten!« Mein Vater vertrieb sie, und Frida hielt den Mund. Ich wusste, welche Unflätigkeiten ihr in jenen Augenblicken auf der Zunge lagen, aber in Anwesenheit meines Vaters konnte sie die unmöglich loswerden.

Doch dann beschloss Dr. Costa eines Tages, dass sie kräftig genug war, wieder in die Schule zu gehen. Dort befand sie sich auf feindlichem Territorium und konnte nicht mehr auf die schützende Gegenwart meines Vaters vertrauen, sondern musste sich mit ihrem eigenen Grips verteidigen.

Die Mädchen spalteten sich in zwei Lager. Die einen bewunderten Frida, weil sie gegen das Ungeheuer angekämpft und überlebt hatte. Sie bewunderten sie aber nicht nur ihrer unglaublichen Genesung halber, sondern auch wegen ihrer sportlichen Geschicklichkeit, wegen ihres anmutigen Ganges, ihrer Dreistigkeit und natürlich wegen ihres unglaublichen Vokabulars.

Aber die anderen missgönnten ihr die Aufmerksamkeit, die ihr nun seitens der Lehrerin zuteil wurde. Señora Caballero riss sich nämlich plötzlich beide Beine für sie aus. »Gib her, Frida, ich schnall dir dein Bücherpaket zusammen!« »Komm, Frida, ich helfe dir die Stufen hinauf!«

María del Carmen beschwerte sich, Señora Caballero würde Frida in den Hintern kriechen. Estela wusste, dass es gefährlich war, Frida im Schulhof zu hänseln, wo Señora Caballero alles streng überwachte. Aber Frida und ich spielten auch manchmal im Park.

An einem feuchten, kühlen Nachmittag fuhr Frida Fahrrad, während ich mit einer Puppe picknickte. Wir wussten nicht, dass uns Estela mit ihrer Bande hinter den Büschen auflauerte.

Als Frida mit geblähtem Kleid vorbeisauste, flog plötzlich ein Stein aus den Büschen und landete direkt vor ihrem Vorderrad. Frida erschrak und brachte das Fahrrad mit quietschenden Reifen zum Stehen. Im nächsten Moment ging ein Hagel aus Stöcken und

Steinen auf sie nieder, und sie wurde knapp unterhalb vom Auge getroffen.

Eine Horde gackernder Mädchen tauchte hinter den Sträuchern auf. Frida sah überrascht von einer zur anderen, dann taumelte sie zu ihrem Fahrrad. Aber Inés und Anita bekamen sie am Rock zu fassen und schubsten sie, dass sie das Gleichgewicht verlor. Die Mädchen bauten sich vor ihr auf und begannen zu rufen:

»*Fridalein / Hinkebein! Ein Bein ist recht / das andre schlecht!*«

Wie gewohnt verteidigte sich Frida mit ihrer Zunge.

»Ihr Hexen!«, schrie sie. »Ich scheiß auf eure blöden Sprüche!«

»Fridalein!«, riefen die Mädchen weiter.

»Aus dem Weg!«, brüllte Frida. »Ihr seid euren Müttern aus dem Arschloch gekrochen, nicht aus dem Loch, das sie zwischen den Beinen haben!« Wie Sie sehen, wusste Frida schon mit sechs oder sieben bestens über diese Dinge Bescheid, und um ehrlich zu sein, ich auch. Wir hatten eben ältere Schwestern.

Aber die Mädchen kannten Fridas Ausdrucksweise und ließen sich nicht mehr davon beeindrucken. Sie riefen weiter: »Fridalein! Hinkebein!«

Frida setzte den gesunden Fuß auf das linke Pedal und funkelte sie wütend an. Estela dirigierte den Chor mit einem Stock.

Frida verlagerte das Gewicht nach vorn und fuhr los, mitten in die Reihe, dabei rammte sie María del Carmen und Inés so, dass sie in den Schmutz fielen.

»Du Idiotin!«, kreischte Inés. »Du hast meine Schürze zerrissen!«

Anita rannte hinter Frida her und versuchte sie an ihrem Rock zu fassen, aber Frida hatte sich mit ihrem Fahrrad längst in Sicherheit gebracht und rief schadenfroh:

»*Inés und Carmen! / Estela und Anita! / Seht nur euer Arschgesicht! / Das will ein Mann doch nicht!*«

»Unfug!«, zischte Estela. »Ich weiß, wie du die Jungs kriegst! Du lässt sie an deine …«

»Du solltest sie einmal beim Ringen sehen!«, unterbrach Anita sie. »Meine Mutter sagt, es ist widerlich. Sie legt sich mit den Jungs auf den Boden und so.«

»Sie wird sowieso nie heiraten«, schrie Inés Frida hinterher. »Wer will schon eine verkrüppelte Frau haben?«

Aber hinter der Biegung hörte man Frida weiter rufen:

»Inés und Carmen! / Estela und Anita! / Seht nur Euer Arschgesicht! / Das will ein Mann doch nicht!«

4

Es waren schlechte Zeiten für Ausländer. Mexiko lag in den Geburtswehen der Revolution, und die Massen waren auf der Straße, um Díaz und seinen ausländischen Kumpanen den Garaus zu machen.

Porfirio Díaz war von 1877 bis 1880 an der Macht und dann von 1884 bis zur Revolution 1910. Zunächst schien er der rechte Mann zu sein: Er sorgte für einen spürbaren Aufschwung und brachte Mexiko schneller voran denn je. Die Industrie gedieh. Die Regierung baute das Eisenbahnnetz aus, modernisierte die Häfen und ließ neue Verwaltungsgebäude entstehen. Telegrafenleitungen wurden kreuz und quer durchs Land verlegt. Man konnte zum Telegrafenamt gehen und eine Nachricht irgendwo hinschicken, von Oaxaca bis nach Chihuahua. Und zum ersten Mal seit Jahrzehnten war der Staatshaushalt saniert. Worüber gab es da etwas zu klagen?

Viele hatten eine ganz einfache Antwort darauf: über die Ausländer. Sie hatten überall ihre Finger im Spiel. Díaz hatte diese verrückten französischen Ideen, wissen Sie? Er betrachtete die Gesellschaft als eine Art Riesentier, das denselben wissenschaftlichen Gesetzen folgt wie ein lebendiger Organismus. Er stellte sich die Gesellschaft vor, na sagen wir mal, wie einen Pavian oder einen Puma, der, wenn er krank ist oder sich nicht so verhält, wie man es von ihm erwartet – wenn er nicht mehr regelmäßig kackt oder vernünftig jagen lernt –, einen Doktor braucht, der ihm wieder auf die Sprünge hilft. Der Doktor trainiert dann mit ihm, damit er sich wieder so verhält, wie er soll, nicht wahr? Oder er verpasst ihm einfach eine Spritze oder ein paar Elektroschocks, und das Tier springt ganz schnell wieder im richtigen Augenblick durch den richtigen Reifen. Díaz holte Wissenschaftler ins Land, die *científicos*, und bat sie, Mexiko neu zu organisieren. Sozusagen als Ärzte für eine kränkelnde Gesellschaft, wenn Sie verstehen, was ich meine. Aber Mexiko hatte nicht genügend Geld, um ihre Vorschläge in die Tat umzusetzen, deshalb begann Díaz, ausländische Investoren zu umwerben. Pearson and Son, eine britische Firma, entwarf zum Beispiel ein Kanalisationssystem für die Hauptstadt, das wir dringend benötigten. Amerikanische, französische und britische Gesellschaften legten Eisenbahnschienen über tausende von Meilen, bauten Silber und Gold ab und förderten tonnenweise Erdöl. Alles gut und schön, aber im Handumdrehen wurden Mexiko und seine Bodenschätze von ausländischen Unternehmen ausgebeutet. Und ihr Amerikaner wart die Allerschlimmsten!

Nun, ich war noch nicht auf der Welt, als Díaz mit seinen *científicos* das Land regierte, aber während meiner Kindheit, in der Revolution und danach, ging es ständig um die bösen Ausländer, die man mit ihren ganzen Einflüssen lieber heute als morgen wieder loswerden wollte. Die fetten Bonzen, die ihre Profite in der Schweiz, in Großbritannien oder den USA anlegten und unser Volk in den Minen und auf den Feldern schuften ließen, damit sie weiter in Whiskey oder Bourbon baden konnten. Nicht Ausländer wie wir, die meine ich nicht. Wir waren im Grunde keine Ausländer. Obwohl mein Vater in Deutschland geboren wurde, was ihm Mutters Verwandte unentwegt unter die Nase gerieben haben. Sie saßen im Patio herum, nippten an ihrer Sangría und machten sich über seinen Akzent lustig. Oder sie ließen abfällige Bemerkungen über die geldgierigen Ausländer fallen und beobachteten dabei aus den Augenwinkeln, wie er reagierte. Und wenn sie meinten, ins Schwarze getroffen zu haben, warfen sie sich wissende Blicke zu. Ich weiß nicht, ob und wie sehr sich mein Vater das zu Herzen nahm. Statt einer Antwort ließ er gewöhnlich einen dieser kurzen, übertriebenen Lacher hören, die für ihn so typisch waren. Ausländer wie mein Vater waren jedenfalls überhaupt nicht das Problem, Ausländer wie mein Vater kamen, um hier zu bleiben; sie arbeiteten und leisteten einen echten Beitrag ...

Wieso meine Mutter ihn heiratete? Ob sie ihn je geliebt hat? Vielleicht. Er war kein schlechter Fang für sie, er war hübsch. Was die Leute über meine Mutter sagten, ich schäme mich richtig, Ihnen das zu erzählen, sie nannten sie ein »altes Mädchen«. Sie war verlobt gewesen, auch mit einem Deutschen, und der war gestorben. Na ja, und sie war dann die ... wie nennt man das? Die Sitzengebliebene. Mein Vater war ein junger Witwer mit zwei kleinen Kindern. Und bei meiner Mutter lief langsam die Zeit ab. Damals war es üblich, dass die jungen Mädchen vor dem zwanzigsten Geburtstag heirateten, aber meine Mutter war schon vierundzwanzig, sozusagen über die besten Jahre hinaus, und als sie dann meinen Vater kennen lernte ... Was ich damit sagen will, ist, dass sie damals irgendwie beide auf der Suche waren, sie waren attraktiv, aber hatten auch beide einen entscheidenden Nachteil. Sie das Alter, er die Kinder. Wissen Sie was, ich mag darüber gar nicht reden. Ich werde Ihnen ein anderes Mal davon erzählen. Nein, Sie werden nicht ewig drauf warten müssen. Ich erzähle es Ihnen, noch heute, bevor Sie gehen, versprochen! Also, ich war bei Porfirio Díaz. Bitte unterbrechen Sie mich nicht mit Ihren Fragen, bis ich damit fertig bin, ja?

Es war nämlich so, dass die mexikanischen Massen immer weiter verelendeten, und alle machten die Ausländer dafür verantwortlich. Die *campesinos* lebten zur Hälfte wie Sklaven. Sie schuldeten den reichen Haziendabesitzern so viel Geld, dass sie umsonst arbeiten mussten, um ihre Schulden abzubezahlen. Die meisten Leute machten keinen Unterschied zwischen einem Ausländer wie meinem Vater und den Blutsaugern, die unsere Ressourcen fraßen und unser Volk auf den Feldern krepieren ließen.

Sich selbst hielt Díaz für außerordentlich kultiviert. Er hielt sich für einen französischen *Eclair*, dabei war er nur eine mexikanische Tortilla – ein ganz gewöhnlicher Mestize aus Oaxaca! Aber er hatte Jura studiert. Ich habe nie studiert, weil es Frida war, die als die Gescheitere auf die Oberschule geschickt wurde. Ich habe mir alles selbst beigebracht, aber ich habe mir redliche Mühe gegeben, meinen Wortschatz zu erweitern, um nicht zu klingen wie ein Maultiertreiber, der den lieben langen Tag hinter den Ärschen seiner Viecher herschimpft. Wenn ich rede, versuche ich immer, das beste Wort zu treffen, das ich kenne. In meiner Jugend habe ich mich sogar systematisch darum bemüht, jeden Tag ein neues Wort dazuzulernen. Na jedenfalls, General Díaz hatte sich im Kampf gegen Diktator Santa Ana und Kaiser Maximilian einen Namen gemacht, als Mexiko noch unter französischer Herrschaft stand. Von Díaz heißt es, er habe eine unglaubliche Energie gehabt, und er war natürlich ehrgeizig. Ironischerweise hat er sich zwar unter dem Kaiser gegen die Franzosen gestellt, aber trotzdem betrachtete er Frankreich als die Wiege jeglicher Kultur. Ich meine, für ihn waren die Franzosen der letzte Schluck *pulque* im Glas. Es wäre wahrscheinlich treffender zu sagen, der letzte Schluck Champagner oder Cognac oder so was Vornehmes. *Pulque* ist was fürs Volk, für Leute wie mich. Díaz huldigte den Europäern. Es war sein größter Wunsch, so zu sein wie sie, deshalb ließ er sich aus Paris allerlei ausgefallene Pomaden und Puder kommen, um seine Haut aufzuhellen. Das ist doch lächerlich, als könnte eine Schnecke aufhören, eine Schnecke zu sein, wenn sie durch einen weißen Farbklecks kriecht.

Er hielt sich für so verdammt … wie nennt man das? Kosmo… kosmopolitisch, dass er mit dem gemeinen Volk nichts zu tun haben wollte. Stattdessen schmeichelte er sich bei den reichen Großgrundbesitzern ein und unternahm nichts dagegen, wenn sie den Indios das Land wegnahmen. Er kroch auch den Priestern in den Hintern, was sicher nicht sehr klug war, denn, wie Sie wissen – also, ich nehme mal an, dass Sie das wissen –, war die Macht der Kirche ja gesetzlich beschnitten worden, als Benito Juárez die Franzosen aus dem Land vertrieb.

Wie können Sie so etwas behaupten? Selbstverständlich waren wir gute Katholiken! Wir waren keineswegs gegen den Klerus. Ich meine, ich zumindest war nie dagegen. Ich glaube an den lieben Gott und so weiter. Frida schon, sie hasste Priester, Männer, die nicht ficken, nannte sie sie. Männer in Kleidern, die sie auch noch über den Kopf ziehen wie die Weiber. Zum Glück war es ihnen nach der Revolution verboten, ihre Ordenstracht in der Öffentlichkeit zu tragen, denn Frida machte sich einen Spaß daraus, ihnen nachzuschleichen und heimlich die Röcke zu heben: »He, *padre*, was haben Sie denn da unten für eine unnütze Nudel baumeln? Schon mal ausprobiert?« Priester aufzuziehen war eine ihrer Lieblingsbeschäftigungen, und was *ihn* betrifft, so glaubte *er* an nichts und niemanden als an seine eigene Begabung und Bedeutung, obwohl er später, im Alter, wieder in die Kirche gegangen ist. Er fand, dass er keinen Gott brauchte, weil er selbst Gott war.

Aber, um auf Díaz zurückzukommen: Er machte auch sämtliche Errungenschaften des staatlichen Bildungssystems zunichte ... Es war wirklich schlimm! Er fand das einfach nicht so wichtig. Tatsache ist aber, dass die Arbeiter und Bauern immer stärker verelendeten, deshalb regte sich natürlich Unmut gegen ihn, gegen seine *científicos* und seine Ausländer.

1910 gab es Wahlen, und Díaz verlor gegen Madero, aber dem war einiges vorausgegangen. Madero war Sohn eines stinkreichen Großgrundbesitzers und Enkel eines Politikers. Er hatte im Ausland studiert, ich glaube, in Kalifornien und in Frankreich. Trotzdem war er kein Snob. Er wollte wirklich etwas verändern. Er las die Revolutionszeitung und war bereit, sich die Hände schmutzig zu machen. Meine Schwester Adriana kann sich noch erinnern, wie sie mit meinem Vater zu den politischen Versammlungen ging. Mein Vater hatte wahrhaftig nichts für Politik übrig, aber er war Fotograf und hielt wichtige Ereignisse wie Protestmärsche, öffentliche Reden oder so gern im Bild fest. Und Madero zog riesige Menschenmassen an. Es war wie im Zirkus: Fliegende Händler boten Erdnüsse, Zuckerwatte und politische Karikaturen feil, zum Beispiel die von Posada, mit Priestern und Reichen, die als Skelette dargestellt waren – vornehm gekleidet, aber mit Totenköpfen und leeren Augenhöhlen. Madero hatte auf alle Fälle so viel Zulauf, dass Díaz kalte Füße bekam. Also tat er, was er in solchen Situationen immer tat, er brachte seinen Gegner ins Gefängnis. Aber Madero schaffte es, wieder rauszukommen, und hatte im Handumdrehen eine Revolution angezettelt.

Er bestimmte das Datum. Und an genau diesem Tag brachen überall im Land kleine Revolten aus – Buschfeuer, die von Díaz' Streitkräften natürlich mühelos niedergeschlagen wurden. Aber der Exbandit Pancho Villa, dessen Karriere mit der Ermordung des Geliebten seiner Schwester begann, erhob sich in Chihuahua, und Díaz rannte. Als dann Madero 1911 zum mexikanischen Präsidenten gewählt wurde, rannte Díaz erst recht, und zwar den ganzen Weg bis nach Paris, wo er, endlich im Schoße der Zivilisation angelangt, schließlich starb.

Aufrichtigen Präsidenten ist hier in Mexiko keine lange Amtszeit beschieden. Die Rebellenführer hatten natürlich ihre eigenen Regeln und waren nicht bereit, sich von Madero irgendwas vorschreiben zu lassen. Aber er machte sicherlich auch einen gravierenden Fehler, indem er versuchte, Victoriano Huerta loszuwerden, diesen machtbesessenen, skrupellosen Hurensohn, der unter Díaz General gewesen war. Huerta rächte sich, machte mit Maderos Gegnern gemeinsame Sache und belagerte Mexiko-Stadt. Dann haben sie Madero umgebracht.

Daraufhin gab es im ganzen Land Aufstände. Carranza drängte Huerta aus der Macht und gab sich redlich Mühe, die Lebensbedingungen der Landbevölkerung zu verbessern, aber den Radikalen wie Zapata war das nicht genug. Sie verlangten eine Landreform, und zwar sofort, und fanden, dass Carranza damit nicht richtig in die Gänge kam. Zapata verbündete sich mit Pancho Villa, und mir nichts, dir nichts hatten sie Carranza aus der Hauptstadt verjagt. Aber dann wendete sich das Blatt und, wie soll ich sagen ... Also, für uns war Zapata ein Held. Er stammte aus Morelos, wie die Familie meiner Mutter. Frida verehrte ihn wie einen Gott, und *er* nahm jedes Mal den Hut ab, wenn er nur Zapatas Namen erwähnte, als spräche er von Unserem Herrn Jesus Christus. Er senkte die Stimme und war ganz gerührt, mit Tränen in den Augen und so. Eins seiner berühmtesten Bilder stellt Zapata dar. Sie kennen es doch, Zapata auf einem Schimmel. Ich wuchs in der Überzeugung auf, dass Zapata ein Heiliger war, und ich glaube, er war wirklich einer. Ich glaube es nicht nur, nein, ich weiß es. Schließlich konnte er nichts dafür, dass sich seine Soldaten, diese ungehobelten Burschen, benahmen wie die Tiere. Er selbst, Zapata, hat nie eine Frau geschändet und nie irgendeinem Menschen etwas weggenommen. Da gibt's Geschichten!

Einmal sollen Zapatas Soldaten eine Gruppe von Frauen gefangen genommen haben, die für die Regierungstruppen waren. Die Soldaten brachten sie in ihre Gewalt und wollten später zurückkommen, um sich an ihnen zu ergötzen, etwa so wie man sich auf einer Feier die Taschen mit Konfekt voll stopft, um es später genüsslich zu verspeisen. Und dann, wer weiß, vielleicht hatten sie auch vor, sie danach umzubringen ... Jedenfalls kam Zapata vorbei, entdeckte die Frauen und fragte sie, was sie denn im Lager seiner Leute zu suchen hatten und ob sie Zapatisten seien. Die Frauen bekamen einen Riesenschrecken, denn sie waren alles andere, sie waren für die Regierung – nicht, dass das den ausgehungerten Soldaten etwas ausgemacht hätte. Für die meisten Männer ist sowieso ein Hintern wie der andere, und sie fragen eine Frau bestimmt nicht vorher nach ihrer politischen Zugehörigkeit, bevor sie sie aufs Kreuz legen. »Das sind nur Regierungsflittchen«, sagte einer von Zapatas Soldaten. »Wir heben sie uns auf für später.« Aber Zapata ließ die Frauen laufen. »Geht zurück zu euren Männern«, sagte er. »Es geht nicht um euch. Ihr seid nicht die, die gegen die Befreiungsarmee kämpfen.« Zapatas Männer, das waren lauter arme Teufel vom Land. Sie waren so lange geknechtet worden, dass sie aus dem Krieg rausholen wollten, was zu kriegen war – ein Stück Land, ein Stück Brot, ein Stück Hintern. Ihretwegen bekam Zapata den Beinamen »Attila des Südens«. Seine Männer plünderten Dörfer, brannten Hütten nieder, stahlen Vieh, vergewaltigten Frauen. Manchmal metzelten sie ganze Familien nieder. Sie zogen eine Spur aus Blut und Leichenteilen hinter sich her. Aber man muss sich bewusst machen, dass sie praktisch seit der Zeit der spanischen Eroberung unterdrückt und ausgenommen worden waren. Frida sagte immer, dass man ihnen nichts vorwerfen könne, weil ihnen noch viel Schlimmeres angetan worden war, außerdem sei ja gar nicht gesagt, dass die Geschichten über sie alle stimmten. Die Anhänger der damaligen Regierung konnten das Ganze ebenso gut erfunden oder zumindest mächtig übertrieben haben. Jedenfalls scheint sich bei Soldaten ja mit der Zeit eine wahre Mordlust zu entfalten. Und es wird erzählt, dass sie beispielsweise Schwangere ergriffen, sie an den Füßen aufhängten, ihnen die Bäuche aufschlitzten und die toten Babys den Hunden zum Fraß vorwarfen. Wenn sie die dazugehörigen Männer ausfindig machen konnten, zwangen sie sie, dabei zuzusehen. Das habe ich von Leuten gehört, die es selbst miterlebt haben. Kaum einer kann darüber reden, ohne in Tränen auszubrechen – auch Männer.

Nun gut, es gelang Carranza jedenfalls, die Hauptstadt zurückzuerobern, und 1917 wurde er der erste ordentlich gewählte Präsident nach der neuen Verfassung. Aber dann haben sie ihn auch umgebracht.

Eins hat die Revolution jedenfalls erreicht: Wir haben unser mexikanisches Erbe wertschätzen gelernt. Unter Díaz galt Europa als das unbestrittene Vorbild. In der Schule wurden europäische Geschichte, europäische Kunst und europäische Philosophie gelehrt. Aber das war alles Quatsch, denn wir sind keine Europäer. Die Revolutionäre haben diesem Unsinn ein Ende gesetzt.

Ich kann mich erinnern, als während meiner Kindheit die Revolutionsregierung im Amt war, dass alles Mexikanische als gut galt und alles, was aus dem Ausland kam, als übel. Die Frauen tauschten die europäische Mode gegen einheimische Trachten. Die vornehmen Damen, die meine Mutter zum Canastaspielen einlud, trugen die typische Kleidung aus Veracruz. In der Malerei, der Bildhauerei, der Architektur, der Musik, im Tanz, in jeder Sparte der Kultur erfuhr die mexikanische Vergangenheit eine enorme Aufwertung. Dazu hat *er* natürlich eine ganze Menge beigetragen. In seinen Wandbildern feierte er unsere Kultur. Er war eine treibende Kraft dieser Entwicklung. Durch seine Kunst hat er die Massen dazu erzogen, ihr Geburtsrecht anzutreten. Er war ein Superstar, ein Held der Revolution. Das ist das Erste, was ich von ihm mitbekam, dass er ein Nationalheld war.

Aber ich komme vom Thema ab. Das passiert mir dauernd. Ich …

mmh … also, die neue Regierung wollte jedenfalls unser präkolumbianisches Erbe neu beleben. Sie stellte Maler wie Orozcao, Siqueiros und natürlich *ihn*, den großen Diego Rivera, an, um die Wände von öffentlichen Bauten mit Fresken zu Volksthemen auszumalen. Wir beteten ihn an, weil er genauso war, wie wir sein wollten, ein guter Mexikaner, ein guter Kommunist, ein Diener des Volkes. Ich war zwar keine echte Kommunistin, aber Frida schon. Die Regierung wollte dem Volk beibringen, dass das neue Mexiko für alle da war. Sie verkündete ihre revolutionäre, mexikanische Botschaft auf Schallplatten, in Spielfilmen und durch die Kunst. Mariachi-Musik setzte sich gegen den Charleston durch. Die Kinder lernten in der Schule den *jarabe tapatío* tanzen. Überall erscholl der Ruf: *Viva México! Viva lo mexicano!*

Wie meinen Sie das, was das alles zu bedeuten hat? Sie meinen, wieso ich Ihnen das alles erzähle? Na ja, ganz einfach, um Ihnen klarzumachen, wie ich schon sagte, dass es schlechte Zeiten für Ausländer waren.

Als mein Vater 1891 in Mexiko von Bord gegangen war, waren die Zeiten noch besser gewesen. Das war meinem Vater zugute gekommen, denn er war Ausländer durch und durch. Er sah aus wie ein Ausländer, benahm sich wie ein Ausländer, sprach wie ein Ausländer und empfand wie ein Ausländer. Er war ein schlanker, hübscher, braun gelockter junger Mann mit einem dichten, an den Enden zugespitzten Schnurrbart. Seine Fotos im Familienalbum zeigen einen empfindsamen Mund und durchdringende Augen, die ich als haselnussbraun in Erinnerung habe. Aber schon damals besaß er diesen ruhelosen Blick, wie ein Hellseher oder ein Prophet. Seine Eltern, Jakob Heinrich Kahlo und Henriette Kaufmann, waren ungarische Juden, die sich in Baden-Baden niedergelassen hatten, wo er geboren wurde. Mein Großvater war Goldschmied, verkaufte aber auch Fotozubehör.

Seit seinem Sturz hatte mein Vater epileptische Anfälle. Er musste sein Studium abbrechen. Er wusste nichts Rechtes mit sich anzufangen. Da starb ihm auch noch die Mutter weg, und sein Vater nahm sich eine neue Frau, die bei meinem Vater nur »die Hündin«

hieß. »Bitte«, sagte er zu meiner Mutter, wenn sie wieder mal außer sich geriet, »halte an dich, du erinnerst mich an diese Hündin.« In meiner Kinderzeit hatten wir immer Hunde, kleine mexikanische *escuincles*, diese gelben, wissen Sie, mit dem kurzen Fell und den schwarzen Flecken, aber es mussten immer Rüden sein, sonst hätte sich mein Vater an »die Hündin« erinnert gefühlt. Mein Vater hatte jedenfalls nur einen Wunsch: wegzukommen. Auf diese Weise war er nach Mexiko gelangt.

Bei seiner Ankunft war er praktisch mittellos. Aber er hatte Glück: Es gab in Mexiko eine kleine, jedoch wohlhabende deutsche Gemeinde, und er fand Arbeit in der *Cristalería Loeb*, einer Glaserei im Besitz eines Deutschen. Später arbeitete er bei einem deutschen Juwelier, in einem Laden, der *La Perla* hieß. Dort hat er übrigens meine Mutter, Matilde Calderón, kennen gelernt, die seine zweite Frau wurde. Die erste war auch Mexikanerin gewesen, bei der Geburt von Vaters zweiter Tochter, meiner Halbschwester Margarita, war sie gestorben. In der Nacht, in der sie starb, suchte mein Vater Zuflucht bei meiner Mutter, und sie tröstete ihn so gut, dass sie drei Monate später verheiratet waren.

Böse Zungen behaupteten, sie habe alles drangesetzt, einen Mann zu kriegen, und hätte Glück, einen hübschen Deutschen mit viel versprechenden Voraussetzungen gefunden zu haben. Sie war ja vorher auch schon mit einem Deutschen liiert, der … ich weiß nicht weshalb, aber er hat Selbstmord begangen. Das hinterließ natürlich Narben in ihrer Gefühlswelt – und in ihrem Ansehen. Ein Mädchen mit einer Vergangenheit hat es in Mexiko schwer, einen Mann zu finden, selbst heute noch, und damals war das noch viel schwieriger.

Die Fotos von meiner Mutter im Familienalbum zeigen eine ernst blickende, dunkelhäutige Frau mit großen braunen Augen und einem ausgeprägten Kinn. Sie war die Älteste von zwölf Kindern und sehr katholisch. Meine Großmutter mütterlicherseits war die Tochter eines spanischen Generals und wurde im Kloster erzogen. Sie war sehr streng, regelrecht fanatisch. Obwohl mein Vater der Deutsche in unserer Familie war, war es meine Großmutter, die mich stets an einen preußischen Feldwebel erinnerte. Sie war sehr abergläubisch und sah überall Gespenster lauern, deshalb trug sie am ganzen Körper Kruzifixe.

Einmal, als ich noch ziemlich klein war, sieben oder acht Jahre alt, schenkte sie mir ein schönes goldenes Kruzifix und sagte, ich solle es nie ablegen. Es würde böse Geister von mir fern halten und die Dämonen verscheuchen. So ähnlich wie Knoblauch, nur wirksamer. Eines Donnerstags gingen wir morgens zusammen zum Jahrmarkt, und ich hatte natürlich mein Kreuz um. Ein Riesenrad war aufgestellt worden, und Verkäufer boten Luftballons und Zuckerwatte feil. Es gab Stände mit handgewebten Tüchern, Decken, Wollstoffen, Spitzenschleiern, bunten Kämmen, Spitzenbordüren, Groschenheftchen, Gebetkärtchen, Marienbildchen, Nacktfotos, Tortillas, schwarze Bohnen, *enchiladas*, allerlei Käse, Schweine, Kühe, Schafe, Ziegen, Hunde. Sie können sich vorstellen, was das für ein Gewühle und ein Lärm war. Es wimmelte von Leuten, die kauften oder verkauften, die Riesenrad fuhren oder einfach nur guckten. Ich war so aufgeregt, dass ich anfing, Purzelbäume zu schlagen, ich war schließlich noch klein, und dabei fiel mir das Kreuz vom Hals und auf den Boden. Im nächsten Augenblick hatte ich es schon wieder aufgehoben, aber meiner Großmutter war es nicht entgangen! Sie schüttelte und ohrfeigte mich, bis mir das Blut von den Lippen sprang, dabei schrie sie, was ich mir eigentlich dabei dächte, den Herrn Jesus Christus so zu beleidigen. Aber was sei von der Tochter eines hässlichen Juden, der mich dazu erzogen habe, den Herrn und Heiland zu missachten, schon anderes zu erwarten! Sie verlangte von mir, das Stück Metall mit blutigen Lippen zu küssen, auf der Stelle hinzuknien und laut zehn Ave-Maria zu beten. Wenn sie es mit meiner Schwester zu tun gehabt hätte, dann hätte sie vermutlich zu hören gekriegt, sie sollte sich ihr blödes Kreuz – vergib mir, Jesus – sonst wohin stecken, aber ich saß einfach nur auf der Erde, während sich meine Großmutter vor mir aufbaute, die Hände in die Hüften gestemmt und die Füße wie zwei Eichenstämme in den Boden gerammt. »Wird's bald!«, schnauzte sie mich an. Aber ich rührte mich nicht. Meine Großmutter stand über mir, hatte ihre langen Zöpfe auf beiden Seiten des Kopfes zu Schnecken gesteckt wie die Ohren eines Nagetiers und führte sich in einer Weise auf, dass die Vorübergehenden mit den Fingern auf uns zeigten.

»Bete!«, herrschte sie mich an.

Aber ich saß stocksteif mit ausgestreckten Beinen auf der Wiese und weigerte mich, auf die Knie zu gehen.

»Bete!«, brüllte sie. Dann zog sie ein Spitzentaschentuch aus dem Busen, knüpfte es auf und brachte einen silbernen Rosenkranz zum Vorschein. Sie ging selbst auf die Knie, um mir vorzuführen, wie sie es meinte. Um uns herum war emsiges Treiben, die Menschenmenge schob sich vom Schweinestand zum Riesenrad und von der Tortilla-Verkäuferin zum Karussell. Über dem Ballonmann schwebten die Luftballons wie ein Schwarm leuchtender Vögel. Aber meine Großmutter ließ sich von dem Marktbetrieb nicht beirren, kniete nieder und rezitierte den Rosenkranz.

Meine Mutter wurde von ihrer Mutter im Glauben unterwiesen, Sie können sich also vorstellen ... Ihr Vater, Antonio Calderón, war Fotograf, und von ihm hatte sie den Blick fürs Detail, der sie in Haushaltsdingen so penibel machte. Alles musste perfekt sein, jedes Ding an seinem Platz stehen. Jedes Mal, wenn sie vom Einkaufen, vom Canastaspielen oder aus der Kirche zurückkehrte, ließ sie einen Kontrollblick über den Wandschmuck wandern. Dann zitierte sie das Stubenmädchen herbei: »Rufina, ich habe dir verboten, die Bilder abzustauben, jetzt hängen sie alle krumm und schief! Oh, wie kann ich bloß in einem Haus leben, in dem immer alles drunter und drüber geht!« Dann fuhr sie mit dem Zeigefinger über die Wände, die Simse und die Wohnzimmermöbel. »Hier ist noch Staub!«, fuhr sie Rufina an. Das Mädchen murmelte ein »*Si, Señora*«, aber wenn man sie ansah, wusste man, dass sie in Gedanken längst woanders war, vermutlich bei ihrem Freund in Oaxaca.

Das eigene Erscheinungsbild war meiner Mutter aber fast noch wichtiger als das ihres Hauses. Sie liebte Kleider. Zur Kirche ging sie in einem wunderschönen schwarzen Jerseykostüm mit gestepptem Kragen und je einer Schleife am Hals und an der Taille. Es war vorne gepaspelt, und der Rock ging bis zur halben Wade, was damals der »luxuriöse Armen-Look« genannt wurde. Zurschaustellungen von Wohlstand kamen nach dem Krieg nicht in Frage, aber von einer Frau wie meiner Mutter konnte man wahrhaftig nicht erwarten, dass sie sich kleidete wie die Bauern. Nein, die Veracruz-Trachten, die waren nichts für sie, und sie trug sie nur in Ausnahmefällen. Auch ihre Accessoires waren stets perfekt: schwarze Lederhandschuhe, ein Hütchen mit schmaler Krempe, das ihr einen dramatischen Schatten über die Augen legte, modische Riemenpumps mit Blockabsatz. Und wenn sie sich mal nach traditioneller Art kleidete, um ihre Solidarität mit dem Volk zu bekunden, achtete sie stets auf Qualität: versäuberte Säume, gefütterte Taillen, tadellose Stickereien am Rocksaum und am Halsausschnitt und natürlich den passenden Schmuck. Die Leidenschaft für Kleider erbte Frida von meiner Mutter. Die beiden besaßen nämlich mehr Gemeinsamkeiten, als sie zugaben.

Mein Großvater Antonio war ein dunkelhäutiger Mann mit indianischen Gesichtszügen, einem Ziegenbärtchen und vollen Lippen, die gekrönt waren von einem abwärts gebogenen Schnauzbart. Damit sah er aus wie eine Karikatur von Zapata, ich meine diese Bilder, die nach Zapatas Tod in Mode kamen, als Zapata nicht mehr wie ein Halbgott verehrt wurde und viele schon wieder vergessen hatten, was er für sie erkämpft hatte. Mein Großvater Antonio richtete kaum je das Wort an uns, und wenn man meiner Mutter glauben will, so hielt er es mit seinen eigenen Töchtern auch nicht viel anders. Meine Mutter sagte immer, er sei so schweigsam wie ein Schatten und so lautlos wie der Einbruch der Dunkelheit. Aber er schaffte es dennoch, seine Familie zu ernähren. Sie hatten ein kleines Haus, einfach, aber sauber und ordentlich. Sie waren, was wir »arm, aber anständig« nennen. Im Klartext hieß das, man konnte sie zum Abendessen einladen, wenn man sicherging, dass sonst niemand kam.

Meine Mutter hatte keine großartige Schulbildung genossen, aber sie war eine kluge Frau. Vermutlich hat sie nie etwas von den Surrealisten, von Freud oder der Oktoberrevolution gehört, genauso wenig wie von all dem anderen überkandidelten Kram, um den Fridas und Diegos Gespräche ständig kreisten – sie stellten gern ihre Überlegenheit zur Schau –, aber sie konnte Geld zählen wie eine Rechenmaschine. Wie gesagt, bei meiner Mutter musste alles am richtigen Platz sein, daher bestand ihre erste Handlung, nachdem sie meinen Vater geheiratet hatte, darin, dessen Töchter aus erster Ehe loszuwerden, meine Halbschwestern María Luisa und Margarita. Es ging nicht nur darum, dass sie sie störten oder an ihre Vorgängerin erinnerten, es ging vor allem darum, dass sie in ihrer Familie einfach fehl am Platz waren. Meine Mutter schickte sie zu den Nonnen, und damit waren sie aus dem Weg. Ich habe sie jahrelang kaum gekannt und in meinem kindlichen Gemüt eine Vorstellung von ihnen entwickelt wie etwa von Aschenputtels gottlosen Stiefschwestern. Dabei war ich natürlich Aschenputtel, ist ja klar. Hahaha! Das ist wirklich ein Witz! *Sie* war Aschenputtel. *Sie* war es, die den Prinz heiraten würde. Jedenfalls haben wir uns irgendwann alle angefreundet, wie echte Schwestern, aber das war erst viel später.

Als Nächstes nahm meine Mutter die Aufgabe in Angriff, aus meinem Vater einen echten Mexikaner zu machen. Er war so deutsch! Das sagte meine Mutter immer, er sei so deutsch wie ein Schnitzel, so deutsch wie der Rhein oder das Oktoberfest. Also gut, nachdem er sich eine neue Frau genommen hatte, nahm mein Vater auch einen neuen Namen an und nannte sich fortan Guillermo. Na ja, er konnte schließlich nicht als Wilhelm bei uns rumlaufen, oder? Meine Mutter erzählte, dass er sich nach Kräften bemüht habe, ein Mexikaner zu werden. Trotzdem war er überall Außenseiter. Sein starker deutscher Akzent mit dem hässlichen »r« ärgerte ihn und war ihm peinlich, aber es gelang ihm nicht, ihn abzulegen. Das scharfe mexikanische Essen schlug ihm auf den Magen. Aber was ihn schier zur Verzweiflung brachte, war das allgemeine Durcheinander und die vollständige Desorganisation, die unser mexikanisches Leben beherrschte. Und dann gab es da noch die Sache mit der Religion. Mein Vater war beileibe kein Fanatiker und hat seine eigene Religion nie ausgeübt. Aber mit dem Katholizismus konnte er sich auch nicht anfreunden. Mutters Vernarrtheit in die Bilder des Gekreuzigten empfand er als morbid. Zu verlangen, dass man die andere Backe hinhielt, oder Wasser in Wein zu verwandeln, das war ja noch in Ordnung, fand er, aber dass einer die Gläubigen vor sich hinknien und einen anbeten ließ, während er alles mit seinem Blut vollkleckerte, das war meinem Vater einfach zu viel. Er hasste Mutters Kruzifixsammlung und verstand nicht, weshalb sie stapelweise Bilder des leidenden Christus hortete – auf denen ihm das Blut über die Stirn floss, das Blut aus der Seite quoll, das Blut von den Händen troff. Blut! Blut! Blut! Ihm wurde davon übel, behauptete er und wollte keins dieser Bilder vor einer Mahlzeit zu sehen bekommen. Im Laufe der Zeit entwickelte er sich regelrecht zum Atheisten, und er reagierte immer ungehaltener auf Mutters Novenen und Rosenkranzgebete.

Nein, die mexikanische Lebensart war nicht die seine. Auch sein Umgang mit Arbeit und Zeit war durch und durch deutsch. Er war übertrieben pünktlich und sehr genau. Man konnte die Uhr danach stellen, wann er morgens das Haus verließ. Er gehörte nicht zu den Männern, die sich eine ausgedehnte Siesta gönnen oder zum Mittagessen nach Hause kommen, was damals jeder Mexikaner tat.

Mit den Jahren zog mein Vater sich immer mehr in sich selbst zurück. Vielleicht bereute er es, nach Mexiko ausgewandert zu sein und sich in diesem wunderschönen, aber chaotischen Land niedergelassen zu haben. Vielleicht verlangten wir ihm auch zu viel ab. Vielleicht war die Anstrengung, einer von uns werden zu wollen, für ihn einfach nicht zu bewältigen. Auf jeden Fall verbrachte er immer mehr Zeit in seinem Studierzimmer, las, klimperte eigene kleine Kompositionen auf dem Klavier, hörte Musik oder spielte Schach mit seinem einzigen Freund, einem hageren alten Mann, den niemand richtig kannte. Er hieß Neftali, und ihm zitterten die Hände, wenn er die Schachfiguren bewegte, aber er war ein guter Stratege, hatte die Gabe der Konzentration und war der richtige Schachpartner für meinen Vater, der seine Gesellschaft zu schätzen schien, obwohl sie nur selten ein Wort miteinander wechselten. Ich kann mich erinnern, dass er gelegentlich zu uns kam. Er hatte eine fahle Gesichtsfarbe und beinahe keine Haare auf dem Kopf. Sein

Atem stank nach … ich weiß nicht was … Tabak und verrottetem Fisch, vielleicht. Ja, der alte Don Neftali und mein Vater konnten sich stundenlang am Tisch gegenübersitzen und den nächsten Zug planen oder warten, bis der andere zog, ohne ein einziges Wort zu sprechen. Don Neftali respektierte Vaters Bedürfnis nach Stille, und ich glaube, dass ihn mein Vater deshalb so gemocht hat.

Mit Ausnahme von Frida schien sich mein Vater aus keinem von uns Kindern wirklich etwas zu machen. Er war uns nicht feindlich gesonnen, aber er war distanziert und gleichgültig. Frida sagte immer, er sei der Archetyp des brütenden deutschen Romantikers gewesen – nur eine Haaresbreite vom Wahnsinn entfernt.

Aber selbst ein brütender Romantiker muss seinen Lebensunterhalt verdienen. Meine Mutter drängte Papa dazu, Fotograf zu werden, ich nehme an, weil es der Beruf ihres Vaters war. Sie hat immer behauptet, mein Vater hätte nichts aus sich gemacht, wenn sie nicht gewesen wäre. Mein Großvater Antonio Calderón lieh ihm die erste Kamera; damit begann mein Vater seine Laufbahn. Zunächst nahm er Landschaften, Ruinen, Bauwerke, Innenräume auf. Später hat er auch Massenaufläufe und politische Proteste fotografiert, nicht für die Presse oder für die Regierung, sondern nur für sich, weil sie ihm interessant erschienen … ich meine, aus künstlerischer Sicht. Mein Vater war äußerst genau, fast schon pingelig. Beim Fotografieren sind solche Eigenschaften natürlich von Vorteil. Er komponierte seine Bilder sehr sorgfältig, die Perspektive, den Winkel, das Licht. Alles, was Frida später zu einer großen Malerin machte, machte meinen Vater zu einem großen Fotografen. Und da er für seinen Anspruch auf Präzision die besten Geräte brauchte, begann er, hochwertige Kameras und Linsen aus Deutschland zu bestellen. Es ist also kaum verwunderlich, dass Díaz' *científicos* auf ihn aufmerksam wurden, denn wer anders als sie wusste die Begabung und das technische Können eines Europäers zu schätzen.

Nun, die Hundertjahrfeier von Mexikos Unabhängigkeit von Spanien stand vor der Tür. Die *científicos*, die ja wussten, dass die Regierung ziemlich unbeliebt war und sie selbst auf wackeligen

Posten saßen, dachten, sie könnten Díaz' Ansehen aufpolieren und die öffentliche Meinung umstimmen, wenn sie einen großen Wirbel veranstalteten. Der staatliche Schatzmeister beschloss, das mexikanische Erbe in einer Reihe luxuriöser Kunstbücher zur Geltung zu bringen, und suchte einen geeigneten Fotografen, um Mexikos präkolumbianische und koloniale Architektur im Bild festzuhalten. Der Auftrag war meinem Vater wie auf den Leib geschneidert.

Mein Vater war so stolz auf die Bilder, die er damals aufnahm! Meine Mutter hängte eine kleine Auswahl davon in unser Wohnzimmer, z. B. den Popocatepetl bei Sonnenuntergang, wie er mit seinem ungleichmäßigen vulkanischen Gipfel in den roten Dunst ragt; oder die Kathedrale in Puebla, von ihren quadratischen Türmen flankiert wie von zwei Riesen; oder Tascos sonnige Kolonialstraßen, die stuckverzierten Häuser, die verführerischen Balkone, die roten Dachziegel und schmiedeeisernen Gartentore. Die Hundertjahrfeier gehörte zu den wenigen Themen, die bei meinem Vater Begeisterung auslösten. Er war kreuz und quer durch Mexiko gereist. »Für diese Aufnahme musste ich fünf Stunden warten, bis das Sonnenlicht genau im richtigen Winkel stand!«, prahlte er. Jedes Foto hatte seine Geschichte, und ich lernte von diesen Bildern mehr über die mexikanische Vergangenheit und Geographie als aus irgendeinem Schulbuch. Mein Vater widmete dem Projekt vier Jahre: von 1904 bis 1908. Er benutzte die besten deutschen Kameras dafür und stellte an die tausend Glasplatten her.

Die Regierung zahlte gut. Kaum hatte mein Vater sein erstes Honorar in der Tasche, da ließ er in einem gepflegten Wohnviertel von Coyoacán, an der Ecke Calle Allende, Calle Londres, in der günstigen Lage zwischen dem Hauptplatz und dem Markt, ein Haus bauen. Unser Haus. Das Haus, in dem Frida und ich aufgewachsen sind. Später dann war es ihr Haus, ihrs und Diegos. Heute ist es ein Museum. Das Frida-Kahlo-Museum. Dass auch ich einmal dort gelebt habe, interessiert natürlich niemanden.

Es ist ein weitläufiges Gebäude im Kolonialstil. Wie andere Häuser der traditionellen Bauweise hatte es keine Flure, sondern die

Räume waren untereinander verbunden und öffneten sich mit französischen Fenstern zu einem großen Innenhof, in dem allerlei tropische Pflanzen wuchsen. Unfehlbar in ihrem Geschmack, richtete meine Mutter das Wohnzimmer mit vornehmen französischen Möbeln ein, was dem Stil der Zeit unter den Mexikanern der oberen Mittelklasse – zu der wir damals zählten – entsprach. Ich rede von der Zeit, bevor wir verarmten, müssen Sie wissen. Von der Zeit, bevor es nicht mehr angesagt war, Ausländer zu sein. Von der Zeit, bevor mein Vater fast alles verlor.

Neben dem Wohnzimmer lagen das traditionelle Esszimmer und eine große Küche. Das Elternschlafzimmer grenzte direkt an das Esszimmer, was mir heute seltsam vorkommt, aber damals fanden wir das ganz normal, weil wir es nicht anders kannten. An der Außenfassade blickten hohe Fenster mit grauen Läden zur Straße. Mein Vater ließ das Haus indigoblau streichen und rot umranden. In einer düsteren nordischen Stadt hätte diese Farbenfreude vielleicht schockierend gewirkt, aber in Coyoacán war das gang und gäbe. In unserer Stadt wimmelte es nur so von bunten Bauwerken – Block für Block reihten sich rosa Häuser neben gelbe und lavendelfarbene. Wie ein Kaleidoskop oder eine Farbpalette, auf der ein Maler mit den verschiedensten Mischungen experimentiert hatte. Vielleicht hatte Frida ihren verblüffenden Farbsinn ja daher. Und ich auch. Ich habe immer eine Vorliebe für leuchtende Farben gehabt. Weil ich von Farben umgeben aufwuchs – Rot wie flüssiges Sonnenlicht, Grün wie zerstobener Smaragd, Blau wie die Augen eines Neugeborenen. Stämmige Zedern standen in den mit Abfällen gefüllten Aussparungen des gepflasterten Gehsteigs. Sie spendeten unserem Haus Schatten und gaben unserer Straße einen einladenden Anblick.

Mein Vater war kein Mann der Politik. Was er wirklich mochte, war dasitzen und sinnieren. Obwohl er über vieles nachdachte, machte er sich über Díaz' Politik keine Gedanken. Er lebte gut von der Regierung und war's zufrieden. »So, das Regime ist also korrupt? Gibt es sonst noch was Neues? Es ist korrupt, so? Wenigstens herrscht Ruhe im Land«, sagte er. »Solange Ruhe herrscht, ist nichts daran auszusetzen. Das nächste Regime wird nicht nur korrupt, sondern auch lärmend sein.«

Aber als die Revolution ausbrach, musste man Farbe bekennen: War man für die Rebellen oder gegen sie? Mein Vater konnte sich nicht entscheiden. »Wem nutzt denn dieser ganze Ärger?«, sagte er zu meiner Mutter. »Wieso kann man uns nicht einfach in Frieden leben lassen?«

Nach Díaz' Sturz lieferten sich die Zapatisten und die Carranca-Anhänger auch in Coyoacán ihre Gefechte. Weil mein Großvater Antonio ein Indio aus Morelos war, wo Zapata herstammte, hielt meine Familie es mit den Zapatisten. Meine Mutter öffnete unser Haus für Zapatas Kämpfer und gestattete ihnen, durch die Fenster der Calle Allende in unser Wohnzimmer zu steigen. Inocencia, Concha und Rufina schnitten aus Bettlaken Verbände zurecht, während meine Mutter den Soldaten die Wunden mit Seife und Jod auswusch. Meine Mutter gehörte weiß Gott nicht zur überfürsorglichen Sorte, und ich bin sicher, dass der Geruch nach Blut, Schweiß und Kot ihr Übelkeit verursachte, aber sie betrachtete es als ihre vaterländische Pflicht, den Männern, die sich gegen den Tyrannen erhoben, zu helfen. Schließlich betrieb Díaz den Ausverkauf unseres Landes an die Franzosen, die Engländer, die Amerikaner und jede andere ausländische Macht, die etwas vom Kuchen abhaben wollte.

An Lebensmitteln gab es, außer Tortillas, nicht viel zu teilen. Die Märkte waren geschlossen. Es war gefährlich, aus dem Haus zu gehen, denn die Soldaten gaben sich ihre Schusswechsel auf den Plätzen und in den Gassen, und hinter jedem Tor lauerte ein Scharfschütze. Manchmal weiß ich nicht mehr so genau, woran ich mich wirklich selbst erinnere aus dieser Zeit. Ich kann es unmöglich sagen, ich habe so viele Geschichten von der Revolution gehört, dass meine vermeintlichen Erinnerungen ebenso gut die Berichte anderer sein können oder Szenen aus Büchern oder Filmen. Während meiner Kindheit und Jugend und auch danach war der Bürgerkrieg das beherrschende Thema. Diego und Frida, die konnten Geschichten erzählen! Dabei war Frida damals ein kleines Kind gewesen, genau wie ich. Aber wenn man sie reden hörte, konnte man meinen, sie hätte an vorderster Front gestanden, mit einer Pistole in jeder Hand. Ich weiß nicht, ob die Bilder in meinem Kopf Erinnerungen sind oder Erfindungen. Manchmal bin ich mir da überhaupt nicht mehr so sicher. Frida, ja Frida, die war sich immer in allem so vollkommen sicher.

Aber bestimmte Bilder ... bestimmte Bilder haben sich unauslöschlich in mein Gedächtnis eingegraben. Ganz bestimmte grässliche Szenen, die mich regelrecht verfolgen. Vorfälle, die wahr sein müssen, weil ich sie lebhaft vor Augen habe. Ich muss noch sehr klein gewesen sein, als es geschah. O Gott, es war entsetzlich, direkt vor unserem Haus wagte sich ein Kind auf die Straße hinaus, ein Junge mit einem niedlichen Lächeln, dem das glatte schwarze Haar in die großen schwarzen Augen fiel. Manchmal spielte er nackt in seinem Patio – er kann nicht älter als vier oder fünf gewesen sein – und Frida spritzte so lange Wasser auf ihn, bis sich der kleine Pimmel aufstellte. Dann kreischte sie los vor Vergnügen. Dieser kleine Junge jedenfalls, sein Name war José Luis, ging auf die Straße und ... und ... o Gott ... ich erinnere mich so deutlich, als wäre es erst ein paar Sekunden her. Ein Heckenschütze schoss ihm den Kopf ab. Ich habe es gesehen! Ich habe es durch unser Fenster mit eigenen Augen gesehen! O Jesus, dieser arme kleine Junge, das arme kleine Engelchen ... Sein Körper blieb beinahe eine Minute aufrecht stehen, bevor er noch bebend, gerade fünf Meter von unserem Haus entfernt, zu Boden ging. Das Blut quoll ihm aus den Adern und sammelte sich in dicken, klebrigen Lachen, die später von streunenden Hunden aufgeleckt wurden. Die Mutter wurde hysterisch. Seine liebe, mildtätige Mutter Doña Ramona, sie war eine so gutmütige Frau. Er war ihr einziges Kind ... Sie konnte ihn nicht gleich holen. Die Soldaten zielten auf alles, was sich rührte. Schließlich hielt sie es nicht länger aus. Sie kroch über das Kopfsteinpflaster und las erst die Schädelteile und dann den Torso ein. Dass sie dabei nicht ums Leben kam, ist das reinste Wunder. Vielleicht wäre es besser gewesen.

Es gab einen weiteren Vorfall. Ein Esel war aus seinem Pferch ausgerissen und von einem Gewehrschuss am Auge verletzt worden. Er brüllte vor Schmerz und lag schreiend im Todeskampf, bis ihm endlich ein Scharfschütze den Gnadenschuss versetzte, aber weniger, um das arme Geschöpf zu erlösen, als um dem Geschrei ein Ende zu machen. Auch diese Szene beobachtete ich vom Fenster aus, und irgendwie, obwohl es sich nur um einen Esel handelte, machte mich sein Tod fast so betroffen wie der von José Luis. Das arme Tier, es schrie und schrie, iiaaa, iiaaa, zum Herzerweichen! Es war ein unschuldiges Opfer. Wieso mussten sie ihn umbringen? Ich war noch ein kleines Kind und verstand nichts von der Revolution. Ich sah nur das Blut, wie es mit Staub und Schutt gemischt über das Pflaster floss und durch die Fugen in den Boden sickerte, um die riesige dicht belaubte Zeder vor unserem Haus zu nähren.

Ich glaube, darum ging es. Einige mussten sterben, um den Geist und die Seele Mexikos zu nähren. Einige mussten sterben, damit wir eine Zukunft hatten. Aber warum dieser arme kleine José Luis und dieses arme, arglose Tier ... Manchmal sehe ich einfach keinen Sinn darin.

5

Das Spiegelbild trog. Es zeigte ein schlankes, aber wohlgeformtes junges Mädchen mit dichten, schwarzen Locken, geradem Pony und breiten Augenbrauen, die über der Nasenwurzel beinahe zusammenstießen und ihr ein düsteres, ernstes Aussehen gaben. Frida runzelte die Stirn und schob die Brauen über den dunklen Augen zu einer geraden Linie zusammen. Sie sah aus wie eine Schülerin, die viel lernt, ihren Lehrern Freude macht und die Erwartungen ihrer Eltern erfüllt – eines jener Mädchen, deren vorbildliches Verhalten in ihrer Umgebung Kommentare hervorrief wie: »Oh, Señora Kahlo, Sie müssen stolz auf sie sein.« Sie verstand es, diesen Eindruck zu erwecken. Sie verstand es, den Erwachsenen Bemerkungen zu entlocken wie: »Was für eine vollkommene kleine Dame! Wenn doch bloß ihre jüngere Schwester auch ... nun ... auch ein wenig mehr davon hätte!«

Sie trug keine Uniform, weil an ihrer neuen Schule keine verlangt wurde, aber ihre weiße Bluse, der eng anliegende Sweater und der dunkelblaue Faltenrock erinnerten an die Kleidung, die heutzutage an staatlichen Schulen getragen wird. Sie wissen schon, diese albernen marinefarbenen Trägerröcke und dazu Matrosenblusen. Sie trug schwarze Wollstrümpfe und bequeme, wetterfeste Stiefeletten von der Sorte, in denen man sich garantiert keine Blasen läuft. Der rechte Schuh war mit Socken und Lappen ausgestopft, damit er passte. Als Kopfbedeckung hatte sie einen schwarzen Strohhut mit breiter Krempe und einem weißen Hutband, dessen Enden sie hinten herabbaumeln ließ. »Die vollkommene Dame!«

Frida prüfte ihr Bild im Spiegel. Sie schürzte die Lippen, um sich ein entschlossenes Aussehen zu geben. Sie verschränkte die Arme vor der Brust und richtete sich zur vollen Größe auf – etwas über einen Meter fünfundfünfzig – und machte dann ein finsteres Gesicht. Sie nahm den Hut ab, setzte ihn wieder auf und arrangierte die Bänder so, dass sie ganz genau mittig über den Rücken fielen. Sie nahm einen Handspiegel und kontrollierte ihr Aussehen von hinten. Sie spuckte sich auf die Finger und feuchtete den Pony an, dann fuhr sie mit dem Zeigefinger darunter entlang, um sich zu vergewissern, dass er eine perfekte Horizontale bildete. Schließlich öffnete sie ein Schubfach und holte einen zwischen der Unterwäsche versteckten Lippenstift hervor. Damit schminkte sie sich vorsichtig die Lippen. Anschließend tupfte sie ein paar Mal mit dem Finger auf den Stift und rieb sich die Farbe auf die Wangen. Nur einen Hauch, damit meine Mutter nichts bemerkte, eine ganz zarte Tönung. Dann studierte sie erneut ihr Spiegelbild, drehte sich nach rechts und nach links, um sich in unterschiedlichen Positionen zu begutachten. Nein, die Wirkung gefiel ihr ganz und gar nicht. Sie wischte sich die Farbe aus dem Gesicht, holte einen anderen Stift heraus und versuchte es mit einem neuen Ton. Dann nahm sie eine majestätische Haltung ein – Kinn vor, Schultern zurück, Füße in die vierte Position, wie eine Ballerina von Degas. Frida posierte für ihr Leben gern. Fortwährend stand sie vor dem Spiegel und übte Posen ein. Das ist der Grund, weshalb sie später als Malerin so viele Selbstporträts malte. Sie liebte es, sich im Spiegel zu betrachten. Sie war fasziniert von sich.

Das soll keine Kritik an Frida sein. Ich weiß, was Sie jetzt denken, aber ich meine das nicht negativ. Es ist nur …

Ich glaube, sie nahm mich überhaupt nicht wahr und hatte ganz und gar vergessen, dass ich da war.

»Du siehst aus wie eine Affenfrau«, kicherte ich.

Sie wirbelte herum, als hätte ich sie mit einem Gummi angeschnippt. Ping!

Ich nahm die Hände unter die Achseln und kratzte mich. »Affenfrau!«, röhrte ich. »Affenfrau! Affenfrau!«

Frida streckte sich selbst die Zunge heraus, dann prustete sie los.

»Na, was ist, Frida? Findest du nicht auch, dass du aussiehst wie eine Affenfrau? Tust du nämlich.«

Ein Kamm flog in meine Richtung, aber ich duckte mich. Sie schnitt sich eine Grimasse und zog den Mund mit den Fingern zu einem grotesken Affengesicht. »Ugh! Ugh! Waaaaa!«, grölte sie in den Spiegel. »Ich, Affe! Ich, Affe!«

Ich saß mit eingezogenen Beinen auf dem Bett und beobachtete, wie sich meine Schwester für ihren ersten Schultag in der staatlichen Vorbereitungsschule, der Preparatoria, zurechtmachte.

»Ich sehe aus wie ein echter Blaustrumpf!«

»Nein, tust du nicht, Frida«, sagte ich. »Du siehst niedlich aus.«

»Niedlich! Ich will nicht niedlich aussehen. Puppen sehen niedlich aus. Da ist mir die Affenfrau wesentlich lieber!« Frida schob die Brust vor und ließ den Busen wackeln.

»Carmen Frida Kahlo, die Sexbombe der Preparatoria!«

Ich lachte, denn ich wollte ihr am ersten Schultag nicht die Laune verderben. Wenn irgendetwas schief ging, war ich dann am Ende wieder schuld. Aber Fridas Idee, in der Prepa die Sirene zu spielen, fand ich nicht sonderlich klug. Ich war inzwischen vierzehn und wusste, dass so was nicht ungefährlich war.

»Du solltest vorsichtig sein, Frida! In die Schule gehen fast nur Jungen. Wenn du zu viel mit dem Hintern wackelst, wirst du Probleme kriegen. Und noch ein Tipp: Achte auf deine Zunge.«

Frida nahm eine neue Stellung vor dem Spiegel ein. Sie ließ genüsslich die Zunge über die vollen, sinnlichen Lippen gleiten. Dann spitzte sie den Mund, öffnete ihn und streckte die Zunge heraus, als wollte sie einen unsichtbaren Liebhaber damit beglücken.

»Liebling«, stöhnte sie. »Liebling!« Sie begann mit halb geöffnetem Mund wie in höchster Erregung die Lippen zu bewegen. »Oh!«, keuchte sie. »Oh, Liebling, mach weiter!« Dabei schielte sie ihr Spiegelbild an und strich sich mit den Händen von oben nach unten über den Körper. »Ah! Ahhhh ahhhhh ohhhh ahhhh!« Dann ging sie ganz dicht ans Glas und tat, als wollte sie es ablecken.

Ich musste fürchterlich lachen.

»Was machst du da, Frida?«

»Ich achte auf meine Zunge, du Trottel! Das hast du doch gesagt: ›Und noch ein Tipp: Achte auf deine Zunge!‹? Du siehst also, ich folge nur deinen Anweisungen, wie ein, na ja, wie ein wohlerzogenes dreizehnjähriges Mädchen eben.«

Dann nahm sie eine ernste Haltung ein. »Wie es einem wohlerzogenen dreizehnjährigen Mädchen geziemt«, verbesserte sie sich. »Ich will dir nur zeigen, wie gehorsam ich bin.«

Frida senkte den Kopf und mimte die Unterwürfige. Sie war sehr geschickt darin, die Rolle des braven kleinen Mädchens zu spielen – und damit ihren Willen zu kriegen. Oder die Rolle der kühnen Rebellin. Je nachdem, womit sie besser durchkam.

Sie nahm Anlauf und landete mit verschränkten Beinen auf dem Bett. Dann schaukelte sie im Sitzen auf und ab und sang dabei wie einen Kinderreim: »Frida ist ein braves Kind! Frida ist ein braves Kind!«

»Du bist nicht dreizehn, du Lügnerin. Du bist fünfzehn.«

»Ich bin dreizehn! Oder willst du etwa eine alte Señora aus mir machen, du kleines Biest.«

»Na komm, Frida! Du weißt genau, wie alt du bist! Ich bin deine Schwester, in Gottes Namen! Ich bin vierzehn, und du bist elf Monate älter als ich!«

»Nicht in Gottes Namen, sondern in Papas! Er war es doch, der Mama gebumst hat, damit du dabei herauskamst! Oder glaubst du, du bist durch die Unbefleckte Empfängnis entstanden, wie das Jesuskind? Aber was soll's? Welchen Unterschied macht es denn, wenn ich mir zwei Jahre abziehe? Ich habe schließlich durch die Kinderlähmung zwei Jahre verloren.«

»Ein Jahr, Frida!«

»Na ja, ist doch egal. Ich bin jedenfalls eine der Jüngsten in der Preparatoria. Und wenn nicht eine der Jüngsten, dann wenigstens eins von den wenigen Mädchen!«

»Stimmt, Frida, du wirst etwas ganz Besonderes sein.« Das wollte sie nämlich hören, dass sie die Ausnahme war, etwas Außergewöhnliches. Die letzte *enchilada* im Topf. Der letzte Wassertropfen in der Wüste. Sie war tatsächlich irgendwie ein Wunderkind, aber sie wollte es auch ständig bestätigt haben.

»Ja, verdammt! Ich werde etwas ganz Besonderes sein, und sie werden sich in Acht nehmen müssen, diese seriösen alten Ärsche!«

Mir war klar, dass Frida in Wirklichkeit schrecklich nervös war. Ihre Nervosität hatte mich angesteckt, und mein Magen fühlte sich an, als würden lauter kleine Bienen darin herumschwirren. Keine Schmetterlinge mit großen Flügeln, sondern aufgeregte kleine Bienen. Die staatliche Vorbereitungsschule war riesig, und meine Schwester würde eins der wenigen Mädchen dort sein. Aber damit nicht genug, sie würde auch jeden Tag alleine mit der Straßenbahn in die Stadt fahren. Sie war es gewohnt, in Begleitung von mir, Concha oder Vater Coyoacán zu durchstreifen, aber das hier war etwas anderes. Sie würde Neuland betreten, und zwar alleine. Der bloße Gedanke daran machte mich ganz zappelig.

Die staatliche Vorbereitungsschule – die Preparatoria – war nicht nur Mexikos beste Oberschule, sie war auch das Symbol einer ... wie könnte ich es am besten ausdrücken? ... einer gewissen Jetzt-werden-wir's-euch-aber-zeigen-Mentalität, die nach der Revolution allgemein verbreitet war. Sie müssen wissen, dass die Prepa einen sehr guten Ruf hatte und einen sehr hohen Anspruch vertrat, damit Sie verstehen, was es bedeutete, dass Frida, *unsere* Frida, meine eigene Schwester Frida, als Schülerin dort angenommen worden war.

Die Prepa war mal eine Jesuitenschule gewesen, eine Art humanistisches Jungengymnasium mit Fächern wie Latein, Französisch, Theologie und so weiter, für Söhne aus reichem Hause. Als Juárez Präsident wurde, zerschlug er die europäische Tradition mit der Machete und machte aus der Prepa eine hochrangige Oberschule mit einem Kurssystem, ähnlich wie an der Universität. Dort sollte der fähigste Nachwuchs für die Führungspositionen des Landes herangezogen werden, *la crema de la crema*, wie es hieß. Doch wurde dieses Vorhaben vereitelt, als Díaz an die Macht kam und die Schule in die Obhut seiner *científicos* gab, die sie wieder in eine Lehranstalt nach europäischem Vorbild zurückverwandelten. Nach der Revolution machte dann der Erziehungsminister José Vasconcelos aus der Prepa eine der berühmtesten weiterführenden Schulen des Landes. Sie wurde zum Magneten für die besten Lehrer und begabtesten Schüler Mexikos. Kein Wunder, dass die jungen Leute mit stolzgeschwellter Brust dorthin spazierten. Schließlich würde es ihnen bestimmt sein, unser Land zu einer neuen Nation zu machen! Und Frida, meine Schwester, sollte nun zu dieser Elite gehören! Tatarata! Die neue Isabel la Católica! Die neue Marie Curie! Wir wussten alle, dass Frida für Höheres bestimmt war. Niemand hatte je daran gezweifelt. Zuallerletzt natürlich sie selbst.

Mein Vater hatte von Anfang an die Idee, Frida an die Preparatoria zu schicken. Sie war gescheit genug, um Ärztin zu werden. Wo sie ging und stand, sammelte sie Steine, Blätter und anderes Zeugs. Ganz im Gegenteil zu mir übrigens. Steine waren mir viel zu schmutzig, ich pflückte lieber Blumen. Mein Vater war so etwas wie ein Amateurmaler. Manchmal fertigte er auf unseren Spaziergängen Skizzen oder Aquarelle an, während Frida sich am Flussufer tummelte und irgendwelche Pflanzen oder Tiere entdeckte, die sie dann mit nach Hause nahm. Mein Vater hatte ihr ein Mikroskop gekauft, und sie untersuchte fleißig ihre Funde – den abgerissenen Flügel einer Stubenfliege oder den Flaum einer Pusteblume. Offen gestanden zweifle ich manchmal daran, ob sie sich für das Zeug wirklich interessierte oder nur Vaters Lob einheimsen wollte, wenn sie mit ihren präparierten Proben zu ihm ging. »Ein Geist wie Fridas«, pflegte er zu sagen, »darf auf keinen Fall vergeudet werden.«

Meine Mutter war da etwas anderer Meinung. Es gefiel ihr nicht, dass mein Vater Frida seit der Kinderlähmung erzog wie einen Jungen und nun auch noch an eine Jungenschule schicken wollte, damit sie einen Männerberuf erlernte. Die Prepa war erst vor kurzem für Mädchen geöffnet worden – eine Möglichkeit, die nur sehr wenige wahrnahmen. Nach Ansicht meiner Mutter war die Art von Schulbildung, die an der Preparatoria geboten wurde, für ein anständiges Mädchen aus guter Familie vollkommen überflüssig. Sie wird vermutlich gedacht haben, dass Frida mit ihren Marotten, ihrer Aufsässigkeit und ihrer großen Schnauze schon genügend aneckte und in einem Haufen Jungen – selbst wenn sie aus bestem Hause waren – nur noch raubeiniger werden würde.

Mein Vater sprach nur selten einmal ein Machtwort, aber in diesem Fall tat er es. Er hatte die eigene Universitätslaufbahn abbrechen müssen und keinen Sohn als Stellvertreter für seine durchkreuzten Pläne. Unsere finanzielle Situation war zwar so miserabel wie nie, aber Frida arbeiten zu schicken, stand für ihn außer Diskussion. Sie sollte die Preparatoria besuchen und an die Universität gehen, um Ärztin zu werden.

Meine Mutter rechnete nicht damit, dass Frida die Aufnahmeprüfung bestehen würde, aber sie tat es, und mein Vater fühlte sich bestätigt. Er wippte auf seinen Absätzen vor und zurück und krächzte: »Siehst du! Ich habe dir doch gesagt, dass Frida so intelligent ist wie ein Junge!«

Die Preparatoria war in einem großartigen Gebäude im Stadtzentrum untergebracht, unweit des Zócalo, der eigentlich »Platz der Verfassung« heißt. Den kennen Sie doch, oder? Da, wo die Kathedrale steht, der Nationalpalast und verschiedene Regierungsgebäude. Die Kathedrale der Jungfrau von Guadalupe ist die *Grande Dame* des Viertels. Wie eine dicke alte Matrone thront sie am Zócalo – etwas mitgenommen zwar, aber prunkvoll – und wartet darauf, dass ihre zahllosen Kinder und Kindeskinder ihr die Ehre erweisen. Vom Zócalo gehen strahlenförmig breite Avenuen ab und führen, von kleineren Straßen gekreuzt, bis in die anderen Stadtteile hinein, sodass sich ein grobes Raster ergibt. Damals wie heute drängen sich in jeder Lücke kleine Läden und Geschäfte – für Lebensmittel, Kleidung, Bücher und Möbel –, dazu Speiselokale, Schuhputzer, *tortillerías*, Apotheken, Parfümerien mit schweren Düften und Reparaturwerkstätten, in denen es nach Maschinenöl stinkt.

Frida genoss die Freiheit, die sie durch den Besuch der Preparatoria gewann. Damals ging ein junges Mädchen eigentlich nie ohne Begleitung aus dem Haus, aber Frida bewegte sich durch die Stadt wie ein Junge. Sie fuhr alleine mit Omnibussen und Straßenbahnen, saß neben Bauern in gewebten Umhängen oder neben Matronen, die zum Einkaufen unterwegs waren. Die Trambahn war ein recht demokratisches Verkehrsmittel. Manchmal fuhr ich mit, obwohl ich das Gedränge nicht mochte. Beinah zu jeder Stunde bewegten sich die Menschen in dichten Trauben über den Zócalo und in den Nachbarstraßen. Geschäftsleute in eleganten Anzügen und mit Aktenkoffern schoben sich an *campesinos* in ausgebeulten weißen Baumwollhosen und Ponchos vorbei. Drehorgelspieler leierten Melodien aus ihren Kästen, während Straßenverkäufer Spielzeug, Vögel aus bemaltem Pappmaché, Kaugummi, Postkarten, Eis, *carnitas* genannte würzige Fleischhappen oder Marienstatuen feilboten. Manchmal sprengte ein Bauer auf seinem Pferd direkt vor ein Auto, und mich befiel jedes Mal die Panik, wenn wir eine Straße überqueren mussten. Aber Frida faszinierte die Geschäftigkeit der Stadt. Sie liebte die Gesellschaft der Zeitungsjungen, die den Platz auf und ab liefen. Als wäre ihre Sprache nicht schon schmutzig genug, übernahm meine Schwester eine Menge Schimpfwörter von ihnen und ahmte sogar ihren angeberischen Gang nach.

Frida war eins von fünfunddreißig Mädchen in einer Schule mit etwa zweitausend Schülern. Am ersten Unterrichtstag trug sie in der bei Señora Caballero erlernten Schönschrift ihren Namen in die Liste ein: Carmen Frieda Kahlo Calderón. Damals schrieb sie ihren Vornamen ja noch auf die deutsche Weise, F-r-i-e-d-a.

»Ich habe mich aufrichtig bemüht, einen guten Eindruck zu machen«, beteuerte sie mir. »Aber als ich die Mädchenaufsicht kennen gelernt hatte, wusste ich, dass ich ihr irgendwann auf die Petunien pissen würde. Eine alte Schachtel, die aussieht, als hätte sie einen Stock verschluckt … Sie heißt Dolores Angeles Castillo. Sie hat uns zum Bogengang im obersten Stockwerk geführt, von dem aus man den großen Schulhof überblicken kann, und uns ihre Anweisungen gegeben, damit wir von vornherein kapieren, dass sie der Boss ist … sozusagen die Obermutter der Meute. Die sieht aus, ich kann dir sagen, als würde sie einen abschlachten, wenn man ihr nicht aufs Wort folgt. Nicht selbst, natürlich. Sie würde einem ihrer Schläger einen Wink geben, damit er sein Schießeisen zückt, und paff paff paff bist du tot!«

»Hier werdet ihr euch aufhalten, wenn ihr nicht im Unterricht seid«, hatte Señora Castillo den Mädchen mitgeteilt, »während der Pausen und in euren Freistunden.«

»Ich fand sie widerlich«, erzählte Frida mir, »und habe mich nach jemandem umgesehen, mit dem ich mich gegen sie verbünden konnte.«

Aber ihre Schulkameradinnen waren zu eingeschüchtert, um Blickkontakt mit ihr aufzunehmen. Es gab eine Große mit einer langen Nase wie eine Ratte, die herrschsüchtig aussah und Frida an Estela erinnerte. Sie war dunkel und kräftig und stand, von der eigenen Größe offensichtlich beeindruckt, kerzengerade mit ihrem Bücherpaket vorm Bauch da. Und eine affektierte Kleine mit Rüschenbluse und gebauschtem Rock, die Frida an Inés erinnerte. Sie hatte einen hellen Teint, das kohlrabenschwarze Haar im Nacken zu einem Knoten gesteckt, und einen kühlen, herablassenden Blick.

Bei diesen Aussichten muss Frida innerlich abgestürzt sein und im Abgrund ihrer Erinnerung alte Wunden gespürt haben. Es war lange her, dass die Schulkameradinnen sie mit dem verkrüppelten Bein und dem deutschen Vater aufgezogen hatten, aber die Hohnlieder schmerzten immer noch in ihren Ohren – *Frida, Frida! Frida, Frida!*

»Ich habe der, die wie eine Ratte aussieht, mit einem Blick zu verstehen gegeben, dass sie mir bloß nicht zu nahe kommen soll«, sagte Frida. »Aber sie war so damit beschäftigt, der Aufseherin in den Hintern zu kriechen, dass sie das gar nicht mitbekommen hat.«

»Außer während der Unterrichtsstunden in euren Klassen werdet ihr euch hier oben aufhalten und sonst nirgends«, schloss Señora Castillo. »Haben das alle verstanden?«

»Ja, Frau Lehrerin«, sagten das Mädchen mit dem Nagergesicht und das mit dem Rüschenkleidchen.

»Arschkriecher«, flüsterte Frida. Ja! Das war meine Frida! Da zeigte sie sich von ihrer besten Seite.

»Verzeihung, Señorita Kahlo«, sagte Señora Castillo. »Wollten Sie etwas sagen, meine Liebe?«

»Nein, nichts«, hatte sie gehorsam genuschelt. »Aber ich habe beschlossen, dass ich mit diesen duckmäuserischen, arschgesichtigen dummen Gänsen nichts zu tun haben will«, erzählte sie mir. Sie waren ihr zu affig, zu eingebildet, zu snobistisch und zu primitiv. Sie wollte sich andere Freunde suchen, vielleicht unter den Jungen. Oder sie würde für sich bleiben.

In der Preparatoria ging es zu wie in einem Bienenstock. In einer Ecke deklinierten die Schüler französische Verben, *Je parle, tu parles*, in der nächsten schlugen sie sich mit den Eigenheiten der Mayasprache Quiché herum. In einem säulenbestandenen Innenhof streckten sich vierzig bis sechzig Arme gen Himmel und wieder zu Boden, während ein Sportlehrer brüllte: »Hoch, zwei, drei, vier! Runter, zwei, drei, vier! Hoch …« Überall standen Schüler und hielten feurige Reden, in denen sie wie Straßenhändler den Vorbeigehenden ihre Überzeugungen anpriesen. *Hört auf meine politische Reform! Wendet euch von der westlichen Zivilisation ab und tretet euer eigenes Erbe an! Nein! Folgt meiner Richtung! Übernehmt die westliche Zivilisation, aber jagt die Gringos aus dem Land! Nein! Probt den Aufstand, wir brauchen eine revolutionäre Reform! Nein! Vergesst die revolutionäre Reform! Die Revolution war ein Flop! Die Revolution war ein Triumph! Die Revolution hat gar nicht stattgefunden! Freie Liebe! Nein! Katholische Moral! Es lebe die kosmische Rasse! Viva la raza cósmica!* Die »kosmische Rasse« war die geistige Geburt von Vasconcelos, der die Vorstellung nährte, Lateinamerika, wo sich sämtliche Menschenrassen mischten, würde eines Tages die »fünfte« oder »kosmische« Rasse hervorbringen, eine Rasse des Friedens und Wohlstands. Für die Progressiven war Vasconcelos ein Genie, für die Konservativen ein Spinner.

In der Preparatoria wimmelte es von den Söhnen illustrer Männer, Jugendlichen, die wussten, dass sie eines Tages ebenfalls berühmt sein würden. Frida kam täglich mit fabelhaften Geschichten von Leuten nach Hause, deren Namen wir aus der Zeitung kannten. Sie schloss Bekanntschaft mit Salvador Azuela, dessen Vater den wichtigsten Roman über die mexikanische Revolution geschrieben hatte. Sie verkehrte mit Salvador Novo und Carlos Pellicer – beide wurden später bekannte mexikanische Dichter – und mit Xavier Villaurrutia, der Mexikos Theater revolutionierte. Allesamt waren sie schon damals wie berauscht von ihrer eigenen Wichtigkeit.

»Carlitos hat seine *silva* nur für mich geschrieben!«, erzählte mir Frida. »Und morgen werden wir eine szenische Lesung mit Sals neuem Einakter veranstalten!« Und so weiter. Sie fragte mich nie, wie ich meinen Tag verbracht hatte. Sie war so selbstsüchtig, so auf sich bezogen. Und das waren sie alle. Sie waren wie in einer Art … einer Art … orgiastischem Dauerdelirium. Sie taten so, als würde jeder ihrer Geistesblitze das ganze Universum zum Leuchten bringen! Unentwegt diskutierten sie und versuchten, sich gegenseitig in die Enge zu treiben. Sie forderten die Lehrer heraus. Sie waren mit Feuereifer dabei, unser Land neu zu erfinden. Sie experimentierten mit neuen literarischen Formen und politischen Ideen. Sie erhoben Protest, sie ließen Sprengkörper hochgehen, sie schmierten Parolen an die Wände und spielten Streiche. Man muss wissen, dass Mexiko damals in den Geburtswehen der Erneuerung lag und den Schülern die Rolle, die ihnen für diesen Neubeginn zugewiesen worden war, zu Kopfe stieg. Sie waren wie benommen vor Stolz.

Es dauerte nicht lange, da hatte Frida ihre Nische gefunden. Anfangs kam sie nach Hause und erzählte mir alles, was tagsüber passiert war. Aber nach einer Weile blieb sie länger aus und begann Versammlungen zu besuchen und mit ihren Freunden ins Café zu gehen. Sie hatte keine Zeit mehr für mich. Sie hatte für keinen von uns mehr Zeit.

Aber die eigentliche Veränderung kam durch Alejandro.

Frida erzählte mir, dass sie Alejandro Gómez Arias zum ersten Mal sah, als er mit einer blonden Schönheit ins Gespräch vertieft war, einem Mädchen mit sinnlichen Rundungen und verführerischen Lippen. Gleich am ersten Tag hatte Frida sie gesehen und im höchsten Maße für affig befunden, als Señora Castillo den Señoritas eintrichterte, sich während der unterrichtsfreien Zeit von den Jungen fern zu halten. »Eine echte *escuincla*!«, sagte sie zu mir. »Eine *escuincla* von Kopf bis Fuß! Wahrscheinlich stopft sie sich sogar den BH aus!«

Escuincles sind ja diese haarlosen mexikanischen Hunde, aber man verwendet den Ausdruck auch umgangssprachlich für »Kind«. Frida sagte zu allen Mädchen, die sie hochnäsig oder dumm fand, *escuincla*. Zu mir sagte sie das übrigens auch andauernd.

Zurück zu Alejandro und seiner Bekannten. Als sie die beiden zusammen sah, hatte Frida beide gehasst. Er – sie wusste noch nicht, wie er hieß – war ihr vorgekommen, als wäre er von dieser blöden Ziege völlig eingenommen. Er hatte sich zu ihr vorgebeugt und an ihren Lippen gehangen. »Es sah aus, als wollte er ihr die Spucke aus dem Mund lecken«, sagte Frida. »Und wie sie ihm schmeichelte ... unerträglich!«

Sie hatte gar nicht vorgehabt, die beiden zu beobachten, aber aus irgendeinem Grund trödelte sie im Flur herum und tat so, als würde sie auf jemanden warten, indem sie immer wieder auf ihre Armbanduhr sah, den Gang mit den Augen absuchte und dabei hin und wieder einen verstohlenen Blick auf den Jungen und das Püppchen warf.

Er war unbestritten hübsch ... dunkler Teint, sanfte, freundliche Augen und ein bereitwilliges Lächeln. Die Nase war breit, ohne unförmig zu sein, der Mund schön geformt und das Kinn fest. Er trug das schwarze Haar aus der geraden Stirn gekämmt, und seine Kleidung ließ auf eine gute Kinderstube schließen: tadellos gebügeltes Frackhemd, modisch gestreifte Krawatte und Zweireiher. Außerdem wies sein Benehmen ihn als wohlerzogenen jungen Mann aus. Er muss damals um die achtzehn gewesen sein.

»Was für ein Snob!«, dachte Frida, als sie ihn das erste Mal sah.

Er war so ins Gespräch vertieft, dass er Frida nicht bemerkte. Das muss sie zur Raserei gebracht haben, denn sie war es gewohnt, Aufsehen zu erregen – als die Jüngste, als die Intelligenteste. Jeder wusste, wer sie war, nur dieser Junge schien ihre Existenz nicht wahrzunehmen. Er zog ein Notizbuch aus der Tasche und notierte irgendeine Angabe des Mädchens. Sie drückte ihm zum Abschied die Hand und lief den Gang hinunter. Dabei wandte sie sich noch einmal um und winkte ihm zu. Er erwiderte die Geste.

Dann machte er eine halbe Drehung und stand plötzlich vor Frida. »Meine Füße fingen an zu kribbeln«, schilderte sie mir die

Situation. »Meine Fußsohlen fühlten sich an, als wimmelten sie von Marienkäfern. Ich trat mit dem Fuß auf, um sie abzuschütteln. Aber dann spürte ich, wie sie zum Knöchel krabbelten und zu den Knien, an der Rückseite meiner Oberschenkel entlang und mir direkt in die Möse!« Verzeihen Sie, aber so redete sie nun mal. Sie hatte sich jedenfalls gewunden und die Augen gesenkt. Dann hatten die Marienkäfer ihren Weg über die Wirbelsäule fortgesetzt. Sie hatte auf die Uhr gesehen und dann noch einmal mit dem Fuß aufgetreten, um so zu tun, als würde sie allmählich ungeduldig. Sie blickte den Flur entlang und seufzte, dann sah sie noch einmal auf die Uhr.

»Normalerweise sind um die Uhrzeit überall Schüler in den Gängen«, erzählte sie mir, »aber diesmal war es aus irgendeinem unerfindlichen Grunde wie ausgestorben. Mir war zwar klar, dass er mir dieses Wartespielchen nicht abnahm, aber ich wusste nicht, wie ich mich aus der Affäre ziehen sollte. Ich saß in der Falle. Er muss bemerkt haben, dass ich ihn aus den Augenwinkeln beobachtet hatte.« Sie kicherte und machte eine Pause, um die Spannung zu erhöhen. Frida zog ihre Geschichten gerne in die Länge und steigerte sie dramatisch, um ihre Zuhörer zu fesseln. »Nicht hinsehen«, befahl sie sich selbst, aber dann sah sie doch hin. Und sie sah ihn, wie er vor ihr stand, sie mit verschmitzten Augen anblitzte und strahlend lächelte.

Ich stelle mir gerne vor, wie das war. Selbst jetzt noch, nach Jahren. Ich schließe die Augen und gebe mich meiner Vorstellung hin. Alejandro ... mit den edlen Wangenknochen, den muskulösen Armen, über denen sich das Jackett spannt, der breiten Brust, dem feinen Schlips und diesem exquisiten Duft ... ein Hauch von Mandeln, von Zimt und Muskat ... Und daneben Frida, steif und zugeknöpft, aber mit ihren koketten Hüften, mit ihrer außerordentlichen Art sich zu bewegen und ihrem aufreizenden Lächeln. Wie eine Szene aus einem Film.

»Was gibt's?«, hatte er gesagt und sie auf eine Weise angesprochen, als würden sie sich schon ewig kennen. Frida konnte die Augen nicht von seinen Lippen wenden.

»Ich warte auf meine Freundin Adelina Zendejas«, log sie. »Aber ich glaube, sie kommt nicht mehr.«

»Hör zu«, sagte er, »ich möchte dich mal etwas fragen. Was hältst du von Quallen?«

»Was?«

»Du kennst doch Quallen, oder?«

»Wovon zum Teufel redest du?«

»Ich rede von Quallen.«

»Und was soll mit Quallen sein?«

»Also, haben Quallen eine unsterbliche Seele oder nicht? Ich meine, gibt es auch für die Qualle eine Erlösung?«

Frida sah ihn an, als hätte er nicht alle Tassen im Schrank. Dann biss sie sich auf die Lippen, um nicht laut herauszuprusten oder loszuheulen. Wollte er sie zum Narren halten? Dachte er vielleicht, sie wäre ein Baby? Oder blöd, nur weil sie ein Mädchen war? Die *escuincla* hatte er nicht so behandelt. Von der *escuincla* hatte er jedes Wort aufgesogen und sogar notiert! Frida wurde nicht gerne auf den Arm genommen.

»Verschwinde!«, fauchte sie ihn an.

Dann ging sie rasch davon und mischte sich unter eine Schülergruppe. Erst als sie seinen Blicken entschwunden war, gestattete sie sich eine Reaktion und krümmte sich auf dem Weg zum Unterricht vor Lachen, während die Marienkäfer ihr immer noch über den ganzen Körper krabbelten.

Sie hat ihn am selben Tag noch einmal in einer Gruppe von Jungen gesehen, die sie zum Teil kannte – Miguel Lira, Alfonso Villa, Jesús Ríos y Valles. Jesús war gerade dabei gewesen, den anderen mit beschwörenden Gesten irgendetwas anzuvertrauen, und die quittierten die Eröffnung mit einem Aufheulen.

Frida kam mit ihrer Freundin Carmen Jaime vorbei, eins der wenigen Mädchen an der Prepa, das sie einer Bekanntschaft für würdig hielt. Carmen war rebellisch und schlagfertig. Sie trug lässige Männerkleidung und ein schwarzes Cape. Sie hatte eine so geschraubte Redeweise, dass ihre Zuhörer das Gesagte im Geiste übersetzen mussten. Statt »Vögel« sagte Carmen »gefiederte Blumen«, einen »Fisch« nannte sie »geschupptes Wasservehikel«, für »es ist windig« sagte sie »die Götter niesen«, »Blumen« waren für sie »Schmetterlinge am Stiel«, »Tiere« waren »bunt bemäntelte Vierfüßler«, »schlafen« hieß »in Morpheus' Armen liegen« und »sterben« »über die Lethe gehen«. Sie las unentwegt und kannte die spanische Literatur vorwärts und rückwärts, von El Cid bis Unamuno. Sie wusste auch in der Philosophie Bescheid – von den alten Griechen bis zu den modernen Deutschen und den östlichen Lehren. Manchmal kam sie uns besuchen, dann scheuchte Frida mich mit den Worten aus dem Zimmer: »Du bist zu doof, um so was zu verstehen. Geh mit deinen Puppen spielen«, und ließ sich von Carmen in deren Privatsprache einführen.

»Wer ist das?«, hatte Frida geflüstert und mit dem Kopf zu den Jungen gewiesen.

»Das? Du meinst den göttlichen Geist Miguel Lira, dessen Stimme wie eine Lyra ist, weshalb er den Beinamen El Lira hat – nicht zu verwechseln mit La Lira, denn obwohl ›Lyra‹ ein weibliches Nomen ist, würde es bedeuten, dass er ein Ohrenbläser ist, ein Süßholzraspler, wenn du weißt, was ich meine. Meinst du El Lira?« Carmens Ton war immer sachlich, vollkommen nüchtern, als würde sie dem Dienstmädchen die Einkaufsliste diktieren.

»Nein, den daneben.«

»Alejandro? Du kennst Alejandro nicht?«

»Wer ist das?«

»Die Zündkerze!«

»Was?«

»Die Energiequelle! Die Sonne! Der gesegnete Apoll in seinem güldenen Wagen! Der Anführer von der Gang!«

»Welche Gang?«

»Welche Gang? Unsere Gang! Die *cachuchas*! Komm, mein jugendliches Knöspchen, lass dich einführen!«

Frida fand es beeindruckend, wie die Jungen Carmen begrüßten. Kein Flirt, keine Schmeicheleien oder blumigen Komplimente, die eine Frau mit einem Engel, einem Tautropfen oder einer Rose verglichen. Stattdessen hießen sie Carmen mit rauer Kameradschaftlichkeit in ihrer Runde willkommen und machten damit deutlich, dass sie sich in ihrer Gegenwart genauso verhielten, wie wenn sie unter sich waren.

»Frida«, sagte Alejandro. »Frida Calo. Ich habe sie schon kennen gelernt: Was gibt's, Frida?«

»Calo, *caló*. Bringst du ihr deinen *caló* bei, Carmen?«, fragte Alberto. »Wenn das der Fall ist und sie sich bewährt, werden wir sie La Caló taufen!« *Caló* bedeutet Slang, aber Frida fand Albertos Kommentar nicht besonders witzig. Was unseren Namen betraf, waren wir nämlich ziemlich empfindlich, wegen dieser gemeinen Hänseleien, denen wir als Kinder ausgesetzt waren.

»Es heißt Kahlo«, unterbrach Frida ihn. »Mit einem »k« und einem »h«. K-a-h-l-o.« Es folgte ein unangenehmes Schweigen, in dem sie auf die Bemerkung wartete, dass es ein ausländischer Name sei.

Alfonso war derjenige. »Was für ein Name ist das?«, fragte er. »Jedenfalls kein mexikanischer.«

»Ein deutscher Name, Señor Aldea«, sagte Frida provokativ. Verstehen Sie den Witz? Ich weiß ja nicht, wie gut Ihr Spanisch ist. Na ja, wir haben zwar die ganze Zeit spanisch geredet, aber ich weiß trotzdem nicht, ob Sie die Feinheiten mitbekommen. Alfonsos Nachname war nämlich Villa, und das heißt Stadt, aber *aldea* heißt Dorf. »Und weil mein Name aus dem Deutschen kommt, bedeutet er auch nichts«, fuhr Frida fort. »Mein Vater ist Deutscher, aber ich bin Mexikanerin.« Sie wartete auf einen Kommentar, der aber ausblieb.

Sie fragte sich, wer sie wohl als Nächstes auf ihr Bein ansprechen würde. Wer auch immer es war, sie hatte schon die passende Antwort parat und beschlossen, ihm an den Kopf zu werfen, er möge sich um seinen eigenen Kram kümmern. ›Soso, ich habe also ein Bein kürzer?‹, wollte sie sagen. ›Ich habe gehört, dass bei dir der Pimmel kürzer ist! Wollen wir mal abmessen?‹ Oder aber: ›Soll ich dir mal wo hintreten, damit du merkst, dass mein Bein vollkommen in Ordnung ist?‹ Sie lachte insgeheim.

»Was ist mit deinem Bein passiert?«, fragte Alejandro.

Verdammt! dachte sie, ausgerechnet er! Einen Augenblick lang erwog sie, gar nicht zu antworten.

Ihr war das Lachen vergangen, sie fand das Ganze nicht mehr komisch.

»Ich hatte mit sechs Polio«, sagte sie schließlich.

»Tut mir Leid«, sagte Alejandro.

»Ich brauche kein Mitleid«, sagte sie schroff.

»Ich meine, es tut mir Leid, dass du Polio hattest, nicht dass du mir Leid tust.«

Ich kann mir vorstellen, dass Frida in jenem Augenblick wegsah, dass ihr die Tränen in die Augen stiegen, aber sie biss die Zähne zusammen, um sich nichts anmerken zu lassen. Sie hätte es mir bestimmt erzählt, wenn sie ihm irgendeine Schweinerei an den Kopf geknallt hätte.

»Hör zu«, sagte er.

Im Geiste höre ich seine Stimmte, tief und ernst, ich sehe sein Gesicht, feierlich, aufrichtig, nachdenklich.

»Ja?«, sagte Frida.

»Hast du darüber nachgedacht, was ich dich vorhin gefragt habe?«

»Worüber?«

»Hast du über die Qualle nachgedacht?«

»Du Trottel!«, schrie Frida auf, und beide brachen in Gelächter aus. Frida rannte hinter Alejandro her und jagte ihn um den ganzen Schulhof, indem sie mit einem Buch nach ihm ausholte.

Ich möchte Ihnen noch etwas sagen, etwas, was Sie wissen müssen. Trotz unserer Differenzen hat Frida mir alles erzählt. Zumindest am Anfang, und später manchmal auch noch. Aber als sie dann verheiratet war und anfing, mit Diego Schwierigkeiten zu bekommen, da war unser Verhältnis wieder genauso wie als wir Kinder waren. Wir haben stundenlang geredet. Das heißt, sie hat geredet ... Sie war ja diejenige, die was zu erzählen hatte. Ich war Fridas Vertraute. Ich war ihre beste Freundin. Nicht nur damals. Ihr ganzes Leben lang. Wenn sie Probleme hatte, kam sie zu mir. Ich war Fridas beste Freundin. Damals und immer.

Was meinen Sie damit, was ich in der Zeit tat? Sie haben mich doch gebeten, über Frida zu reden, nicht über mich. Frida ist hier die Interessante. Nein, das stimmt nicht, ich hege keinen Groll. Wirklich nicht. Nur war ich eben diejenige, die sich um alles zu kümmern hatte, was so anfiel, Frida war dafür viel zu sehr mit ihrem aufregenden Leben beschäftigt. Als Mutter krank wurde zum Beispiel, war ich es ... Ist ja auch egal.

Was? Ah, ja. Sie haben Recht, es gibt doch ein paar interessante Dinge aus meinem Leben zu berichten. Frida ist nämlich nicht die einzige Kahlo, die mit dem großen Diego Rivera geschlafen hat.

Nun, um Ihre Frage zu beantworten: Ich ging damals noch in Coyoacán zur Schule. Mich auf die Prepa zu schicken, davon war nie die Rede. Das stand überhaupt nicht zur Debatte. Meine Eltern hatten nicht genügend Geld, um zwei dort studieren zu lassen. Ganz abgesehen davon, dass es Aufnahmeprüfungen gab, die ich bestimmt nicht bestanden hätte.

Frida schloss sich jedenfalls einer Gruppe von Schülern an, die sich die *cachucha*s nannten. *Cachucha* ist eine Art Käppi ... sie leiteten diesen Namen von den kleinen roten Mützen ab, die sie in der Schule trugen. Sie bildeten eine lockere Bande von Unruhestiftern, darunter die begabtesten Schüler der ganzen Schule. Alejandro Gómez Arias war ihr Anführer.

Niemand hätte damals vermutet, dass einige dieser Rabauken später zu den führenden Intellektuellen des Landes gehören würden, aber Alejandro wurde ein bekannter Jurist und Journalist, José Gómez Robledo wurde einer von Mexikos ersten Professoren für Psychiatrie, Manuel González Ramírez wurde Anwalt und Schriftsteller, und Lira, das wissen Sie ja, er wurde Dichter. Carmen Jaime, das einzige Mädchen der Gang, bevor Frida dazustieß, mauserte sich zur berühmten Wissenschaftlerin für die spanische Literatur des 17. Jahrhunderts. Und Frida Kahlo, na ja, was aus ihr wurde, ist bekannt.

Die *cachucha*s waren für den Direktor der Preparatoria, Vicente Lombardo Toledano, der reinste Albtraum. Armer Don Vicente. Frida pflegte ihn vor einem kleinen Zerrspiegel nachzuäffen, in dem man aussah wie Pinocchio. Dann quakte sie wie ein Ochsenfrosch: »Diese verdammten Blagen! Diese gottverdammten Blagen! Am liebsten würde ich sie alle rausschmeißen!« Und das stimmte. Er wollte sie alle loswerden. Sie waren nämlich nicht nur respektlos und vorlaut, sondern sie säten auch das Chaos. Einmal ritten sie auf einem Esel durch die Schulkorridore, ein anderes Mal legten sie Feuerwerkskörper rund um den großen Schulhof und ließen sie hochgehen. Ich kann mich noch erinnern, wie sie ihrem Lateinlehrer, Elías Galdós, aus dem dritten Stock eine Flasche direkt vor die Füße warfen. Sie prallte etwa einen Meter vor ihm aufs Pflaster und zerschellte zu tausend funkelnden Splittern, die wie eine Fontäne in alle Richtungen stoben. Natürlich war ich nicht dabei. Ich wiederhole nur, was Frida mir erzählte: »tausend funkelnde Glassplitter, wie eine Fontäne«, das waren ihre Worte. Ich kann mich gut entsinnen. Jedenfalls war es das reinste Wunder, dass sie Galdós nicht den Schädel gespalten haben. Er hätte auch erblinden können. Frida erzählte mir diese Geschichten immer abends. Sie saß auf der Bettkante und lachte hysterisch. Offenbar wollte sich ihre Gruppe mit diesen Streichen vom gemeinen Volk ... der restlichen Schülerschaft, meine ich, abheben. Ich tat beeindruckt, aber in Wirklichkeit fand ich es gemein, wie sie sich verhielten. Als käme es nicht darauf an, ob ein alter Mann am Herzinfarkt stirbt. Solange sie nur was zum Lachen hatten, nicht wahr? Solange sie für Aufruhr sorgen und alle Aufmerksamkeit auf sich lenken konnten.

Eines Abends sagte ich zu ihr: »Du hältst dich zwar immer für das letzte Blatt Klopapier am stillen Örtchen, aber ihr hättet den alten Knacker auch umbringen können. Hast du dir schon mal überlegt, wie es dir dann erginge? Wenn du zu seiner Beerdigung gehen und zuschauen müsstest, wie der Sarg in die Erde gesenkt wird? Wenn du dir vorstellen müsstest, wie ihm die Würmer in den Mund kriechen und ihm die Zunge, das Hirn und die Eingeweide auffressen?« Früher hatte Frida entsetzliche Angst vor dem Tod gehabt, aber sie fand ihn auch faszinierend. Die ganze Vorstellung von der Verderblichkeit des Fleisches fesselte sie ungemein. Die Verderblichkeit und die Verderbtheit des Fleisches. Bei den Priestern ein heißes Thema. Frida liebte es, als sie noch Katholikin war. Ich sagte das jedenfalls, um sie mal zum Nachdenken zu bringen.

Nach einer Weile bekam sie tatsächlich ein schlechtes Gewissen und ging in einem Akt der Zerknirschung in die Kathedrale, um der Jungfrau Maria eine Kerze anzuzünden. Ich ging mit. Sie fing an, der Muttergottes zu erklären, wie Leid es ihr täte und dass sie sich vorkäme wie ein Stück Scheiße, aber dann drehte sie den Spieß plötzlich um und sprach davon, dass Galdós schließlich selber schuld war, weil er ein so verdammter Snob sei. Einer von diesen Intellektuellen, die sich für was Besseres halten, weil sie Wörter wie *Oberammergau* und *Massachusetts* buchstabieren können, aber bei der Messe in der hintersten Bank sitzen und während der Predigt zu schnarchen anfangen. Dann lachte sie los und lachte und lachte. Sie schüttete sich aus vor Lachen, bis die Leute die Köpfe nach uns wendeten und sie anstarrten. Wir standen auf und gingen. Das war das Ende ihrer Reue.

Wenn den *cachucha*s auf einer Schülerversammlung ein Redner nicht passte, dann rotteten sie sich zusammen und beschossen ihn mit Papierkügelchen. Konservative Lehrer, deren Vorlesungsthemen sie für veraltet hielten, waren ihre bevorzugten Opfer. Wie konnten sie sich ein Urteil darüber erlauben, was für die anderen Schüler interessant war und was nicht, das ist mir wirklich ein Rätsel. Was für eine ... was für eine Anmaßung, darüber richten zu wollen, welche Vorlesungen gut und welche schlecht waren!

Natürlich waren sie alle Linke. Wir waren alle links, sogar ich. Obwohl ich, um ehrlich zu sein, nicht viel davon verstand. Ich wiederholte eigentlich nur, was Frida sagte. Na ja, die revolutionären Reden der neuen Regierung färbten auf uns alle ab, und ... nein, es stimmt gar nicht, dass ich nichts verstand. Die Revolution hat uns beigebracht, stolz auf uns zu sein, stolz auf unser Erbe, stolz ... aber das habe ich Ihnen ja alles schon erzählt. Es war nicht wirklich eine Ideologie, die die Gruppe zusammenhielt. Es war eher der unbändige Spaß am Unfugtreiben.

Frida war eine begeisterte *cachucha*. Sie liebte es, zu den Jungs zu gehören. Und sie liebte Alejandro. Oder vielleicht auch nicht. War es denn Liebe?

Es dauerte nicht allzu lange, da kam Frida nach der Schule nicht mehr nach Hause. An den kühlen Herbstnachmittagen ging sie mit ihren Freunden in die iberoamerikanische Bibliothek, ein paar Häuserblocks von der Schule entfernt, die zum bevorzugten Aufenthaltsort der *cachucha*s wurde. Alle lasen sie für ihr Leben gern, und die Regale standen voll mit spanischer, englischer, französischer, deutscher Literatur, die sie magnetisch anlockte und von den lästigen Pflichtlektüren und den ewig gleichen Aufgaben ablenkte, sodass sie bald mehr Zeit in der Bibliothek als in der Prepa verbrachten. Natürlich war ich nie dort. Weshalb sollte ich auch dort gewesen sein? In jenen Tagen ging ich so gut wie nie in die Stadt. Ich blieb zu Hause und half meiner Mutter beim Nähen, beim Silberputzen ... Unsere finanzielle Lage war so schlecht, dass wir ein paar Dienstboten entlassen mussten, und ich hatte mehr zu tun denn je. Frida, nein, die musste sich um diese Dinge natürlich nicht kümmern.

In der Bibliothek lasen sie, zeichneten, debattierten und tratschten. »Wir haben heute über Hegel diskutiert«, berichtete Frida mir dann, als wenn ich gewusst hätte, wer zum Teufel dieser Hegel war. Oder: »Wir haben uns völlig zerstritten über ›Die Rechtlosen‹ von Mariano Azuela.« Zeitweilig lebten sie regelrecht mit den Werken der europäischen Autoren, Hugo, Wells, Dos... Dostojewski oder der, der über ein U-Boot geschrieben hat, bevor es überhaupt erfunden war, Jules Verne, und sie dachten sich Reisen in ferne Länder aus. Sie erklommen die Chinesische Mauer, fuhren die Wolga hinunter oder besichtigten die Krypta von Notre-Dame.

Frida las ununterbrochen. Sie las sich jahrelang durch Vaters Bücherschrank und kannte sich ganz gut in der deutschen Philosophie aus. Ich habe dieses Zeug nie gelesen. Allerdings kann man auch nicht behaupten, dass mich irgendjemand dazu ermuntert hätte. Oder dass irgendjemand mich für helle genug gehalten hätte, Hegel zu verstehen. Jedenfalls lasen ihre Freunde alles. Sie lernte die russische Literatur kennen, Puschkin und Tolstoi. Davon redete sie. Sie las sie natürlich in der Übersetzung. Frida war brillant, aber nicht brillant genug, um Russisch zu lernen. *Er* konnte Russisch. Die haben ein anderes Alphabet, wissen Sie. Jeder Schüler hatte sein Lieblingsregal. Die Bibliothekare waren natürlich hingerissen, dass die jungen Leute ihre Bücher verschlangen. Deshalb ließen sie sie so ziemlich alles tun und lassen, was sie wollten.

Immerhin war die Bibliothek ein hübsches Gebäude. Eine ehemalige Kirche mit einem großartigen hohen Mittelschiff, das durch einen Irrgarten von Bücherregalen verweltlicht worden war. Die Wände waren mit Fresken des jungen mexikanischen Malers Roberto Monte Negro y Nero bedeckt, der das Museum für Volkskunst gegründet hat. Der Hauptsaal war geschmückt mit den bunten Flaggen sämtlicher lateinamerikanischer Staaten. Das sah hübsch aus.

Ich erinnere mich an eine Szene, die Frida mir schilderte. Die *cachucha*s hatten sich in einer Ecke versammelt und lümmelten sich auf Stühlen, Tischen und dem Boden herum. Carmen saß auf ihrem schwarzen Cape und rezitierte das Werk eines Dichters aus Spaniens goldenem Zeitalter, Góngora. Es war eins der Gedichte, die man in der Schule auswendig lernen musste. So ein romantisches Liebesgedicht, »deine Stirn wie eine weiße Lilie, deine Augen wie taufrische Nelken« und so was.

Sie fingen an, sich damit auseinander zu setzen. Miguel sagte, der Dichter würde nichts wirklich Neues bringen. Das sagte Miguel übrigens immer. »Aber«, wandte Jesús ein, »ich würde nicht sagen, dass er keine philosophische Position vertritt ...« Und Miguel unterbrach ihn: »Góngora hat überhaupt kein Interesse daran, eine philosophische Position zu vertreten. Er will die spanische Dichtkunst erneuern, indem er die alte Liebesrhetorik wieder aufleben lässt, das ist alles.« Ich phantasiere jetzt nur zusammen, wie es gewesen sein könnte. Gefällt es Ihnen, wie ich die Stimmen nachahme? Ich habe diese Diskussionen so oft gehört ... aus dem Mund von Fridas Freunden, wenn sie zu Besuch kamen, was allerdings nicht so häufig vorkam, weil wir so weit ab vom Schuss wohnten, und aus Fridas Mund, die sie immer wieder nachmachte. Sie konnte das besser als ich. Sie stellte den Dialog perfekt nach, mit den Gesten jedes Einzelnen. Einer bombastisch, der andere ernst, der dritte nachdrücklich …

Na schön, nach ihrer Version dieser Geschichte saß sie jedenfalls in die Diskussion vertieft auf dem Boden. Alejandro lehnte eine halbe Armlänge hinter ihr an einem Bücherschrank. Dann beugte er sich plötzlich ohne Vorwarnung zu ihr vor und streichelte ihr mit den Fingerspitzen über den Arm.

Als sie mir das erzählte, saßen wir im dunklen Patio. Ein Schauer lief mir über den Arm, und plötzlich kribbelte es überall auf meiner Haut wie von Ameisen. Ich wand mich. Ich wollte mich kratzen, um sie zu vertreiben. Ich bin sicher, dass ich rot wurde. Ich fürchtete mich, Frida anzusehen, weil ich dachte, sie würde merken, was mit mir los war, obwohl sie mein Gesicht im Dunkeln nicht sehen konnte.

Dann hatte er ihr Haar berührt. Frida war zusammengezuckt. Alejandro näherte sich ihr und kniff sie freundschaftlich. Diesmal drehte sie sich um. Er lächelte, dann gab er ihr zu verstehen, dass sie ihm folgen sollte.

Er ging als Erster. Sie ließ etwa zehn Minuten verstreichen, erhob sich dann gleichgültig und ging hinaus. Ihre Bücher ließ sie auf dem Tisch liegen.

Frida erzählte mir unheimlich gerne von ihren … mh … ihren Erfahrungen. Ich bin nur elf Monate jünger als sie, aber in dem Alter macht das eine Menge aus. Ich hatte mich noch nie auf irgendwas eingelassen, und wenn sie mir erzählte, wie Alejandro sie ansah, wie er sie berührte, dann sog ich es auf wie ein trockener Schwamm. Es erregte mich, als würde es mir selbst passieren. Ich bin sicher, dass Frida das wusste, deshalb schmückte sie ihre Geschichten mit lauter Einzelheiten aus, nur um mich ganz verrückt zu machen.

Er hatte in der Eingangshalle auf sie gewartet.

»Komm«, sagte er und führte sie in einen kleinen Lagerraum. »Sieh mal«, flüsterte er. »Das hier habe ich auf der Straße für dich gekauft.«

Er holte ein buntes Figürchen aus der Tasche – einen Tukan aus Pappmaché an einer Kette.

»Ich dachte, der könnte dir gefallen.« Er beugte sich zu ihr herunter und legte ihr die Kette um den Hals. »Ich habe sie bei Lucho gekauft, dem alten Händler vor der Kathedrale. Es war die schönste.«

»Ich spürte seinen Atem auf meiner Wange«, erzählte sie mir. »Er roch nach Karamell.«

Die Marienkäfer – die sie gefühlt hatte, als sie ihm auf dem Gang in der Prepa zum ersten Mal begegnet war – fingen wieder zu krabbeln an, nur krochen sie diesmal vom Ellbogen zur Armbeuge und dann … ich fühlte es selbst.

Sie stellte sich auf die Zehenspitzen und schlang ihm die Arme um den Hals.

»Fridita, mein kleines Prepa-Mädchen …«

»Ich bin kein so kleines Mädchen mehr, Alex.«

»Wie soll ich dir seine Stimme beschreiben?«, sagte sie zu mir. »Warm und hell, wie Sonnenstrahlen. Süß und köstlich, wie Konfekt.« Ich schloss die Augen. Ich konnte Alejandros Stimme hören. Ich hatte das Gefühl, in Ohnmacht zu fallen. »Mir wurde warm und kalt«, flüsterte sie. »Meine Lippen waren ganz nah an seinen.«

»Na los!«, sagte sie.

Sein Kuss war edel, fast ritterlich.

»Nein«, hauchte sie, »küss mich so!«

Sie streckte sich nach oben, presste sich an ihn und schob ihm die Zunge in den Mund. Er zog sie noch fester an sich und gab ihr einen langen, innigen Kuss. Aber Frida wollte mehr.

So war sie. Sie wollte immer mehr.

»Was hat er dann getan, erzähl!«, bettelte ich.

»Was gibst du mir, wenn ich es dir sage?«

»Mein … meine Clownmarionette, die mit dem Pappmachékopf!«

»Ich will deine blöde Marionette nicht«, lachte sie. »Marionetten sind Kinderkram. Dein Clown interessiert mich nicht.«

Sie spannte mich auf die Folter.

»Ja, dann weiß ich auch nichts. Was willst du denn haben?« Vater hatte mir die Marionette auf der Straße gekauft. Sie hatte einen wunderschönen roten Spitzenkragen und ein buntes Clownsgesicht. Sie war eine Kostbarkeit, aber ich war bereit, mich davon zu trennen, um die Fortsetzung von Fridas Geschichte zu hören, obwohl ich wusste, dass es meinem Vater das Herz brechen würde, wenn er erfuhr, dass ich sie verschenkt hatte. Mein Vater war ... wie soll ich sagen? ... verletzlich ... und er hatte mir dieses Geschenk gemacht, obwohl ich nicht sein Liebling war ... ein Geschenk, das er sich eigentlich gar nicht leisten konnte ...

»Dein goldenes Medaillon.«

»Oh nein, Frida! Nicht das Medaillon!«

»Doch das Medaillon! Ich will eine Locke von Alejandro reintun.«

»Aber Frida«, winselte ich. »Das kann ich nicht verschenken. Ich habe es zur Erstkommunion bekommen. Ich trage es schon seit Jahren. Mama bringt mich um.«

Aber Frida bekam am Ende immer, was sie wollte.

Alejandro muss sich damals ganz schön überrumpelt gefühlt haben. Er war ein Draufgänger, aber aus gutem Hause. Er sorgte in der Schule für Krawall, aber wie weit man bei einem Mädchen gehen durfte, das wusste er genau. Er gluckste: »Nun mal langsam, kleine Frida. Sachte, sachte. Nichts überstürzen.«

Aber Frida hatte es eilig. »Doch«, flüsterte sie. »Lass es uns überstürzen! Jetzt sofort!«

Er küsste sie noch einmal. Sie schloss die Augen und sah bunte Lichtfäden vor einem schwarz leuchtenden Hintergrund. Ein funkelndes Gespinst aus Blau und Türkis und Rot und Rosa. Jede Zelle ihres Körpers schien zu vibrieren.

So hat sie es mir beschrieben. »Bunte Lichtfäden, ein funkelndes Gespinst.« Oder vielleicht auch nicht. Vielleicht habe ich das später nur dazugedichtet.

Sie vergrub die Hände in seinem Haar und krallte sich darin fest.

»Küss mich«, flehte sie. »Küss mich richtig!« Sie knabberte an seinen Lippen. Dann öffnete sie den Mund. Sie biss und nuckelte, als wollte sie ihn verschlingen, als wollte sie ihn mit Haut und Haar aufsaugen, ihn sich ganz und gar einverleiben und für immer für sich behalten. Sie hing an seinem Hals und drängte ihn, sie weiter zu küssen, während sie sich wand.

Mein Gott, selbst nach all den Jahren kann ich ihre Leidenschaft noch nachempfinden.

»Meine Güte, was bist du unersättlich, Kleines!« Alejandro muss sich gefühlt haben, als wäre er auf engstem Raum mit einer scharfen Bombe eingesperrt!

»Ich bin eine hungrige Tigerin«, knurrte Frida. »Und werde dich fressen!«

»Frida, bitte ...«, sagte er mit belegter Stimme, so hat es mir Frida jedenfalls beschrieben. Die Vorstellung, dass sie ihn dazu bringen konnte, so erstickt und kehlig zu sprechen, erregte sie.

»Alex, Liebling«, murmelte sie. »Es ist wunderbar!«

Sie senkte die Arme, schlüpfte mit den Händen unter sein Jackett und liebkoste seinen Rücken. Sein Hemd fühlte sich feucht an und verströmte einen entfernten Geruch nach Zitronen und Muscheln. Sie legte den Kopf an seinen Hals, um seinen Duft einzuatmen, dann zog sie an seinem Krawattenknoten und begann, ihm den Kragen aufzuknöpfen. Sie ließ die Zunge über seine Brust gleiten und stellte fest, dass seine Haut süß und salzig schmeckte.

Er atmete schwer, angespannt. »Ich kam mir vor, als würde ich halluzinieren«, erzählte sie mir. Ihre Gedanken flochten sich in das glitzernde Gespinst hinein und lösten sich wieder daraus. Ihre Gedanken waren sichtbar, fast spürbar und schienen mit Alex' angespanntem Atem zu pulsieren. Sie hatten Farbe, Form und Bewegung. Einer, ein merkwürdiger, wunderbarer, beängstigender Gedanke, arbeitete sich durch das Geflecht bis in ihr Bewusstsein hervor: Das habe *ich* bewirkt. *Ich* habe ihn außer Atem gebracht. Ich kann machen, dass er die Fassung verliert, den Willen, ja den gesunden Menschenverstand! Er liebt mich. Er liebt mich!

Das dachte sie. Ich weiß es.

»Ich fühle, wie sehr du mich begehrst!«, flüsterte sie ihm ins Ohr.

Sie ließ ihre Hände abwärts wandern, über die Taille hinweg zu seinem Gesäß. Sie ertastete die Rundung, die Kerbe dazwischen, die festen, angespannten Muskeln am Übergang zu den Oberschenkeln. Sie knetete ihn sanft mit den Fingerspitzen, bis er beinah aufheulte. Seine Lust muss hart und senkrecht durch die Hose zu spüren gewesen sein, als er sich an sie drängte.

»Berühr mich!« Sie begann, sich die Bluse aus dem Rock zu ziehen.

»Frida, nein! Ich kann nicht! Du bist noch ein Kind!«

»Nicht so sehr Kind, wie du denkst, Alex. Ich bin nicht dreizehn, wie ich dir gesagt habe. Ich bin in Wirklichkeit fünfzehn.«

»Nein, das bist du nicht! Du bist noch ein Kind!«

»Ich habe gelogen!« Sie hatte überall herumerzählt, sie sei erst dreizehn, und das hatte sie jetzt davon.

»Du lügst!«

»Nein. Tue ich nicht. Ich sage die Wahrheit!«

»Woher soll ich das wissen?«

»Weil ich dich nie anlügen würde, Alex! Als ich gesagt habe, dass ich dreizehn bin, waren alle dabei. Das ist was anderes!«

Sie nahm seine Hand und führte sie unter ihre Bluse. »Berühr mich!«, bat sie. »Berühr mich, Alex. Ich möchte, dass du meine Titten anfasst! Steck deine Finger in meinen BH, ja? Er ist offen! Du kommst mit den Händen ganz leicht dran!«

Aber Alex hatte die Hände heruntergenommen und um Fridas Taille gelegt.

»Wieso verheimlichst du dein wahres Alter?«, fragte er sie.

»Weil ich, als ich Polio hatte, zwei Jahre meines Lebens verloren habe. Die zähle ich einfach nicht mit.«

Tja, Frida! Das hast du dir jetzt selbst eingebrockt! Sie muss sich schwarz geärgert haben. Da wollte sie ihren Freund verführen, aber stattdessen nahm er sie ins Verhör!

»Aber das ist doch Unsinn!«, widersprach er.

»Was macht es denn für einen Unterschied?« Sie versuchte, seine Hand auf ihre Brust zu legen, aber der Zauber war verflogen.

Er schob sie sachte von sich weg. »Hier kann ich nicht«, flüsterte er.

»Natürlich kannst du!« Sie ging auf ihn zu und stieß ihn wie eine kleine Ziege sanft mit dem Kopf an. Dann schob sie sein Hemd hoch und nahm seine Brustwarze zwischen die Lippen, erfasste sie mit den Zähnen und knabberte genüsslich daran.

»O Alex«, stöhnte sie, »lass mich an dir lutschen, *mi amor*! Ja, lass mich! Lass mich!«

»Ich bebte von den Haarwurzeln bis zu den Fußsohlen«, erzählte sie mir. Aber das stimmt nicht. Sie log. Der Zauber war verflogen, es war vorbei. Bei ihr vielleicht nicht ... aber bei ihm war es auf jeden Fall vorbei.

»Nein, Frida, nein!«, wiederholte er. »Nicht hier! Wir können es hier nicht tun!«

Frida wich zurück. Sie musste. Er würde keinen Schritt weiter gehen. »Ich musste mich an einem Regal festhalten, um nicht das Gleichgewicht zu verlieren«, erzählte sie mir an jenem Abend im dunklen Patio. Ihre Stimme war leise, als ob sie mir ein köstliches Geheimnis anvertraute, aber in Wirklichkeit war es das Eingeständnis ihrer Niederlage. »Ich war verwirrt, mein Körper fühlte sich schwer an und fließend. Ich hatte den Eindruck, zu einer Pfütze zu schmelzen und in die Erde zu sickern. O Cristi!«, stöhnte sie. »Obwohl es nicht passiert ist, war es wunderbar! Weil es ein Anfang war! Ich weiß jetzt, dass Alex und ich ein Paar sind!« Sie malte sich aus, dass die anderen Mädchen vor Eifersucht sterben würden.

Sie hielt Alex die Hände hin, er nahm sie und küsste jeden Finger einzeln. Dann küsste er die Innenflächen und die Handgelenke.

»Ich liebe dich, Alex«, sagte sie.

Er lächelte, dasselbe strahlende Lächeln, das sie bei ihrer ersten Begegnung entwaffnet hatte.

Hier hätte die Geschichte zu Ende sein müssen. An dieser Stelle hätten lauter bunte Luftballons in den Himmel schweben und Geigen einen ... ich weiß nicht ... einen Wiener Walzer spielen müssen! Aber Frida wusste nie, wann es Zeit war aufzuhören.

»Alex«, sagte sie leise.

»Hmmm?«

»Das Mädchen, mit dem du geredet hast, als wir uns zum ersten Mal begegnet sind ...«

»Welches Mädchen?«

»Du weißt doch! Die kleine Blonde.«

»Weiß ich nicht.«

»Doch, tust du wohl! Ich glaube, sie heißt Raquel.«

»Weiß ich nicht.«

»Doch, du weißt es. Es gibt nur fünfunddreißig Mädchen an der Schule. Du musst wissen, wen ich meine!«

»Ich bin nicht sicher, Fridita. Was ist mit ihr?«

»Worüber hast du mit ihr geredet?«

»Ich schwöre dir, dass ich es nicht mehr weiß. Ich kann mich überhaupt nicht an sie erinnern. Aber ...«

»Aber was?«

»Aber, warte, ich erinnere mich an irgendein ... philosophisches, nein ... theologisches Problem ... eine Frage von weit reichender Bedeutung.«

»Oh? Was für eine Frage?«

»Es ging um ... mal überlegen ... Was war es noch? Es ging um Quallen.«

Frida warf die Arme um ihn. »Du bist so ein verdammter Quälgeist!« Sie knuffte ihm in die Magengrube.

Also, wie Sie sehen, ist wenigstens diese Geschichte gut ausgegangen.

»Komm«, hat er gesagt und sie zur Tür gestupst. »Wir müssen zurück.«

»In Ordnung.«

»Du gehst vor. Ich warte zehn Minuten und komme dann nach.«

»Nein, lass uns zusammen gehen.«

»Aber dann wissen sie doch alle Bescheid!«

»Na und?«

»Aber du möchtest doch sicher nicht, dass die anderen denken ...«

Doch, genau das wollte sie. Nichts machte ihr mehr Vergnügen, als andere Leute zu schockieren. Sie liebte es, wenn andere die Augen aufrissen und sie völlig ungläubig anstarrten. Das gab ihr ein Gefühl der Überlegenheit.

»Ich kann es nicht fassen, dass er immer noch diese kleinbürgerlichen Vorstellungen im Kopf hat«, sagte sie zu mir. »Das Volk, die Indios, die schämen sich nicht dafür. Liebe, Sex, Kinder kriegen, das ist für sie alles vollkommen natürlich. Wieso sollte es für uns anders sein? Was glaubst du denn, wozu die Revolution überhaupt gut war? Um endlich die Fassade dieses vornehmen europäischen Getues einzureißen!«

»Bitte«, sagte ich zu ihr, »mach jetzt aus der Sache keinen politischen Vortrag.«

Sie ärgerte sich, und sie stand auf und ging ins Haus. Am nächsten Tag, als … als sie von der Schule nach Hause kam … trug sie es … das Medaillon … mein goldenes Medaillon … das, was ich … zur … Erstkommunion bekommen hatte … mit einer Strähne von Alex … Es tut mir Leid … ich weiß nicht … ich weiß nicht, warum ich jetzt heulen muss … warum es mich plötzlich überkommt … wo ich doch sonst fast nie weine … Jedenfalls … hier ist es … das Medaillon … Sehen Sie? Inzwischen … trage ich es … immer … obwohl es so lange her ist, dass ich es geschenkt bekommen habe … als kleines Mädchen. Ich trage es immer. Es … es … erinnert mich an … Frida.

6

Unsere Schwester Matilde war schlimmer als eine heiße Katze, und es gelang meiner Mutter nicht, sie im Haus zu halten. Wilberto Luzárraga, den meine Eltern für sie auswählten, hatte zwar die besten Referenzen eines Revolutionärs, aber er trug Prince-of-Wales-Anzüge und band sich die Schnürsenkel zu perfekt symmetrischen Schleifen, deshalb kam er für sie nicht in Frage. Sie verliebte sich in einen streunenden Kater namens Paco, der – wie meine Mutter erst dachte – nie in der Lage sein würde, seinen Lebensunterhalt zu verdienen. Er hatte betörende braune Augen und trug einen Schnauzbart wie Zapata, obwohl er damals fast noch ein Kind war. Maty drohte ständig, mit ihm durchzubrennen, und Frida bestärkte sie darin.

»Ich sterbe! Ich kann ohne Paco nicht leben!«

»Dann geh zu ihm! Geh zu ihm!«, drängte Frida sie.

»Sie schläft mit ihm«, erzählte sie mir hinter vorgehaltener Hand.

»Woher weißt du das, Frida?«

»Sie hat es mir gesagt.«

Ich muss geguckt haben, als sähe ich Pancho Villa nackt zur Kirche gehen, denn Frida kicherte.

»Du bist so naiv, Cristi. Was glaubst du denn, was ein Mädchen mit Titten wie Maty mit ihrem Freund macht? Glaubst du, dass sie zusammen Erbsen schälen oder Kissenbezüge besticken? Ist doch klar, dass sie bumsen!« Damals war Frida wohlgemerkt sieben!

Es stimmt, dass Maty sich nach allen Jungen den Kopf verdrehte. Als wir nach dem Bürgerkrieg wieder ungefährdet auf die Straße konnten, ging meine Mutter mit meinen Schwestern und mir freitags zum *tianguis*, dem indianischen Markt. Die Leute waren glücklich, dass sie wieder ihre Häuser verlassen konnten, und strömten schon früh am Morgen hinaus, um an den Marktständen, die sich über mehrere Straßenzüge erstreckten, Getreide, Obst und Gemüse einzukaufen. Es gab alles dort, bunt bemalte Töpferwaren, Pappmachéfiguren, Körbe, gestickte Blusen und handgewebte Wolldecken, *sarapes* genannt, Maisstärke gegen Hautausschlag und Kohle gegen Magenverstimmung. Meine Mutter liebte den Markt. Deshalb ging sie auch selber hin und schickte nicht die Mädchen. Allerdings nahm sie meistens Inocencia zum Tragen mit. Dann gürtete sie sich die Taille und stolzierte auf den Markt – sie war kokett, trotz ihrer Hingabe an die Heilige Jungfrau – und feilschte, bis sie den Preis hatte, den sie wollte.

Wenn es ums Handeln ging, stellte Maty sich genauso geschickt an wie meine Mutter, aber sie schaffte es nie, bei der Sache zu bleiben, sondern ließ sich rasch ablenken. Beispielsweise begann sie mit dem Geflügelverkäufer um ein Huhn zu schachern: »Dieser abgemagerte Vogel soll ein Hühnchen sein? Der sieht ja aus, als wäre er an Schwindsucht eingegangen, das arme Vieh! Bei Don Tito bekomme ich ein doppelt so dickes für die Hälfte …!« Dann kam irgendein hübscher Dandy in ihr Blickfeld, der eine Decke oder Pferdefutter oder einen Sattel besorgen wollte, und sie vergaß auf der Stelle, dass sie ein Hühnchen kaufen sollte. Adriana, meine zweitälteste Schwester, kam nur mit, um Inocencia beim Schleppen zu helfen, und Frida und ich, wir beiden Kleinen, tollten meistens zwischen den Auslagen herum und bekamen Ärger.

Die Märkte waren die Brutstätten der zapatistischen Propaganda. Für einen Centavo konnte man eins der Blätter mit den revolutionären *corridos*, den Volksliedern, erstehen, die der Drucker José Guadalupe Posada herausgab. Wir warfen einen Blick auf die aufgetakelten großbürgerlichen Matronen, die als grinsende Skelette mit riesigen blumengeschmückten Hüten darauf abgebildet waren, und kreischten los vor Vergnügen. Wenn wir wieder zu Hause waren, versteckten wir uns in Mutters Kleiderkammer und sangen aus vollem Halse:

*Wenn Adelita mit einem anderen durchgeht
Verfolge ich sie über Land und Meer
Mit einem Kriegsschiff über See
Und über Land in einem Zug vom Militär.*

Maty sang nicht mit. Sie hatte nichts übrig für Politik oder für *corridos*, sie hatte bloß Männer im Kopf. Und seit sich Paco, dieser Schurke, in ihr Leben geschlichen hatte, redete sie nur noch davon, mit ihm durchzubrennen. Sie wollte ihre Erfüllung in der Liebe finden, sagte sie und verdrehte die Augen wie Claudette Colbert.

Frida und Maty schmiedeten den Fluchtplan. Mich weihten sie in das Vorhaben nicht ein. Ich war ihnen zu klein, eine Trantüte, der sie keine Beachtung schenkten. Vielleicht fürchteten sie, ich könnte was ausplaudern, und genau das hätte ich wahrscheinlich auch getan, denn die Vorstellung, dass Maty fortlaufen und bei jemandem leben würde, der nicht zu uns gehörte, jagte mir Angst ein. Ganz egal, wer der Kerl war. Dass er arm war, machte nichts. Darum ging es nicht. Ich war zu jung, um nach seiner Herkunft oder seiner Brieftasche zu fragen. Ich fürchtete mich nur vor dem Gedanken, dass Maty weg sein könnte. Ich dachte, ich würde sie dann nie mehr wieder sehen, und damit lag ich gar nicht so verkehrt. Ich sah sie nämlich sehr lange nicht wieder. Nach ihrer Flucht hatte sie nicht den Mut, uns in Coyoacán zu besuchen. Sie zog mit Paco weit weg und versteckte sich in Veracruz. Und es dauerte viele Jahre, bis die beiden wiederkamen.

In der Nacht, als sie fortlief, ging Maty zur gewohnten Zeit zu Bett, aber sie schlief nicht. Sie und Frida hatten aus ein paar Kleidungsstücken und etwas Geld ein Bündel geschnürt und es so gut versteckt, dass noch nicht einmal Rufina es fand – Rufina, wohlgemerkt, die unsere Zimmerböden mit der Zahnbürste schrubbte, um jedes Beweisstück aufzustöbern, mit dem sie uns belasten konnte. Ihr entging nichts, dieser Rufina. Schmutzige Lektüren. Zerknüllte Liebesbriefe. Zigarettenkippen. Mit ihrem Geierblick sah sie alles, und dann rannte sie mit ihren Funden zu meiner Mutter, um zu petzen. Aber nicht einmal Rufina bemerkte Matys Bündel, und ich weiß bis heute nicht, wo die beiden es versteckt hatten. Vielleicht vergruben sie es unter Fridas Schmutzwäsche, oder sie stopften es in eine Kissenhülle. Frida war eine wahre Zauberkünstlerin, wenn es darum ging, etwas verschwinden zu lassen.

Als dann alle schlafen gegangen waren und das Haus so still dalag, dass man eine Motte hätte furzen hören können, kam Maty auf Zehenspitzen in unser Zimmer geschlichen. Sie streifte das Nachthemd ab und trug darunter einen langen, verwaschenen schwarzen Rock, eine weiße Bluse und ein breites Schultertuch.

»Wieso ist Maty angezogen?«, flüsterte ich.

»Halt den Mund, du Trottel«, schimpfte Frida. »Wir machen hier einen Einsatz für die wahre Liebe.« Wie ich bereits sagte, Frida war zu dem Zeitpunkt ungefähr sieben Jahre alt und Maty fünfzehn. Als Matys Fluchthelferin fühlte sich Frida sehr groß und wichtig ... weil sie in die Erwachsenenwelt von Liebesgeschichten und Abenteuern eingeweiht wurde. Etwas, wofür ich, nach Fridas Urteil, noch viel zu unreif war. Für sie war ich nur ein Baby. Sie nannte mich immer Baby, obwohl ich gerade mal elf Monate jünger war als sie.

Ich rieb mir die Augen und erwartete von Frida eine Erklärung, die das Ganze mit Prinzessin Frida Zoraída in Zusammenhang brachte. Ich hatte zwar inzwischen herausbekommen, dass es sie gar nicht gab, aber man konnte ja nie wissen, was sich Frida für Geschichten einfallen ließ. Frida war vor Aufregung ganz zappelig. Sie sprang umher, als hätte sie Feuer unterm Hintern, flatterte um Maty herum, flüsterte und zwitscherte hinter vorgehaltener Hand, um keinen Lärm zu machen. Maty dagegen war auffallend still, und als Frida etwa ein Dutzend Münzen aus einem ausgepolsterten Strumpf zog und sie ihr übergab, bebte ihre Oberlippe. Frida holte ein paar Kostbarkeiten unter einem Stuhlkissen hervor: ihr preisgekröntes Spitzentaschentuch, ein goldenes Kreuz, ein Taschenmesser und ihren Lieblingskiesel, den sie auf einem Streifzug mit meinem Vater gefunden hatte. Sie drückte Maty die Schätze in die Hand, dann ging sie feierlich zum Fenster und öffnete es ganz sachte, damit es nicht quietschte. Manchmal jaulte dieses Fenster nämlich wie eine Sau beim Ferkeln, aber wer weiß, vielleicht hatte Frida es ja vorsorglich geölt. Bevor ich mich's versah, schwang Maty ein Bein über die Fensterbank. Im flackernden Licht der Öllampe sah ich ihre elfenbeinfarbene Haut über den Stiefeln schimmern und erschauerte bei dem Gedanken, dass Paco sie mit seinen rauen, harten Händen berühren würde. Ich sah von den gespreizten Schenkeln weg und hätte am liebsten losgeheult. Oder vielleicht auch nicht, vielleicht kamen mir diese Gedanken erst, als ich schon älter war und mir die Szene nochmal ins Gedächtnis rief. Jedenfalls war sie mit einem Sprung auf der anderen Seite.

Ich war vollkommen verzweifelt, als wäre jemand gestorben. Wie meinen Sie das, dass Sie das erstaunt?

Ja, es stimmt, Doktor, ich habe bisher nicht viel über Maty gesprochen, nicht wahr? Sie wollten ja auch was über Frida hören. Aber als ich klein war, hatte ich ein sehr enges Verhältnis zu Maty. Sie war meine große Schwester, meine Freundin und Anführerin. Ich vertraute ihr meinen Kummer an, wenn ich das Gefühl hatte, von einem Strudel Schmutzwasser fortgerissen zu werden. Aber ich war noch sehr klein, als sie fortging, und die meiste Zeit, von der ich hier erzähle, war sie weg. Frida war dagegen immer da, sie stand immer im Mittelpunkt der Ereignisse. Mein ganzes Leben lang stand Frida im Mittelpunkt der Ereignisse.

Also, um nochmal auf die Geschichte zurückzukommen: Für mich ist damals eine Welt zusammengebrochen. Ich dachte, wenn Maty einfach so gehen kann, dann können Mami oder Adriana oder Frida genauso verschwinden, und ich bliebe ganz alleine zurück. Aber Frida war kreuz und quer durchs Zimmer gesprungen, hatte gekichert und Maty zum Abschied gewinkt. Für sie war es nur ein Streich von vielen.

Paco ist wie ein Gespenst aus dem Schatten aufgetaucht. Er trug eine Laterne, die ein schwaches, geisterhaftes Licht warf und sein Gesicht zu einer unheimlichen Teufelsmaske verzerrte. Maty nahm seine Hand, und sie verschwanden zusammen in der Dunkelheit.

Das war's. Es gab kein Happyend, auch später nicht, denn Maty kam sehr lange nicht wieder. Aber eigentlich müsste ich sagen: Das war's fürs Erste. Denn wir haben Maty ja Gott sei Dank nicht für immer verloren.

Was ich damit sagen will? Na, dass Frida irgendwelchen Schabernack ausheckte, um Maty beim Ausreißen zu helfen, hatte mit der wahren Liebe nichts zu tun. Es war weder romantisch, noch hörte man die Geigen im Mondlicht spielen. Ich will damit sagen, dass Frida es liebte, die Dinge auf die Spitze zu treiben. Sie wollte einfach ausprobieren, wie weit sie gehen konnte. So war sie von klein an, und so blieb sie auch später, in der Prepa.

Ja, da komme ich gleich noch drauf zu sprechen. Sie müssen sich ein wenig gedulden. Ich kann Ihnen nicht alles auf einmal erzählen. Also ... Ja, die Schule ... lassen Sie mich mal einen Augenblick zu Atem kommen ...

Wie ich Ihnen schon erzählt habe, die Prepa war ein sehr spezieller Ort, wo es von berühmten Leuten nur so wimmelte. Ich will damit sagen, dass berühmt sein an der Prepa nichts Außergewöhnliches war. Einige von Mexikos führenden Köpfen waren Dozenten, und hohe Tiere wie José Vasconcelos tauchten dort regelmäßig zu besonderen Anlässen auf. Sogar der Präsident der Republik ließ sich hin und wieder an der Prepa blicken. Die Schüler bildeten sich einiges darauf ein, aber als der Direktor Camilo Ramón Echegaray ankündigte, war die Schülerschaft völlig aus dem Häuschen. Echegaray war Schauspieler. Er machte Filme und Theater und galt als *der* Star der spanischen Bühne.

Sie müssen wissen, dass es damals kaum mexikanische Stücke gab. Die meisten Inszenierungen am Palacio de Bellas Artes, aber auch an kleineren Bühnen hatten spanische Vorlagen. Es waren vor allem Klassiker, Lopes »Caballero de Olmedo« und dergleichen. Ab und zu wurde auch mal eine einheimische Operette aufgeführt, aber selbst wenn die Stücke mexikanischer Herkunft waren, wurden sie fast immer mit spanischen Schauspielern besetzt, die ihre Ces und Zets kastilisch lispelten und ihre Rollen wie Oratoren deklamierten, selbst wenn sie einen Bauernlümmel oder einen Possenreißer spielten.

Mein Vater nahm Frida jedenfalls mit ins Theater, um Echegaray zu sehen. Ich bin nicht mitgegangen. Na ja, ich war auch nicht eingeladen, aber mir war das ehrlich gesagt gleichgültig. Ich war nämlich schon im Theater gewesen und hasste diese altmodischen spanischen Stücke. Wenn es eine Operette gewesen wäre mit einer Menge *corridos*, hätte ich es vielleicht sehen wollen.

Frida ließ kein gutes Haar an Echegaray, und das bekümmerte Vater, der für die Karten sehr tief in die Tasche gegriffen hatte, denn Geld war damals bei uns Mangelware. Armer Papa. Frida pfiff und buhte, auch als die Vorstellung schon zu Ende war. Anschließend erzählte sie mir davon, stolz wie eine Gräfin im Achtergespann, als könnte sie sich etwas darauf einbilden.

Carmen hatte das Stück auch gesehen und Echegaray »einen schreienden Vierbeiner« genannt. »Wieso lädt Lombardo Toledano nicht einen mexikanischen Dichter oder Dramatiker ein statt diesem *gachupín*?«, wetterte sie.

Die *cachuchas* steckten die Köpfe zusammen und heckten einen Plan aus, um dem Direktor zu zeigen, was sie von seinem Gast hielten. Während sich am Tag von Echegarays Auftritt die Schüler in der Aula versammelten, schmuggelte Angel Moreno drei dicke Mastschweine vom Hof seines Onkels in einen leeren Klassenraum.

»Sie waren wunderschön!«, erzählte mir Frida. Während ihre Freunde staunend zusahen, hatte Frida ein Sortiment Stoffreste, Spielsachen, Schleifen, Bänder und Papierblumen aus ihrer Schultasche hervorgezaubert und begonnen, komplizierte Girlanden daraus zu flechten, um die Tiere zu schmücken.

»Alle haben gesagt, ich hätte einen Sinn für Farben«, erzählte sie mir nachher, von sich überzeugt. »Nur dieser blöde Lorenzo, weißt du, was der gesagt hat? Er hat gesagt, ich sollte Modedesignerin werden!« Offenbar fand sie, dass das Entwerfen von Kleidern unter ihrer Würde war, obwohl sie später als Erwachsene eine Menge eigener Kreationen trug. »Weißt du, wie Carmen Modeschöpfer nennt, Cristi?«, fragte sie mich. »Meister für Ersatzepidermis!«

Ich kann mir gut vorstellen, wie jemand auf die Idee kam, sie könnte Modedesignerin werden. Wo sie doch so eigen war mit ihrer Kleidung ... der Schmuck, die Farben, die Bänder, die sie sich ins Haar flocht, alles musste passen. Und es gelang ihr. Ich gebe zu, dass sie nicht nur gut war im Rechnen, in den Naturwissenschaften und der Philosophie, sondern auch das Talent hatte, sich schön zu machen, um ihre Gebrechen zu verbergen. Ich meine, Frida war nicht wirklich hübsch, das sagte ich Ihnen ja bereits, aber sie machte was aus sich. Im Hinblick auf ihre Erscheinung war sie sehr eigen. Sie brauchte Stunden, um sich anzuziehen und sich zu frisieren. Es war ihr wichtig, die Blicke von ihrem hässlichen, verkümmerten Bein abzulenken.

Frida kreierte jedenfalls die stilvollste Schweinemode, die ihre Mitschüler je gesehen hatten. Als eine Sau anfing, die herabgefallenen Krepppapierreste vom Boden zu fressen, schrie Alberto: »Stopp! Sie wird den ganzen Aulaboden voll scheißen!«

»Umso besser!«, lachte Frida. »Wer Scheiße ist, hat Scheiße verdient!«

Zum vereinbarten Zeitpunkt gaben die beiden *cachuchas*, die vor dem Klassenzimmer Schmiere standen, Frida und Alejandro grünes Licht, die Schweine herauszulassen und über den Gang zum Auditorium zu treiben.

Echegaray rezitierte die großen Monologe des spanischen Theaters. Er näherte sich gerade dem Höhepunkt von Sigismunds Selbstgespräch am Ende des zweiten Aktes von »Das Leben ein Traum«, als Alejandro die Schweine eins nach dem anderen in die Aula schob.

Von ihrer Kostümierung beengt und der fremden Umgebung verunsichert, quiekten die Tiere und rasten wie besessen durch die Mittelgänge. Ein Riesenspektakel brach los. Einige Schüler versuchten, die Schweine einzufangen, andere brachten sich in Sicherheit, indem sie auf die Stühle kletterten. Alles kreischte und lachte durcheinander. Es herrschte ein ohrenbetäubender Lärm. Der berühmte spanische Schauspieler wurde so violett wie eine Aubergine und fing an zu stottern. Lombardo Toledano versuchte, ihn mit einem Glas Wasser zu beruhigen, das Echegaray nahm und auf dem Rednerpult zerschmetterte. »Er geriet in eine hyperbolische Wut!«, erzählte mir Frida später. »Eine hyperpolische Wut«, das waren ihre Worte.

Der Direktor hasste die *cachuchas* und besonders Frida. Zumindest behauptete sie das. Frida wurde lieber gehasst als übersehen, deshalb war das vielleicht übertrieben. Vielleicht aber auch nicht, denn Lombardo Toledano ließ sich noch am selben Tag beim Erziehungsminister José Vasconcelos einen Termin geben, um sich zu beschweren. Ich sehe ihn vor mir, wie er sich beim Minister die Hände knetet und seine Klage vorbringt: »Ich kann unter diesen Bedingungen keine Schule leiten. Dieses Mädchen respektiert keinerlei Autorität.«

Aber Frida ging, hemmungslos wie eine Hure im Hochsommer, einfach selbst zu Vasconcelos.

»Was denkst du denn?«, fragte sie mich, und ich sehe sie dastehen, die bezaubernde Frida in ihrer Matrosenbluse und dem Faltenrock, mit einer Schleife im Haar und den weit geöffneten, unschuldigen Augen. »Wir sollen Mexiko für die Mexikaner zurückfordern, aber Lombardo Toledano schafft uns diese halb verwesten Leichen aus Spanien herbei.«

Wer weiß, was Vasconcelos Lombardo über diese Begegnung erzählt hat, jedenfalls bestellte der Direktor der Preparatoria als Nächstes meinen Vater zu sich. »Ich verspreche, dass sie ab sofort am Unterricht teilnehmen und sich benehmen wird«, beteuerte mein Vater.

Meine Mutter kochte vor Wut. »Ich habe dir doch gleich gesagt, dass es ein Fehler ist, sie an eine Jungenschule zu schicken«, schäumte sie. »Sie lernt nichts und verschwendet nur ihre Zeit! Es wird mit ihr noch schlimmer enden als mit ihrer Schwester!«

Es war zwar lange her, aber der Stachel von Matys Flucht schmerzte immer noch im Herzen meines Vaters. Meine Mutter wusste das und erwähnte es nur, um ihn auf Trab zu bringen.

»Das hört mir soforrrt auf!«, schnauzte er Frida an. Diesmal machte sie sich nicht über seinen Akzent lustig, weil sie wusste, dass er sehr böse auf sie war, und es mit ihm nicht zum Bruch kommen lassen wollte.

Und eine Zeit lang besserte sich ihr Verhalten tatsächlich.

Aber dann zeichnete sie im Psychologieunterricht den Lehrer als schlafenden Elefanten und ließ die Karikatur herumgehen.

Im Französischunterricht klebte sie dem Lehrer die Seiten seines Buches zusammen, sodass er es nicht mehr aufschlagen konnte.

Und eines Morgens kam sie mit den anderen *cachuchas* auf Mauleseln über die Schulflure geritten.

Einer von ihren übelsten Streichen war aber der mit den Raketen. Fridas Philosophielehrer, Antonio Caso, war unter den Intellektuellen des Landes hoch angesehen, aber die *cachuchas* hielten ihn für einen Rechten und einen Snob.

»Er hält uns Vorträge über Plato! Er hält uns Vorträge über Aristoteles!«, meckerte Frida. »Wann fängt er endlich an, über irgendetwas Relevantes zu reden? Er kommt nie auf Marx und Engels zu sprechen!«

»Auf wen?«

»Marx und Engels, Cristi. Mein Gott, bist du blöd!«

Natürlich, Cristi, die Blöde. Wie hätte ich auch über Marx und Engels Bescheid wissen sollen? Ich war schließlich nicht an der Prepa. Später bekam ich einiges mit, weil Frida ständig davon redete. Ich lernte eine Menge von *ihm* und auch von den Kommunisten in Fridas Bekanntenkreis, nachdem sie verheiratet war, aber vorher hatte ich wirklich keinen blassen Schimmer.

Jedenfalls hielt Caso seine Vorlesungen im Generalito, einer ehemaligen Kapelle, die zum Schulzimmer umfunktioniert worden war. Die *cachuchas* wollten ihm einen Denkzettel verpassen, ohne ihn ernsthaft zu schädigen. Einer von ihnen, ich kann mich nicht entsinnen, wer es war, schlug vor, einem Esel ein paar Feuerwerksraketen an den Schwanz zu binden und ihn damit in den Vorlesungssaal zu jagen, aber ein anderer wandte ein, dass sie das schon mal mit einem Hund gemacht hatten.

»Die Idee mit den Raketen ist trotzdem gut«, fand Carmen.

Schließlich einigten sie sich darauf, eine Rakete zu besorgen, nur eine kleine, und sie außen auf das Fenster über dem Lehrerpult zu legen. Sie sollte eine lange Zündschnur bekommen, die ungefähr zwanzig Minuten brannte. Einer würde sie anzünden, während die anderen ganz normal am Unterricht teilnahmen, außer Alejandro, Miguel und Manuel, die das Schulgelände verlassen sollten, um den Verdacht von sich zu lenken. Derjenige, der die Zündschnur ansteckte, hätte genügend Zeit, sich aus dem Staub zu machen, und so würden sie alle ihr Alibi haben.

Sie losten mit Strohhalmen, wer die Rakete zünden sollte, und es traf Pepe – José Gómez Robledo.

»Mist!«, maulte er. »Ich muss immer die Dreckarbeit machen!«

Am ausgemachten Tag sorgten Alejandro, Miguel und Manuel dafür, dass Lombardo Toledano sah, wie sie vor Beginn von Casos Vorlesung die Preparatoria verließen. Denn bei jedem Krawall fiel der Verdacht sofort auf Alejandro, weil er der Anführer der *cachuchas* war. Frida, Carmen und einige von den Jungen gingen in die Vorlesung, setzten sich in die hinteren Bänke und schrieben mit, um keinen Verdacht zu erregen. Pepe zündete die Schnur, dann kam er in den Vorlesungssaal und setzte sich neben Frida.

Alle warteten gespannt.

Frida sah andauernd auf ihre Armbanduhr.

Pepe biss sich auf die Lippe.

Carmen sah immer wieder zum Fenster hinauf und zog den Kragen ihrer sackartigen braunen Jacke vors Gesicht.

Und dann, RUMMS! Die Scheibe explodierte, und ein Regen aus Glas und Steinchen ging auf Antonio Caso nieder.

Die Studenten gerieten in Aufruhr, schrien, heulten und jammerten. Frida und Carmen versuchten, erstaunte Gesichter zu machen, bis sich ihre Blicke trafen und sie losprusteten vor Lachen. Pepe schlug die Augen nieder und starrte auf seine Notizen.

Alle anderen sahen Caso an. Was würde er tun? Würde er seine Unterlagen auf den Boden schmeißen und wutentbrannt hinauslaufen? Würde er losdonnern? Würde er mit dem Finger auf einen Schüler deuten?

Es folgte ein langes Schweigen. Die Studenten wurden unruhig und hielten die Luft an. Einige sahen sich um, um festzustellen, ob einer eine schuldbewusste Miene machte.

Caso stand einfach nur da, klopfte sich die Splitter vom Anzug und ließ seine Blicke über die Schülerschar wandern. Er hatte mehrere kleine Schnittwunden im Gesicht, aber die meisten Scherben hatten seine Kleider getroffen und das Pult. Er wartete, bis sich die allgemeine Unruhe gelegt hatte.

»Meine Damen und Herren«, setzte er dann an. »Wie ich soeben erläutert habe, ist Aristoteles' Dichtung von ganzen Generationen moderner Dramatiker gründlich missverstanden worden. Die Essenz der drei Einheiten ist nicht …«

Ich möchte Ihnen etwas über meine Schwester sagen. Ich habe sie von ganzem Herzen geliebt. Sie war gescheit und witzig, und sie hat alles mit mir geteilt. Wir waren die besten Freundinnen. Es stimmt, dass Maty einen besonderen Platz in meinem Herzen hatte, aber Maty ist weggegangen, als ich sechs war, und sie war wesentlich älter als ich. Frida war fast gleichaltrig, und wir wuchsen auf wie Zwillinge. Was glauben Sie eigentlich, wieso ich Ihnen diese ganzen Geschichten erzählen kann? Weil Frida mir immer alles erzählte. Ausführlich, in allen Einzelheiten. Vielleicht übertrieb sie dabei auch gelegentlich, das mag schon sein, aber was soll's? Frida war es überhaupt nicht bewusst, dass sie übertrieb. Sie blähte die Geschichten im Geiste auf. Sie hatte Schwierigkeiten, die Realität von der Phantasie zu unterscheiden, aber wer hat das nicht? Wer sieht die Dinge wirklich so, wie sie sind? Gott allein. Jeden Unfug, den Frida anstellte, erlebte sie zweimal, einmal, wenn sie ihn durchführte, und einmal, wenn sie ihn mir schilderte. Vielleicht sogar noch öfter, weil sie mir einige dieser Geschichten immer und immer wieder erzählt hat. Und jedes Mal waren die Streiche verwegener und sie eine noch größere Heldin.

Niemand hat Frida besser gekannt als ich. Weder Maty noch meine Mutter, und auch *er* nicht!

Frida hatte eine gewisse … ja, beinahe eine Krankheit. Oder vielleicht ist »Besessenheit« das passendere Wort. Sie musste immer und überall im Mittelpunkt stehen. Sie musste von allen gesehen werden. Sie wollte anders sein, und sie *war* anders, aber es war merkwürdig. Wir waren ja alle anders, ich meine damit uns

Schwestern, weil wir jüdisches Blut in den Adern hatten, und in Mexiko reicht schon ein einziger Tropfen jüdischen Bluts, um Außenseiter zu sein, selbst als praktizierender Katholik. Aber sie war außerdem … sie würde mich umbringen, wenn sie das hören könnte … sie war eben behindert. Doch die beiden Dinge, die sie wirklich von den anderen unterschied, dass sie Jüdin war und lahm, versuchte sie zu vertuschen. Sie versuchte die Welt davon zu überzeugen, dass sie mexikanischer war als die Heilige Jungfrau von Guadalupe und die körperliche Geschicklichkeit eines Alfredo Codona hatte.

Was? Sie kennen Alfredo Codona nicht? Der mexikanische Trapezkünstler, der als erster Mann überhaupt den dreifachen Salto schaffte? Haben Sie ihn nie in der Wochenschau gesehen? Ha! Und Sie wollen mir erzählen, dass ich nicht wüsste, was in der Welt passiert!

Also was ich über Frida sagen wollte: dass das, was sie zu etwas Besonderem machte, gleichzeitig genau das war, was sie zu verstecken versuchte. Manchmal glaube ich, dass sie sich eigentlich selbst nicht besonders gemocht haben kann und deshalb so tat, als würde es ihr nichts ausmachen, wenn andere sie auch nicht mochten. Aber diese »Scheißegal«-Haltung war nur Fassade.

Ich weiß nicht, ob ich damit Recht habe oder nicht.

Nein, ich versuche nicht, Ihre Arbeit zu tun. Ich versuche nur, Ihnen meinen Eindruck zu vermitteln. Ich dachte, das würde Sie interessieren. Aber wenn Sie es doch nicht hören wollen, dann können Sie ja gehen. Ich habe für heute ohnehin genug geredet.

7

*I*ch möchte Ihnen etwas über Diego sagen: Er war der hässlichste Mann, der mir je begegnet ist, so hässlich, dass er jeden Hässlichkeitswettbewerb gewonnen hätte. Er war ein Berg aus Talg, wie mit einer Maurerkelle in die speckigen Overalls gestopft, die er immer trug. Vasconcelos hatte damals eine Gruppe von bekannten Künstlern beauftragt, die Preparatoria mit Fresken zu schmücken, und Diego war einer von ihnen. Sie werden sich vorstellen können, dass er auf seinem Gerüst, wo ihm die fleischigen Gesäßbacken über das Brett hingen, für die *cachuchas* ein ideales Angriffsziel darstellte.

Pepe Robledo schlug vor, die Sägespäne anzuzünden, die noch vom Gerüstbau auf dem Boden lagen, aber Alejandro fand, dass sie den Ulk mit den Feuerwerkskörpern wiederholen sollten. »Die Farbe verspritzt, und seine Allegorie der erotischen Dichtkunst wird aussehen wie mit Fliegendreck besprenkelt«, stellte er sich vor. Die *cachuchas* hatten einigen von den Auftragsmalern schon so übel mitgespielt, dass die nur noch mit Gewehren bei der Arbeit erschienen.

Zu Diego Rivera zu gelangen war gar nicht einfach. Die Studenten hatten, solange er dort arbeitete, keinen Zutritt zum Simón-Bolívar-Saal, der Aula der Preparatoria, und die Türen waren verriegelt. Ein Überfall im großen Stil war also unmöglich.

Das Verbot stachelte Frida natürlich nur noch mehr an, die von diesem riesenhaften, gemütlichen, froschgesichtigen Maler schon einiges gehört hatte. Er schien ein umgänglicher Mensch zu sein, jedenfalls kein Snob, und unterhielt sich auf den Fluren mit seinen Bewunderern oder zwinkerte hübschen Mädchen zu. Sie vermutete, dass er den Schülern nur nicht gestattete, ihm bei der Arbeit zuzusehen, weil er nicht gestört werden wollte, aber die Jungen dachten anders darüber.

Rivera war einen Meter achtzig groß und wog dreihundert Pfund. Allein mit seinen verwaschenen Overalls und dem riesigen Stetson-Filzhut auf dem Kopf war er eine Attraktion. Seine Schuhe waren ungeputzt und mit Farbe und Gips verkleckst. Um seine revolutionäre Gesinnung zu zeigen – vielleicht aber auch, um sich gegen die *cachuchas* zu schützen –, trug er stets einen Patronengürtel mit einer großen Pistole. Sein Haar war dünn und nie gekämmt. Er hatte ein großes rundes Babygesicht mit dicken Hängebacken und einem Mehrfachkinn. Seine Augen waren die einer gutmütigen Amphibie – falls Sie wissen, was ich meine –, wie bei einem Frosch. Sie traten ihm aus dem Kopf und schienen sich unabhängig vom restlichen Gesicht zu bewegen. Sie standen auch so weit auseinander wie bei einem Frosch und konnten in alle Richtungen rollen, um das komplette Panorama in sich aufzunehmen. Er hatte einen riesigen Mund, und man wartete fast darauf, eine lange, schmale Zunge daraus vorschnellen zu sehen, um eine Fliege zu fangen. Seine Haut hatte einen grünlichen Ton, bis auf Brust und Schmerbauch, die cremefarben waren wie die Unterseite eines Frosches. Er trug das Hemd stets bis zum Bauch offen, der wie ein liegendes Fässchen aussah, und ließ den schwarzen Flaum sehen, der seinen ganzen Körper bedeckte. Wenn er den ganzen Tag im Auditorium gearbeitet hatte, triefte er vor Schweiß. Er rann ihm in Strömen über Gesicht und Hals und tropfte ihm aus den Achselhöhlen, sodass er aussah wie ein Wassertier, das gerade aus seinem Teich gestiegen ist. Er hatte schwellende weiße Brüstchen wie ein Backfisch, einen gedrungenen Hals und so gut wie keine Schultern. Die kurzen Arme ragten wie die Vorderbeine einer Kröte aus dem immensen Torso, und seine Hände waren plump und erstaunlich klein, mit fünf zierlichen Fingerchen – nicht vier, wie bei einem Frosch –, die sich in alle Richtungen spreizten. Frida sagte immer, sie könnte kaum glauben, dass diese scheußlichen Hände so großartige Kunstwerke schaffen konnten. Trotz seines Umfangs würde ich nicht sagen, dass er schwerfällig war. Nein, eigentlich nicht. Mein Vater, der schlank und gut proportioniert war, war wesentlich schwerfälliger als Diego. Nein, Diego war lebhaft, intelligent und für seine Ausmaße recht flink, als ob seine kräftigen Hinterbeine stets zum Sprung ansetzten. Er war imstande, sich lange Zeit kaum zu bewegen. Manchmal, wenn er an einem Detail arbeitete, schien sein Körper eine Ewigkeit wie erstarrt zu sein. Dann rührte er sich plötzlich wieder und machte einen riesigen Schritt zur einen oder anderen Seite, als würde er zwei oder drei Meter auf einmal nehmen, wie ein Ochsenfrosch, wissen Sie? Wie gesagt, Frida mochte ihn von Anfang an, obwohl sie sich den *cachuchas* gegenüber verpflichtet fühlte, ihm die gemeinsten Streiche zu spielen. Nein, so kann man das eigentlich auch nicht sagen ... Sie spielte ihm Streiche, weil sie ihn mochte und von ihm bemerkt werden wollte. Er hatte etwas so Bescheidenes und Freundliches, dass sie nicht anders konnte, als von ihm bezaubert zu sein, und ich war es allein durch ihre Schilderungen.

Das war bei ihm natürlich nur Fassade, denn Diego Rivera war in Wirklichkeit alles andere als bescheiden. Er war wie ein spanisches Würstchen, prall gefüllt mit sich selbst.

Sie sollten wissen, dass Diego damals sechsunddreißig war und schon recht berühmt. Natürlich nicht so berühmt wie später. Das wurde er erst durch die Fresken im Nationalpalast und die Gemälde, für die ich ihm Modell gestanden habe. Ich habe Ihnen ja schon erzählt, dass ich sein Lieblingsmodell war. Nicht Frida, sondern ich. Er hat immer gesagt, ich hätte ein weicheres ... wie soll ich sagen? ... Ich hätte ein anschmiegsameres, runderes Äußeres. Frida war irgendwie kantiger. Ich war, na ja, weiblicher eben.

Über Diego gab es unzählige Gerüchte. Frida erzählte mir zum Beispiel, dass er zur Hälfte Chinese sei. Wir betrachteten ein Foto von ihm in *La República*, und ich fand ihn überhaupt nicht chinesisch, aber in Fridas Augen sah er aus wie ein dickwanstiger Buddha. Carmen nannte ihn »der mit der Schweinephysiognomie«.

An der Prepa wurde gemunkelt, dass Diego jüdischer Abstammung sei, aber Frida hielt sich aus dieser Diskussion heraus; sie weckte zu unangenehme Erinnerungen in ihr. Es wurde ihm auch nachgesagt, er wäre zum Teil Portugiese, Spanier oder Inder. Tatsache ist, dass es niemand genau wusste.

»Ich habe gehört, dass er Russe ist!«, sagte Pepe. »Jemand hat ihn mit einem Lehrer russisch reden hören.«

»Nein, er ist kein Russe!«, verbesserte ihn Alejandro. »Seine Pariser Freundin war Russin.«

»Seine beiden Freundinnen!«, bemerkte Alberto.

»Zwei von seinen vielen Freundinnen«, ergänzte Adelina Zendejas, »wenn man dem Vetter vom Paten meines Onkels glauben will, der seine Geliebte, Lupe Marín, kennt.«

»Meinst du das Modell?«, fragte Alberto. »Die, die für ihn steht?«

»Eine von denen, die für ihn stehen! Es sind viele, Lupe, Nahui Olín, es sind eine ganze Menge.«

»Glaubst du, dass sie ihm nackt Modell steht?« Das war Pepe. Obwohl sie sich alle für erfahrene Revolutionäre hielten, die über jedes bürgerliche Verhalten erhaben waren, wären sie zu Fuß von hier nach Oaxaca gegangen, um einmal einen Blick auf einen entblößten Po zu erhaschen.

»Natürlich steht sie ihm nackt Modell! Hast du nicht die Zeichnungen gesehen?« Das war Alejandro, der immer gut Bescheid wusste. »Das ist der wahre Grund, weshalb wir nicht da reindürfen!«

Ich muss zugeben, dass in Fridas Erzählungen alles immer sehr spannend klang. An die Prepa zu gehen, um Ärztin zu werden, dazu hatte ich keine Lust, aber ich hätte einiges darum gegeben, die aufregenden Leute kennen zu lernen, die dort verkehrten – zum Beispiel Filmstars wie Mimi Derba und Joaquín Coss ... wissen Sie, die aus »*El automobil gris*«. Ich erlebte nie etwas Aufregendes. Ja gut, auf der Straße guckten mir die Jungen hinterher, und das nicht zu wenig! Ich hatte meine Verehrer, große stramme Jungs mit Schnauzbärten, abgelaufenen Stiefeln und Macheten zum Schlangentöten. Aber ich war noch nie einem Filmstar begegnet.

»Ich würde nie für irgendjemand nackig Modell stehen«, sagte ich selbstgerecht zu Frida.

»Ich schon. Mein Gott, Cristi, was bist du nur für eine *escuincla*! Du bist doch dieselbe, mit oder ohne Kleider.« Ich wusste, dass sie mich mit solchen Reden nur schocken wollte, aber ich ließ mich trotzdem davon beeindrucken.

»Weißt du«, sagte sie. »Mir würde es nichts ausmachen, Diego Riveras Modell zu sein.«

»Du bist widerlich.«

»Was ist denn schon dabei? Ich werde Ärztin, und ein Arzt guckt sich den ganzen Tag nackte Ärsche an. Mit den kleinbürgerlichen Vorurteilen von dir und Mami kann man weder Künstler noch Arzt werden.«

»Du bist doch katholisch, oder?« Meine Mutter und meine Großmutter hatten hart daran gearbeitet, uns die Ideale der Keuschheit und Sittsamkeit einzupflanzen. Und ein Gefühl für den rechten Stil. »Der Stil, Kind!«, ermahnte mich meine Mutter jedes Mal, wenn sie mich mit den Füßen auf den Polstern oder dem Finger in der Nase erwischte. Der Stil!

Der Hinweis auf unseren geschätzten Glauben machte auf Frida keinen Eindruck. »Klar«, sagte sie, »aber Gott macht doch schließlich auch Pimmel und Titten, oder?«

»Außerdem«, sagte ich und spielte meinen letzten Trumpf aus, »habe ich gehört, dass er Kommunist ist!«

»Na und? Dann werde ich eben auch Kommunistin!«

»Ich dachte, du hättest gesagt, du wärst Katholikin, Frida. Kommunisten glauben nicht an Gott.«

»Dann werde ich eben eine andere Art Kommunistin.«

Von Anfang an war Fridas Vorstellung von Diego mit zwei Dingen verknüpft. Nicht mit Malerei, nein. Mit Sex und Kommunismus – zwei Tabuthemen, trotz der linken Reden der Revolution. Während des Bürgerkrieges waren wir Zapatisten, das ist richtig. Aber keine Kommunisten. Zapatist zu sein war nicht dasselbe, wie Kommunist zu sein. Der Kommunismus war so eine Art ausländisches Ungeheuer, das Unseren Herrn Jesus Christus hasste; deshalb konnte kein Katholik, der etwas auf sich hielt, Kommunist sein. Man konnte denken wie ein Kommunist, reden wie ein Kommunist, die Arbeiter und Bauern verehren und die imperialistischen Schweine verachten, aber selber Kommunist zu werden, das war ausgeschlossen. So dachte ich jedenfalls, weil meine Großmutter mir das so erklärt hatte.

Wie gesagt, über Diego wurden alle möglichen Geschichten erzählt: Er wäre als kleiner Junge von seinem Vater erwischt worden, als er eine Maus bei lebendigem Leib aufschlitzte, um herauszubekommen, wo die kleinen Mäuse herkommen ... er hätte mit neun ein Mädchen besprungen und direkt danach mit der Frau eines mexikanischen Eisenbahningenieurs, einer Mulattin, ein Verhältnis gehabt. Er war angeblich so brünstig wie ein Zuchtbulle und vögelte jede Frau, die er kriegen konnte – Schauspielerinnen, Prostituierte, Hausfrauen, Modelle, Künstlerinnen, Sekretärinnen, Touristinnen, einfach jede –, sein Schwanz sollte so groß sein, dass er schon mal die Gebärmutter einer Geliebten durchstoßen hatte! Und er war natürlich ein Held der Revolution, nicht weil er als Soldat gekämpft hätte, sondern weil er mit Palette und Pinsel gegen die Ungerechtigkeit zu Felde zog. Freiheit, Gleichheit, Brüderlichkeit, Wahrheit und Tortillas für alle. Dafür stand Rivera, und um es zu beweisen, war er Kommunist mit Parteibuch. Zumindest wurde das von ihm behauptet. Sie verstehen also, was ich meine, Sex und Kommunismus. Die beiden Tabus. Wie hätte Frida einem solchen Mann widerstehen können? Einem Mann, der alles bot, was in einer anständigen Unterhaltung als verpönt galt. Natürlich verliebte sie sich in ihn. Aber nicht sofort. Zunächst war es nur Faszination.

Ob ich auch von ihm fasziniert war? Schwer zu sagen. Ich war Diego noch nie begegnet, hatte ihn nie gesehen. Ich spielte die Gleichgültige, aber Frida sprudelte über von Anekdoten. Jeden Tag kam sie mit einer anderen Geschichte nach Hause. Ich vermute, na ja, ich vermute, dass sie irgendwie einen Keim legte. Ihre Beschreibungen gaben ihm so etwas Exotisches, aber gleichzeitig Lächerliches und Liebenswertes, mit seinen Glubschaugen und dem hängenden Doppelkinn, dass ich mich kaum dagegen wehren konnte, entzückt zu sein.

Jedenfalls war Frida wild entschlossen, Diego Rivera kennen zu lernen.

Das plante sie sorgfältig. Wie ich bereits erzählte, malte er gerade an einem Wandbild im Simón Bolívar-Saal. Frida wartete bis spätnachmittags, als das Gebäude beinah leer war. Diego fing um vier Uhr in der Frühe beim ersten Morgengrauen zu malen an und arbeitete praktisch ohne Pause bis zum Sonnenuntergang; dabei kniff er die Augen zusammen und bemühte sich, so viel zu schaffen wie möglich, bevor ihm die Farbe eintrocknete. Er ging noch nicht einmal zum Mittagessen nach Hause. Lupe brachte ihm das Essen in einem großen, mit Blumen geschmückten und einer traditionell bestickten Serviette bedeckten Korb. Frida sah sie zu Diego hineingehen und versuchte, sich ein Bild von ihr zu machen. Sie sah auch andere Frauen zu Diego gehen und ihm Essen oder Geschenke bringen. Wenn die die Aula betreten durften, warum dann nicht auch sie?

»Du musst mir helfen!«, hatte sie zu ihrer Freundin Agustina Reyes, mit dem Spitznamen La Reina, die Königin, gesagt.

Und an jenem Nachmittag warteten sie. Sie warteten, bis alle Schüler nach Hause gegangen waren, bis alle Lehrer nach Hause gegangen waren, bis der Direktor fort war und bis der Hausmeister sich zurückgezogen hatte. Und dann schlossen sie die Schultern zum Sturmbock zusammen und stemmten sich gegen die Aulatür.

»*Uno, dos, tres,* rumms! *Uno, dos, tres,* rumms!« Das war wahrhaftig kein feiner Auftritt.

Die Tür begann zu beben. Sie konnten Rivera drinnen brummen hören: »Was ist da los?«

»*Uno, dos, tres,* rumms! *Uno, dos, tres,* rumms!«

Ein letzter Stoß, und die Tür flog auf.

Sie können sich vorstellen, wie Diego erstaunt vom Gerüst herunterblickte. Und was sah er? Ein zierliches Mädchen mit einem wadenlangen dunkelblauen Faltenrock, einer weißen Bluse und einer Strickjacke, ein Mädchen mit feinen Zügen und schwarzem Haar. Sie muss ihm wie ein Kind erschienen sein – allerdings mit einer guten Figur und großen festen Brüsten.

»Und was hast du zu ihm gesagt?«, fragte ich sie später. Ich konnte meine Begeisterung kaum zügeln. Meine ureigene Schwester von Angesicht zu Angesicht mit dem großen Diego Rivera! Verstand ich damals überhaupt, wer er war? Um ehrlich zu sein, ich weiß es nicht, aber ich wusste, dass er sehr wichtig war.

»Ich habe ihn einfach gefragt, ob ich ihm bei der Arbeit zusehen darf. ›Darf ich Ihnen bei der Arbeit zusehen?‹, habe ich einfach gesagt.« Sie gab mir den Satz genauso wieder, wie sie ihn zu Diego gesagt hatte, im festen Ton und völlig selbstsicher. Ich kann mir vorstellen, dass Diego grinsen musste.

»Was hat er gesagt?«

»Er hat gesagt, es wäre ihm ein Vergnügen.«

Sie hatte sich auf einen Hocker gesetzt und die Augen auf den Pinsel des Malers geheftet. An jenem Abend war niemand bei ihm auf dem Gerüst, nur Lupe Marín saß unten auf einem Stuhl und stickte.

»Es verschlug mir den Atem«, erzählte Frida mir. »Wo er die Farben auftrug, schien die Wand lebendig zu werden – Rot, Grün, Violett, Gold.«

Das Bild stellte die Schöpfung dar mit besonderem Augenmerk auf das mexikanische Volk. Es wimmelte darin von allegorischen Figuren: Mann, Frau, Weisheit, Erotik, Poesie, Tradition, Tragödie, Musik, Barmherzigkeit. Manche waren über dreieinhalb Meter groß. Sie vertraten alle mexikanischen Rassen, Weiße, Indios, Mestizen. Die Linien der Figuren passten sich auf vollkommene Weise der Deckenwölbung an und bezogen sogar die Orgel mit ein, die mit sämtlichen Pfeifen in die Wand eingelassen war. Frida war wie hypnotisiert.

Lupe Marín musterte sie streng und machte ein finsteres Gesicht. Sie hatte für drei Allegorien Modell gestanden, die »Frau«, die »Gerechtigkeit« und das »Lied«. Frida war fasziniert von der »Frau«, einem sitzenden Akt. Es war das Bild einer Landfrau, einer Frau, die mit ihren großen Brüsten und dem runden Bauch vielleicht vier oder fünf Kinder geboren hat, einer Frau, die weiß, wie man überlebt und sich nichts gefallen lässt. Einer Frau, die sieht, was zu tun ist, und es anpackt. Sie hatte die Beine leicht geöffnet, einen breiten Unterkiefer, eine ungleichmäßige Nase und vorstehende Zähne. Die kräftigen Arme und Oberschenkel zeugten davon, dass sie harte Arbeit gewohnt war. Frida fand die Figur sowohl erschreckend hässlich als auch betörend weiblich. »Sie sieht überhaupt nicht aus wie Lupe«, erzählte sie mir. »Lupe ist groß ... eine prächtige Frau mit olivfarbener Haut und atemberaubenden grünen Augen. Sie hat schwarzes Haar, das aussieht wie vom Wind zerzaust, und Lippen wie eine reife Pflaume kurz vorm Zerplatzen und Verströmen ihres köstlichen Saftes.« Diegos »Frau« war dagegen erdverbunden, schwer. Frida konnte es kaum fassen, dass Rivera Lupe so unattraktiv wiedergegeben hatte, oder besser, dass sie sich als Modell für ein Porträt hergegeben hatte, das sie derartig entstellte. Gleichzeitig war Frida fasziniert von Diegos Fähigkeit, das Objekt in seine Idee zu verwandeln. Das Bild sah nicht aus wie Lupe, weil es gar nicht so gedacht war. Es war gedacht als Inkarnation des Weiblichen, als ... Moment mal, wie hat Frida das genannt? ... als »Abbild der lebendigen Reproduktionsenergie«. Diegos »Frau« ist massiv und erdverbunden, weil sie die Lebenskraft der Natur symbolisiert. Später habe ich das begriffen, als ich ihm selbst für diese Art von Gemälden Modell stand.

»Mir wirbelten tausend Gedanken durch den Kopf«, erzählte mir Frida. Sie hatte die Zeit vergessen. Sie hatte vergessen, wo sie war. Sie war sich vorgekommen, als würde sie buchstäblich einer Schöpfung beiwohnen. Diego war in der Lage, diese Wirkung bei einem hervorzurufen.

Aber Lupe wurde ungeduldig.

»Kind«, hatte sie nach einer Weile gesagt, »musst du nicht allmählich nach Hause gehen? Warten deine Eltern nicht auf dich? Werden sie sich keine Sorgen machen?«

Und wissen Sie, was Frida da machte? Sie sah Lupe direkt in die dramatisch grünen Augen. Wie ich schon sagte, Lupe Marín war eine atemberaubende Frau und wie geschaffen als Geliebte eines großen Künstlers. Aber das war für Frida noch lange kein Grund, sich von Lupe einschüchtern zu lassen.

»Nein«, hatte sie ruhig geantwortet und den Blick wieder dem Gemälde zugewandt.

Diegos Hand flog mit der Leichtigkeit eines Schmetterlings über die Wand, und seine Linien waren klar und scharf. Frida staunte, dass dieser Koloss einen so feinen Pinselstrich hatte. Er beherrschte die Technik meisterhaft, aber er schuf nicht die leblosen Figuren eines technischen Zeichners, sondern die plastischen, vibrierenden Formen eines leidenschaftlichen Künstlers.

Lupe hatte ein hitziges Temperament, ich habe es oftmals erlebt. Später habe ich sie nämlich recht gut kennen gelernt. Jedenfalls kann ich mir vorstellen, wie Lupe immer ärgerlicher wurde. Das Mädchen war seit beinahe zwei Stunden da. Lupe wartete noch etwa eine viertel Stunde, dann wurde sie deutlich. Aus ihrer Sicht hatte das Mädchen die Einladung missbraucht.

»Es wird Zeit, dass du nach Hause gehst!«, fauchte sie in einem Ton, der Frida aufforderte, unverzüglich zu verschwinden.

Frida tat, als hätte sie nichts gehört.

»Ich sagte«, wiederholte Lupe, »dass es für dich höchste Zeit ist zu gehen. Geh jetzt!« Sie stand auf und warf ihre Handarbeit auf den Stuhl.

Frida sagte keinen Ton. Lupe baute sich vor ihr auf. Sie hatte eine beeindruckende Statur. Aber Frida blieb sitzen.

»Hör zu«, sagte Lupe und packte Frida am Arm. »Ich will, dass du hier verschwindest.«

Diego drehte sich um und sah grinsend zu ihnen herunter. Er liebte es, wenn sich Frauen seinetwegen stritten, und er fand Lupes Eifersuchtsszene amüsant. Aber abgesehen davon beeindruckte ihn Fridas Hartnäckigkeit.

»Lass sie in Frieden, Lupita«, sagte er freundlich. »Sie stört mich nicht.«

»Mag sein«, stieß Lupe wütend hervor, »aber sie stört *mich*!«

Lupe setzte sich und nahm ihre Stickerei wieder auf. Sie entwirrte drei Garnstränge, dann warf sie die Handarbeit auf den Boden, stand auf und ging mit großen Schritten durch den Raum. Sie kochte vor Wut.

»Verdammt nochmal, Diego!«, schrie sie. »Ich will, dass sie verschwindet! Raus mit dir!«

Diego malte ungerührt weiter, und Frida sah ihm weiter zu.

Lupe setzte sich, verschränkte die Arme und schmollte. »Scheiße!«, zischte sie, »ich weiß nicht, weshalb ich mich auf dich eingelassen habe.«

»Du liebst mich!«

»Schwein! Dein Ich ist so aufgebläht wie dein Wanst.«

»Und deshalb liebst du mich!«, antwortete Diego, ohne die Arbeit zu unterbrechen. Frida fand seine Konzentration phänomenal.

Schließlich war Frida aufgestanden.

»Danke«, sagte sie. »Ich danke Ihnen, dass ich zusehen durfte.«

Dann drehte sie sich zu Lupe um und lächelte: »*Adiós!*«

Lupe war mit einem Mal ganz in ihre Stickerei vertieft. Aber Frida gönnte ihr nicht die Genugtuung, sie ignoriert zu haben. Sie war genau so lange dageblieben, wie sie gewollt hatte, und das würde sie Lupe noch unter die Nase reiben.

»*Adiós, Señorita Marín*«, sagte sie und hielt Lupe die Hand hin.

Es war ein Affront.

Lupe sah zum Wandbild. »Sieh mal da, Diego«, rief sie zu ihm hinauf, »da hast du ein Stück verpfuscht, da bei meinem Fuß, wo die männliche Figur anfängt.«

Diego machte sich weder die Mühe, die bezeichnete Stelle zu suchen, noch Lupe eine Antwort zu geben.

Frida stand immer noch mit ausgestreckter Hand vor ihr.

Schließlich sah Lupe sie an.

»Ich freue mich, Sie kennen gelernt zu haben, Señorita Marín«, sagte Frida, indem sie Hand und Augen fest auf sie gerichtet hielt.

»*Adiós*«, sagte Lupe und musste gegen ihren Willen lächeln.

Frida schulterte ihr Bücherpaket und verließ den Raum. Ihre Schritte waren fest, ihre Haltung anmutig und würdevoll.

Natürlich ist diese Geschichte eine Familienlegende. Frida hat sie mir noch am selben Abend erzählt, sobald sie aus der Prepa nach Hause kam. Und nicht nur einmal, natürlich. Immer und immer wieder, weil sie gesiegt hatte. Sie hatte Lupe wie ein David den Goliath herausgefordert. Jahre später hat auch Lupe mir davon erzählt, und Diego.

»Weißt du was, Diego«, sagte Lupe, als Frida gegangen war. »Das Mädchen ist mir sympathisch. Die hat Format! Wie viele Kinder in ihrem Alter hätten wohl den Mut, auf eigene Faust hier einzudringen und sich einer Frau wie mir zu widersetzen? Nicht viele! Sie ist ein ungewöhnliches Mädchen.«

Diego antwortete ihr mit einem kleinen glucksenden Lachen und fuhr mit seiner Arbeit fort.

Lupe hat Frida gemocht. Sie hat Frida sehr gemocht, trotz allem. Und das ist das Sonderbare bei Diegos Frauen: Sie lernten sich als Rivalinnen kennen und wurden am Ende fast immer Freundinnen. Sie liebten und hassten sich. Genauso wie … genauso wie Frida und ich.

Was soll ich Ihnen über Diego Rivera erzählen? Es ist nicht einfach, die Wahrheit zu treffen, selbst für jemanden wie mich, die Diego sehr gut kannte. Es gab so viele Geschichten über ihn … Skandale umgaben ihn wie eine zweite Haut. Und um die Sache noch komplizierter zu machen, war er ein unverbesserlicher Lügner. Das hatte er mit Frida gemeinsam.

Wissen Sie, ich war mein ganzes Leben von berühmten Leuten umgeben. So viele Berühmtheiten! Erst mal Diego und Frida natürlich, aber auch noch viele andere, Politiker, Filmstars … ja, ich habe dann auch endlich Filmstars kennen gelernt, eine ganze Menge sogar. Und Künstler natürlich, Fotografen. Leute wie Trotzki, Vasconcelos, Cantinflas, Dolores del Río, Siqueiros und den Fotografen Edward Weston, der so viele großartige Aufnahmen von Lupe gemacht hat. Viele, viele berühmte Leute. Ich war die Einzige, die aus der Reihe tanzte, weil ich nicht berühmt war. Trotzdem war ich dabei, auf ihren Festen und Einladungen und Ausstellungseröffnungen, weil ich Frida Kahlos Schwester war …

Sie wollen also was über Diego hören. Gut, ich kann Ihnen erzählen, dass er am 8. Dezember 1886 geboren wurde. Wir veranstalteten immer ein Geburtstagsfest für ihn und vergaßen auch nie seinen Namenstag, weil Diego schrecklich gerne feierte. Wenn man einen dieser Ehrentage ausließ, gebärdete er sich wie eine wild gewordene Biene an einem heißen Nachmittag. Also, Diego hatte ursprünglich einen Zwillingsbruder, aber der starb schon als Säugling. Sein Vater, ein hoch gewachsener Mann, der ebenfalls Diego hieß, war Lehrer und dem offiziellen Bericht zufolge der Sohn eines Spaniers und einer Mexikanerin portugiesisch-jüdischer Abstammung. Seine Mutter, María del Pilar Barrientos, war die Tochter eines Spaniers und einer Mestizin, deshalb stimmt es wohl, dass Diego alles Mögliche war, Spanier, Jude, Portugiese, Indio – aber kein Chinese. Jedes Mal, wenn er von einem Reporter interviewt wurde, erfand er eine andere Geschichte über seine Herkunft. Manchmal behauptete er, er wäre Holländer, Italiener oder Russe. Oder er schwor, dass seine Großmutter Asiatin gewesen sei und sein Großvater afrikanischer Abstammung. Er war wie Frida. Er erzählte irgendwas, nur um Aufmerksamkeit zu erregen.

Wenn es nach ihm ging, war er von Geburt an ein Wunderknabe und schon mit drei Jahren in der Lage gewesen, den Text des Friedensvertrags von Guadalupe Hidalgo auswendig aufzusagen! Das stimmt natürlich nicht, aber was stimmt überhaupt? Seiner Tante Vicenta zufolge redete er von Anfang an in Absätzen und zeichnete komplizierte Bilder, kaum dass er einen Bleistift halten konnte. Er malte alles an, selbst die Familienbibel, vielleicht war das ein Vorzeichen, dass er eines Tages zum Priesterhasser werden würde. Aber sein Vater schien erkannt zu haben, dass Kapitulation das bessere Heldentum ist, denn er ließ die Wände von Diegos Zimmer mit Schiefertafeln bedecken und forderte seinen Spross auf, sich darüber herzumachen. Dieser füllte die Wände mit allem, was in seiner Heimatstadt Guanajuato und in seiner Phantasie zu sehen war: Züge, Zinnsoldaten, Blumen, Vögel, pinkelnde Hunde, ein Ungeheuer auf Rollschuhen, eine Pyramide, eine gefiederte Schlange mit Flügeln.

Wenn Tante Vicenta ihn zur Kirche mitnahm und ihn aufforderte, zur Jungfrau Maria zu beten, wies er sie darauf hin, dass die Figur aus Holz war und keine Ohren hatte. Als sich Tante Vicenta darauf bei Diegitos Vater darüber beschwerte, fing Diego senior an, den Jungen zu den Versammlungen der städtischen Jakobiner mitzunehmen. Ich vermute, dass Diego auf diese Weise zum Radikalen wurde.

Er war fünf, als seine Schwester Maria auf die Welt kam. Natürlich war Diego neugierig und wollte wissen, wo die Babys herkommen. Sex war stets eines seiner Hauptinteressen. Und er fing an zu experimentieren. Die Geschichte mit der aufgeschlitzten Maus ist wahr. Diego beschaffte sich ein paar Anatomiebücher und nahm die Bilder des menschlichen Körpers in sein zeichnerisches Repertoire auf. Er malte mit Vorliebe Unfälle und Zugwracks, bei denen überall zerfetzte Leichen verstreut lagen. Er schnitt auch Soldatenbilder aus und entwarf großartige Militärfeldzüge mit dem blutigen Gemetzel, das nun mal dazugehörte.

Dann verschwimmen die Fakten. Die Legende will es, dass er als Neunjähriger mit einer achtzehnjährigen amerikanischen Lehrerin Sex hatte und direkt im Anschluss zu dieser Frau des mexikanischen Eisenbahningenieurs übergewechselt sein soll. Mit neun Jahren! Trotz seines grotesken Aussehens fanden die Frauen ihn unwiderstehlich. Sogar schöne Frauen. Sehen Sie doch nur Frida an. Oder mich.

Diegos Vater dachte, sein Sohn würde mit dieser Neigung zu Blut und Sex und seinem strategischen Geschick einen guten General abgeben, und schrieb ihn in einer Militärschule ein, aber Klein-Diego probte den Aufstand und bestand darauf, Kunst zu studieren. Kurz darauf erhielt er ein Stipendium für die angesehene Academia de San Carlos. Doch hat er später immer behauptet, mehr vom Kupferstecher Posada als von seinen Dozenten auf der Kunstakademie gelernt zu haben. Posada wurde damals wie ein Held verehrt. Sogar die Dienstmädchen und *campesinos* kannten seine Werke. Er hatte einen bescheidenen Laden direkt neben der Schule, wo er seine Bilder ausstellte. Und Diego presste jeden Tag die kleine Knubbelnase ans Schaufenster und sah ihm bei der Arbeit zu. Eines Tages forderte der Kupferstecher ihn auf hereinzukommen, und sie wurden Freunde. Wenn man Diego glauben will, war Posada eines seiner wichtigsten Vorbilder, weil er seine Arbeit in den Dienst des Volkes stellte, und das wollte Diego auch.

Wissen Sie, damals, in den Vorwehen der Revolution, gab es andauernd Studentenproteste gegen dieses oder jenes, und Diego war natürlich immer mit dabei. Es dauerte nicht lange, da wurde er in irgendwelche Krawalle verwickelt und flog von der Kunstschule. Im Grunde war das sein Glück.

Diego nahm seine Farbtuben und Pinsel und kehrte dem Schulzimmer, den Regeln und den Theorien den Rücken. Vier Jahre lang durchstreifte er das Land und malte alles, was ihm in die Quere kam, Sensationelles und Banales, was manchmal dasselbe ist. Indios mit ausdruckslosen Gesichtern, purpurne Vulkane vor topasfarbenem Himmel, gestochen klare Landschaften ... auch ein Porträt seiner Mutter.

»Mein Gott!«, rief sie aus, als sie es zu Gesicht bekam. »Soll diese aufgedunsene, einfache Frau mit dem unförmigen Körper etwa ich sein? Das ist der Beweis, dass du mich nicht liebst!« Dieser Vorfall ging in die Familiengeschichte ein.

Aber seine übrigen Gemälde gefielen nicht nur Señora Rivera, sondern auch der Öffentlichkeit, und sein Name wurde bald bekannt. Doch wie weit würde er es bringen, wenn er so weitermachte? Europa war das Herz – und der Nabel – des Universums. Dort wurde gerade alles neu gemischt: die Politik, die Kunst, die Wissenschaft, der Sex. In Mexiko hatte Diego sein Vergnügen. Er zechte in Bars und Bordellen, aber gleichzeitig wusste er, dass er im Grunde etwas anderes wollte. Die besten Lehrer waren in Übersee, und Europa war wie ein von Ferne lockender Stern. Aber Vater Rivera konnte ihm keine Reise finanzieren. Diego langweilte sich, er wurde mürrisch und stellte allmählich das Malen ein. Er war schon immer ein Hypochonder, und nun bildete er sich ein, er würde erblinden. Señor Rivera sah ein, dass er einen Weg finden musste. Ohne die richtige Nahrung welkt auch das größte Talent wie eine kostbare Blume dahin.

Damals arbeitete Diegos Vater als Inspektor beim Gesundheitsamt, und als im Südwesten des Landes das Gelbfieber ausbrach, sah er seine Chance gekommen. Er machte eine Reise nach Veracruz, um sich über die medizinische Situation zu informieren, und nahm seinen Sohn mit. Diesen ließ er in der Landeshauptstadt Jalapa, wo er außer Gefahr war, und die neue Umgebung wirkte auf den Künstler wie Meskalin. Die Farben strahlten, die Formen waren klar umrissen und fesselten ihn. Diego sah die Welt wieder mit anderen Augen, Farben, Muster, Kontraste, Konturen, und er bedeckte zahllose Leinwände – diesmal mit subtropischer Vegetation und Kolonialbauten. Diego senior war entzückt. Seine Rechnung war aufgegangen. Als Nächstes sorgte er dafür, dass der Gouverneur des Staates Veracruz, Teodoro Dehesa, Diegos Werk zu sehen bekam. Wie gehofft fand der Gouverneur Gefallen daran und nutzte seine Beziehungen, um Diego ein Studium in Europa zu ermöglichen. Für Diego wurde ein Traum wahr, und für seinen Vater auch.

Unmittelbar bevor Diego nach Spanien aufbrach – das muss so um 1907 gewesen sein –, fanden in unseren Spinnereien große Kundgebungen statt. Die Kavallerie gab den Arbeitern die Schuld und schoss aus nächster Nähe auf Männer, Frauen und sogar auf Kinder. Sie hinterließ auf dem blutgetränkten Boden Berge von Leichen. Diego wurde Zeuge dieser Ereignisse und konnte sie zeit seines Lebens nicht mehr vergessen … Sie haben einiges zu seiner Berufung zum Revolutionär beigetragen, der mit seiner Kunst die Massen erziehen und die Geschichte seines Volkes erzählen wollte. Später, als er die Wandgemälde im Nationalpalast schuf, baute er diese Szene mit ein. Sie befindet sich auf der linken Seite, vielleicht haben Sie sie ja gesehen. Die *campesinos* stehen in einer Reihe vor den Soldaten, und die zielen ihnen direkt auf die Brust. Es jagt einem einen Schauer über den Rücken.

Diego verließ also ein Land im Chaos, brach aber in ein fast noch größeres Chaos auf. Ich weiß nicht allzu viel über Spanien, aber aus Diegos Erzählungen ging hervor, dass es kurz zuvor seine letzten Kolonien im Krieg gegen die USA eingebüßt hatte, wodurch eine nationale Katastrophe in Gang kam … Die Republikaner wollten die Monarchie abschaffen, und die Katalanen forderten die Autonomie. Sozialisten und Anarchisten fanden von links und rechts

Zulauf, und überall brachen Streiks aus. Es war ein einziges Durcheinander. Die Monarchisten schossen in die Menge, die Sozialisten verteilten Flugblätter, die Revolutionäre bastelten Bomben und brannten Fabriken nieder, die Republikaner stellten eine Verfassung nach der anderen auf, und die Anarchisten liefen durch die Straßen und warfen mit Pflastersteinen. Es war genauso schlimm wie bei uns.

Diego bildete sich in Spanien weniger künstlerisch als politisch. Er hörte zu, beobachtete und ließ sich von den revolutionären Reden anstecken. Er saß stundenlang in Cafés und diskutierte. Er ist nie ein richtiger Leser gewesen, aber damals begann er immerhin, die anarchistischen Pamphlete zu überfliegen. Er erstand eine Raubkopie von Marx' »Kapital« und las ein paar Seiten darin.

Das Gedankengut war ihm nicht fremd. Er hatte es bereits während der Studentenunruhen in Mexiko-Stadt kennen gelernt und beim Streik in den Spinnereien. »Während jener ersten Monate in Madrid«, hat Diego einmal zu mir gesagt, »schien sich endlich eins zum anderen zu fügen.«

Seine Phantasie spielte verrückt! Er brach nach Norden auf, bereiste Belgien, Holland, England und sog die Kultur der verschiedenen Völker in sich auf. Er studierte die großen Meister. Ich kann mich nicht an die Namen erinnern ... Breughel? ... Hogarth ... ja, genau. Er lernte andere Maler kennen, Schriftsteller und Aktivisten. Und er schlief natürlich mit Unmengen von Frauen. Er erzählte ohne Hemmungen von seinen Eroberungen. Frida hat das am Anfang nichts ausgemacht. Sie schien glücklich zu sein, ein Verhältnis mit einem Mann zu haben, der so ein erfolgreicher Liebhaber war. Aber später haben seine Affären ihr mächtig zugesetzt, besonders ...

Ich wusste immer, dass Diego anderen Frauen gehörte. Er war nie nur meiner, obwohl er manchmal zu mir gesagt hat, ich wäre seine Lieblingsfrau. Wer weiß, ob das stimmte. Jedenfalls habe ich keinen Anspruch auf ihn erhoben wie Frida. Ich war nicht launisch. Ich war ... wie könnte ich sagen? ... eine Zuflucht für ihn.

Diego brauchte eine Zuflucht, weil er immer mitten im Gewühl war. Er erregte Aufsehen, wo er nur hinging. Die Leute drehten sich nach ihm um. Frida nannte ihn eine wandelnde Hyperbel. Wie finden Sie das? Eine wandelnde Hyperbel. Solche Ausdrücke benutzte Frida. Und genau das war er, eine wandelnde Übertreibung. Alles an ihm war exzessiv. Der Bauch hing ihm über den Hosenbund. Die Kleidung war verschroben. Er war extrem ungepflegt, weil er nie badete, nie seine Anziehsachen wusch und sich nie die Haare kämmte. In Brüssel ließ er sich mit María Gutiérrez Blanchard ein, einer Malerin, halb Französin, halb Spanierin. Er war an sich schon ein auffälliger Kerl, aber wenn er mit ihr, einer zwergwüchsigen Bucklingen, die Straße entlangging, dann fielen den Passanten förmlich die Augen aus dem Kopf.

Er hatte Tausende von Geschichten aus jenen Tagen in Belgien auf Lager. Er war gut im Spinnen von Seemannsgarn und gestattete der Wahrheit nie, einer guten Geschichte die Pointe zu stehlen. Er erzählte zum Beispiel, dass eines Nachts in Brüssel ein Feuer ausgebrochen war. Er raffte so viele Bilder zusammen, wie er nur fassen konnte, und lief auf die Straße hinaus. Erst als er unten war, hatte er gemerkt, dass er keine Unterhose anhatte! Vielleicht stimmt das ja, wer weiß. Jedenfalls fühlte sich Diego auch ohne Unterhose recht wohl. María stellte ihm die emigrierte russische Malerin Angelina Beloff vor, und die löste die Freundin alsbald in Diegos Bett ab. Aber keine Liebesbeziehung hinderte Diego daran, mit jeder Frau zu schlafen, die ihm über den Weg lief. Hübsch oder hässlich, dick oder dünn, vom Strichmädchen über die Blumenverkäuferin an der Straßenecke bis hin zur vornehmen Salondame, für Diego waren alle Frauen Freiwild. Woher ich das weiß? Weil er ständig davon redete.

Diego landete, wo alle ehrgeizigen Künstler eines Tages landen: in Paris. Dort teilte er sich eine Wohnung mit María und Angelina. Das war sein bevorzugtes Arrangement – sich auf mehrere Frauen aufzuteilen. Da die drei sich mehr der Kunst widmeten als der Reinlichkeit, machte sich keiner die Mühe, die Böden zu schrubben oder auch nur das Geschirr zu spülen, bis der Gestank aus der Wohnung eines Tages so penetrant wurde, dass die Nachbarn die Polizei riefen.

Damals waren alle berühmten Künstler in Paris versammelt – Cézanne, Rousseau, Picasso, Klee ... Diego sah Bilder, die ganz anders waren als alles, was er vorher gesehen hatte. »Mich hat's gepackt bis unter die Haarwurzeln!«, hat er mir erzählt. Oder vielleicht auch nicht mir. Es kann sein, dass er das zu Frida gesagt hat, als ich dabei war. Er durchstreifte die Stadt und besuchte die Galerien. Seine Erregung war so groß, dass er Fieber bekam! So hat er es jedenfalls geschildert.

Er begann zu malen. Er freundete sich mit Picasso an, begann seinen Stil zu entwickeln und zu verändern. Nach kurzer Zeit hatte er sich in Paris einen Namen gemacht, und die Leute redeten auch hier in Mexiko von ihm. Als Díaz zur Feier seines dreißigjährigen Regierungsjubiläums eine Kunstausstellung plante, lud er Diego ein, sich daran zu beteiligen.

Genau am Tag der Eröffnung begann Madero seine Revolte. Zapata führte die Bauernaufstände im Süden an, Pancho Villa die im Norden. Diego vergaß die Ausstellung und ließ sich von den Ereignissen mitreißen. All die Diskussionen in den europäischen Cafés, all die abstrakten Ideen – hier zu Hause nahmen sie vor seinen Augen Gestalt an! Hier wurde aus dem Reden Handeln! Diego war begeistert von Zapata. Da war er, der wahre Held der Revolution, überlebensgroß! Der Mann auf dem Schimmel, der später in vielen von Diegos Bildern auftauchte.

Weil er so begeistert war, glauben Sie vielleicht, er wäre bis zum Kriegsende hier geblieben. Aber er blieb nicht. Er kehrte nach Paris zurück.

Während in Mexiko das Land von der Revolution verändert wurde, wurde in Frankreich die Kunst vom Kubismus verwandelt. Diego muss hin- und hergerissen gewesen sein. Oder vielleicht auch nicht. Diego war Künstler, kein Soldat. Ich würde sogar behaupten, dass Diego sämtliche Eigenschaften gefehlt haben, die einen Mann zum Soldaten machen. Er war weder tapfer noch diszipliniert, außer wenn es ums Malen ging. Er hasste es, reglementiert zu werden, und war unfähig, einen Befehl auszuführen. Er liebte die Idee der Revolution, das schon, aber Kriege sollten bitte schön von anderen ausgefochten werden. Es stimmt, dass er beim Ausbruch des 1. Weltkriegs einen halbherzigen Versuch unternahm, sich als Freiwilliger für die französische Armee zu melden, weil alle seine Freunde dasselbe taten. Aber er wollte nicht wirklich hin. Endlose Märsche im Schlamm, das war sicher nicht seine Sache. Und er hatte Glück: Bei der Musterung der Rekruten fanden die Offiziere, dass er mit seinem Umfang ein zu leichtes Ziel wäre, und entließen ihn. Nein, Diego war kein Soldat. Ein Soldat muss bereit sein, Opfer zu bringen. Diego mochte keine Opfer. Was er mochte, war, dass andere für ihn Opfer brachten. Er war egozentrisch und bequem. Das soll keine Kritik sein, bestimmt nicht. Ein Künstler muss so sein. Diego stand zu sehr unter dem Bann des Kubismus, um seine Zeit mit Flintenputzen zu verschwenden. Sie kennen den Kubismus, oder? Der Kubismus reduziert die Dinge auf ihre geometrischen Formen – Rechtecke, Kreise. Wissen Sie, man kann nicht sein Leben mit Leuten wie Frida und Diego verbringen, ohne eine Unmenge zu lernen. Sie kannten sich in der Kunst genau aus und redeten immer davon, da war es gar nicht zu vermeiden, dass ich was aufschnappte. Ich bin schließlich nicht so doof, wie Frida mich immer darstellte.

Diego malte jedenfalls eine Menge kubistische Bilder, aber nach einer Weile wurde er der Pariser Avantgarde überdrüssig und fand, dass der Kubismus nur eine weitere Schule geworden war, mit Regeln, die den Künstler einengten. Er wünschte sich eine Kunst, die authentischer war, die seine eigene war. Die Sehnsucht nach Mexiko schlich sich in seine Gemälde ... Zapata auf einem Schimmel! Viele von Diegos Freunden waren in den Krieg gezogen, und er fühlte sich allein gelassen. In Paris waren fast nur die Ausländer zurückgeblieben, und die hungerten. Ständig gab es Fliegeralarm und es fielen Bomben, wer dachte da schon daran, Bilder zu kaufen. Es ließ sich nichts verkaufen, was machte es da für einen Sinn, in Paris zu bleiben?

»*Bombas! Bombas!*«, schrie Diego und ruderte mit den Armen, als wären es Dreschflegel. »*Bombas!* Überall *bombas!* Rumms! Bumms!« Er beschrieb eine Tragödie, aber Frida und ich schrien vor Lachen.

Sein Stipendium war aufgebraucht. Sie saßen alle im selben Boot – Diego, Picasso, Juan Gris, Modigliani, Pérat, Lipschitz. Sie waren alle arm, meine ich damit. »Wenn einer von uns ein Bild verkaufte«, erzählte er mir, »bekamen alle was zu essen.« Nur konnte manchmal wochen- oder monatelang niemand etwas verkaufen. Er sagte uns, er hätte einmal ganze fünf Tage nichts zu beißen gehabt. Können Sie sich das vorstellen?

Diego hatte Freunde, und er hatte Frauen, aber er war trotzdem ein Ausländer unter Ausländern, und er war zu sehr mit seiner eigenen Arbeit beschäftigt, um vollständig in der Gruppe aufzugehen. Er malte von Sonnenaufgang bis Sonnenuntergang und trieb sich an, bis es ihm vor Erschöpfung schwindelig war. Er wurde ein bisschen seltsam. Er streifte durch die Straßen und erzählte, er sei von Geistern besessen. Er war davon überzeugt, dass er eine schlimme Leber- und Nierenkrankheit hatte, und unterwarf sich ausgefallenen Diäten. Eines Tages bildete er sich ein, seine Augen wären für die Augenhöhlen zu groß geworden; dann meinte er Herzrhythmusstörungen bei sich festzustellen; dachte, sein Stuhl sei zu schwarz und seine Haut voller Flecken. Manchmal spürte er, wie sein Leib wuchs und wuchs, über die ausgebeulten Kleider hinaus, bis ihm das Zimmer zu eng wurde. Es zwängte ihn ein, und er lief zum Fenster, um sich weiter ausdehnen zu können. Er fühlte seinen Körper anschwellen und sich über ganz Paris ausbreiten; er schwoll und schwoll, bis er jeden Stadtteil bedeckt hatte, wie ein gigantischer Klecks.

Es ist bekannt, dass Diego ein großer Maler war. Was nicht bekannt ist, ist, dass er verrückt war.

Er war kein einfacher Lebenspartner. Und trotzdem rivalisierten die Frauen um ihn. María und Angelina. Angelina und Marievna. Lupe und Frida. Frida und … Er warf María raus, teilte das Zimmer nur noch mit Angelina und lebte mit ihr in eheähnlichen Verhältnissen. Aber als Angelina schwanger wurde, reagierte er wütend. Er wollte keine Verpflichtungen und keine Ablenkungen.

»Ich werde das Kind aus dem Fenster werfen!«, brüllte er.

Er ließ Angelina sitzen und suchte in den Armen einer anderen Einwanderin Trost, Marievna Vorobiev-Stebeleska, der Tochter einer jüdischen Schauspielerin und eines Polen, der in Russland als Offizier diente. Da Marievna wusste, wie es Angelina ergangen war, begann sie die Beziehung zu Diego mit zwei Geschenken: einem Paar siamesischer Katzen und einem Kondom. Durch seine beiden russischen Geliebten und deren Freunde lernte Diego recht gut Russisch, weshalb einige der *cachuchas* ihn für einen waschechten Russen hielten. Seine Russischkenntnisse nutzte er, um bei den politischen Diskussionen in den Pariser Cafés mithalten zu können, und später, um die hohen Sowjets als ausgemachte Kunstbanausen zu betiteln.

Als Angelinas Sohn Diegito geboren wurde, machte Diego den Versuch, Vater zu sein. Aber die Winter waren so kalt und die Lebensbedingungen so schlecht, dass das Kind starb, als es zwei Jahre alt war. Diego war untröstlich – trotz allem. Nun entschloss sich auch Marievna zu einem Baby und bekam ein kleines Mädchen, das sie Marika nannte. Diego leugnete zwar seine Vaterschaft, aber ich habe Bilder von ihr gesehen und festgestellt, dass sie genauso aussieht wie er. Das muss er auch gedacht haben, weil er sie jahrelang mit Geldsendungen unterstützte.

Paris war nicht mehr das, was es einmal gewesen war, und Diego bekam Heimweh. Die Kubisten gingen ihm auf die Nerven, und er stritt sich mit Picasso. Die russische Revolution versprach eine neue Weltordnung, und Diego fing an, über seine Verantwortung als Maler in Mexiko nachzudenken, wo inzwischen das neue Revolutionsregime in Kraft war. Er fuhr nach Hause und versprach beiden, Angelina und Marievna, sie nachzuholen, was er natürlich nie tat.

Diegos Zeitplan war perfekt. Er kehrte 1921 nach Mexiko zurück, genau als Vasconcelos mit der Idee liebäugelte, die Kunst zur Erziehung der Massen einzusetzen. Er plante ein gigantisches Bauprogramm – Schulen, Bibliotheken – und wollte die öffentlichen Gebäude mit Wandbildern bemalen lassen, von denen die Mexikaner ihre eigene Geschichte, ihre eigenen Werte lernen sollten. Das mexikanische Volk, mexikanische Landschaften, die reiche Folklore Mexikos, das waren Themen, die Diegos Kreativität fließen ließen. Vasconcelos lud ihn ein, an seinem Freskenprogramm teilzunehmen, und Diego, der in Italien eine Menge öffentlicher Kunst gesehen hatte, konnte sich nichts vorstellen, was er lieber getan hätte. So kam er dazu, seine Allegorie in der Aula der Prepa zu malen, wo meine Schwester zu ihm hereingeplatzt ist.

Ob es mir schwer fällt, über Diego zu reden? Was für eine merkwürdige Frage. Nein, wieso sollte es mir schwer fallen? Ich habe so viele Jahre an seiner Seite verbracht. Vielleicht kannte ich ihn besser als jeder andere, sogar besser als Frida. Fällt es mir schwer? Na ja, ein bisschen schon. Schließlich, wenn man jemanden liebt ... Ja, ich habe ihn geliebt. Er war ein abscheulicher Kerl, aber so kraftvoll wie eine Maschine. Er war in jeder Hinsicht zügellos, beim Essen, in der Liebe, in der Musik, in der Politik und in der Kunst. Besonders in der Kunst. Er packte seine Aufträge für die Wandbilder mit der Wildheit einer Machete an. Doch, er war sorgfältig, und er war auch sehr genau. Aber ich rede nicht von der Technik. Ich rede von Leidenschaft. Seine Leidenschaft war es, die seine Gesellschaft so aufregend machte, und so demoralisierend, weil seine Leidenschaft einen erdrücken konnte, einen platt walzen konnte wie eine Tortilla. Aber am meisten liebte ich an Diego, dass er mich behandelte ... wie eine richtige Person. Er erzählte mir von seinen Erfahrungen in Paris, von seinem Söhnchen, das gestorben ist, von Picasso, vom Montmartre und vom Quartier Latin.

Diego redete ununterbrochen von sich. Er war nur mit sich selbst beschäftigt. Deshalb kann ich Ihnen auch so viel von ihm erzählen. Er erzählte am laufenden Meter Geschichten von sich. Na schön, einige waren erfunden, und viele waren Übertreibungen – Verzeihung, Hyperbeln –, aber er sprach mit mir, als würde es ihm Freude machen. Als ob ich nicht dumm wäre. Und deshalb kann ich Ihnen erzählen, was er mir erzählte, selbst wenn ich nicht dafür garantieren kann, dass es die Wahrheit ist. Frida war genauso mit sich beschäftigt. Deshalb bekamen sie Streit, deshalb gingen sie sich gegenseitig auf die Nerven, weil sie beide ständig im Mittelpunkt stehen mussten. Um die Wahrheit zu sagen, ich glaube, dass sie mich beide brauchten, und ich sage Ihnen auch warum: Weil ich keine Ansprüche stellte. Ich musste nicht die ganze Zeit reden. Ich musste nicht der Star sein. Ich habe früh gelernt, schon als kleines Mädchen, dass ich nie der Star sein würde, und damit war ich besser dran. Ich habe nie versucht zu konkurrieren. Deshalb haben sie beide an mir gehangen. Ich war so eine Art Oase.

Was Diego mir erzählt hat, gibt Stoff ab für eine gute Geschichte. Sie hören mir ja auch wie gebannt zu und verfolgen aufmerksam jedes Wort. Nicht nur, weil es ihr Job ist, sondern auch, weil sie von dem großen Diego Rivera fasziniert sind.

Frida war ihm sehr ähnlich. Sie war ein unglaubliches Mädchen. Ganz gleich, wie sehr sie einen auch ärgerte, man konnte nicht umhin, sie zu lieben. Ich liebte sie mehr als irgendjemanden auf der Welt, außer natürlich meine Kinder. Deshalb … wenn die Leute sagen, dass ich sie zerstört habe … dann kann ich das nicht ertragen. Ich kann es einfach nicht … Entschuldigen Sie … Ich weiß auch nicht, warum ich jetzt manchmal die Fassung verliere … Es ist nur so unfair. Ich habe sie so geliebt. Wir standen uns so nah. Zum Beispiel eines Tages, es war kein Schultag, eines Tages kam ich ins Zimmer und schrie auf:

»Frida! Deine Haare! Was hast du gemacht?«

Frida trug einen Herrenanzug mit Weste und Krawatte und bewunderte sich darin im Spiegel. Ihre Nägel waren wunderschön lackiert und die Lippen leuchtend rot geschminkt. Es war der Stil der Avantgardisten, Männerkleider und dazu einen Haufen Schminke. Jedenfalls war Frida mit meiner schockierten Reaktion sehr zufrieden, und sie fand auch gut, dass die Hosen ihr dünnes Bein verbargen.

»Antworte mir, Frida!«, schrie ich sie an. »Was hast du mit deinen Haaren gemacht?«

»Ich habe sie abgeschnitten, du dumme Nuss! Alle machen das. Du solltest es auch tun!«

»Ich? Niemals!«

»Du wirst es tun«, sagte sie selbstgefällig. »Alles, was ich mache, machst du ... eines Tages auch.« Damals ahnten wir beide nicht, wie prophetisch diese Worte waren. »Jedenfalls«, fuhr sie fort, »finden die *cachuchas* es gut. Besonders Alex. Er schwärmt dafür. Das mag ich so an ihm, er ist keiner von diesen altmodischen Männern, die erwarten, dass eine Frau Locken trägt und beim Anblick von einem Schwanz in Ohnmacht fällt!«

»Frida!« Ich muss entsetzt ausgesehen haben. Frida kletterte aufs Bett und fing an, mir den Rücken zu massieren.

»Sei nicht so verklemmt, Christina. Ich hasse diese kleinbürgerliche Verklemmtheit. Manchmal hörst du dich genauso an wie Mami!« Aber ihre Stimme war freundlich, nicht spöttisch.

»Ich höre mich überhaupt nicht an wie Mami«, verteidigte ich mich. »Außerdem kümmert sich Mami kein bisschen um mich. Sie weint immer noch Maty hinterher.« Frida und mein Vater hatten herausgefunden, dass sie mit ihrem Freund im Ärzteviertel wohnte, und seitdem war meine Mutter unmöglich. Sie wollte sie sehen, aber wenn Maty dann zu Besuch kam, ließ sie sie nicht ins Haus. Wenn Maty aber keine Anstalten machte, uns zu besuchen, dann spielte meine Mutter verrückt.

»Sie gibt mir die Schuld, oder?«, fragte Frida. »Sie ist der Meinung, dass ich die Familie kaputtmache.«

Ich gab ihr keine Antwort.

»Ich hasse es, zu Hause zu sein. Ich bin lieber in der Schule oder bei den *cachuchas*.«

»Du und deine *cachuchas*, ihr werdet noch erreichen, dass ihr von der Preparatoria fliegt.«

»Sei nicht blöd, Cristi. Wir passen auf, und wir halten zusammen. Außerdem haben wir verdammt viel mehr auf dem Kasten als die Lehrer.«

Frida glaubte das wirklich. Sie dachte, dass sie und ihre Freunde unangreifbar wären und intelligenter als alle anderen.

»Papa bringt dich um, wenn er erfährt, wie oft du die Schule schwänzt.« Ich erwog sogar, es ihm selbst zu erzählen. Wir hatten so wenig Geld, und Frida hatte nichts Besseres zu tun, als in der

Schule Unfug zu treiben. Ich musste arbeiten gehen. Ich arbeitete für einen Drucker, ich gestaltete ihm die Seiten. Wieso sollte Frida eigentlich nicht arbeiten?

»Warum soll ich am Unterricht von dummen und langweiligen Lehrern teilnehmen?«, rechtfertigte sie sich.

»Die Lehrer sind also dumm und langweilig? Ich dachte, die Prepa wäre so eine phänomenale Schule! Anscheinend hat Mami doch Recht. Du vergeudest da nur deine Zeit.«

Ich erinnere mich, zur Decke gesehen und eine Schnute gezogen zu haben. Frida kletterte vom Bett und ging durchs Zimmer. Dann holte sie mit einer großartigen Geste etwas aus ihrer Schultasche. Ich starrte sie ungläubig an. Eine Zigarette! Eine fertig gerollte Zigarette, die man nur noch anzünden musste. Als sie sicher war, dass meine ganze Aufmerksamkeit auf sie gerichtet war, nahm sie einen tiefen Zug und stieß den Rauch durch die Nase aus.

Meine Augen müssen rund gewesen sein wie zwei Luftballons. »Du rauchst!«

Frida grinste. »Natürlich«, sagte sie. »Wir rauchen alle.«

»Mami bringt dich um!«

Frida nahm vor dem Spiegel die Pose eines Vamps ein und beobachtete sich beim nächsten Zug. Sie kräuselte sinnlich die Lippen und blies aus dem halb geöffneten Mund Rauchringe ans Glas.

»Wer hat dir das beigebracht? Alex?«

»Schon möglich.«

»Liebst du ihn?«

»Schon möglich.« Sie nahm ein Kissen und warf es nach mir.

»Was macht ihr zusammen?«

»Was meinst du?«

»Du weißt genau, was ich meine«, sagte ich.

»Wir machen überhaupt nichts zusammen, du Idiotin! Wir gehen zusammen in die Bibliothek! Wir lesen Bücher zusammen! Wir reden über irgendwas. Wir ärgern die Lehrer.«

»Küsst ihr euch?«

»Natürlich!«

»Erlaubst du ihm, dich zu berühren?«

Frida sah mich an, als wäre ich so etwas Ähnliches wie eine prähistorische Kröte.

»Was ist denn dabei?«, sagte sie und schüttelte den Kopf, als wäre die Frage viel zu unbedeutend, um mir eine Antwort darauf zu geben, die sie mir nur aus Mitleid mit meiner maßlosen Unwissenheit dann doch gab. »Ich liebe es, wenn er mich berührt.«

»Erlaubst du ihm, dich, du weißt schon, da unten zu berühren ...?« Ich bekam die Worte vor Aufregung kaum heraus. Ich fragte mich, ob Frida das merkte.

Sie machte eine lüsterne Bewegung mit der Zunge.

»Willst du das wirklich wissen, du kleines Dummerchen?« Sie blies einen Rauchring in meine Richtung. »Aber, um deine Frage zu beantworten, ja, ich liebe ihn.«

Und das tat sie wirklich. Alex war ihr Ritter hoch zu Ross, der wilde Revolutionär, der Rebell. Er war Idealist und Ideal in einem. Zapata, Rudolph Valentino und Don Quijote zugleich. Frida schwärmte für ihn mit einer mädchenhaften Leidenschaft, die von Phantasiewelten, verzauberten Inseln und endlosen, nebligen Mondnächten träumt.

Deshalb war das, was dann kam, ein echter Schock für mich.

Frida saß wieder auf dem Bett und blies geschmeidige Rauchringe ans Fenster.

»Gestehe mir deinen geheimsten Wunsch«, flüsterte sie. »Deinen allergeheimsten geheimen Wunsch. Das, was du mehr begehrst als alles andere.« Ich dachte, sie würde Spaß machen. Ich dachte, dass sie sich über alles, was ich jetzt sagte, lustig machen würde. Aber ich sagte ihr trotzdem die Wahrheit.

»Ich wäre gerne ein Filmstar wie Emma Padilla.« Emma Padilla war mein Idol.

Frida lachte nicht. Stattdessen fragte sie mich: »Weißt du, was mein allergrößter Wunsch ist?« Sie sah mir direkt in die Augen.

Und ohne die Antwort abzuwarten, fügte sie hinzu: »Mein größter Wunsch ist es, von Diego Rivera ein Kind zu haben!«

Es verschlug mir die Sprache. Sie sah mich an und wartete auf eine Reaktion.

»Bist du vollkommen verrückt?«, sagte ich schließlich. Damals konnte ich mir nicht vorstellen, dass meine Schwester mit diesem fetten, speckigen Mann ins Bett gehen wollte. Ich hatte ihn noch nicht persönlich kennen gelernt, aber ich hatte Fotos von ihm gesehen.

»Er ist alt!«, schrie ich. »Er ist sechsunddreißig! Und abstoßend!« Was anderes fiel mir dazu nicht ein. Sechsunddreißig! Sechsunddreißig erschien mir uralt. Und nach einer langen Pause setzte ich hinzu: »Er wird dich erdrücken!«

Sie zuckte die Achseln. Ich schüttelte den Kopf.

»Und was ist mit Alejandro?«

»Alex liebe ich auch.«

»Aber du kannst nicht beide wollen! Du kannst nicht zwei gleichzeitig lieben.«

»Wieso denn nicht? Männer machen das!«

Das war ja wohl nicht zu fassen!

»Weiß Diego Rivera überhaupt von deiner Existenz?«, fragte ich sie. »Hast du schon mal mit ihm geredet. Richtig geredet, ein Gespräch meine ich, seit dem Tag, als du in die Aula geplatzt bist?«

Die Antwort war nein, aber das hatte für Frida keine Bedeutung. Ich weiß wirklich nicht, was in ihr vorging. War sie in Diego verknallt? Oder wollte sie mich mit ihrer Dreistigkeit nur durcheinander bringen? Sagen Sie es mir.

Sie nahm einen weiteren Zug von der Zigarette.

»Frida, bring mir das auch bei, ja?« Ich musste das Thema wechseln. Diese verwirrenden Sachen, die Frida mir da erzählte, ließen mir den Kopf schwirren.

»Ich weiß nicht, *escuincla*, du bist noch etwas jung.« Aber sie rollte mir trotzdem eine Zigarette und gab sie mir.

»Was soll ich machen?«, fragte ich sie.

»Sie in den Mund stecken, du Trottel!« Sie zeigte mir, wie sie angezündet wurde, und ich zog heftig daran, so wie ich es bei Frida gesehen hatte. Der billige schwarze Tabak stank erbärmlich, und der Rauch biss mir im Hals. Ich versuchte, nicht zu husten, aber das machte alles nur noch schlimmer. Ich begann zu spucken. Mir tat die Brust weh. Mir brannten die Augen. Die Tränen liefen mir über die Wangen. Ich spürte, wie mein Gesicht fleckig wurde und mir die Nase zu laufen anfing.

Frida lachte hysterisch. Sie saß auf der Bettkante und schlang die Arme um mich. »Armes Kleines«, gurrte sie zwischen Lachsalven. »Armes Kleines.« Sie küsste mich auf die Wange.

Jetzt lachte ich auch.

»Halt dich an mich, Mädchen«, sagte Frida und klopfte mir sanft auf den Rücken. »Ich bringe dir alles bei.«

»Ja«, sagte ich, drückte die Zigarette aus und legte den Kopf in Fridas Schoß. »Das habe ich befürchtet.«

8

Es dauerte nicht lange, da hatte Frida heraus, wie sie sich in die Aula schleichen konnte, ohne die Tür aufzubrechen. Der Schabernack, den sie dann trieb, gab den Stoff ab für unzählige Anekdoten und Legenden. Ich wüsste wirklich gerne mal, weshalb sie diese Geschichten immer und immer wieder erzählten? Wieso bereitete es Lupe, Diego und meiner Schwester – Leuten, die in ihrem Leben tolle Sachen gemacht haben – so viel Vergnügen, immer wieder Geschichten aus einer Zeit aufzuwärmen, als eine von ihnen noch ein Schulmädchen war? Und dazu ein Schulmädchen, das der anderen den Geliebten ausgespannt hat! Können Sie das nachvollziehen? Frida fing an zu erzählen, Diego schmückte die Geschichte aus, Lupe nahm ihm das Wort aus dem Mund, und dann kam wieder Frida an die Reihe.

Eines Tages war zum Beispiel Diegos Mittagessen verschwunden. Er bekam natürlich einen Wutanfall. Lupe bestand darauf, dass sie es vor dem Gerüst abgestellt hatte, aber da war es nicht, und Diego tobte und inszenierte ein Riesendrama. So war er. Die geringste Unannehmlichkeit machte er zu einer Katastrophe. Unannehmlichkeit für ihn wohlgemerkt. Denn anderen Unannehmlichkeiten zu bereiten, beispielsweise wenn er sich bei jemandem aufs Sofa setzte und es unter ihm zusammenbrach oder wenn er eine Abendeinladung vergaß, die man drei Wochen lang für ihn vorbereitet hatte, das machte ihm gar nichts. Das war dann Pech, ein belangloses Versehen, ein unbedeutender Schnitzer.

»Hier ist ein anderer Korb«, sagte Lupe. »Den muss eine deiner Verehrerinnen gebracht haben«, und sie deutete auf einen schmucklosen kleinen Korb in der Ecke.

»Heute war doch noch gar niemand da«, beschwerte sich Diego. »Weder Teresa noch Leonarda, noch Flavia.« Diego hatte einen ganzen Harem von Frauen, die ihm bei der Arbeit zusahen. Na, und was schenkt man einem fettleibigen Mann, den man um jeden Preis auf sich aufmerksam machen will? Essen natürlich. Sie brachten ihm immer Essen. »Die lieben mich wenigstens!«, schniefte er, »die sind nicht so wie du! Du sagst zwar, du würdest dich um mich kümmern, aber in Wirklichkeit lässt du mich verhungern.«

Lupe zuckte die Achseln. Diego war ein Mann von großem Appetit. Wenn er Hunger hatte, dann wollte er essen. Wenn er müde war, dann wollte er schlafen. Wenn er scharf war, dann hatte er kein Interesse, darüber zu diskutieren oder darüber nachzudenken, ob es gerade passte oder nicht, ja, nicht einmal sich zu fragen, ob es mit der Frau überhaupt ging. Nein, wenn er etwas wollte, dann erwartete er einfach, dass er es direkt bekam.

Lupe reichte ihm den Korb. »Hier«, sagte sie. »Eins von den Flittchen, mit denen du dir die Zeit vertreibst, wenn du nicht bei mir bist, muss ihn für dich hingestellt haben.«

Er griff hinein und holte eine köstlich aussehende Scheibe Wassermelone heraus. Aber seine empfindlichen Künstlerfinger merkten sofort, dass weder die Textur noch das Gewicht stimmten.

»Was ist denn das?«

»Sieht aus wie eine Scheibe Wassermelone«, sagte Lupe.

»Mit Wassermelone hat das hier nichts zu tun«, schnaubte Diego.

Pappmaché fühlt sich in der Tat nicht an wie eine aufgeschnittene Wassermelone.

»Stimmt«, lenkte Lupe jetzt etwas freundlicher ein. »Sieht wirklich nicht aus wie eine Frucht.«

Sie untersuchten den Korb und fanden einen abgedeckten Teller mit *enchiladas* aus Kies und Stoffresten, die in einer Sauce aus Schlamm schwammen, dazu eine Thermoskanne mit schleimigem Inhalt, Süßigkeiten aus Pappmaché, eine verfaulte Banane.

Frida beobachtete sie aus ihrem Versteck auf der Galerie und bekam sich nicht mehr ein vor Schadenfreude.

Wissen Sie, es ist vielleicht gemein, es zu sagen ... ich meine nicht gemein, aber anmaßend, und trotzdem kommt es mir manchmal so vor, als wäre Frida von uns beiden die Dümmere gewesen. Nicht was das Bücherwissen anbelangt, aber Frida war so kindisch. Sie hätten mal sehen sollen, wie sie aufdrehte, wenn sie aus ihrer Zeit in der Prepa erzählte, noch als Erwachsene. Es war so, als hielte sie an dieser Jungmädchenzeit fest, als lebte sie in der Vergangenheit. Vielleicht, um den ganzen Schmerz zu vergessen. Ich hasse den Gedanken an Fridas Schmerz. Vor allem, weil ich mitverantwortlich dafür war.

Eine Zeit lang trieb Frida auf diese Weise mit Diego ihren Spott. Einmal mühte sie sich stundenlang auf allen vieren ab, um die Stufen der Aula mit Seife einzuschmieren. Sie wollte, dass Diego ausrutschte und pardautz auf die Nase fiel, wie die Komiker in der Music Hall, die auf Bananenschalen über die Bühne schlitterten. Wollte sie, dass er sich den Hals brach? Geht man so mit dem Mann um, von dem man sich ein Kind wünscht? Aber Diego fiel nicht hin. Wie ein Frosch arbeitete er sich vorsichtig Stufe für Stufe vor. Er ging einen Schritt und blieb stehen, ging wieder einen Schritt und blieb stehen, bis er die ganze Treppe geschafft hatte. Doch am nächsten Tag kam der vornehme alte Antonio Caso herbeigeschlendert, und holterdiepolter saß er auf dem Hintern!

Das ging monatelang so weiter. Einmal füllte sie Diegos Hut mit Schlamm. Ein anderes Mal versuchte sie, seine Hose zu stiebitzen und steckte ihm eine tote Echse in die Hosentasche. Kindereien. Dummes Zeug. Aber dann geschah etwas.

Am 23. November 1923 brach ein Aufstand gegen unseren Staatspräsidenten Obregón aus. Es waren unruhige Zeiten. Obregón gab sich alle Mühe, die von den Revolutionären gewünschte Agrarreform zu realisieren, aber die Großgrundbesitzer verteidigten ihr Land mit Klauen und Zähnen. Ihr Amerikaner habt ihm die Sache nicht gerade leichter gemacht, weil ihr Angst um eure Erdölfelder hattet. Um Weihnachten herum hatten sich die Kämpfe über die ganze Stadt ausgebreitet. Obregón mobilisierte seine Soldaten, und es kamen siebentausend Menschen ums Leben. Vasconcelos trat zurück, obwohl er sich später dazu überreden ließ, sein Amt wieder anzunehmen. In ganz Mexiko solidarisierten sich die Studenten mit ihrem Erziehungsminister und gingen auf die Straße, und die *cachuchas* mischten natürlich in den Krawallen mit, brüllten Parolen, warfen Flaschen, marschierten durch die Stadt und beschmierten die Häuserwände. Außer Frida. Frida blieb zu Hause.

»Draußen ist das Chaos ausgebrochen«, sagte meine Mutter. »Du bleibst hier.«

Frida wandte ein, dass ihre Freunde draußen ihr Leben aufs Spiel setzten, aber meine Mutter blieb fest.

Frida schmollte, aber trotzdem gehorchte sie diesmal. Sie sehnte sich nach ihren Schulkameraden. Sie fühlte sich einsam und nutzlos, ja sie hatte sogar ein schlechtes Gewissen, weil wir es hier in Coyoacán schön gemütlich hatten, während ihre Freunde sich in den Straßen die Köpfe blutig schlagen ließen. Außerdem kennen Sie doch Frida. Sie wollte immer an vorderster Front sein. Ziellos wanderte sie durch die Zimmer auf der Suche nach einer Beschäftigung. Manchmal las sie. Bücher über orientalische Kunst, über den Impressionismus oder über indianische Totems. Für ein Mädchen, das sich für eine Revolutionärin hielt, schlug sie allerdings nur höchst selten eine Zeitung auf und verfolgte kaum die Ereignisse. Manchmal ging sie meiner Mutter bei der Hausarbeit zur Hand. Wir hatten nur noch wenig Personal, und es waren immer Gänge zu erledigen, Kleider auszubessern, Mahlzeiten zuzubereiten, Pflanzen zu pflegen. Meine Mutter war eine perfekte Hausfrau, und sie brachte allen ihren Töchtern bei, genauso gute Hausfrauen zu werden wie sie. Selbst der wilden, rebellischen Frida … Sie fand mit ihrem Blick fürs Detail und ihrem künstlerischen Geschick Gefallen daran, Räume mit Farben, Formen und Dingen zu gestalten. Mit ein paar Blumen, einem Deckchen, einem irdenen Topf oder einer Pappmachéfigur an ausgewählter Stelle konnte sie ein Zimmer in ein Kunstwerk verwandeln. Sie liebte die mexikanische Volkskunst und wusste, wie ein altes französisches Kanapee mit einem fröhlich bemalten Holzstuhl zu kombinieren war, damit sie aussahen, als stammten sie aus derselben Serie. Sie räumte unser Zimmer um und wählte für jedes Ding den richtigen Platz, für jedes Bild, jede Vase und jede Nippesfigur. Und wenn ich in ihre Ordnung eingriff, schnauzte sie mich an. Aber das Dekorieren füllte sie genauso wenig aus wie die unablässigen gesellschaftlichen Verpflichtungen einer mexikanischen Mittelstandsfamilie – Besuche, Feste und Erstkommunionen, Hochzeiten und Taufen. Frida ging hin, aber sie langweilte sich und war in Gedanken woanders.

Sie dachte an Diego Rivera. Nein. Sie dachte an Alex und hatte vollkommen vergessen, dass sie ein Kind von Diego haben wollte.

Sie schrieb Alex fast täglich. Sie verbrachte Stunden damit, Gedichte zu verfassen und die Blätter mit Skizzen zu füllen ... Sie zeigte mir nie ihre Briefe. Zeitweilig redete sie noch nicht einmal mit mir, außer um sich darüber auszulassen, wie maßlos dumm ich wäre, weil ich noch nicht einmal den Unterschied zwischen Marx und dem Nikolaus wüsste. Als ob sie mich für ihre Situation verantwortlich machen wollte. Sie schnauzte mich an, ich sollte sie in Frieden lassen, und unterstellte mir, ich würde ihre Briefe lesen, ihre Zigaretten klauen, ihre Kleider versauen. Dann wieder hing sie an mir, nannte mich ihre *muñequita preciosa*, ihr allerliebstes Püppchen, und erzählte mir Geschichten von den *cachuchas* und von den Streichen, die sie gespielt hatten. Bei diesen eher seltenen Gelegenheiten beteuerte sie mir, wie sehr sie mich liebte und dass sie sich immer um mich kümmern würde, ganz gleich was geschehen würde.

Wir gingen gemeinsam in die Kirche und zur Kommunion. »Ich bete für Alex und die anderen *cachuchas*«, erklärte sie mir. Sie ging zur Beichte und kam in Tränen aufgelöst nach Hause, weil sie etwas Wichtiges zu gestehen vergessen hatte und trotzdem zur Kommunion gegangen war. Und tags drauf erzählte sie mir, sie würde allmählich anfangen an der Beichte zu zweifeln. »Wieso sollte ich einem Mann im Rock meine Geheimnisse anvertrauen?«, sagte sie. »Wieso soll ich ihm von Alex und mir erzählen, wenn er doch sowieso nie mit einer Frau zusammen war und nicht die leiseste Ahnung hat, wie das ist?«

Es wurde Januar, und Frida hatte sich noch nicht für das nächste

Semester eingeschrieben. Die Fristen liefen bald ab, aber meine Mutter wollte ihr erst erlauben, sich zurückzumelden, wenn sich die Verhältnisse in der Hauptstadt normalisiert hatten. Von den *cachuchas* kam kaum jemand zu Besuch, aber Frida hörte gerüchteweise, dass Alex sich inzwischen ab und zu mit Agustina Reyes traf.

»La Reina, wie kann sie nur!«, schluchzte Frida in meinem Schoß.

Der Januar verging, und die Unruhen dauerten an. Frida würde im neuen Semester nicht an die Prepa gehen, und in den darauffolgenden Tagen und Wochen wurde sie immer trübsinniger. Was sollte ich tun? Ich versuchte, sie zu trösten, aber das Zusammensein mit ihr war offen gestanden nicht sehr erbaulich. Außerdem hatte ich genug mit meinen eigenen Freunden zu tun.

Schließlich fasste Frida einen Entschluss.

»Es ist mir egal, was Mami sagt«, teilte sie mir mit. »Ich gehe jetzt in die Stadt. Ich muss Alex sehen.«

9

Manchmal kommt es mir vor, als hätte ich mein Leben aus zweiter Hand gelebt, durch Frida. Sie erlebte die Abenteuer und die großartigen Gefühle und gab sie an mich weiter wie ihre abgelegten Kleider. Die Liebe lernte ich zum ersten Mal durch Frida und Alex kennen. Natürlich hatte ich mich schon mal verknallt, und die Jungen machten mir schöne Augen, stellten mir nach, aber dieses köstliche, schmerzvolle geheime Sehnen, dieser feuerspuckende Vulkan in meiner Brust, dieses Gefühl, in den Armen des Geliebten dahinzuschmelzen – das erlebte ich zum ersten Mal durch Frida und Alex. Meinen ersten Kuss bekam ich, als Alex Frida küsste. Wo ich hinkam, war sie schon gewesen. Meine große Liebe war erst ihr Geliebter. Wie gesagt, alles aus zweiter Hand. Es gibt Schwestern, die ihr Leben unabhängig voneinander führen, und die, obwohl sie sich sehr nahe stehen, ihrem eigenen Weg folgen. Bei uns war das anders: Es gab keine Cristi ohne Frida.

Was die Liebe angeht, wusste ich alles und nichts. Ich meine, als ich fünfzehn war oder so. Ich wusste zwar, was sich technisch zwischen Mann und Frau abspielt. Denn obwohl meine Großmutter der Meinung war, dass Hunde Windeln tragen sollten, um ihre Intimteile zu verbergen, war es bei einer Schwester wie Frida völlig ausgeschlossen, in diesem Alter noch nicht zu wissen, wie männliche und weibliche Körperteile zusammenpassen. Aber wie es sich anfühlte, mit einem Jungen zusammen zu sein, das erfuhr ich durch Frida …

Der Tag, den sie gewählt hatte, um sich mit Alex in der Stadt zu treffen, war voller dunkler Vorzeichen. Die Luft war drückend und unheilschwanger. Die Wolken hingen wie schmutzige Wollknäuel am Himmel. Der Wind peitschte die Bäume und ließ die Äste wild herumschlagen. Auf der Straße tanzte eine Holzkiste wie betrunken im Kreis, bevor sie an einer Kirchenmauer zerschellte. Im Bauch der Erde rumpelte es. Das Rumoren kam von tief unten, und die Leute redeten von Erdbeben. Woher ich das weiß? Na, weil sie es mir erzählt hat natürlich. Unzählige Male. Vielleicht habe ich die Szene aber auch so oft beschworen, dass es mir vorkommt, als hätte ich sie selbst erlebt.

Alex setzte sich auf die Bettkante. Frida kuschelte sich an ihn und vergrub das Gesicht an seiner Brust. Eine Mutter rief ihren Jungen: »Pancho, komm rein, es geht gleich los!« Ein Verkäufer rief seinem Gehilfen zu: »Los, pack das Zeug auf den Wagen! Ich habe schon den ersten Tropfen abbekommen!« Alex nahm Frida am Kinn und hob ihr Gesicht nach oben.

»Keine Sorge, meine kleine Prinzessin, es ist nur ein Gewitter.«
Es kommt mir vor, als wäre ich dabei gewesen. Als ob ich selbst ... Ich habe diesen Augenblick so oft in meinen Gedanken und in meinen Träumen erlebt. Wie mag das Hotelzimmer wohl ausgesehen haben? Wie könnte ich das wissen? Und trotzdem sehe ich es vor mir, es war schlicht, hatte alte, rustikale Holzmöbel, eine Waschschüssel, eine Öllampe. Der modrige Geruch, die schwüle Luft ...

Er küsst sie sanft, erst auf die Stirn, dann auf die Augenbrauen und die Augen. Wie im Film. Frida spürt, wie seine Finger ihren Arm hinabgleiten und der Daumen den Ellenbogen umkreist. Sie erschauert vor Lust.

»Alex«, flüstert sie. »Alex, beschütze mich vor dem Unwetter!«
Wie Emma Padilla in ... wie hieß der Film noch?
»Wie soll ich dich vor dem Gewitter beschützen?«, fragt er. »Ich kann den Regen nicht aufhalten.«
»Alex!«
»Du bist in Sicherheit. Hier kann uns das Gewitter nichts anhaben.«
»Ich liebe dich, Alex. Sag mir, dass du mich auch liebst!«
Alex liebkost Fridas Wange mit den Lippen, dann küsst er sie

zärtlich auf den Mund. Sie klammert sich an ihn, presst den Mund auf seinen und schiebt ihm die Zunge zwischen die Zähne. Er fährt ihr mit der Hand unter die Bluse und streichelt ihr den Rücken. So was wird im Film nie gezeigt, zumindest damals nicht, trotzdem sehe ich es deutlich vor mir. Frida spürt, wie die Wärme seiner Berührung ihr das Blut in Wallung bringt. Sie knöpft sich die Bluse auf und streift sie ab.

Gefühlsduselei, nicht wahr? Na los, sagen Sie es schon: Cristina Kahlo ist vernarrt in eine sentimentale Liebesszene. Verständlich. Ich glaube, wenn mir heute jemand vom Vögeln in einer billigen Absteige erzählen würde, könnte das niemals mehr einen solchen Eindruck auf mich machen. Aber Sie dürfen nicht vergessen, dass ich fünfzehn war und sehr empfänglich für Schilderungen, in denen es um die Liebe ging, um Büstenhalter und all diese Dinge. Deshalb habe ich jene Bilder all die Jahre mit mir herumgetragen.

»Alex«, flehte sie. »Sag mir, dass du mich liebst!«

Die ersten Regentropfen klatschten ans Fenster. Die Wollknäuel am Himmel waren schwarz geworden und verfinsterten den Tag.

Frida kniete sich auf das Bett und brachte ihre Brüste auf die Höhe von Alex' Mund. Sie schaukelte sachte hin und her, sodass ihre Brustwarzen seine Lippen steiften.

»Küss mich«, drängte sie ihn. »Küss mich.«

Sie war wie berauscht von ihrer Lust, aber unter ihrem Brustbein begann sich gleichzeitig der Schmerz zu einer Kugel zusammenzuziehen, hart wie eine Murmel.

»So ist es gut, Alex. Es ist wunderbar, Alex. Aber sag mir, dass du mich liebst!«

Frida öffnete sein Hemd und zog es ihm aus. Sie küsste seinen Rücken, seine Schultern, das feuchte Brusthaar.

»Sag mir, dass du mich liebst!«

»Meine kleine Frida. Mein kleines Prepa-Mädchen.«

»Nicht meine kleine Frida! Nicht mein kleines Prepa-Mädchen! Frida, ich liebe dich. Sag es, Alex, sag es!« Oh Gott, was muss sie empfunden haben! Angst, die sich in den Schmerz mischte und die

Kugel in ihrer Magengrube noch vergrößerte und nach oben drückte, bis sie ihr den Atem nahm.

»Alex, was hast du?«

»Nichts, Frida. Nichts, meine kleine Prinzessin.«

Sie musste es wissen. Sie wollte eigentlich nicht fragen, aber sie musste es wissen. Die Ungewissheit brachte sie schier um den Verstand.

»Alex ... stimmt es, dass du mit La Reina schläfst?«

»Fridita«, murmelte er. »Du hast mir doch versprochen, dass wir nicht mehr davon reden.«

Männer können grausam sein, so treulos.

»Ich bin nicht sauer! Bestimmt nicht!«, sagte Frida zu Alex.

»Frida, bitte ...«, beteuerte er, »es war nur ein Ausrutscher. So was passiert eben. Ich will nicht mehr von Agustina Reyes reden.«

»Nein, ist gut. Sie ist ein bezauberndes Mädchen, und wenn du sie liebst, dann will ich sie auch lieben. Ich liebe alle Menschen, die du liebst.«

Sie lagen lange Zeit einfach da. Dann begann Frida von neuem: »Alex ...«

»Mmmh?«

»Glaubst du, dass wir eines Tages zusammen nach San Francisco gehen werden? Jetzt, wo ich arbeite, könnte ich darauf sparen.« Frida wollte, wenn sie wieder zur Prepa ging, nach der Schule und in den Ferien arbeiten. Aber sie würde sicherlich nicht sparen, um nach San Francisco zu gehen. Sie würde meinem Vater helfen, die Familie zu ernähren, weil sein Geschäft nicht gut lief. Damals hatte sie gewissermaßen zwei Jobs. Sie half meinem Vater im Studio aus, aber das zählte nicht, weil sie damit kein zusätzliches Geld nach Hause brachte. Und sie hatte einen kleinen Job in einer Apotheke gehabt, war aber gefeuert worden, weil sie die Bücher nicht richtig führte und am Ende des Tages die Kasse nie gestimmt hatte. Sie war zwar angeblich so gut in Mathe, aber irgendwie konnte sie trotzdem nicht mit Zahlen umgehen. Sie wollte aber arbeiten, weil sie ein schlechtes Gewissen hatte. Wieso hatten wir schließlich nie genügend Geld? Fridas Gesundheit, ihre Arztkosten, ihr Schulgeld ...

Alex blieb ihr die Antwort schuldig. Er nahm ihre Hände und küsste die Innenflächen, die Handrücken, die Handgelenke. »Weißt du, was mir an der Arbeit in Vaters Studio so gut gefällt?«, flüsterte sie. »Ich kann leichter abhauen, um dich zu sehen.«

Alex lächelte und berührte ihre Brüste mit den Fingerspitzen. Frida hatte wunderschöne Brüste, glatt und fest. Kein Wunder, dass sie so gerne Aktbilder von sich gemalt hat. Sie liebte es, vor dem Spiegel zu stehen und ihren Körper zu betrachten. Solch ein kleines Frauchen und so ein heldenhafter Busen!

Irgendetwas stimmte nicht. Alex folgte ihren Bewegungen, aber gleichzeitig zog es ihn von ihr fort. Frida verlagerte ihr Gewicht auf ihn, sodass er umfiel und aufs Bett sank. Sie wand sich auf seinem Körper. Er war erregt und bereit, aber trotzdem abwesend.

Das Unwetter nahm allmählich alttestamentarische Formen an. Wie aus Kübeln peitschte das Wasser ans Fenster, ließ die Scheiben beben und das Holz ächzen.

»Ich finde es scheußlich, dass wir ins Hotel gehen müssen«, beschwerte sich Alex. »Ich fühle mich nicht wohl in diesem Loch.«

»Na ja, zu mir nach Coyoacán können wir nicht. Erstens ist es zu weit weg und zweitens ist meine Mutter immer zu Hause. Sie ist ja schon dagegen, dass ich überhaupt einen Freund habe. Stell dir mal vor, was sie sagen würde, wenn sie wüsste, dass wir zusammen schlafen.«

Alex lachte.

»Und zu dir können wir auch nicht. Selbst wenn deine Eltern weg sind, ist immer noch das Personal da. Ist es das, Alex? Ist es das, was du hast.«

»Ich habe nichts«, flüsterte er und zog sie an sich. Eine Spinne aus Licht zuckte über den Himmel. Sekunden später hallte ein Donnerschlag in den Straßen. Erbarmungslos trommelte der Regen auf den Boden, und der Wind drohte die Häuser aus ihren Fundamenten zu reißen.

Frida ließ ihren Rock zu Boden gleiten. Dann schnürte sie ihre klobigen, hässlichen Schuhe auf und zog ihre Unterhose aus. Sie legte die Kleider sorgfältig auf einen Stuhl. Dabei ließ sie Rock und

Bluse so herabhängen, dass sie die Schuhe darunter verbargen. Alex knöpfte sich indessen die Hose auf.

Im Bett legte Frida eine Kunstfertigkeit an den Tag, als wäre sie eine erfahrene Kurtisane und kein Schulmädchen. Sie war stolz auf ihre Raffinesse und gab ständig damit an.

Alex schloss die Augen und stöhnte. »Lass mich nur machen«, gurrte sie. »Ich weiß, wie du es magst. Deine kleine Frida weiß, wie du es magst.«

Sie bewegten sich mit der Präzision eines geübten Tanzpaares, hoben und senkten sich, stiegen auf und fielen ab, atmeten mit dem Rhythmus des Regens. Wenigstens hat Frida mir das so beschrieben.

Als sie fertig waren, lagen sie sich in den Armen und lauschten dem Regen, der an die Scheiben schug. Der Wind hatte sich gelegt. Es war kein Donner mehr zu hören. Das Wasser schoss nicht mehr in Pfeilen herab, sondern klatschte in satten dicken Tropfen auf die Erde. Alex schloss die Augen. Als sie sicher war, dass er schlief, rollte sich Frida auf die Seite und sah zum Fenster in den verhangenen Himmel hinaus.

Sie fühlte sich schrecklich einsam.

»Als ich noch klein war«, erzählte sie mir nachher, »und ich mich so gefühlt habe wie neben Alex, konnte ich Frida Zoraída herbeirufen.« Eine Träne war aufgestiegen und ihr langsam aus dem Augenwinkel gekullert. Sie hatte sie mit dem Handrücken fortgewischt, damit Alex nichts bemerkte. ›Was macht es schon, wenn er mich weinen sieht?‹, dachte sie dann. ›Außerdem schläft er sowieso.‹ Aber sie hatte trotzdem nochmal ihre Wangen befühlt, um sicherzugehen, dass sie trocken waren.

10

Es waren drei Jahre vergangen, seit Frida in den Simón-Bolívar-Saal eingedrungen war, um Diego bei der Arbeit zuzusehen. Diego war schon lange nicht mehr in der Prepa und Frida nicht mehr das Mädchen, das sich gewaltsam Zutritt zu ihm verschafft und mit Lupe Marín angelegt hatte. Sie trieb immer noch gerne Schabernack, war abenteuerlustig, unverschämt und hatte eine große Klappe, aber sie war eine Frau geworden. Sie hatte das freche Auftreten einer Person, die die Spielregeln zwar kennt, aber freimütig beschlossen hat, sich nicht daran zu halten.

Diegos Allegorien hatten eine stürmische Kontroverse entfesselt. Die Komiker verulkten sie auf der Bühne. Die Zeitungen machten sich in Karikaturen darüber lustig. Pedro Henríquez Ureña, ein führender Intellektueller aus der Dominikanischen Republik, lobte sie in den höchsten Tönen. Antonio Caso nannte Diego trotz seiner konservativen Einstellung ein Genie. Alex behauptete, das Wandgemälde würde stinken, war aber vermutlich nur eifersüchtig. Ein anderer Student sagte, er hätte noch nie ein hässlicheres Weib gesehen, als Riveras »Frau«, für die Lupe Modell gestanden hatte. Die Damen aus der Gesellschaft verlangten, das Bild sofort wieder abzuwaschen, und ein paar reaktionäre Schüler verübten einen Anschlag darauf.

Frida schwärmte dafür und sagte, dass es Diego gelungen sei, in diesem Gemälde die Früchte seines Europastudiums mit einer lebensprühenden, authentisch mexikanischen Aussage zu verbinden.

Aber Frida hatte nicht viel Zeit, über Diegos Malerei nachzudenken. Sie musste ihre Gedanken darauf richten, eine neue Stelle zu finden, denn unsere finanzielle Situation war so heikel, dass wir drauf und dran waren, unser Haus zu verlieren. Ich hatte die Stelle in der Druckerei aufgegeben und war in einem Textilgeschäft untergekommen. Frida arbeitete eine Zeit lang in einer Fabrik, worauf sie zunächst sehr stolz war, weil sie sich als echte Kommunistin beweisen und unter den Arbeitern bewegen konnte. Aber dann wurde sie es müde und lernte in einer Sekretärinnenschule Kurzschrift und Maschineschreiben, um in einem Büro zu arbeiten. Aber auch das klappte nicht. Sekretärsposten wurden damals vorwiegend mit Männern besetzt, und wenn sich eine Frau um dieselbe Stelle bewarb wie ein Mann, wurde in der Regel der Mann vorgezogen. Obwohl ja die alten Wertmaßstäbe angeblich nicht mehr galten und die Revolution mit den alten Vorbehalten von einst aufgeräumt hatte.

Frida war unerträglich. Sie war frustriert, weil sie nicht mit ihren Freunden an der Uni studieren konnte, aber auch keine passende Arbeit fand. Wie üblich ließ sie es an mir aus. Warum, so fragte sie sich, hatte ich – die Dumme, die Untaugliche, das Tönnchen – eine Stelle und einen Freund noch obendrein, und sie nicht? Der Freund wurmte sie wohl am meisten, denn Alex ließ sich praktisch nicht mehr blicken. Dafür hatte Eusebio Vega, ein junger Mann aus dem Ort, mit muskulösen Beinen und breiten Schultern, angefangen, mich sonntags zu besuchen. Frida nannte ihn einen blöden Ochsen und behauptete, er sei genau der Richtige für mich, weil er keinen Kinofilm durchhalten könnte, ohne einzuschlafen. Aber ich glaube, sie war nur eifersüchtig, weil ihre eigene Welt aus den Fugen geraten war.

»Was habe ich schon zu verlieren?«, sagte sie deshalb, als sie von einer freien Stelle in der Bibliothek des Kultusministeriums erfuhr.

Im ersten Morgengrauen machte sie sich auf den Weg in die Stadt. Die Luft war klar, und die Rufe der Straßenverkäufer müssen Erinnerungen an andere, süßere Morgen in ihr wachgerufen haben, die sie in Alex' Armen zugebracht hatte.

»Der Tisch im Personalbüro der Bibliothek brach unter Papierstapeln beinah zusammen«, erzählte sie mir anschließend. Ein schläfriger Büroangestellter hatte sich alle Zeit der Welt genommen, um die passenden Bewerbungsformulare herauszukramen, und dann sein Nickerchen fortgesetzt, während Frida sie dreifach ausfüllen musste. Mexikanische Bürokratie! Selbst die Revolution hatte sie nicht auszurotten vermocht. Eine träge Motte ließ sich auf der Fensterbank nieder und schlug lustlos mit den Flügeln.

Was bausche ich auf? Sie meinen das mit der Motte? Na ja, so sehe ich die Szene eben. Ich mache meine Sache, so gut ich kann. Und wenn ich die Geschichte ein wenig ausschmücke, was ist schon dabei? Unterbrechen Sie mich bitte nicht, sonst bringen Sie mich völlig aus dem Konzept ...

Also, Frida las die belanglosen Fragen auf dem Personalbogen und beantwortete alles wahrheitsgetreu. Und dann ... dann ... Da haben Sie es. Das passiert, wenn Sie mich unterbrechen. Mmh. Also, irgendwann war sie damit fertig und rüttelte den Angestellten wach. Der reagierte zwar missmutig, weil sie ihn geweckt hatte, aber dann holte er einen Satz Stempel aus seinem Sekretär und drückte sie nacheinander auf die drei Bewerbungsbögen.

»Sie bekommen dann von uns Bescheid«, teilte er Frida mit, stand auf und wandte sich zum Gehen.

Aber Frida, Sie wissen ja, wie sie war, ließ sich so leicht nicht abspeisen. »Einen Moment bitte«, sagte sie. »Ich brauche jetzt eine Stelle, nicht im nächsten Jahr. Wann bekomme ich Bescheid?«

»Hören Sie, Señorita«, sagte er, »die Entscheidung hängt vom Bibliotheksleiter ab, und der ist nicht da.«

Frida wurde ungehalten. »Und wo ist er?«, fragte sie schnippisch.

»Er ist noch nicht gekommen.«

»Wann kommt er?«

»Woher soll ich das wissen? Ich kenne seinen Terminplan nicht. Ich bin nur Verwaltungsangestellter.« Ja, ein typischer mexikanischer *funcionario*. Ein kleines Rädchen im großen Getriebe. Seine einzige Aufgabe bestand darin, Bewerbungsbögen auszuteilen und wieder einzusammeln, verstehen Sie? Sonst nichts. Aber Frida wollte von ihm die Zusage für eine Stelle, und zwar sofort. Die brillante

Frida! Sie wusste alles über Freud und Marx und Darwin, aber dass ein kleiner Büroangestellter nur die Arbeit eines kleinen Büroangestellten tun konnte, nämlich Fragebögen austeilen, das wollte ihr nicht in den Kopf.

»Na schön«, sagte sie. »Ich werde nicht warten, bis Sie sich bei mir melden, sondern nachher wiederkommen.«

»Wie Sie wollen, aber ich glaube kaum, dass es Zweck hat. Kommen Sie gegen eins, wenn Sie mögen.« Frida hat es nicht erwähnt, aber er schlummerte vermutlich sofort wieder ein.

Um Punkt eins stand sie wieder vor dem Mann. »Er lag wie ein Toter quer über dem Tisch«, erzählte sie mir.

»Wo ist der Direktor? Hat er meine Bewerbung gelesen?«, wollte sie wissen. Der Angestellte hob den Kopf und öffnete mit Gewalt die Augen.

Ein junges Mädchen – eine Studentin vermutlich – kam herein und durchquerte wortlos den Raum. Sie nahm einen Stapel Akten vom Tisch und ging wieder zur Tür.

»Ein Lächeln von dir lässt sogar die Morgenröte verblassen«, rief der Angestellte ihr schlaftrunken hinterher.

»Penn weiter, Opa«, lachte das junge Mädchen.

»Die Engel im Himmel müssen Trauer tragen«, säuselte er, »denn der schönste von ihnen ist auf der Erde und hier bei uns in der Bibliothek!«

Das Mädchen kicherte nachsichtig und verschwand kopfschüttelnd aus der Tür.

»Stell dir das mal vor!«, erzählte mir Frida empört. »Ich stand da und wartete praktisch auf eine Entscheidung über Leben und Tod, weil es ja sein kann, dass wir unser Haus verlieren! Aber dieser Esel ignoriert mich und flirtet stattdessen mit der Göre!« Sie hatte sich geräuspert, um den Angestellten auf ihre Anwesenheit aufmerksam zu machen.

»Was? Oh ja, der Direktor. Ja, der ist gekommen«, sagte der Mann, »aber er hat noch keine Zeit gehabt, die Bewerbungen durchzugehen.«

»Gut, dann möchte ich ihn sprechen«, verlangte Frida.

»Sie können ihn nicht sprechen, Señorita. Er ist der Bibliotheksleiter!«

»Ich sammelte schon Kraftausdrücke, um sie ihm ins Gesicht zu schleudern«, lachte Frida, als sie mir davon berichtete, »aber dann habe ich es mir nochmal anders überlegt. Mir war klar, dass ich die Stelle nie bekommen würde, wenn ich es mir mit diesem Trottel verscherzte. Deshalb fragte ich höflich, ob ich den Direktor denn wenigstens sehen könnte. Nein, das könnte ich auch nicht, lautete die Antwort. Warum nicht? ›Er ist zu Mittag!‹, sagte der Angestellte, und ich war drauf und dran, den Kerl bei den Eiern zu packen und zuzudrücken! ›Zu Mittag!‹, sagte ich. ›Es ist gerade mal eins und die Bibliothek schließt mittags erst um zwei!‹ ›Wissen Sie was?‹, sagte der Angestellte. ›Kommen Sie heute Nachmittag wieder. Ich werde mich selbst darum kümmern, ihm die Bewerbung zu geben.‹«

In meinen Ohren klang das so, als hätte der Mann sich bemüht, höflich zu bleiben, obwohl Frida ihm ziemlich auf die Nerven ging.

Wie dem auch sei. Als Frida um vier Uhr wiederkam, war der Bibliotheksleiter noch nicht aus der Mittagspause zurück, und als sie es um sieben noch einmal versucht hatte, war er schon nach Hause gegangen.

»Morgen früh, ganz bestimmt«, versprach der Angestellte.

»Verdammt nochmal!«, brüllte Frida. »Ich weiß schon, was dann ist. Wenn ich morgen früh komme, ist dieser Hurensohn noch nicht da. Wenn ich später wiederkomme, ist er zu Mittag! Und so wird es wochenlang weitergehen!« O Frida!

Dann wird die Geschichte verworren. Das hängt damit zusammen, dass sie mir die Fortsetzung nicht gleich erzählte, wie den Anfang. Den zweiten Teil erfuhr ich erst später. Von ihr, von Alex, dann von Diego, von Tina Modotti – die später Fridas Freundin wurde – und von einigen anderen Leuten, die natürlich alle nicht dabei waren. Ich vermute, dass sie von Frida und voneinander unterschiedliche Versionen gehört hatten und der Geschichte dann noch ihre eigene Färbung gaben. Frida hat sie mir natürlich auch selbst erzählt, aber eben nicht sofort, sondern erst, nachdem sie die

Geschichte vermutlich schon hunderte von Malen im Geist umgestrickt hatte.

Jedenfalls muss es wohl so gewesen sein, dass als Nächstes eine attraktive Frau aus einem der angrenzenden Büros dazukam und Frida fragte: »Kann ich Ihnen weiterhelfen?«

Frida hat sie mir in allen Einzelheiten beschrieben, allerdings wie gesagt erst später. Sie war elegant gekleidet und hatte perfekt maniküre Fingernägel. Offenbar hatte sie das ganze Gespräch mitverfolgt und den richtigen Moment abgepasst, um einzugreifen. Das dunkelblaue Midikleid fiel ihr von den Schultern gerade herunter und verschluckte jede Andeutung einer Brust- oder Hüftrundung. Es hatte einen U-Boot-Kragen, dessen Schlichtheit von einer langen, fast bis zur Taille reichenden Kette noch unterstrichen wurde. Sie trug das Haar bis knapp über die Ohren und dauergewellt. Ihre Nylonstrümpfe waren modisch gelbbraun statt in dem üblichen Schwarz. Sie sah nach allem, nur nicht nach einer typischen Bibliothekarin aus.

»Ich bin die stellvertretende Bibliothekarin in der Abteilung für Neuerwerbungen«, stellte sie sich vor. »Ich habe Sie gehört. Ich dachte, Sie hätten vielleicht ein Problem.«

»Verdammt richtig, ich habe ein Problem!«, bellte Frida. Aber dann nahm sie sich zurück. »Wissen Sie«, sagte sie, »es tut mir Leid, aber ich habe den ganzen Tag versucht, mich für eine Stelle zu bewerben und …«

»Kommen Sie mit«, sagte die Frau.

Sie sei Leticia Santiago und arbeite schon seit fünf Jahren in der Bibliothek, erzählte sie Frida. Sie wisse, wie zermürbend die Bürokratie sein könne, aber sie kenne die Möglichkeiten, Dienstwege abzukürzen. Sie führte Frida in ein kleines Büro im hinteren Teil des Gebäudes. Die Wände waren mit verschiedenen Kunstdrucken geschmückt – zwei nackte Tahitianerinnen von Gauguin, ein Akrobat von Picasso und Diego Riveras »Frau«. Frida war natürlich begeistert.

»Ach!«, sagte sie. »Sie mögen Diego Rivera?«

»Ja«, sagte Leticia. »Ich mag ihn. Und Sie?« Dabei lächelte sie

Frida an und richtete sich die Locken. Fridas Bubischnitt war schon längst rausgewachsen, sie kämmte sich das Haar inzwischen nach hinten und hielt es mit einem Haarband zusammen oder ließ es offen auf die Schultern fallen.

»Ja.«

»Irgendwas machte mich stutzig an der Art, wie Leticia mich ansah«, sagte Frida, als sie mich endlich in die Sache einweihte. »Ihre Worte waren freundlich, aber ihre Augen waren schwarz wie Tinte und wirkten irgendwie bedrohlich. Ich wurde langsam nervös.«

»Passen Sie auf«, sagte Leticia, »ich werde mich selbst um Ihre Bewerbung kümmern. Sie brauchen sich keine Sorgen zu machen. Morgen um zehn Uhr ist die Sache perfekt.«

Das klang wunderbar. Weshalb dem Glück misstrauen? Aber in Frida regten sich noch Zweifel.

»Ist alles in Ordnung?«

Frida wollte die Frau nicht vergraulen. Sie dachte rasch nach.

»Ähm, verzeihen Sie, dass ich frage, aber, wie ist es mit der Bezahlung?«

»Sie werden mit Ihrem Lohn zufrieden sein, das kann ich Ihnen versichern«, sagte Leticia.

Frida drängte die Zweifel zurück und gestattete sich, euphorisch zu werden. Eine Stelle! Das war die erste gute Nachricht seit Wochen.

»Endlich!«, sagte sie zu meinem Vater, »werde ich einen echten Beitrag zum Familieneinkommen leisten. Und es ist interessant. Ich arbeite in der Abteilung für Neuerwerbungen.« Aber über Leticia verlor sie kein Wort, weder ihm noch mir gegenüber.

Mein Vater war von der Nachricht nicht sehr angetan. Er wollte nicht, dass Frida arbeitete. Er wollte nicht, dass sie ihr Studium aufgeben musste wie er damals. Er küsste sie auf die Wange.

Obwohl sie am nächsten Morgen sehr früh zum Dienst gekommen war, war Leticia schon da. Nach Fridas Beschreibung hatte die Bibliothekarin ein knielanges gelbes Kleid mit herabgezogener Taille und einem Schalkragen an, der am Hals mit einer weißen Schleife abschloss. Dazu eine enge Halskette und eine lange Perlenschnur. Auf dem Kopf hatte sie einen Turban. Wie konnte Frida sich nur an solche Details erinnern? Ich vermute, es lag daran, dass Kleider für sie genauso wichtig waren wie für Leticia. Vielleicht aber auch, weil Leticia sie als Person faszinierte.

Frida fand Leticias Aufputz attraktiv, fühlte sich aber gleichzeitig davon eingeschüchtert. Im Vergleich zur konservativen Eleganz von Mutters Freundinnen oder zur Schulmädchenmode von der Prepa mit den knöchellangen Röcken war die Aufmachung dieser Frau radikal. Frida nahm es mit ihrem Äußeren sehr genau, aber angesichts einer solchen Extravaganz fühlte sie sich plump. Ihr Rock schleifte, ihre Strümpfe waren zu dunkel, der Sweater zu schlicht. Aber mit dem unproportionierten rechten Bein, dachte sie, könnte sie nie wagen, ein so kurzes Kleid und so helle Strümpfe zu tragen.

Leticia nahm sie mit in ihr Büro und erklärte ihr, was sie zu tun hatte. Frida beobachtete, wie sich die tief roten, makellos geschminkten Lippen beim Sprechen öffneten und schlossen.

»Hast du alles verstanden, Liebes?«

»Ich denke schon.« Leticia war groß, und als sie sich nach vorn beugte, um hinter Frida eine Karteikarte vom Tisch zu nehmen, streifte sie mit der Brust die Schulter meiner Schwester.

»Sieh mal, hier musst du nach der Signatur gucken …« Sie berührte Fridas Hand, als sie ihr die Stelle auf der Karteikarte zeigte.

»War das eklig für dich?«, fragte ich Frida, als sie mir die Szene schilderte. Sex hatte für Frida nie eine moralische Dimension. Was interessant war und sich gut anfühlte, war auch in Ordnung. Sie hatte ihre kleinbürgerlichen Vorurteile schon abgelegt, bevor sie in die kommunistische Partei eintrat. Wenigstens behauptete sie das.

»Mache ich dich nervös?«, flüsterte Leticia.

»Nein, überhaupt nicht«, sagte Frida. »Aber ich glaube, ich komme jetzt alleine zurecht.«

»Man kommt immer alleine zurecht«, murmelte Leticia, »dabei ist es gemeinsam viel schöner.«

Hier wird die Geschichte noch verworrener. Alex zufolge fasste die Bibliothekarin Frida dann um die Hüften und zog sie an sich, und Frida war so perplex, dass sie sich nicht wehrte. Diego zufolge fühlte sich Frida von Leticias süßem, blumigem Parfum angezogen und tat den ersten Schritt selbst. Und nach Fridas eigener Version war Leticia unvermutet mit dem Zeigefinger Fridas Oberlippe nachgefahren und hatte gesagt: »Du hast ja ein Bärtchen ... Wie süß!« Dann war sie über Fridas Brauen. »Ich mag auch deine zusammengewachsenen Augenbrauen. Sie sehen aus wie die Flügel eines Vogels.« Der dunkle Flaum über ihrem Mund und ihre dichten Augenbrauen hatten Frida früher Komplexe bereitet, aber sie lernte sie lieben und hat sie später in ihren Bildern sogar hervorgehoben. Ich glaube, dass sie das tat, weil die Leute, auf die es ihr ankam, sie damit attraktiv fanden. Obwohl ich offen gestanden nie dieser Ansicht war.

Leticia hatte Fridas Gesicht zwischen die Hände genommen und sie sanft auf den Mund geküsst.

»Liebling, hast du schon einmal mit einer Frau geschlafen?«, hatte sie geflüstert. »Es ist so viel schöner als mit einem Mann. Eine Frau weiß, was eine Frau mag.« Sie fing an, Fridas Körper zu streicheln, indem sie an den empfindlichsten Stellen ein wenig Druck ausübte.

Ist Ihnen die Geschichte unangenehm? Soll ich aufhören? Sie haben gesagt, Sie wollten alles hören, und ich bemühe mich, diesem Wunsch gerecht zu werden. Über Frida gibt es so viel zu erzählen.

»Siehst du?«, hatte Leticia gesagt. »Nicht so wie ein Mann! Ein Mann grapscht, aber eine Frau ist zärtlich. Komm her, Liebling. Ist das nicht wunderbar? Und jetzt machst du bei mir dasselbe!« Sie hatte sich mit einer raschen Armbewegung von dem lose sitzenden Kleid befreit und stand in ihrer Unterwäsche, mit Strümpfen und hochhackigen Schuhen vor Frida, während die Kette an ihrem Hals baumelte und auffordernd auf das V zwischen ihren Beinen wies. Sie hatte große runde Brüste, trug aber bewusst einen Büstenhalter, der sie abflachte. Ihre luxuriösen Dessous waren aus Crêpe de Chine und aufwendig gearbeitet.

Wie ich das fand? Ich weiß nicht. Ich fand es nicht gut. Ich besuchte schließlich keine Eliteschule, an der ich mit irgendwelchen neumodischen revolutionären Ideen in Berührung kam. Ich gehörte nicht zu der Bewegung, die die Konventionen über Bord warf. Ich war, na ja, ich war schockiert. Wieso soll ich es eigentlich nicht zugeben? Ich war ein braves katholisches Mädchen, wollte heiraten und sechs Kinder kriegen ... Das hat zwar nicht geklappt, aber es war mein Ziel. Später wurde ich großzügiger, toleranter. Im Grunde hatte Frida natürlich Recht. Warum soll man nicht tun, was einem Spaß macht? Warum soll man die Liebe nicht nehmen, wo sie einem geboten wird? Egal von wem. Was hat die Moral eigentlich darin zu suchen? Man sollte Verhältnisse haben können, mit wem man will, vorausgesetzt, dass niemand dadurch verletzt wird. Das Problem bei meinem Verhältnis war aber, dass ich sehr wohl jemanden verletzt habe.

»Na komm schon, Schätzchen«, hatte Leticia mit ihrer tiefen, rauchigen Stimme zu Frida gesagt. »Moderne Mädchen brauchen keine Männer. Sie können für sich selbst sorgen.«

»Sie bot mir ihre Brüste an wie zwei fleischige Melonen«, erzählte mir Frida.

Wie ich darauf reagiert habe? Ich bin in Tränen ausgebrochen.

»Leticias Hände waren so zart wie Seidenhandschuhe, aber ihre Brustwarzen waren hart und köstlich«, fuhr Frida fort. Sie hat mich gefoltert. Meine Schwester hat mich gefoltert. »Es war wunderbar!«, hat sie immer und immer wieder gemurmelt. Sie wollte, dass mir vor Ekel schauderte. Sie amüsierte sich darüber, dass ich ihr Treiben abstoßend fand.

Eine Liaison mit Leticia Santiago zu haben war einfach. Leticia hatte ihr eigenes Büro, und außerdem kannte sie in der Bibliothek jeden Winkel. Um die Sache zu erleichtern, hatte sie außerdem in der Calle Aguascalientes, über einer Autowerkstatt, eine Wohnung gemeinsam mit ihrer vorurteilsfreien Schwester und mit einem Dienstmädchen, das ihre Neigungen teilte.

Dennoch gab es keinen Angestellten in der Bibliothek, der nicht wusste, dass Leticia Santiago lesbisch war; sie war Gegenstand ständiger Beobachtung und Tratscherei. Es dauerte nicht lange, da wurde ihr Name in einem Atemzug mit dem von Frida genannt. Kein Wunder, dass meine Mutter Wind von der Sache bekam.

Die Bombe platzte eines Abends, als Frida von der Arbeit nach Hause kam, einen knappen Monat, nachdem sie Leticia Santiago kennen gelernt hatte. Kaum war Frida durch die Tür getreten, da hatte meine Mutter sie am Schopf gepackt und wie von Sinnen auf sie eingedroschen. Es hätte nicht viel gefehlt, und sie hätte Frida bewusstlos geschlagen. Mein Gott, es war fürchterlich. Ich floh in die Küche und versteckte mich hinter Inocencia. Meine Mutter schlug Frida ins Gesicht, traktierte sie mit den Fäusten, trat auf sie ein, riss sie am Ohr, biss ihr in die Hand und schrie und schrie und schrie die ganze Zeit: »Hure! Schlampe! O heilige Jungfrau Maria! O Muttergottes!« Sie schrie und schrie: »Nutte! Perverse! Schlimmer als Maty! Schlimmer als Maty!« Sie schrie sich die Lunge aus dem Hals, bis sie ganz heiser war und vor Erschöpfung einen Hustenanfall bekam.

Frida kam gar nicht auf die Idee, auch nur die Hand zur Abwehr zu heben.

Schließlich sank meine Mutter ohnmächtig in einen Sessel. Concha und Manuel kamen mit Riechsalz herbeigelaufen. Ich fächerte ihr Luft zu und klopfte ihr auf die Wangen. Es muss um diese Zeit gewesen sein, als meine Mutter begann, Anfälle zu bekommen, ähnlich wie mein Vater.

Ich wusste überhaupt nicht, was los war. Frida hatte mir die Beziehung mit Leticia verheimlicht, und ich hatte keine Ahnung, welche Verfehlung einen hysterischen Ausbruch dieses Kalibers ausgelöst haben konnte. Mein Vater stand stumm dabei und beobachtete die Szene mit traurigen, tief liegenden Augen. Danach sprach er tagelang mit niemandem ein Wort.

Bis er schließlich an unsere Zimmertür klopfte. »Komm, Fridita«, sagte er. »Ich habe eine andere Stelle für dich. Das wird besser für dich sein.«

Fernando Fernández war ein erfolgreicher Drucker, den mein Vater seit vielen Jahren kannte. Er bot Frida aus Freundschaft eine bezahlte Lehre in seinem Betrieb an. Seine Radierwerkstatt hing voller Drucke, von denen Frida die Bilder des schwedischen Impressionisten Anders Zorn am meisten gefielen. Seine lebenslustigen badenden Bauernmädchen sahen so unschuldig und arglos aus, dass sie der engstirnigen Mittelklassemoral, die Frida jetzt noch mehr hasste, zu spotten schienen. »Ich bin so wie sie«, sagte sie. »Mir ist es egal, was die andern denken. Ich könnte in Xochimilco nackt ins Wasser springen, und es wäre mir egal, wer mich sieht.«

Aber das stimmte nicht ganz. Die Episode mit Leticia hinterließ ihre Spuren. Frida wurde von ihrer Umgebung in einem anderen Licht gesehen, und ich glaube, sie fühlte sich mit diesem neuen Image auch nicht ganz wohl.

Fernández versuchte, Frida Zeichnen beizubringen, und ließ sie die Drucke von Zorn kopieren. Sie fertigte eine Skizze nach der anderen an. »Er sagt, ich hätte Talent«, erzählte sie mir. Sie arbeitete viele Stunden daran, die Technik zu erlernen. »Er sagt, ich könnte eine professionelle Künstlerin werden.«

Aber Frida wollte keine professionelle Künstlerin werden. Sie hatte immer noch vor, Ärztin zu werden, obwohl sie wusste, dass sie aller Voraussicht nach nie würde studieren können. »Wahrscheinlich würde ich sowieso eine schlechte Ärztin abgeben«, räumte sie dann ein, »denn bei der Vorstellung, den lieben langen Tag fremden Leuten im Arsch herumzupulen, um mein Geld zu verdienen, wird mir übel.«

Fernández ermutigte sie weiterzumachen. »Er sagt, ich wäre ein bemerkenswertes junges Mädchen«, erzählte sie. Ich wusste, worauf sie hinauswollte. Er schmeichelte ihr, und Frida war reif für eine neue Affäre, denn nach dem Zwischenspiel mit Leticia brauchte sie eine Bestätigung, dass sie auch noch etwas für Männer übrig hatte. Fernández war ein Mann mittleren Alters und ein Freund meines Vaters, aber nach Fridas Beschreibung hatte er einen unglaublich sinnlichen Mund, der ganz sachte unter seinem Schnurrbart zitterte.

Die Romanze mit Fernández war nur von kurzer Dauer und hatte ihr Gutes, da Frida so wenigstens zeichnen lernte. Ob mein Vater je dahinter gekommen ist? Er hat nie ein Wort darüber verloren.

Aber kurz nachdem Frida in der Radierwerkstatt aufgehört hatte, wurde er schweigsamer denn je, und dann geschah etwas. Hatte er das Gefühl, bestraft zu werden, oder bestrafte er sich selbst, weil er Frida erlaubt hatte, zu arbeiten und sich mit Leticia und mit Fernández einzulassen?

Trotz unserer Geldnot hatte mein Vater es dank Mutters Sparsamkeit geschafft, sich eine nagelneue Zeiss-Linse zu kaufen. Er bestellte sie direkt bei den Zeiss-Werken in Deutschland und bat den Hersteller, sie so lange aufzuheben, bis ein deutscher Mexikoreisender sie abholen käme, um sie ihm persönlich zu überbringen. Sie mit der Post zu schicken wäre tatsächlich der größte Leichtsinn gewesen, denn die mexikanische Post war unberechenbar wie ein trächtiges Pony. Es vergingen Monate, bis sich der geeignete Kurier fand, aber schließlich lieferte ein deutscher Auslandskorrespondent, der etwas über die Obregón-Regierung schreiben sollte, den Schatz bei uns ab.

Mein Vater war hellauf begeistert. Er prüfte die neue Linse auf Fehler, wog sie behutsam in seinen Händen, hielt sie gegen das Licht und putzte sie vorsichtig mit einem weichen Tuch. Dann legte er sie in die Schachtel zurück, um sie ins Fotoatelier mitzunehmen.

Am nächsten Morgen nahm er sie, während er sich für die Arbeit zurecht machte, noch einmal aus ihrer Verpackung und bewunderte sie. Und dann geschah etwas Schreckliches. Plötzlich verschwamm ihm der Blick, und die Hand zitterte. Die Linse glitt ihm aus den Fingern, rollte quer über den Schreibtisch, fiel auf der anderen Seite zu Boden und zerbrach. Mein Vater stand da und starrte fassungslos auf das gesprungene Glas des perfekt geschliffenen Kristalls. Er hatte fast ein Jahr darauf gewartet, sie in Händen zu halten und zu liebkosen. Mir kam es vor, als wollten ihm die feuchten, nunmehr klaren Augen aus dem Kopf springen und nach den glitzernden Splittern greifen. Wochen, Monate, sogar noch Jahre danach hat mein Vater versucht, diesem absurden Missgeschick auf den Grund zu gehen. War er von irgendetwas erschreckt worden? War er an den Tisch gestoßen? Er konnte sich nicht entsinnen. Hatte er eine Absence gehabt? Er erinnerte sich lediglich an eine plötzliche Schwäche im Handgelenk, das fürchterliche Gefühl, dass ihm das Glas entglitt, und das schreckliche Bild der Linse, die unaufhaltsam über den Tisch rollt und dann fällt, fällt, fällt. Vor seinem geistigen Auge sah er sie in Millionen Splitter zerspringen, die in Zeitlupe vom Boden abprallten und nach oben flogen.

Aber die Linse war nicht entzweigegangen. Jedenfalls nicht richtig. Meinem Vater war es nur so vorgekommen. Als er endlich die Fassung wiedergewonnen hatte, sah er, dass sie nur einen Sprung hatte, was in gewisser Weise noch schlimmer war. Wenn sie richtig zerborsten wäre, hätte er wenigstens die Scherben auffegen und darüber weinen können. Aber die Linse war noch da, scheinbar ganz, scheinbar vollkommen, nur eben ganz und gar unbrauchbar.

Mein Vater hob sie so behutsam vom Boden auf wie ein totes Baby. Er wickelte sie in ein Stück Flanell und legte sie in die Schachtel zurück. Frida und ich wurden beide Zeuginnen dieses Vorfalls, aber keine sagte ein Wort. Meine Mutter war gerade in einem anderen Teil des Hauses beschäftigt oder in der Messe. Ich weiß es nicht mehr. Obwohl mein Vater schwieg, war uns beiden klar, dass dieser Unfall unser Geheimnis bleiben musste, ein Geheimnis, das wir mit meinem Vater teilten. Mein Vater nahm seine Sachen und ging zur Arbeit, als wenn nichts geschehen wäre.

Er konnte es meiner Mutter unmöglich erzählen. Wie hätte er ihr auch erzählen können, dass all ihre Opfer zu nichts anderem gut gewesen waren als zu einer kaputten Linse? Armer Papa. Er muss geglaubt haben, die Linse wäre durch höhere Gewalt zu Bruch gegangen – als heimlicher Tadel für seinen wirtschaftlichen Ruin und sein Versagen, Frida Ärztin werden zu lassen. Er muss geglaubt haben, alles und alles – das Schicksal, sein Vater, seine körperliche Verfassung, die politische Lage und sogar die Gegenstände in seinem Haus – hätten sich gegen ihn verschworen. Es muss ihm vorgekommen sein, als hätte sich seit dem Tag, als er gestürzt war und sich den Schädel gebrochen hatte, bis zu dem Tag, an dem die Linse zerbrach, ein Unglück ans andere gereiht, um ihn zu Fall zu bringen.

Aber der Vormittag war noch nicht vorüber. Kaum war er auf

die Straße hinausgetreten, da wurde ihm wieder schwindelig. Der Himmel war diesig. Er dachte wahrscheinlich gerade daran, was ihn in seinem Fotoatelier in Mexiko-Stadt erwartete. Er hatte keine Aufträge. Vielleicht würde er Geschäftigkeit vortäuschen, seine Linsen polieren und seine Geräte putzen. Vielleicht würde auch Kundschaft kommen. Er hatte ein Schild an der Tür hängen, darauf stand: »Guillermo Kahlo, Spezialist für Landschaften, Gebäude, Interieurs, Fabriken usw.« Es war immer möglich, dass jemand ihm ein Foto in Auftrag gab von ... wovon eigentlich? Von einer Raffinerie vielleicht? Oder einem Stück Land? Wenn der Kunde es wünschte, würde er auch ein Porträt anfertigen, obwohl ihm das nicht lag, er fotografierte Menschen nur in der Menge. In der Menge kam es nicht auf den Einzelnen an, sondern auf die Gesamtszene. »Wieso soll ich Fotos von Menschen machen und sie darauf schöner abbilden, als sie sind?«, pflegte er zu sagen. »Warum schön machen, was Gott hässlich gemacht hat?«

Schon möglich, dass meinem Vater so was durch den Kopf ging, als er zur Arbeit ging. Vielleicht war es das, was ihn schwindlich machte, seine Verbitterung, sein Gefühl versagt zu haben. Jedenfalls begann er mit einem Mal zu taumeln. Ich stelle mir vor, dass die Bäume vor seinen Augen wuchsen und ihre Äste nach ihm und der Schachtel mit der Linse streckten. Dass der Bürgersteig immer länger wurde und jeder Pflasterstein für ihn aussah wie ein Berg, während sich in der Kurve, jenseits der gelben Bordsteinkante ein Abgrund auftat. Wenn er abrutschte, würde er unweigerlich ins Leere fallen. Zwischendurch ist sicher auch die Erinnerung in ihm aufgeflackert, dass da irgendwo eine Fahrbahn war, aber in jenem Zustand muss sie ihm vorgekommen sein wie eine weite, offene Ebene ohne Anfang und ohne Ende. Normalerweise spürte mein Vater seine Anfälle kommen, weiche Knie ... Atemnot ... und konnte sich rechtzeitig in Sicherheit bringen.

Wie lange mag er dagelegen haben? Einen Augenblick vielleicht oder zwei, vielleicht länger. Als er wieder zu sich kam, lag er jedenfalls in unserem Hauseingang, während sich ein Dienstbote mit seinen Medikamenten und einem Glas Wasser über ihn beugte und meine Mutter Anweisungen gab. »Rührt ihn nicht an. Passt auf die Fototasche auf. Lasst keinen daran … Jetzt … bringt ihn jetzt vorsichtig ins Schlafzimmer. Ganz, ganz vorsichtig.« Frida und ich sahen vom Fenster aus zu. Wir kannten seine Anfälle, und trotzdem jagten sie uns jedes Mal einen Schrecken ein. Als sie ihn ins Haus getragen hatten, brach ich in Tränen aus.

Mein Vater ruhte auf dem Bett. Merkte er, dass meine Mutter im Zimmer herumflatterte? Wusste er, weshalb er noch zu Hause war, statt auf dem Weg ins Fotostudio? Vermutlich ging ihm das erst allmählich auf. Zunächst war er nämlich orientierungslos, aber dann kam er langsam wieder zu sich. Irgendwann muss ihm die Linse wieder eingefallen sein, seine kaputte Linse.

Meine Mutter machte sich an seinen Sachen zu schaffen, um sie wieder in Ordnung zu bringen, und schwirrte um die Schachtel mit der neuen Linse herum. »Lass das«, fuhr er sie an. Er sah aus, als würde ihn ein Brechreiz würgen.

Meine Mutter hob eine Braue. »Was?«, fragte sie.

»Ich gehe jetzt«, sagte mein Vater.

»Das glaube ich kaum«, erwiderte meine Mutter ruhig.

»Doch«, widersprach er. »Ich gehe jetzt.«

»Ruh dich doch noch einen Moment aus«, riet sie.

»Ich will mich nicht noch einen Moment ausruhen«, sagte er matt. »Ich will los.«

Meine Mutter versuchte, ihn zum Bleiben zu überreden, wenigstens noch fünf Minuten, aber mein Vater hatte Angst, dass sie die kaputte Linse entdecken könnte. Er stemmte sich hoch und atmete tief ein. Meine Mutter fingerte am Verschluss des Linsenkastens herum, und mein Vater starrte ihre Hände an.

»Was ist da drin, was dich so nervös macht?«, fragte meine Mutter. »Bilder von deiner Liebsten?«

»Ich habe keine Liebste«, sagte Vater säuerlich.

»*Gracias*«, antwortete meine Mutter.

Er stand vom Bett auf und strich sich die Kleider glatt.

Meine Mutter verabschiedete ihn kühl und versprach, Manuel mit dem Mittagessen hinterherzuschicken, sobald es fertig war.

»Ich nehme an, du willst nicht nach Hause kommen ...?«, murmelte sie.

Aber mein Vater erwiderte, was er in diesen Fällen immer erwiderte, dass es zu weit sei, um zum Mittagessen nach Hause zu kommen. Dann griff er nach der Schachtel mit der Linse und der Fototasche und öffnete die Tür.

»Gott hat mich bestraft, weil ich ein Atheist bin und ein schlechter Vater dazu«, flüsterte er mir beim Hinausgehen zu. Er hatte keine Ahnung. Gott hatte nämlich bis dahin nur geübt.

11

*D*er 17. September 1925. Wenn ich an diesen Tag denke, legt sich ein Schatten über mein Gemüt, als würde ein Schwarm Raben die Sonne verfinstern. Gesplittertes Glas, Bäche von Blut, Wölfe, die verfaultes Fleisch verschlingen, aufgespießte, sich windende Leiber, zerfetzte Rosen, besudelte Leichen, zerstückelte Embryonen, von Urin entweihte Kruzifixe, Kot, Erbrochenes, Tränen und Tod. Ich sehe um mich nur Tod. Ich kann es kaum ertragen, und trotzdem muss ich fortwährend daran denken. Selbst jetzt noch. Fast vierzig Jahre danach.

Es sollte eigentlich ein wunderbarer Tag werden.

Ich hatte mit Eusebio Schluss gemacht, nicht weil ich ihn nicht mehr mochte, sondern weil ich Antonio Pinedo kennen gelernt hatte und dachte, dass meine Eltern entzückt von ihm sein würden. Er hatte eine feste Anstellung, sauber geschnittene Fingernägel und ging regelmäßig zur Messe. Ich war jung, in einem Alter, in dem man sich noch einbildet, einen Menschen zur Liebe veranlassen zu können, indem man tut, was er von einem erwartet. Pinedo fühlte sich von mir angezogen, weil ich einen vollen, weichen Körper hatte und so gut wie keine Ansprüche stellte. Ich hatte mir in den Kopf gesetzt, ihm einen Heiratsantrag zu entlocken, und flirtete mit ihm nach allen Regeln der Kunst, bis er mir in die Falle ging wie ein Grashüpfer ins Spinnennetz. Die Affäre zwischen Frida und Leticia Santiago hatte dem Ruf meiner Familie so geschadet, dass selbst die Dienstboten in Verlegenheit kamen. Daher betrachtete ich es als meine Pflicht, die Familienehre wiederherzustellen, und erhoffte mir nebenbei die Dankbarkeit meiner Eltern bis in alle Ewigkeit.

Das Gespräch zwischen Pinedo und meinem Vater war für den 17. September angesetzt, doch dann nahm das Schicksal einen anderen Lauf. Nicht ich sollte die Heldin des Tages werden, sondern Frida.

Es war ein grauer Nachmittag. Vielleicht war das ein Omen. Vielleicht aber auch nicht, denn in Mexiko sind fast alle Septembernachmittage grau. Frida scherte sich ohnehin nicht um das Wetter. Sie hatte sich wieder mit Alejandro versöhnt und fuhr freudig erregt in die Stadt, um sich mit ihm zu treffen. Alejandro umgab sie mit so viel Aufmerksamkeit wie seit Monaten nicht mehr. Hand in Hand schlenderten sie durch das Zócalo-Viertel, wo zum Jahrestag der Befreiung von der spanischen Herrschaft allerlei Buden aufgebaut waren, während die Straßenverkäufer in einer solchen Feiertagen vorbehaltenen Hochstimmung ihre Waren anpriesen.

»Kaufen Sie diese Puppe, Señorita!«

»Kaufen Sie diese Marionette, Señor!«

Ein buntes Sonnenschirmchen stach Frida ins Auge, und Alex kaufte es ihr.

»Es ist ein Puppenschirmchen«, sagte er. »Deshalb sollst du es haben, mein Püppchen!« Alex bezahlte das Spielzeug und gab es Frida, worauf sie sich auf die Zehenspitzen stellte und ihm einen Kuss auf den Mund gab. Der Verkäufer animierte ihn: »Na los, mein Junge!«

»Siehst du«, sagte Frida. »Die einfachen Leute bringt die Liebe nie in Verlegenheit. Nur diese blöden Kleinbürger wie meine Mutter machen ein Mordstheater daraus, dabei ist es ganz natürlich!«

Merkwürdig, Fridas Nachmittag ist mir deutlicher in Erinnerung geblieben als mein eigener. Ich war natürlich nicht dabei, aber wir hatten später viele Stunden Zeit, um uns darüber zu unterhalten. Viele, viele Stunden, während Fridas Krankenlager. Aber das ist es nicht nur. Alles, was Frida erlebte, spielte ich immer und immer wieder in meinen Gedanken nach, ich stellte es mir so oft vor, dass es mir am Ende so vorkam, als hätte ich es selbst erlebt.

Die beiden Turteltäubchen spazierten jedenfalls durch die Straßen, blieben hier und da stehen, kauften einen *taco* oder einen *chur-*

ro. Ein milder Regen zwang sie, unter einem Vordach Schutz zu suchen, aber nur kurz, dann wagten sie sich wieder hinaus. Solche Nachmittagsschauer gibt es bei uns beinahe täglich, das dürfen Sie nicht vergessen. Eigentlich stören sie niemanden. Frida und Alex wandten sich in Richtung Zócalo und trafen auf einige Schulkameraden. Sie blieben einen Augenblick stehen und unterhielten sich mit ihnen, dann gingen sie weiter zur Kathedrale und betrachteten die Auslagen der Stände, die in allen Regenbogenfarben in der feuchten Luft schimmerten.

»Es wird spät, *mi amor*«, sagte Frida und seufzte. »Ich muss allmählich nach Hause.«

»Das Scheiden kommt mich so sauer an!«

»Halt den Mund, du Trottel!«, lachte Frida. »Kannst du nicht wenigstens einen mexikanischen Dichter zitieren?«

»Como hermana y hermano / vamos los dos cogidos de la mano...«
– Wie Bruder und Schwester gehen wir Hand in Hand ...

»Kenne ich zwar nicht, klingt aber nach Mist!«

»Das ist kein Mist! Es ist Enrique González Martínez. Du wolltest doch einen Mexikaner hören.«

»Schon, aber ich mag dieses Brüderlein- und Schwesterlein-Getue nicht. Ich bin nicht deine Schwester, ich bin deine Frau!«

Alex fasste sie um die Taille und küsste sie auf den Hals. Dann gingen sie zur Tram.

»Mein Gott, du kannst es wohl kaum erwarten, mich loszuwerden«, beschwerte sich Frida.

»Du brauchst mich nicht Gott zu nennen. Sag einfach Alex zu mir!«

Sie gab ihm einen Rippenstoß, und er zwickte sie in die Wange.

Sie erreichten den Wagen. Er half ihr beim Einsteigen. Aber Frida schrie plötzlich auf und sprang im letzten Moment wieder vom Trittbrett.

»Was ist?«

»Mein Schirmchen! Der kleine Schirm, den du mir gekauft hast. Ich muss ihn an einem der Essensstände vergessen haben, wo wir angehalten haben. Komm, wir gehen zurück und suchen ihn.«

Sie liefen den ganzen Weg wieder zurück, aber als sie das Spielzeug nicht finden konnten, gingen sie noch einmal zum dem Stand, wo sie es gekauft hatten.

»Komm«, sagte Alex, »ich kauf dir einen neuen. Ich kann doch mein kleines Mädchen nicht unglücklich sehen.«

Aber die Schirmchen waren ausverkauft.

»Tut mir Leid, Señor«, sagte der Verkäufer. »Vielleicht möchte die Señorita ja etwas anderes haben? Zum Beispiel hier diesen *balero*.«

Der Mann zeigte ihnen einen geschnitzten Holzbecher mit einer Schnur, an der eine Holzkugel hing. Er führte ihnen das Spielzeug vor und ließ die Kugel ein paar Mal durch die Luft kreisen, um sie dann geschickt mit dem Becher aufzufangen. Alex zahlte, und sie traten wieder den Heimweg an.

An der Ecke hielt ein bunt bemalter Holzbus. Omnibusse waren damals eine Kuriosität, eine Neuheit in Mexiko-Stadt. Und weil sie erst seit kurzem in Betrieb waren, herrschte immer großer Andrang – ähnlich wie bei einer Berg- und Talbahn im Vergnügungspark. Manchmal nahm Frida mich mit in die Stadt, nur um mit mir Bus zu fahren.

»Komm«, sagte Frida. »Lass uns den nehmen. Du kannst später in deinen umsteigen.«

Alex und Frida stiegen in das schwerfällige Vehikel.

Am Armaturenbrett hatte der Fahrer Bilder der Heiligen Jungfrau von Guadalupe und ausgebleichte Pin-up-Girls hängen, die ihn mit ihrem maskenhaften Lächeln ansahen. Am Rückspiegel baumelte ein Rosenkranz.

Die langen Holzbänke zu beiden Seiten des Fahrgastraumes waren dicht besetzt, aber im hinteren Teil des Wagens fanden Alex und Frida noch Sitzplätze. Ihnen gegenüber saßen eine Frau im *rebozo* mit einem Kind an der Brust und ein Arbeiter mit breitem Sombrero, der ein Zigarettenpäckchen hervornahm, es freundschaftlich herumreichte und sich dann selbst eine anzündete. Weiter vorn stand ein Maler im verkleckerten Overall, der die Augen geschlossen hatte und darauf wartete, dass sich der Bus in Gang setzte. Er hatte einen Farbtopf zwischen die Füße geklemmt und hielt ein Paket mit goldenem Farbpulver im Arm.

Der Fahrer war ein junger, schnauzbärtiger Mestize mit einer gewissen nervösen Aggressivität. Forsch fuhr er in die belebte Straße hinein und gab den übrigen Verkehrsteilnehmern zu verstehen, dass sie sich vor ihm in Acht zu nehmen hätten, weil er unter all den Autos und Handkarren der Stärkste sei. Wie ein streitlustiger Ritter in die Schlacht stürmt, so bahnte sich der Omnibus ohne Rücksicht auf Verluste seinen Weg. Als ein Linksabbieger ihm die Vorfahrt nahm, legte der Fahrer sich förmlich auf die Hupe.

Sie kamen in die Nähe des San-Juan-Marktes und erreichten die Straßenecke zwischen der Calle Cuahutemotzín und der Calle Cinco de Mayo. Als der Omnibusfahrer in die Calzada de Tlapán einbog, kam ihm eine Trambahn entgegen. Einen Moment lang drosselte er die Geschwindigkeit, dann schätzte er die Situation ab und beschloss zu fahren. Die Straßenbahn näherte sich langsam, aber unaufhaltsam, als wollte sie dem Busfahrer deutlich machen, wer hier die Vorfahrt hatte. Der Busfahrer gab Gas. Da passierte es. Die Trambahn erfasste den Buss genau in der Mitte und drückte ihn an eine Mauer.

Der Bus brach nicht sofort entzwei. Eigentümlich biegsam gab er dem Druck nach, wand und krümmte sich wie wahnsinnig, bevor er auseinander brach. Alex fand sich mit einem Mal Nase an Nase mit dem rauchenden Arbeiter wieder und Frida landete auf dem Schoß der stillenden Mutter. Es geschah plötzlich, und trotzdem schien sich alles in Zeitlupe abzuspielen. Die Gegenstände flogen träge über sie hinweg – eine Zeitung, ein Ehering, eine Babydecke, ein Pin-up-Girl, ein Malerpinsel, Schlüssel, Zigaretten, eine Rolle Garn, Goldsprenkel. Dann brach das Gefährt mit einem schauderhaften Krachen auseinander. Ein Hagel aus Holz und Metall begrub die Menschen auf den Schienen. Unterdessen fuhr die Trambahn immer noch weiter, absichtlich, als wollte sie ihren Triumph über den Feind mit aller Gewalt demonstrieren.

Alex geriet unter die Bahn. Als er die Augen öffnete, sah er über sich ein eisernes Fahrgestell und um sich herum zerfetzte Leiber.

Zwei oder drei Menschen waren tot, andere waren schwer verletzt. Irgendwo schrie ein Baby.

Rasch vergegenwärtigte er sich die Stellung der Metallstreben über seinem Kopf. Wenn die Bahn noch einen Zentimeter vorrückte, würde er in Stücke geschnitten. Mit größter Vorsicht befreite er sich. Die Vorderseite seines Mantels war verschwunden, ansonsten schien er unversehrt. Er suchte Frida.

Er fand sie auf der Straße, blutüberströmt und vollkommen nackt. Durch den Druck des Aufpralls waren ihr die Kleider vom Leib gerissen worden. Das Farbpaket des Anstreichers war geplatzt und hatte sie mit einer goldenen Schicht bestäubt, die ihr ein grausiges, karnevaleskes Aussehen gab.

»*Miren la pequeña bailarina!*«, rief ein Mann. »Seht nur, die kleine Tänzerin!« Rot- und goldbedeckt wie sie war, muss er sie für eine Zirkusartistin gehalten haben. Oder er schloss von ihrem zarten anmutigen Körperbau auf eine Tänzerin.

Glassplitter und Bäche von Blut. Offene Eingeweide. Zerquetschte Schädel. Gewundenes Metall und verdrehte Gliedmaßen. Ein Gestank nach Galle und Grauen. Schreie. Schluchzen. Sirenen.

Aus Fridas Körper sickerte Blut. Eine metallene Haltestange hatte Fridas Becken durchbohrt. Aber sie wusste nicht, was mit ihr geschehen war. Wahrscheinlich stand sie unter Schock. »Mein *balero*!«, rief sie immer wieder. »Wo ist mein *balero*? Jetzt habe ich den auch noch verloren!«

Alex sah voller Entsetzen, wie Frida, ohne die Stange zu spüren, die in ihrem Körper steckte, nach ihrem Spielzeug suchte. Er versuchte, sie zu beruhigen, sie daran zu hindern, sich zu bewegen. Er warf ihr die Reste seines Mantels über und hob sie auf die Arme. Frida wehrte sich und heulte: »Mein *balero*!« Dabei schwang die lange Eisenstange in ihrem Unterleib mit.

Ein Mann kam auf Alex zugelaufen, der ihm bekannt vorkam.

»Ist das Frida Kahlo? Oh mein Gott! Was steckt denn in ihr drin? Wir müssen es sofort rausziehen!« Er fasste die Eisenstange am Ende.

Alex geriet außer sich. »Wer bist du?«, brüllte er.

»Ich arbeite in der Schule. Hier! Leg sie hier hin! Ruft schnell einen Krankenwagen!«

Der Mann stemmte sein Knie gegen Frida und zog die Stange mit einem Ruck heraus. Frida schrie schrill auf vor Schmerz. Blut quoll aus der Wunde. Gemeinsam trugen der Mann und Alex sie zu einer Billardstube in der Nähe und betteten sie ins Schaufenster. Alex streichelte ihr die Hand, aber Frida war vor Schmerz so benommen, dass sie ihn nicht wahrnahm.

Sie hörten den Rot-Kreuz-Wagen nicht kommen, weil Fridas Schreien die Sirene übertönte. Alex hob sie mit Hilfe der Sanitäter auf die Trage und fuhr mit ihr ins Krankenhaus in der Calle San Jerónimo. Während der ganzen Fahrt schickte er Stoßgebete zum Himmel: »Bitte, lieber Gott, lass sie nicht sterben. Bitte, bitte lass sie nicht sterben.« Er war natürlich Revolutionär, aber in solchen Momenten vergisst man die Politik und betet einfach. Als sie beim Hospital anlangten, war er so erschöpft, dass er fast die Fassung verlor.

Eine übermüdete Krankenschwester mit einem großen Muttermal an der Lippe nahm sich seiner an. Der Leberfleck schien sich auszudehnen und zusammenzuziehen, während sie sprach, und Alex konzentrierte sich krampfhaft auf diesen Punkt, um nicht vor ihren Füßen zusammenzubrechen. Sämtliche Schwestern trugen weiße, in der Taille gebundene Kittel, dazu Kopftücher mit Rotkreuzzeichen. In der dünnen Krankenhausluft wirkten sie wie Gespenster, die in die Säle hinein- und wieder herausschwebten, wie Lichtflecken, die auftauchten und verschwanden, wie Engel, die einem tauben Wanderer sicheres Geleit geben.

»Komm«, sagte sie und nahm ihn am Arm. »Du kannst hier nicht stehen bleiben. Die junge Frau wird für den OP vorbereitet.«

»Wird sie es schaffen?«

Das Muttermal blieb unbewegt.

»Sagen Sie mir doch, wird sie es schaffen?«

»Das liegt allein in Gottes Hand«, murmelte sie schließlich. »Wenn er sie retten will, wird er es durch uns tun.«

»Am liebsten hätte ich diesem Muttermal einen Fausthieb verpasst und diese Stimme, die von einer Erscheinung zu stammen schien, zum Schweigen gebracht«, erzählte mir Alex. In Gedanken brüllte er die Schwester an: »Hör mir auf mit Jesus und sag mir endlich, ob Frida es schaffen wird!« Aber er hielt den Mund. Er war durcheinander und wie gelähmt vor Angst, deshalb setzte er sich einfach nur hin und wartete.

Die Diagnose des Arztes war wenig Hoffnung erweckend: Mehrere Brüche, innere und äußere Verletzungen …

»Wissen ihre Eltern Bescheid?«, fragte Alex, als er wieder einigermaßen bei Besinnung war.

»Noch nicht. Dazu war noch keine Zeit.« Der Arzt seufzte. »Wir werden unser Menschenmögliches tun, ganz bestimmt, aber es wäre ein Wunder, wenn sie überlebt.«

Fridas Hüfte war an drei verschiedenen Stellen gebrochen und ihr Rückgrat im Beckenbereich verletzt. Außerdem waren das Schlüsselbein und zwei Rippen gebrochen. Der rechte Beinknochen war zertrümmert, der rechte Fuß ausgerenkt und zerquetscht und die linke Schulter ausgekugelt.

Eine Krankenschwester erschien, um dem Doktor Bescheid zu geben, dass Frida im OP bereitlag. Alex drehte sich zur Wand und tat etwas, was er sich nur selten gestattete: Er weinte.

Die Zeit kann sich ins Endlose dehnen, wenn man darauf wartet, ob jemand stirbt oder nicht. Die Luft wimmelt von Dämonen, die von den Engeln mit aller Kraft bekämpft werden und manchmal trotzdem siegen. Sie siegen sogar recht häufig. Das Hospital war ein ehemaliges Frauenkloster mit düsteren, kühlen Räumen, in denen es übernatürlich raunte. Überall huschten Leute hin und her, flüsterten, gaben Anweisungen, aber Alex umhüllte die tiefste Stille. Er hatte die Augen geschlossen. Bilder von Frida, dem sonnigen jungen Mädchen, dem frotzelnden Teenager, der Verführerin, türmten sich in seinem Geist zu einem Haufen zermalmter Knochen auf.

Sachte berührte eine Schwester ihn am Arm.

»Wird sie es schaffen?«, fragte er schläfrig.

»Im Augenblick mache ich mir Sorgen um Sie.«

»Mir fehlt nichts.«

Alex hob den Blick und entdeckte das Abzeichen am Kragen der Schwester, es war eine Nonne. Im postrevolutionären Mexiko war es den Ordensleuten verboten, öffentlich ihre Trachten zu tragen, woran sich indes nicht alle hielten. Aber gewöhnlich konnte man in den Pflegeberufen die Nonnen von den weltlichen Schwestern nur an diesem Emblem unterscheiden.

Alex hatte sich so sehr um Frida geängstigt, dass ihm sein eigener Zustand gar nicht zu Bewusstsein gekommen war. Jetzt spürte er aber, wie sich ein dumpfer Schmerz vom Scheitelpunkt bis zur Schädelbasis ausbreitete. Er hatte indes keine Vorstellung von der Ernsthaftigkeit seiner Verletzung und ahnte auch nicht, dass auch er monatelang würde das Bett hüten müssen.

Als Frida wieder zu sich kam, saß der Tod an ihrem Bett. Das erzählte sie jedenfalls Maty: »Ich fühle ihn nicht nur«, sagte sie. »Ich kann ihn sogar sehen. Der Tod tanzt durch mein Zimmer. Manchmal radelt er mit einem Fahrrad um mein Bett herum. Manchmal nimmt er eine Gitarre und spielt eine liebliche Melodie. Eine verführerische Weise, die mich lockt und in mir den Wunsch weckt, ihn zu umarmen.« Ihr Leben lang fühlte Frida sich vom Tod angezogen, angelockt. Auch als wir noch Kinder waren und sie den Tod noch fürchtete, selbst damals war sie vom Tod fasziniert.

»Ich bat sie, nicht so zu reden«, erzählte mir Maty. »Aber sie sagte, der Tod würde sie nicht mehr so ängstigen wie mit sechs oder sieben. Er würde aussehen wie ein Skelett, ihr Skelett, das ihre Kleider trug – den blauen Rock, die weiße Bluse, den Sweater. Sie sagte, er hätte eine kleine rote Rose auf den Schädel gemalt. Sehr hübsch. Sehr lebendig. Der Tod, sagte sie, hätte ein heiteres Gemüt und wäre ein Mädchen, deshalb sollten wir besser ›sie‹ statt ›er‹ sagen, wenn wir von ihm ... ihr ... redeten.« Maty nahm dieses Gespräch ziemlich mit, wie Sie sich vielleicht vorstellen können, aber ich glaube, ich wusste, was mit Frida los war. Da die Ärzte sagten, sie würde vielleicht sterben, versuchte sie, dem Tod ins Auge zu blicken, irgendwie Herr darüber zu werden.

Ein Gutes hatte der Unfall immerhin, denn er brachte unsere

Familie wieder zusammen. Meine Mutter hatte Maty zwar noch nicht verziehen, aber wir schlossen uns um Frida zusammen und vergaßen den Streit. Maty, Adriana und ich gingen fast täglich ins Krankenhaus, und meine Eltern kamen, sooft es ihre Zeit erlaubte, allerdings nicht sofort. Als sie von Fridas Unfall erfuhr, brach meine Mutter zusammen und kam erst nach Wochen wieder auf die Beine, und mein Vaters erlitt so viele Anfälle, dass er sich nicht aus dem Haus trauen konnte.

Als ich Frida das erste Mal nach dem Unfall besuchte, wäre ich fast rückwärts wieder aus dem Krankensaal gelaufen. Sie war von einem Gerüst umgeben, das aussah wie ein riesiger Sarg; ihr Rumpf steckte in einem steifen Gipsverband und ihre Beine hingen an einer Art Schaukel. Maty fürchtete sich davor, Frida anzufassen, aber ich hatte sogar Angst, an ihr Bett zu gehen. Sie sah aus wie eine Mumie, und ich fürchtete, sie könnte schon tot sein.

»Du wirst bald wieder rauskommen«, wiederholte Maty immer wieder.

»Aber wer weiß, wo ich dann hingehe! Vielleicht zurück nach Coyoacán, vielleicht aber auch unter die Erde. Na ja, wenigstens sterbe ich nicht als Jungfrau. Dafür hat die Stange gesorgt, die mich durchbohrt hat!«

»Sag bloß«, sagte Maty. »Da kenne ich aber eine andere Version, wie du deine Unschuld verloren hast.« Sie zwang sich zum Lachen, dann blieben beide still.

»Mama und Papa schicken dir ganz liebe Grüße«, sagte ich, um das Schweigen zu brechen. »Papa hat wieder mehr Anfälle. Er kommt, sobald er kann.«

»Ich möchte Papa sehen.«

»Ich weiß. Er kommt bestimmt bald. Hast du mitbekommen, dass Adri in Ohnmacht gefallen ist, als sie gehört hat, was mit dir passiert ist?«

»Das stimmt«, sagte Adriana. »Und Alberto wollte mir gar nicht erlauben, in dem Zustand in die Stadt zu fahren, aber ich bin trotzdem gekommen. Ich wollte dich unbedingt sehen.« Alberto war Adrianas Mann.

»In welchem Zustand!«, sagte Frida plötzlich giftig. »Das ist ja wohl die Höhe! Ich bin es, die fast gestorben wäre! Ich bin es, die eine Stange in den Eingeweiden stecken hatte!«

»Verzeih mir«, flüsterte Adriana und blinzelte, um die Tränen zurückzudrängen.

Frida bereute die Bemerkung sofort. Sie wurde nachdenklich, dann weinerlich. »Ihr seid die Einzigen, die mich wirklich lieb haben«, wimmerte sie. »Ihr, meine Schwestern ...« Und dann sagte sie etwas, was mich sehr erboste! »Besonders du, Maty. Du bist die Einzige, die sich wirklich um mich kümmert. Du und meine *cachuchas*. Sie waren alle schon da. Weißt du, es ist witzig ... als du mit Paco Hernández abgehauen bist, hat Mama gesagt, du wärst das schwarze Schaf in der Familie und ein Nichtsnutz, dabei bist du die Einzige, die mich nicht im Stich lässt. Du bist ein Engel, Maty!«

Wie, bitte schön, kommt jetzt Maty dazu, ein Engel zu sein, jagte es mir durch den Kopf. Ich bin diejenige, die Fridas Blödsinn die letzten siebzehn Jahre ertragen hat. Ihre Arroganz, ihre Hochnäsigkeit. Ich bin diejenige, die das Zimmer mit ihr geteilt hat – bevor ich umgezogen bin, als Adriana heiratete. Ich bin diejenige, der sie alles anvertrauen konnte. Ich bin diejenige, die ihr in der schrecklichen Zeit mit Alex zur Seite gestanden hat. Mir hat sie immer beteuert, ich wäre ihre beste Freundin, ihr Kumpel. Und jetzt ist es plötzlich Maty, die sie am liebsten hat ...

»Wie hätte ich dich im Stich lassen können?«, gurrte Maty. »Du hast mir zur Flucht verholfen! Du hast das Fenster hinter mir zugemacht, sodass wir ein paar Stunden Zeit hatten, bis jemand meine Abwesenheit entdeckt hat! Du warst erst sieben, weißt du noch? Außerdem passen schwarze Schafe gut zusammen, und nach dem, was Papa mir erzählt hat, sagt Mama, du wärst das schwärzeste Schaf von allen. Sogar noch schwärzer als ich!« Sie lachten in schwesterlichem Einvernehmen. Mir wurde schlecht, und plötzlich war ich froh, dass meine Mutter sich mit Maty immer noch nicht versöhnt hatte, obwohl sie Paco inzwischen geheiratet hatte und eine achtbare Señora war.

Frida philosophierte weiter über den Tod, *la pelona*, die Glatzköpfige, wie wir ihn – oder sie? – in Mexiko nennen. Dann fing sie an, sich über Alex zu beschweren. Er sei noch kein einziges Mal zu Besuch gekommen, obwohl sie ihm doch geschrieben hatte. Er hatte nicht einmal ihren Brief beantwortet.

Das ist also der Grund, dachte ich bei mir. Deshalb war sie eben so gemein zu mir. Ich kannte nämlich sämtliche Höhen und Tiefen in der Beziehung zu Alex, und wahrscheinlich war ihr das in dem Moment unangenehm. Schließlich hatte sie mir tagelang mit der guten Nachricht ihrer »Versöhnung« in den Ohren gelegen.

»Alex ist beim Unfall auch schlimm verletzt worden«, erinnerte ich sie.

»Nicht so schlimm wie ich«, erwiderte sie. »Ich bin am schlimmsten verletzt worden. Und trotzdem macht sich jetzt keiner die Mühe, zu Besuch zu kommen, bis auf euch, die *cachuchas* und *la pelona*.«

»Der Arzt sagt, je länger du dir *la pelona* vom Leib halten kannst, desto besser stehen deine Chancen, sie ein für alle Mal zu vertreiben«, sagte Maty besänftigend.

»Weißt du, Maty«, sagte Frida, »manchmal glaube ich, dass sie für immer bei mir bleiben wird.«

Wie bitte? Es stimmt, sie hatte ein Trauma erlitten, klar … Natürlich weiß ich, was ein Trauma ist! Sie sind genau wie Frida und denken, ich hätte keine Ahnung. Ich will damit nur sagen, dass sie einen Hang zum Melodramatischen hatte. Und sie beherrschte die Rolle perfekt.

Natürlich tat sie mir Leid! Wofür halten Sie mich eigentlich? Für einen Unmenschen? Sie war meine Schwester und sie litt. Ich will damit bloß sagen, dass sie sogar da, in diesem schrecklichen Zustand, wusste, wie sie die Leute manipulieren konnte.

Na ja, Frida schrieb Alex jedenfalls ausführliche Briefe aus dem Krankenhaus. Sie schilderte ihm ihre Schmerzen, wiederholte ihm die ärztliche Diagnose und beschrieb ihre Behandlung. Sie klagte über die Krankenschwestern, die zwar jeweils fünfundzwanzig Patienten zu betreuen hätten, sich aber trotzdem mehr um sie kümmern sollten. Ich habe einige der Briefe gelesen. Sie erzählt darin vom Besuch ihrer Schulkameraden oder Genossen von der Kommunistischen Jugend. Sie beschwert sich über ihre Langeweile und beschwört ihr sagenhaftes Glück. Sie beschreibt, wie sehr sie geweint hätte, als sie von seinen Verletzungen erfahren hatte. Ob das stimmt, weiß ich allerdings nicht. Ich habe sie jedenfalls nie Tränen über das Leid anderer vergießen sehen.

Arme Frida. Sie war ein bemerkenswertes Mädchen, das müssen Sie zugeben. Was sie durchgemacht hat! Und trotzdem gab sie nicht auf. Als ich gesehen habe, wie sie litt, habe ich mitgelitten. Sie war so zerbrechlich, aber sie hatte einen eisernen Willen und einen Geist wie ein Geysir. Ich habe sie so geliebt. Sie hat mich geärgert und auch sehr verletzt, und trotzdem habe ich sie mehr geliebt als jeden anderen Menschen. Wirklich.

12

Als Frida aus dem Krankenhaus entlassen wurde, war meine Mutter so erleichtert, dass sie eine Dankesmesse halten ließ, an der wir alle gehorsam teilnahmen, bis auf Frida natürlich, die nicht bewegt werden durfte, und meinen Vater, der zu traumatisiert war, um noch was mit Gott zu tun haben zu wollen. Dann schaltete meine Mutter eine Anzeige im Lokalblatt und bedankte sich bei den Mitarbeitern des Roten Kreuzes. Das kam bei allen als nette Geste an, außer bei Estelas Mutter Elena Cabrera Andrade, die behauptete, Matilde Kahlo würde ja wohl keine Gelegenheit auslassen, um ihren Namen im Gesellschaftsteil der Zeitung gedruckt zu sehen.

Frida war unerträglich. »Lackier mir die Nägel, Cristi. Nein, nicht so, du Tollpatsch!« »Lies mir diese Geschichte vor, Cristi. Du bist so blöd, dass du noch nicht mal verstehst, was du da liest!« »Cristi, hol mir den Spiegel!« »Cristi, bring mir ein Glas Wasser!« »Cristi, bring mir die Post von Alex! Ich weiß, dass du sie mir unterschlägst.«

Sie unterstellte mir, dass ich ihr die täglichen Briefe von Alex vorenthielt, angeblich aus Eifersucht auf ihre großartige Liebesgeschichte. Tatsache ist aber, dass Alex gar nicht schrieb. Oder jedenfalls nur sehr selten. Außerdem hatte ich gerade selbst eine großartige Liebesgeschichte. Pinedo und ich wollten nämlich heiraten. Es war also keineswegs so, als würde ich mich mit nichts anderem beschäftigen als mit Frida und Alex.

Anfangs kamen die *cachuchas* noch recht häufig, aber dann wurden die Abstände zwischen ihren Krankenbesuchen immer länger, weil sie zwei Stunden Busfahrt auf sich nehmen mussten, um zu uns nach Coyoacán rauszukommen. Frida war nur ungern allein, und sie rief mich, damit ich ihr Gesellschaft leistete. Aber sie war oft gemein zu mir und warf mir vor, ich würde mich nicht genug um sie kümmern. Zugegeben, sie langweilte sich mehr als ein wurmstichiges Holzbrett, aber das war noch lange kein Grund, mich ständig zu beschimpfen. Ich entzog mich also und suchte nach Ausflüchten, um das Haus zu verlassen und möglichst wenig Zeit mit ihr zu verbringen.

Was meine Hochzeit angeht, enttäuschte mich meine Mutter zutiefst. Ich meine, eine Mutter muss doch völlig närrisch werden, wenn ihre Tochter heiratet, oder? Gewöhnlich veranstaltet sie einen Riesenaufstand, kauft ein, erstellt eine Gästeliste, entwirft das Menü, formuliert Zeitungsannoncen ... all so was, oder? Zeitungsannoncen wie »Der bekannte europäische Fotograf Guillermo Kahlo und Señora Matilde Calderón de Kahlo freuen sich, die Hochzeit ihrer Tochter Cristina mit Antonio Pinedo bekannt zu geben ...« Ich hatte erwartet, dass sie bei meinem Vater auf einen Fototermin für uns drängen würde und meinen Schwestern wegen des Brautkleids in den Ohren läge. Aber es geschah nichts. Sie musste ja Frida pflegen. Klar. Frida hatte schließlich einen lebensgefährlichen Unfall gehabt.

Ich fand das sehr ungerecht. Frida war immer die Unruhestifterin gewesen ... und Maty. All die Jahre war Maty, nach der Rede meiner Mutter zu urteilen, keinen Deut besser. Aber jetzt hatte sich das Blatt plötzlich gewendet. Maty war verheiratet, und meine Mutter hatte ihr alles vergeben. Maty kam jetzt dauernd zu uns, und Frida und sie hatten das allerbeste Verhältnis. Dabei hätte eigentlich ich die Aufmerksamkeit verdient, schließlich war ich im Begriff zu heiraten. Außerdem war ich folgsam und erlaubte mir keine Frechheiten, nicht wahr? Aber mit einem Mal behandelte meine Mutter Maty wie die verlorene Tochter, und was Frida anging, überschlug sie sich regelrecht für das arme kleine Unfallopfer.

Frida schrieb fast täglich an Alex – lange, flehende Briefe, in denen sie ihre Verdauungsstörungen zum Anlass nahm, ihn um einen Besuch oder wenigstens einen Brief zu bitten. »Oh mein Liebling,

Alex. Ich habe mich die ganze Nacht übergeben! Bitte komm zu mir.« Oder »Oh mein liebster, geliebter Alex, mein Magen ist so verstimmt, dass ich kaum furzen kann! Ich sterbe vor Sehnsucht nach dir!« Sie schickte ihm ausführliche Schilderungen ihrer sämtlichen Operationen – am Arm, am Rückgrat, an der Gebärmutter ... Also ehrlich, für ein intelligentes Mädchen verhielt sie sich reichlich dumm. Ich meine, welcher Mann hat schon Lust auf solche Beschreibungen? Finden Sie es klug, einem Liebhaber zu erzählen, wo es einen beim Scheißen zwickt? Kein Wunder, dass Alex ihr praktisch nicht mehr antwortete. Einmal kam er zu Besuch, aber Rufina teilte ihm mit, dass Frida nicht da sei, und schickte ihn wieder weg. Rufina war nämlich nach all den Jahren immer noch böse auf Frida und Maty, weil sie in der Nacht, als Maty mit Paco weglief, von den beiden reingelegt worden war. Denn Rufina, die sich ihrer Adleraugen rühmte, hatte damals Matys Gepäck nicht entdeckt und hegte den geheimen Verdacht, dass meine Mutter sie für die ganze Sache verantwortlich machte. Jedenfalls nutzte sie jede Gelegenheit, um sich an Frida zu rächen. Deshalb sagte sie, als Alex kam, Frida sei ich weiß nicht wen besuchen gegangen. Stellen Sie sich das vor, nachdem er eine geschlagene Stunde im Bus gesessen hatte. Frida war außer sich. »Diese Frau hasst mich!«, schluchzte sie. »Sie hasst mich!«

Offen gestanden waren wir Fridas Gejammer allesamt allmählich leid. Frida hatte sich schlimme Verletzungen zugezogen, ja, aber sie verstand es auch, das Opfer zu spielen. Obwohl sie ununterbrochen wehklagte, machte sie nämlich in Wirklichkeit eine Menge Fortschritte. Meine Mutter war überzeugt, dass die Jungfrau Maria dabei die Hände mit im Spiel hatte, weil sie sich der Sünder ganz besonderes annimmt.

Bevor ich mich versah, konnte Frida nämlich wieder sitzen, dann stand sie auf, und dann fing sie wieder an zu laufen. Und irgendwann im Dezember beschloss sie, dass sie wiederhergestellt genug war, um nach Mexiko-Stadt zu fahren. Meine Mutter wollte das zuerst verhindern, aber dann erlaubte sie es doch – als wenn Frida sich je darum gekümmert hätte, was meine Mutter ihr erlaubte oder verbot. Aber meine Mutter stellte ihr die Bedingung, mich mitzunehmen. Darüber war Frida natürlich keineswegs erfreut. Dass ich mich an ihre Fersen heftete, war nun wirklich das Letzte, was sie sich wünschte, denn sie wollte natürlich in die Stadt fahren, um Alex zu sehen.

»Sobald wir in der Stadt sind, trennen wir uns«, verkündete sie mir. »Wir können uns zum Mittagessen im *Lazo Roto* wiedertreffen.«

Sie ließ mich in der Nähe des Zócalo stehen, nicht ohne mir vorher das Lokal gezeigt zu haben, wo wir zusammen essen wollten. »Pass auf, dass du dich nicht verläufst. Ich habe keine Lust, dich den ganzen Nachmittag zu suchen«, warnte sie mich. Ich hasste es, wenn sie so mit mir redete. Wie mit einer Vierjährigen! Wie mit einer Geistesgestörten! Sie traute mir noch nicht mal zu, alleine spazieren zu gehen und wieder zurückzufinden. Sie dachte wirklich, ich wäre zu beschränkt, um mir den Weg zu merken.

»Er ist nicht da«, erklärte das Dienstmädchen, als Frida am Haus der Familie Gómez Arias schellte. Frida wartete einen Moment im Wohnzimmer, dann machte sie sich auf den Weg zur iberoamerikanischen Bibliothek. Aber da war Alex auch nicht. Sie ging über den Zócalo weiter zur Prepa. Sie suchte ihn in den Cafés und in den Läden, wo er sich gerne aufhielt. Alex war nirgends zu finden, dafür lief sie Agustina Reyes in die Arme. Sie entdeckte sie in der *Librería La Mancha*, wo Agustina gerade ein Buch kaufte. Wahrscheinlich war es zu spät, um sie zu ignorieren, und so kamen sie zusammen zum *Lazo Roto*, wo ich schon seit einer guten Viertelstunde wartete. Ich bin nicht pingelig mit der Uhrzeit, ich will damit nur sagen, dass ich mich keineswegs verlaufen hatte.

Die Situation war mir unangenehm. Denn eigentlich hätte ich ja gar nicht dabei sein sollen. Erstens gehörte ich nicht zu den erlauchten Kreisen der *cachuchas*, und sie fanden es unter ihrer Würde, sich mit jemandem wie mir zu unterhalten. Zweitens wollten die beiden natürlich über Alex reden, und dabei störte ich sie ganz entschieden. Sie unternahmen gar nicht erst den Versuch, mich ins Gespräch mit einzubeziehen; also saß ich nur blöd daneben, stocherte in meinem Hühnerfrikassee und starrte auf die Tischplatte.

Agustina redete um den heißen Brei herum, denn keine von beiden wollte das heikle Thema als Erste ansprechen.

»Kommst du denn nächstes Jahr wieder zu uns?«, tastete La Reina sich vor.

»Ich weiß nicht«, sagte Frida. »Ich glaube nicht, dass ich weiterstudieren kann.«

Agustina gab sich Mühe, enttäuscht auszusehen. »Das ist ja schade. Aber ... du könntest doch wenigstens die Prüfung nachholen.« Frida hatte nämlich im Herbst wegen ihres Unfalls nicht an der Abschlussprüfung teilnehmen können.

Sie plauderten ein Weilchen weiter. Frida sprach von ihrem Unfall, darüber, wie sie allmählich das Lernen verlernte, über die hohen Arztkosten. »Sobald ich wieder auf den Beinen bin, richtig auf den Beinen, werde ich mir eine Stelle suchen, um meine Eltern zu entlasten«, sagte sie.

Es folgte ein betretenes Schweigen, dann gab Agustina sich einen Stoß und fragte hinterlistig:

»Was hast du eigentlich heute Morgen in der Bibliothek gemacht?« Ich fand die Frage allerdings nicht besonders raffiniert.

»Was meinst du?«, fragte Frida, obwohl alle wussten, was sie meinte.

»Hast du Alex gesucht?«

»Nein ...«, stammelte Frida. »Ich ... ich wollte einfach nur mal nachsehen, wer da ist ...«

»Weißt du«, sagte Agustina. »Du solltest versuchen, Alex zu vergessen. Ich versuche es auch.«

Damit hatte Frida nicht gerechnet, deshalb hatte sie keine passende Antwort parat.

»Weißt du«, fügte La Reina hinzu. »Alex ist nämlich alles andere als ein Gentleman. Er hat scheußliche Dinge über mich herumerzählt. Er hat behauptet, ich wäre ein leichtes Mädchen, fast so schlimm wie du!«

Wissen Sie, ich kann Frida recht gut beurteilen, ich sah ihre Fehler. Ich würde auch nie behaupten, dass sie vollkommen gewesen wäre, oder annähernd vollkommen, aber das, was Agustina ihr da vorwarf, verschlug mir die Sprache. Wie konnte sie so etwas über meine Schwester sagen? Das war wirklich grausam. Und die arme Frida war natürlich vollkommen vor den Kopf gestoßen. Agustina sah zu mir herüber und lächelte, als hätte sie was vollkommen Belangloses gesagt, wie ›ich glaube, es gibt gleich Regen‹, oder ›die Kathedrale sieht hübsch aus in der Beleuchtung‹, oder ›Blau steht dir gut‹. Ich weiß, dass Frida am liebsten losgeheult hätte, aber sie nahm sich zusammen. Ich hörte förmlich, wie sie zu sich selbst sagte: Ich werde jetzt nicht weinen, ich werde jetzt nicht weinen. Ich spürte eine Enge in der Brust, und der Rücken tat mir weh. Sehen Sie, so war das mit Frida und mir. Wenn sie litt, litt ich auch. Wenn sie Kummer hatte, hatte ich auch Kummer.

Ja, das stimmt, manchmal habe ich die Geduld mit ihr verloren. Wenn Sie mit jemandem zusammenleben, der so fordernd ist wie Frida, dann kann das gar nicht ausbleiben. Das eine hat mit dem anderen nichts zu tun. Man kann jemanden lieben und sich trotzdem über die Person ärgern. Was ich meine, ist, dass ich mitfühlte. Wenn es Frida schlecht ging, ging es mir auch schlecht, und als wir damals mit Agustina Reyes im *Lazo Roto* saßen, da ging es uns beiden hundeelend.

»Weißt du, was er noch gesagt hat?«, fuhr Agustina fort.

»Sie will überhaupt nicht wissen, was er noch gesagt hat«, unterbrach ich sie. Frida dankte mir den Einwurf mit einem verstohlenen Händedruck, aber Agustina war noch nicht fertig.

»Er hat gesagt, du wärst ein schlimmeres Flittchen als Nahui Olín, dass du es mit Lira und wer weiß wie vielen genauso getrieben hättest wie mit ihm, Lira ... Fernández ...«

Frida sah gedemütigt aus. Vielleicht war sie überrascht, dass Alex von Fernández wusste. Aber was Lira betraf, so hörte sie das zum ersten Mal.

»Er hat sogar gesagt, du wärst der größte Unfall seines Lebens. Aber dass er sich endlich davon erholt hat. Also, wie du siehst«, sagte La Reina und weidete sich an der Wirkung ihrer Worte, »hat

Alex unser beider Ruf zerstört, sodass es das Beste ist, ihn zu vergessen.«

An jenem Nachmittag ging ich noch einmal mit Frida zu Alex' Haus, aber natürlich schickte uns das Mädchen wieder fort.

Ich konnte es nicht ertragen, sie so gebrochen zu sehen. Als wir aus der Stadt zurück waren, wurde Frida ... ich weiß nicht, welches Wort da passt ... melancholisch vielleicht. Heutzutage sagt man »depressiv«. Sie kennen sich doch damit aus. Ist »depressiv« das passende Wort? Ich weiß nicht, ob der Grund war, dass sie Alex liebte und ihn nicht verlieren wollte, oder dass sie es nicht ertragen konnte, abgewiesen zu werden, jedenfalls versank sie in eine trostlose Düsterkeit, die schlimmer war als das Fegefeuer. Es war fürchterlich. Ich konnte nicht mehr an meinen Verlobten denken, an meine Hochzeit oder an irgendetwas anderes als an Frida. Ich vergaß das Hochzeitskleid, die Rüschen, die Musik, die Einladungen, die Blumen, alles, wovon ich seit Monaten geträumt hatte. Es war sowieso kein Geld dafür da.

Ich habe Ihnen ja erzählt, dass Frida sich ziemlich rasch von ihrem Unfall erholt hatte und schon nach einem Monat aus dem Krankenhaus entlassen wurde. Aber nach diesem Besuch in der Stadt bekam sie einen Rückfall. Man sagt, der Gemütszustand eines Menschen ist ausschlaggebend für seine Genesung. Glauben Sie das? Ich schon, denn Fridas armer kleiner Körper schien plötzlich zusammenzusacken wie eine Sandburg, die von einer Welle überspült wird. Die Ärzte hatten bis dahin auf Röntgenaufnahmen verzichtet. Sie sahen keine Notwendigkeit, da Fridas Wirbelsäule richtig zusammenzuwachsen schien. Aber jetzt stellten sie fest, dass sie ein Wrack war. Frida hatte unablässig Schmerzen und musste sich einer Operation nach der anderen unterziehen. Das Geld war aufgebraucht, und mein Vater konnte die Behandlungen, die die Ärzte Frida verordneten, nicht mehr bezahlen. Statt einer richtigen Therapie verabreichten sie ihr daher Gipskorsetts, die eine Zeit lang den Schmerz linderten, bis er von neuem anfing.

»Cristi, erinnerst du dich an diese schimärischen Morgen, als wir noch klein waren und Papa uns zu seinen Malausflügen mitnahm?«, fragte sie mich eines Tages. Es war mir peinlich zuzugeben, dass ich nicht wusste, was »schimärisch« bedeutete, also hielt ich den Mund. Und das machte nichts, denn Frida wartete ohnehin nicht auf eine Antwort, sondern redete einfach weiter. »Ich habe Papa manchmal geholfen, die Staffelei aufzubauen und die Farbtuben zurechtzulegen, aber seine Bilder habe ich ehrlich gesagt nie richtig angeschaut. Und du, Cristi?«

»Ich auch nicht«, murmelte ich. Ich war ja nur sehr selten dabei gewesen. Meistens waren sie und mein Vater nämlich alleine losgezogen.

»Hätte ich es doch bloß getan, denn jetzt würde ich es gerne selbst einmal versuchen. Glaubst du, dass ich malen kann, Cristi?«

Alles, was ich wusste, war, dass Fridas einzige künstlerische Unterweisung im Atelier von Fernández stattgefunden hatte.

»Kann ich die haben?«, fragte sie meinen Vater und hielt ein paar Malkästen in die Höhe. »Sie sehen aus, als hättest du sie seit Jahren nicht mehr angerührt.«

Die Antwort meines Vaters überraschte mich: »Nein, Frida«, sagte er. »Das sind meine.«

»Das ist das typisch Deutsche an ihm«, sagte sie hinter vorgehaltener Hand zu mir. »Immer schaltet er erst auf stur, und dann gibt er irgendwann nach.«

Und so war es auch. Nach ein paar Tagen willigte er ein, ihr die Malkästen zu überlassen, aber nur leihweise und für eine bestimmte Zeit. »In Ordnung«, sagte er, »für eine Weile«, aber beide wussten, dass sie sie nie zurückgeben würde.

Durch ihre Schmerzen im Rücken und in den Beinen hatte Frida beträchtliche Schwierigkeiten beim Sitzen, deshalb beauftragte meine Mutter den Schreiner, ihr eine spezielle Staffelei fürs Bett anzufertigen. Damit konnte sie auch im Liegen malen. Meine Mutter hängte ihr einen Spiegel auf, sodass Frida sich selbst als Modell nehmen konnte. Offen gestanden waren wir alle ganz froh, dass sie eine Beschäftigung hatte und Ruhe gab.

Es war schon komisch: Nach der Affäre mit Leticia Santiago hatte meine Mutter wie eine Hyäne mit Frida gekämpft, aber jetzt machte sie sich unentwegt in ihrem Zimmer zu schaffen, räumte auf, wechselte die Blumen, sammelte die schmutzige Wäsche ein und brachte sie dem Dienstmädchen zum Waschen. Sie ließ es sich nicht nehmen, Frida selbst zu baden und zu frisieren, ihr das Bett zu richten. Und jetzt hatte sie ihr auch noch diese herrliche Staffelei geschenkt. Frida fragte mich: »Glaubst du, dass eine Tochter ihre Mutter gleichzeitig lieben und hassen kann?«

Wieso war meine Mutter plötzlich so fürsorglich? Hatte sie Schuldgefühle? Quälte sie die Vorstellung, dass Frida sterben könnte? Oder betrachtete sie das alles nur als ihre Mutterpflicht? Ich kann es Ihnen nicht sagen. Aber es ist ohnehin Ihre Aufgabe, das alles herauszufinden, nicht wahr?

Anfangs malte Frida nur ein paar Stunden am Tag, dann malte sie eine Zeit lang morgens und nachmittags. Es muss im Spätsommer 1926 gewesen sein, als sie ihr erstes Selbstporträt vollendete. Sie schickte es als Geschenk an Alex. Mir gefällt es nicht so gut. Ich finde es etwas steif und so ganz anders als alles, was sie später machte, als sie mehr Übung hatte. Sie hatte sich als Renaissance-Dame gemalt – wie wir sie von Abbildungen in Büchern kannten mit Samtkleid und distanziertem Blick. Aber es klappte: Alex nahm das Bild nicht nur an, sondern wurde sogar wieder ihr Freund.

Wissen Sie, Frida konnte ziemlich arrogant sein, aber sie war auch sehr verletzbar. Ich will damit sagen, sie war sich ihrer selbst überhaupt nicht so sicher, wie sie immer tat. Manchmal brach sie mitten beim Malen in Tränen aus. »Das ist nicht gut! Ich weiß überhaupt nicht, was ich hier mache! Wenn Papa es mir doch bloß beibringen würde!« Aber unser Vater war zu sehr mit seinen eigenen Problemen beschäftigt, als dass er sich um Fridas neues Hobby kümmern konnte.

Einmal missglückte ihr bei einem Selbstporträt die Farbgebung. »Dieses blöde Bild«, schimpfte sie. »Ich hasse dieses blöde Bild!« Ich stand dabei und sagte kein Wort. Ich wusste, dass in solchen Fällen jedes Eingreifen zwecklos war. Ich hatte mich soeben mit Antonio über unser Hochzeitsdatum gestritten – er hatte den ständigen Aufschub satt –, und eine Auseinandersetzung mit Frida war das Letzte, was mir fehlte. »Verdammt nochmal!«, brüllte sie. »Verdammt! Verdammt! Verdammt! Ich kann überhaupt nichts!« Dann nahm sie den Pinsel und malte lauter schwarze Ixe auf das Bild.

Da musste ich doch etwas sagen. »Was tust du da?«, fragte ich sie. Schließlich kosteten Leinwand und Farben Geld. Sie hatte Papas alte Tuben schon vor Wochen aufgebraucht, und er war losgezogen und hatte ihr neues Material besorgt, das sie jetzt sinnlos verschwendete. Und zwar zu einem Zeitpunkt, an dem mein Vater mir erzählte, dass kein Geld für eine Hochzeit da wäre!

Frida malte weiter ihre Ixe. Dann nahm sie den Pinsel und fing an, das Bild zu verkritzeln. Dabei mischte sie die Farben zu einem kackbraunen Brei. Verstehen Sie, was sie damals tat? Sie beschmierte sich selbst mit Scheiße! Scheiße in die Augen, Scheiße in die Haare, Scheiße in den Mund, Scheiße auf die Stirn.

»Hör auf, Frida!« Jetzt war ich mit Brüllen an der Reihe.

Aber sie war noch nicht fertig, denn sie tat etwas, was mich zutiefst erschütterte. Sie drückte die Handflächen auf die feuchte Leinwand und schmierte sich die widerliche Pampe in die Augen, in die Haare, über den Mund und auf die Stirn.

Sie weinte, schluchzte bitterlich, und die Tränen rannen ihr über das Gesicht und gruben Furchen in die Farbe.

»Bitte hör auf, Frida«, flehte ich. Ich war entsetzt. »Hör auf. Hör auf, bitte.« Ich schrie nicht mehr, sondern versuchte, ihr gut zuzureden. Aber sie nahm von meiner Anwesenheit überhaupt keine Notiz.

»Oh Gott«, stöhnte sie. »Oh Gott. Nichts kann ich richtig. Kein Wunder, dass mich niemand liebt!« Jetzt griff sie mit der ganzen Hand in die rote Farbe auf der Palette, schmierte sie sich auf die Wangen, verteilte sie aufs Korsett, aufs Laken, aufs Kissen, überall. Ihr ganzes Gesicht war rot und braun und schwarz, jedes Fleckchen Haut war bedeckt, nur die Zähne waren weiß geblieben, allerdings mit roten Farbflecken. Und wenn sie den Mund verzog, sah es aus, als würde Blut heraustropfen, als hätte sie in Blut gebadet. Sie hatte sich in einen Dämon verwandelt! Plötzlich blitzte ein Bild in meinem Gedächtnis auf. Die Klasse von Señora Caballero. Der Tag, an dem die Lehrerin versucht hatte, Frida vor den anderen Kindern zu demütigen, und Frida sich losgerissen und mit Farbe bekleckert hatte. Hier geschah es zum zweiten Mal! Ich schrie, und meine Mutter kam herbeigelaufen, aber bevor sie sich um Frida kümmern konnte, musste sie sich um mich kümmern, denn ich war völlig hysterisch. Sie rief Inocencia, die mir eine *hierba luisa*, einen Kräutertee mit Schuss, zubereitete und mich zu Bett brachte. Ich glaube, ich schlief durch bis zum Abendessen.

Aber Frida malte trotzdem weiter. Meistens ihr Lieblingsmotiv: sich selbst. Nein, das ist ungerecht. Frida war die ganze Zeit ans Bett gefesselt, deshalb hatte sie eigentlich gar keine andere Wahl, als sich selbst zu malen. Als sie wieder länger sitzen konnte, kam nämlich Maty und stand ihr Modell und auch Adri. Sie malte auch ein Porträt von mir und eins von meiner Mutter. Ihre Werke weckten allseits Bewunderung, und jeder bestätigte ihr ihre Begabung. Deshalb kam ihr sogar die Idee, eines Tages mit der Kunst Geld zu verdienen. Aber sie traute unserem Urteil nicht, und damit hatte sie Recht. Schließlich waren wir ihre Familie, ihre Freunde. Was verstanden wir schon von der Malerei? »Wen könnte ich mal fragen?«, überlegte sie eine Weile. »Wer könnte mir mal eine ehrliche Meinung sagen?« Ich glaube schon, dass sie wissen wollte, ob ihre Arbeit etwas taugte. Aber sie hatte auch Angst, ihre Bilder einem Fachmann vorzulegen. Wer hätte da keine Angst?

»Sieh mal«, sagte ich zu ihr. »Du kanntest doch mal einen berühmten Maler.«

Frida biss sich auf den Finger und dachte darüber nach. »Nein«, sagte sie schließlich, »Diego Rivera könnte ich niemals fragen.«

»Warum denn nicht?«, beharrte ich. »Du hast doch gesagt, er wäre nett und kein Snob …«

Sie stand einen Moment lang unschlüssig da. »Er ist der einzige Mensch, auf dessen Meinung ich mich voll und ganz verlassen könnte«, sagte sie dann.

Aber sie ging nicht zu ihm, und das Thema war vorerst erledigt. Jedenfalls für den Tag und auch für den nächsten, soweit ich mich entsinnen kann. Erst ein oder zwei Wochen später brachte sie das Thema wieder zur Sprache.

»Ich brauche wirklich eine neutrale Stellungnahme«, sagte sie. »Ich weiß ja, dass du und Mama es gut meint, aber auf euer Urteil kann ich mich nicht verlassen. Ihr habt nicht die leiseste Ahnung vom Malen. Ich übrigens auch nicht.«

Ich fand es geradezu phänomenal, dass Frida mal zugab, etwas nicht zu wissen. Vor allem in Bezug auf Kunst. Sie hatte eine Menge von Vaters Büchern gelesen und viel Zeit in der Bibliothek verbracht und spielte sich gewöhnlich als Autorität auf.

»Ja«, sagte ich, »dann geh zu einem Fachmann. Geh zu Rivera.«

»Ich weiß nicht, ob er sich überhaupt noch an mich erinnert. Seit er das Wandbild in der Aula fertig hatte, habe ich ihn nur ein paar Mal gesehen. Einmal auf einer Party bei Tina ... Er trug eine Pistole und fing plötzlich an, wie ein Verrückter aus dem offenen Fenster auf die Straßenlaternen zu schießen. Er schoss sogar auf Tinas Grammophon ... Es war beängstigend ... und witzig! Aber er war mit einem anderen Mädchen da. Vielleicht hat er mich gar nicht wahrgenommen, obwohl er mir den Arm um die Taille gelegt und den Po getätschelt hat!«

Frida redete von Tina Modotti, der aufgeputzten Geliebten von Edward Weston. Den kennen Sie doch, nicht wahr? Den amerikanischen Fotografen. Also Tina war mit sämtlichen Künstlern befreundet und schlief mit fast jedem, auch mit Diego. Sie veranstaltete ausschweifende Feste, zu denen alle berühmten Leute gingen, einschließlich Frida, weil sie einige von ihnen kannte. Frida fühlte sich von der Künstlerszene angezogen und wollte dazugehören.

»Es ist doch egal, ob er sich an dich erinnert! Wahrscheinlich tut er es nicht, weil er entweder zu betrunken oder zu ausgeflippt war, um zu merken, wessen Arsch er in den Fingern hatte, aber das macht doch nichts. Geh einfach hin, Frida. Frag ihn! Was hast du denn zu verlieren?«

Frida antwortete nicht. Sie stand nur da, aber irgendwann zeichnete sich auf ihren Lippen ein zufriedenes Lächeln ab. Da wusste ich, dass sie beschlossen hatte, es zu tun.

13

Es gibt massenhaft Geschichten über Frida und Diego. Die Reporter schrieben unentwegt über sie, und was sie nicht wussten, dachten sie sich einfach aus. Sie kamen hierher, um uns zu interviewen, uns alle, auch mich. Sie interessierten sich für alles, was Frida betraf, ihre alten Briefe, ihre kleinen Hunde, ihre Puppensammlung, ihre verrotzten Taschentücher, sogar ihre Schwestern ... Und dann hat Diego vor ein paar Jahren dieses Buch geschrieben. Also, jetzt haben wir 1963, Diego ist 1957 gestorben ... es muss 58 erschienen sein. Darin beschreibt er jedenfalls, wie Frida damals zu ihm kam. Aber er hat eins dabei vergessen, wie all die anderen übrigens auch, ein ganz wichtiges Detail, nämlich, dass ich dabei war.

Allerdings ohne in Erscheinung zu treten. Es war nämlich so: Diego malte damals die Fresken im Erziehungsministerium, wunderbare Fresken, wie Frida fand, zum Ruhme des mexikanischen Volkes, mit Darstellungen von Indios, die das Land bestellten, das die Revolution ihnen zurückgegeben hatte, mit Bildern von *campesinos*, die Versammlungen abhielten, um ihr Schicksal selbst in die Hand zu nehmen, die in Schulen saßen und lernten, und so weiter. In jenen Tagen sang Frida ununterbrochen ihr Loblied auf den Kommunismus, stand sozusagen immer auf der Seifenkiste und schwang kommunistische Reden. Dabei, was lernten sie eigentlich, die Indios? Sie lernten Spanisch, die Sprache der Eroberer. Sie lernten den Ackerbau nach europäischem Vorbild. Inzwischen fragt man sich ja, ob dieses ganze Lernprogramm für die Indios überhaupt eine so gute Idee war oder ob wir nichts anderes damit erreicht haben, als ihnen die eigene Kultur kaputtzumachen. Aber damals fragte sich das niemand. Schon gar nicht Frida. Sie war zu sehr von den Parteiparolen eingenommen. Sie war gerade in die Kommunistische Partei eingetreten. Wo war ich stehen geblieben?

Frida hatte drei oder vier Bilder, die sie Diego gerne zeigen wollte. Es waren schwere Leinwände, und da sie immer noch Probleme mit dem Rücken hatte, erbot ich mich, sie zu begleiten und ihr beim Tragen zu helfen. Ganz gleich, was die Leute sagen, ich habe immer versucht, Frida zu helfen.

Wir hatten eine heitere Busfahrt. Obwohl Frida die Nervosität anzumerken war, hatte sie gute Laune und war zum Reden aufgelegt. Sie machte Witze über Diegos Aussehen, aber je weiter wir uns dem Erziehungsministerium näherten, desto schweigsamer wurde sie. Sie wurde angespannt, und dann sagte sie mit einem Mal zu mir: »Hör mal, Cristi, ich glaube, du solltest das letzte Stück nicht mehr mitgehen. Gib mir die Bilder, ich gehe alleine zu Rivera rein.« Ich war wie vor den Kopf gestoßen. Schließlich hatte ich mir den ganzen Vormittag freigenommen, und jetzt wurde ich auf diese Weise abserviert! Ich fand das ziemlich grob.

»Und was soll ich machen, während du mit Diego Rivera redest?«
»Du kannst ja spazieren gehen …«
»Ich will aber nicht spazieren gehen«, widersprach ich.

Wir bewegten uns weiter auf das Erziehungsministerium zu. Als wir nur noch wenige Meter davon entfernt waren, drehte sie sich zu mir um.

»Gib mir die Bilder«, befahl sie. »Und geh da drüben in die Konditorei. Bestell dir ein Stück Kuchen und etwas zu trinken. Ich komme nach, sobald ich mit ihm gesprochen habe.« Dabei deutete sie auf die *Pastelería Agua Mansa* auf der anderen Straßenseite. »Du futterst doch gerne«, fügte sie sarkastisch hinzu.

Ich übergab ihr die Gemälde, und sie strebte, so schnell sie konnte, zum Eingang des Gebäudes, was allerdings nicht sehr schnell ging, weil sie durch ihre kaputte Wirbelsäule und das wehe Bein noch ziemlich beeinträchtigt war und die sperrigen Bilder sie behinderten. Ich ließ sie ein gutes Stück vorausgehen, dann folgte ich ihr mit einigem Abstand ins Ministerium.

Was glauben Sie, weshalb sie nicht wollte, dass ich mitkam? Weil ich hübscher war als sie und sie nicht wollte, dass Diego mich sah? Weil sie nicht wollte, dass er merkte, dass sie gehbehindert war und sich fürs Tragen jemanden mitgebracht hatte? Vielleicht fürchtete sie auch, abgewiesen zu werden, und wollte dabei keinen Zeugen, oder dachte, er würde sie für ein Baby halten, wenn sie mit ihrer Schwester käme? Wie auch immer, ich schlich ihr jedenfalls nach, bis ich sie fast eingeholt hatte. Wahrscheinlich war sie zu sehr mit sich beschäftigt, um sich nach mir umzudrehen. Allerdings war ich auch sehr, sehr leise. Als ich fast auf ihrer Höhe war, verschwand ich in einem Türrahmen.

Diego saß auf dem Gerüst. Von meinem Blickwinkel sah er aus wie ein riesiger Arsch mit einem haselnussgroßen Kopf obendrauf. Frida ging schnurstracks auf ihn zu. »Diego!«, rief sie. »Komm doch bitte mal runter, ich habe was mit dir zu besprechen.«

Ein bösartiger Gedanke schoss mir durch den Sinn: ›Er soll ihr einen Pinsel auf den Kopf werfen und ihr sagen, sie soll sich zum Teufel scheren!‹ Es war ein hässlicher, gemeiner Gedanke, aber ich war verärgert, weil Frida mich nicht zu Diego Rivera mitnehmen wollte. Wütend stand ich da und wartete ab, was passieren würde. Es passierte gar nichts. Diego sah zu ihr herunter und lächelte, ohne indes seine Arbeit zu unterbrechen. Es kamen oft junge Mädchen, um ihm beim Malen zuzusehen. Er war das gewohnt und schwelgte in der Bewunderung. Trotzdem konnte er nicht alles stehen und liegen lassen, sobald ein hübsches Gesicht vor ihm auftauchte. Prima, dachte ich. Er ignoriert sie.

Aber Frida gab nie auf.

»Ich will dir was zeigen!«, rief sie.

Diego fuhr mit dem Malen fort und unterzog meine Schwester bloß einer knappen Musterung, falls Sie wissen, was ich meine. Er sah einmal an ihr herauf und herunter. Ein knackiges junges Mädchen war ihm stets willkommen, obwohl Frida, sagen wir mal im herkömmlichen Sinne, nicht als hübsch zu bezeichnen war, weil sie hinkte und einen Damenbart hatte. Aber sie besaß eine gewisse Unverfrorenheit, die bei den Männern gut ankam.

»Also«, sagte sie, »ich bin nicht zum Flirten hergekommen. Ich will etwas Wichtiges mit dir besprechen. Ich habe ein paar Bilder mitgebracht und wollte dich fragen, was du davon hältst.«

Nach einer längeren Pause fügte sie hinzu: »Ich bin Frida Kahlo. Wir haben uns vor langer Zeit in der Preparatoria kennen gelernt.«

Kann es sein, dass er in ihr das Schulmädchen wiedererkannte, das vor Jahren Lupe Marín in der Aula herausgefordert hatte? Vielleicht. Der Direktor hatte sich unaufhörlich über sie beschwert, sodass der Name Frida Kahlo möglicherweise in irgendeinem Winkel seines Gedächtnisses hängen geblieben war. Oder sie war ihm noch von Tina Modottis Party her bekannt. Sie setzte ihm jedenfalls noch ein Weilchen zu, bis er schließlich, überraschend behände übrigens – wie ein Nilpferd beim Seiltanz –, von seinem Gerüst herunterkletterte.

»Ich bin nicht gekommen, um dir Streiche zu spielen«, sagte sie. »Ich bin gekommen, weil ich wissen will, was du von meinen Bildern hältst. Ich muss Geld verdienen und möchte von dir wissen, ob du mir zutraust, Malerin zu werden. Wenn ich kein Talent habe, dann will ich es lieber sofort wissen, dann brauche ich meine Zeit nicht mit Malen vertun und kann etwas anderes anfangen.«

Diego sah sich ihre Bilder an, obwohl ich vermute, dass er aus dem Augenwinkel eher Frida ansah. Er hatte sich gerade von Lupe Marín getrennt. Sie hatten nie standesamtlich geheiratet, und kirchliche Trauungen wurden im postrevolutionären Mexiko nicht anerkannt, sodass ihnen eine offizielle Scheidung erspart geblieben war. Diego war in Russland gewesen, wo er ein Wandbild zum Ruhme der Roten Armee angefertigt hatte. Als er zurückkam, hatte Lupe beschlossen, dass sie von seinen ewigen Affären die Nase voll hatte. Vor seiner Abreise hatte er nämlich eine Liebelei mit Tina angefangen, und Lupe fand, dass er sie vor der ganzen Stadt lächerlich machte. Sobald er ihre Wohnung betrat, hatte sie ihm deshalb mitgeteilt, dass er sich zum Teufel scheren sollte. Das war das Ende ihrer Beziehung. Lupe war eine wahre Tigerin. Diego leckte sich die Wunden und sprang mit Ana, mit María, mit Neli, mit Marta, mit Rosalia und wie sie alle hießen ins Bett. Natürlich erfuhr ich das alles erst viel später, als ich mit Lupe befreundet war. Kurz und gut, ein Blick auf Fridas heroischen Busen dürfte damals genügt haben, um ihn davon zu überzeugen, dass sich ein Gespräch lohnte.

Eingehend betrachtete er Fridas Gemälde – oder tat zumindest so.

»Ich habe noch viel mehr gemalt«, sagte sie. »Wenn du willst, kannst du am Sonntag zu mir kommen und sie dir ansehen. Ich wohne in Coyoacán, Avenida Londres Nummer 126.«

»Du hast Talent«, sagte er. »Dieses Selbstporträt gefällt mir besonders gut.« Ich wusste nicht, ob das seine ehrliche Meinung war oder ob er es bloß aus Höflichkeit sagte, weil Frida eine fremde junge Dame war. Dann sagte er noch etwas, aber weil er mir dabei den Rücken zuwandte, konnte ich es nicht verstehen. Ich nahm an, dass er etwas sagte wie: »Ich würde mir deine anderen Bilder auch gerne ansehen, meine Kleine, aber an den Wochenenden habe ich leider zu tun.« Schließlich war er ein berühmter Maler und hatte hunderte von Freunden. Außerdem war er ein wichtiges Mitglied der Kommunistischen Partei, das an Versammlungen teilnehmen musste und unterschiedliche Aufgaben hatte.

Frida bedankte sich und trat über den Korridor den Rückweg an, wobei sie geradewegs auf mein Versteck zusteuerte. Diego bot sich an, ihr beim Tragen zu helfen, aber sie lehnte es mit der Erklärung ab, sie käme schon zurecht. Sie wollte natürlich nicht, dass er sie bis nach draußen begleitete. Sie wollte nicht, dass er sah, wie ich in der Konditorei auf sie wartete.

Ich holte Frida im Korridor auf halbem Weg ein. »Was tust du hier?«, schimpfte sie. »Ich hatte dir doch gesagt, du sollst dir ein Törtchen kaufen und da drüben auf mich warten.« Sie wies mit dem Kopf zum Café.

»Na und? Ich habe es nicht gemacht, und?«

»Hier, nimm die Bilder«, befahl sie und lud mir die beiden schwersten auf.

»Und? Was hat er gesagt?«

»Das weißt du doch selber. Du hast doch gelauscht.«

»Ich hab euch kaum verstanden«, log ich. Tatsächlich hatte ich jedes Wort verstanden, bis auf den einen Satz.

»Er hat gesagt, dass er meine Bilder wundervoll findet und das Porträt hervorragend, dass ich eine der talentiertesten jungen Malerinnen sei, die er kennt, und er sich freuen würde, mich am Sonntag zu besuchen, um sich meine anderen Arbeiten anzusehen.«

»Wirklich?« Da sie beim ersten Teil so übertrieben hatte, nahm ich an, dass der zweite Teil gelogen war. Ich sagte mir, dass er sicher nur eine höfliche Entschuldigung vorgebracht oder irgendwas Unverfängliches gesagt hätte, um ihre Gefühle zu schonen. Nein, ich hätte niemals in meinen kühnsten Phantasien damit gerechnet, dass der große Künstler Diego Rivera bereit war, tatsächlich zu uns nach Coyoacán herauszufahren, um die Malereien einer Einundzwanzigjährigen zu begutachten.

Nein, Frida war damals nicht achtzehn, sie war einundzwanzig. Vergessen Sie nicht, dass sie nach dem Unfall nochmal ein Jahr verlor. Das zog sie sich vom Alter ab und gab sich jetzt drei Jahre jünger aus, als sie tatsächlich war. Wenn Sie irgendwo gelesen haben, dass sie damals achtzehn war, dann liegt das daran, dass sie die Reporter immer an der Nase herumführte.

Sie können sich also vorstellen, wie überrascht ich war, als an jenem Sonntag kein Geringerer bei uns auftauchte als Diego Rivera persönlich. Frida trug einen Overall und war gerade auf einen Baum geklettert, während ich im Schatten meinen Tagträumen nachhing, als dieses Ungetüm von Mann in unseren Hof gestapft kam, stapf, stapf, stapf. Er hatte ausnahmsweise mal ein sauberes Hemd an und eine Hose, die nicht von oben bis unten mit Farbe bekleckst war, darüber trug er ein Jackett und auf dem Kopf seinen unvermeidlichen Stetson. Er hatte eine Zigarre in der Hand und verbreitete einen unerträglichen Gestank, aber Frida sagte, sie fände den Geruch angenehm.

»Wohnt hier Señorita Kahlo?«, fragte er mich.

»Ich bin Señorita Kahlo«, antwortete ich ihm keck und wusste, dass das gemein war.

Frida warf einen Zweig vom Baum, der unmittelbar vor den großen Dampfschiffen, seinen Füßen nämlich, liegen blieb.

»Ich bin die Señorita Kahlo, die Sie suchen«, sagte sie. »Sie ist nur die andere Señorita Kahlo.«

»Komm«, sagte sie zu Diego, als sie herabgestiegen war, »lass uns reingehen, ich zeige dir meine Bilder.« Sie machte sich noch nicht einmal die Mühe, mich vorzustellen.

An diesem Tag blieb Diego nicht lange. Er sah sich die Bilder an, die Frida für ihn ausgewählt hatte, aber seine Kommentare entgingen mir leider, weil ich schlecht in Fridas Zimmer mitgehen konnte. Meine Schwester hatte mir unmissverständlich zu verstehen gegeben, dass sie ihn für sich alleine haben wollte und keinen Wert darauf legte, mich dabeizuhaben. Ich dachte bei mir: Selbst wenn ihm die Bilder nicht gefallen, wird er Frida natürlich sagen, er fände sie glänzend, weil er ein echter Charmeur ist. Er würde jeder jungen Frau erzählen, dass er ihre Arbeiten toll findet, nur um mit ihr ins Bett zu steigen. Dasselbe muss Frida gedacht haben, denn als sie aus dem Zimmer kamen, hörte ich sie sagen: »Sag mir bitte ganz ehrlich, was du von meiner Arbeit hältst, und versuche nicht, mir zu schmeicheln. Ich kann es mir nicht leisten, meine Zeit mit etwas zu vergeuden, was ich im Grunde nicht kann.«

Frida bat ihn, zum Abendessen dazubleiben. Er lehnte ab, ging aber ins Wohnzimmer, um ein Weilchen mit meinen Eltern zu plaudern. Währenddessen war ich in der Küche und half Inocencia, das Abendessen zuzubereiten. Dann stand er auf und verabschiedete sich, versprach aber, in der folgenden Woche wiederzukommen.

Meine Mutter war alles andere als erfreut. Als hätte es nicht schon gereicht, dass Frida Kommunistin geworden war und mit Leuten verkehrte wie dieser verrückten Tina Modotti, die sich als Fotografin ausgab. Jetzt ließ sie sich auch noch mit diesem fetten, alten Maler ein, der sich damit brüstete, zum Schatz der Nation zu gehören. Im kleinbürgerlichen Denken meiner katholischen Mutter war Diego nämlich nichts anderes als ein aus der Form geratener Atheist.

Er hielt Wort und kam am nächsten Sonntagnachmittag wieder,

aber diesmal waren wir beide, Frida und ich, auf seinen Besuch vorbereitet. Ich trug eine schlichte Kombination aus Rock und Bluse, und sie einen maßgeschneiderten Herrenanzug, den ihr Alberto Lira vererbt hatte. In ihrem Knopfloch leuchtete eine Nelke in derselben Farbe wie ihr schimmernder Lippenstift und der Lack auf ihren Fingernägeln, die so lang waren wie die eines Vampirs. Sie trug eine zweite Nelke im Haar, das glatt und glänzend herabfiel wie bei einem argentinischen Tangotänzer, nur zu lang für einen Mann. Es war merkwürdig, sie verbarg zwar ihr ungestaltes Bein unter der Hose, aber als wollte sie die Aufmerksamkeit trotzdem auf ihre Behinderung lenken, trug sie an den Füßen ein paar lächerlich zierliche Satinslipper. Sie können sich nicht vorstellen, wie weiblich sie wirkte, wie betörend weiblich! Es war verblüffend, wie unglaublich attraktiv meine Schwester im Anzug aussah. Nun, ich war zugegebenermaßen etwas nervös – schließlich war Diego eine Legende, und da saß er nun, in unserem Wohnzimmer, aber Frida ließ das völlig ungerührt, und sie war überhaupt nicht verwirrt.

Als er das Zimmer betrat, war es wie eine Invasion. Voran der Bauch wie ein Trojanisches Pferd, dann der erste Fuß, wie ein Kriegsschiff, zwei Schultern wie die schräg abfallenden Mauern einer Zitadelle, die Lippen rot wie frisches Schlachtblut, zwei Hängebacken, das Doppelkinn, die Nüstern, dann ein zweiter kriegsschiffartiger Fuß, zuletzt der ausgebeulte Hintern (ein verlassener Bunker, ein leeres Lager?) – wie eine Armee unzusammenhängender Einzelteile, die ihr Eigenleben führten und trotzdem einem gemeinsamen inneren Kommando gehorchten. Es war das erste Mal, dass ich ihn aus der Nähe sah – und ich fand ihn abstoßend.

Meine Mutter bat ihn, Platz zu nehmen, und als er sich im Sessel niederließ, ruderte er unbeholfen mit den Armen wie mit zwei riesigen Schlegeln und riss dabei das silberne Teeservice um – eins der wenigen Andenken an unsere besseren Zeiten –, das klirrend wie hundert Schwerter und krachend wie zehntausend Schilde zu Boden ging. Er spreizte die Beine, um seinen gewaltigen Wanst unterzubringen, und lächelte geflissentlich, während Inocencia das Sahnekännchen aufhob und die Zuckerwürfel einsammelte. Wie war es nur möglich, dass diese unkoordinierte Masse Mensch ein großer Maler war? Das fragte ich mich wirklich. Es kam mir vor, als wenn unser Haus gewaltsam eingenommen worden wäre. Doch Frida schien das gar nicht zu bemerken.

Schüchtern schielte ich zu ihm hinüber. Dann schlug ich die Beine übereinander und zog sittsam den geblümten Rock über die Knie. Die reizende Cristina. So anmutig. Frida dagegen lachte frei heraus, erzählte aus ihrer Schulzeit, von den übermütigen Streichen mit den *cachuchas*, die sie in allen Einzelheiten schilderte. Er hatte ihr das Gesicht zugewandt und saß reglos da wie ein Rhinozeros. Dann und wann teilten sich die obszön fleischigen Lippen zu einem Lächeln, während ein leicht süßlicher Terpentingeruch den Raum füllte.

»Der alte Mister Bayer, unser Englischlehrer«, sagte Frida, »wurde so rot wie die Reizwäsche einer Hure, als er seinen Schreibtisch aufmachte und ein zierliches Porzellanschälchen voller Hundescheiße darin vorfand!«

»Frida!«, wies meine Mutter sie zurecht.

Aber Diego war entzückt. Sein Lächeln wurde breiter, und ganz allmählich, als könnten sie sich nur schwer von seiner Haut lösen, fielen die Panzerschuppen von seinem Gesicht ab. Jetzt erinnerte er mich nicht mehr an ein Rhinozeros, denn das Fleisch unter der Hornschicht war glatt und zart wie das einer köstlichen Frucht. Wie er seine Leibesfülle so bequem im weichen Polster ausbreitete, erinnerte er mich vielmehr an eine überreife Riesenpflaume, im Begriff aufzuplatzen und ihren süßen, klebrigen Saft zu vergießen. Später erst – Jahrzehnte später – wurde mir bewusst, dass Fridas Stillleben mit fleischigen Früchten, die dem Betrachter ihr saftiges Inneres darboten, eigentlich Porträts von Diego waren.

»Das ist widerlich, Frida«, sagte ich selbstgerecht. Diegos Augen wandten sich von Frida ab und mir zu. Ja, mir. Ich spürte seine Blicke, die von den Fesseln über die Knie bis zu meinen Oberschenkeln hinaufwanderten, und rutschte nervös auf meinem Platz hin und her.

Dann sah er mir mit seinem wollüstigen Blick direkt in die Augen und grinste.

Ein Schauer überlief mich, und ich hatte plötzlich die Empfindung, vollkommen nackt dazusitzen, vor allen – Diego, Frida, Mutter, Vater, Inocencia … Ich hob instinktiv die Hand zur Brust, als wollte ich mich bedecken, und Diegos Lippen öffneten sich noch einmal zu einem begierigen Lächeln, wie ich fand. Ich wandte den Blick ab. Meine Lider brannten.

Frida plapperte über ihre kommunistische Jugendgruppe. Sie sprach von Gleichheit, vom neuen Mexiko, in dem Arbeiter und Bauern die Macht hätten, von den ausländischen Investitionen, die wegmüssten, und dass endlich Schluss sein sollte mit dem US-Imperialismus. Diego hatte sich wieder zu ihr umgedreht und saugte ihre Worte gierig auf. Sie dürfen nicht vergessen, dass er ein Held der Revolution war, ein Instrument des Volkes. Aber wenn es nicht ums Malen ging, war seine Konzentration ziemlich gering, und ich glaube, er verlor schon bald das Interesse an Fridas politischen Reden. Ja, er verlor es definitiv, denn statt sich für die Massen ins Zeug zu legen, erforschte er mich von Kopf bis Fuß. Mich, die Schwester. Nicht Frida, sondern mich. Er tat es nicht einmal diskret, vielmehr begutachtete er mich mit unverhohlener Gier. Haben meine Eltern das eigentlich gar nicht bemerkt? Obwohl sie nur ein paar Meter von uns entfernt saßen? Und Frida? War sie so in ihren Monolog vertieft, dass sie es nicht bemerkt hat? Ich weiß es nicht. Es ist mir schleierhaft, wie das damals vonstatten ging, aber vermutlich war es für Diego so normal, eine hübsche junge Frau zu bewundern, so vollkommen selbstverständlich, dass er in aller Öffentlichkeit mit mir liebäugeln konnte, ohne Aufmerksamkeit zu erregen. Oder die anderen wollten es einfach nicht sehen. Oder vielleicht habe ich mir das Ganze ja auch nur eingebildet.

So hat es jedenfalls angefangen. Danach kam Diego jeden Sonntag zu uns zu Besuch. Eine ziemlich bürgerliche Form der Werbung für zwei eingeschworene Kommunisten, finden Sie nicht? Er brachte Frida Blumen mit oder eine Schachtel Konfekt und setzte sich mit meinem Vater ins Wohnzimmer, um über Politik zu reden. Dann gingen er und Frida wie ein altmodisches Liebespaar auf der Plaza spazieren, mit dem einzigen Unterschied, dass er Arbeiterkleidung trug und sie Jeans, ein schwarzes Hemd und eine rote Anstecknadel in Form von Hammer und Sichel. Die Leidenschaft für die Politik teilten sie. Auf einem Wandbild im Erziehungsministerium hat Diego Frida als Aktivistin der Kommunistischen Jugend dargestellt, im Arbeiterhemd mit einem roten Stern auf der Brust und von Parteigrößen umgeben.

Frida erzählte immer, dass es zwischen ihnen gefunkt hatte, wie elektrischer Strom. Dazu schilderte sie folgende Begebenheit: Einmal waren sie in der Dämmerstunde, wenn die Straßenbeleuchtung angeht, draußen spazieren gegangen. Diego hatte ihr den Arm um die Hüften gelegt, um sie zu küssen, und genau in dem Augenblick, als sich ihre Lippen berührten, waren die Straßenlaternen aufgeleuchtet. Ist das möglich? Oder ist das wieder eine von Fridas Geschichten? Frida sagte, die elektrische Spannung zwischen ihnen sei so groß gewesen, dass sie die ganze Stadt damit hätten beleuchten können. Wie dem auch sei, jedenfalls gingen sie bestimmt weiter, als keusche Küsschen unter Straßenlaternen auszutauschen. Ich bin sicher, dass sie sich zu Diegos Wohnung geschlichen haben und sich dumm und dämlich bumsten, und das auf Tinas Orgien fortsetzten. Aber in Coyoacán gaben sie sich wie zwei keusche Engel mit zarten Flügelchen, obwohl sie äußerlich eher mit einem Orang-Utan und einem Spatz vergleichbar waren. Kurz und gut, es gab keinen Zweifel daran, dass Diego bis über beide Ohren in meine Schwester verliebt war, obwohl ich Ihnen mal was sagen will: Wenn ich dabei war, konnte er nicht die Augen von mir lassen.

Ob mir das schmeichelte? Natürlich. Es handelte sich schließlich um den großen Diego Rivera, den berühmten Maler der Mexikanischen Revolution. Aber abgesehen davon, hatte Diego an sich auch etwas Unwiderstehliches, trotz seiner Unförmigkeit. Oder gerade wegen seiner Unförmigkeit. Er war so sinnlich, so fleischlich und so sinnlich. Man hatte sofort den Drang, ihn anzufassen und die Zähne in diese Fleischmassen zu graben. Außerdem hatte er einen Ruf! Nein, ich meine nicht seinen Ruf als Künstler, sondern seinen Ruf als Liebhaber! Er hatte so viele Frauen gehabt ... jedenfalls wurde ihm das nachgesagt ... dass eine junge Frau gar nicht umhinkonnte, sich für ihn zu begeistern. Die Frauen fragten sich, was er hatte, was er den anderen Frauen gab und sie nie bekommen hatten? Was er tat, und andere Männer nicht? Allein die Art, einen anzusehen, mit einem zu sprechen, gab einem schon das Gefühl, wichtig zu sein, das Gefühl, als Frau bewundert zu werden und mehr zu sein als ein bloßer Gegenstand, ein Objekt, das zufälligerweise die Ausstattung für seine Bedürfnisbefriedigung mitbrachte. Als ich ihn kennen gelernt hatte, habe ich mich nie mehr so gefühlt, als wäre ich bloß die Schwester. Ich war ich, Cristina, nicht so brillant wie Frida vielleicht, aber eine junge Frau mit eigenen Gedanken, eigenen Meinungen und Gefühlen und einem wunderschönen Körper. Er erzählte mir vom Kommunismus, von seinen Jahren in Paris, von Picasso und Juan Gris und dem Dichter André Breton. Er sprach von den italienischen Fresken, von seiner Russlandreise, von seinem Versuch, sich als Freiwilliger im Ersten Weltkrieg zu melden. Mit anderen Worten, er nahm mich ernst, und deshalb verliebte ich mich in ihn. Nein! Nein, das meine ich nicht. Ich habe mich nicht in ihn verliebt, jedenfalls nicht zu dem Zeitpunkt ... nicht als er um Frida warb, weil ... weil ich in einen anderen verliebt war. Ich war nämlich damals über beide Ohren in meinen eigenen Verlobten verliebt. Wir wollten heiraten, bald sogar. Tatsächlich haben wir noch im selben Jahr geheiratet, 1928. Deshalb war das Flirten mit Diego – denn ich glaube schon, dass ich geflirtet habe – ein amüsantes Spiel und nicht mehr, weil ich schon bald Señora Cristina Kahlo de Pinedo sein würde.

Trotz Vaters Klagen, dass er ruiniert sei, wurde uns ein Fest ausgerichtet. Endlich kam auch meine Mutter in die Gänge und fing an, sich wie eine echte mexikanische Brautmutter zu benehmen. Sie hüllte mich in Spitzen und schickte den Lokalzeitungen Fotos für den Gesellschaftsteil. Die Hochzeit war so, wie meine Mutter sie sich erträumt hatte: eine kirchliche Trauung mit ihrer jüngsten Lieblingstochter in Weiß. Obwohl die Feier wegen unserer Geldnot nicht allzu groß ausfiel, kamen alle unsere Freunde, und meine Mutter und Inocencia bereiteten tagelang das Essen vor: *burritos, enchiladas suizas, tamales, chiles rellenos, empanadas, mole, ceviche* ... Dazu gab es fässerweise *pulque* und Sangría sowie alle möglichen Torten und Süßspeisen wie *dulce de coco* oder *arroz con leche*. Frida half auch mit. Sie kochte für ihr Leben gern. Auch Maty und Adri fassten mit an. Obwohl wir knausern, auf viele Zutaten verzichten, die ganze Arbeit ohne fremde Hilfe machen mussten, war am Ende reichlich Essen da. Wir haben natürlich auch standesamtlich geheiratet, weil das mexikanische Gesetz es vorschrieb. Pinedo war sehr attraktiv und machte bei der Messe eine blendende Figur, allerdings wirkte er danach etwas distanziert und hielt sich abseits. Vielleicht war er von Frida und Diego und ihren Künstlerfreunden eingeschüchtert. Er fand sie degeneriert und lächerlich. Besonders Diego, der sich als Arbeiter verkleidete, obwohl er zehnmal mehr Geld verdiente als jeder von uns und in einem großen Haus mit Atelier und eigenem Auto wohnte. »Er ist ein Schwindler«, sagte Pinedo zu mir, und ich nehme an, dass er nicht ganz Unrecht hatte. Nach unserer Heirat bezogen wir ein kleines Haus an der Calle San Cristóbal, unweit von meinem Elternhaus, und ehe ich mich versah, war ich schwanger. 1929 wurde Isolda geboren. Sie hatte leuchtende kleine Äugelchen und war das kostbarste kleine Bündel, das ich je im Arm gehalten hatte. Wenigstens das ist dir gelungen, Cristina, sagte ich zu mir selbst. Sie müssen nämlich wissen, dass ich die Einzige von uns Schwestern bin, die je ein Baby zustande gebracht hat.

Meine Mutter war über Fridas Verhältnis zu Diego keineswegs erfreut. Dass er ein berühmter Maler war, spielte dabei keine Rolle. Meine Mutter machte sich nichts aus Kunst. Sie fand Diego zu fett und zu kommunistisch und vor allem zu alt. Er war schon 41, zwanzig Jahre älter als Frida, und dazu ein Neureicher und Schürzenjäger.

In ihrer Not schrieb meine Mutter sogar an Alejandro und bat ihn, irgendetwas gegen die Verbindung zu unternehmen. Doch Alejandro war zu sehr mit seiner neuen Freundin beschäftigt, um sich da einzuschalten, und offen gestanden nehme ich sogar an, dass er ganz froh war, meine Schwester los zu sein. Die beiden waren wie ein *balero* gewesen, Frida der Becher, er der Ball. Jedes Mal, wenn er versucht hatte, sich von ihr zu lösen, hatte sie so lange gejammert und geheult, bis sie ihn wieder eingefangen hatte. Jetzt hatte er endlich die Schnur zerschnitten und war außer Gefahr, in den Becher zurückzuhüpfen. Allerdings bezweifle ich auch, dass Frida zu ihm zurückgekehrt wäre, wenn er sie darum gebeten hätte. Dafür war sie viel zu stolz und glücklich, den großartigen Rivera für sich gewonnen zu haben. Mit ihm ging sie auf Partys und wurde von berühmten Leuten beachtet, weil sie Diegos Freundin war. Das gab ihr ein Gefühl von Wichtigkeit. Ich bin sicher, dass sie nicht bereit gewesen wäre, das alles wieder aufzugeben.

Während dieser Zeit malte Frida wie eine Besessene. Eins muss man Diego lassen: Er hat sie nie vom Malen abgehalten. Denn es gibt genügend Beispiele von berühmten Männern, die ihre Frauen wie hübsche Vögel in einen goldenen Käfig sperren und ihnen sämtliche eigenen Interessen verbieten. Aber Diego wusste Fridas Talent zu schätzen und förderte ihre Malerei. Er war zwar nicht ihr Lehrer; ich meine damit, dass er sie nicht unterrichtete. Zu meinem Vater sagte er: »Ich will sie nicht erdrücken. Ich will ihr nicht meinen Stil aufzwingen.« Aber er unterstützte sie, und dafür war sie ihm sehr dankbar. Sie lernte von ihm, indem sie stundenlang neben ihm auf dem Gerüst saß und ihm bei der Arbeit zusah.

Sie hat nur ein Porträt von mir gemalt, und ich sehe darauf so ernst und steif aus, als hätte ich einen Besenstiel verschluckt. Von der Seite streckt sich ein belaubter Ast wie ein lebendiger Arm zu mir herüber, als wollte er mich berühren. Und im Hintergrund steht ein einsamer Baum. Es ist ein seltsames Bild. Die Leinwand scheint über den Rahmen hinauszuwachsen, als wollte ich ihn sprengen, um in die reale Welt zu gelangen. Und genauso habe ich mich damals gefühlt, wie in eine Zelle gesperrt, die zu klein war für mich. Gegen die allgemeinen Bemühungen, mich darin festzuhalten, bin ich ausgebrochen.

Frida malte etwa um die gleiche Zeit ein Porträt von unserer Schwester Adri. Das gefällt mir überhaupt nicht. Sie sieht darauf aus wie eine fiese alte Lehrerin. Ja alt, so wie ich jetzt. Wie alt schätzen Sie mich eigentlich? Nein, Sie dürfen nicht in den Aufzeichnungen nachsehen. Raten Sie mal. Ich bin fünfundfünfzig und komme mir vor wie hundert. Adri sieht auf Fridas Bild aus, als wäre sie bissig, und das Lächeln auf ihren Lippen wirkt irgendwie boshaft. Sie trägt ein schulterfreies Kleid, das ihren großen Busen betont und sie sehr dominant erscheinen lässt. Wie jemanden, mit dem man nicht aneinander geraten sollte, und das ist wirklich witzig, denn Adri war das genaue Gegenteil. Frida hat auch eine Menge Kinder porträtiert, Nachbarskinder, Söhne und Töchter von Freunden. Frida liebte Kinder. Meinen ist sie eine gute Tante gewesen ...

Nun, Frida und Diego wurden fast unzertrennlich. Meine Mutter mochte ihn zwar immer noch nicht, sah aber ein, dass die Verbindung Vorteile hatte. Obwohl sie sich keinen Pfifferling um Kunst scherte, erkannte sie, dass Diego genügend Geld hatte, um für Frida aufzukommen, und dass er sehr großzügig war. Mein Vater, müssen Sie wissen, zahlte damals nämlich immer noch Peso für Peso Fridas Arztrechnungen ab, und wir schwebten in der ständigen Angst, unser Haus zu verlieren.

Eines Tages sagte mein Vater zu Diego: »Meine Tochter scheint Sie zu interessieren.«

Diego lachte sein tiefes, kehliges Lachen. »Was dachten Sie denn?«, sagte er, »dass ich nichts Besseres mit meinen Sonntagen anzufangen wüsste, als nach Coyoacán rauszufahren, um mich mit einem Mädchen zu treffen, das mich nicht interessiert? Natürlich interessiert sie mich. Deshalb bin ich hier.«

»Sie ist kein einfaches Mädchen«, sagte mein Papa. »Cristi ist dagegen sehr viel einfacher.« Ich war gerade zu Besuch mit meinem Baby, wie jeden Sonntag.

Diego lächelte mich an. »Ja, ich weiß. Frida ist ein echter Satansbraten, aber ich liebe sie.«

»Na schön«, sagte mein Vater, »ich habe Sie gewarnt.«

»In Ordnung«, erwiderte Diego. »Ich bin gewarnt.«

»Und noch was«, fügte mein Vater hinzu. »Sie ist teuer. Es fallen immer wieder Arztkosten an.« Er erzählte von Fridas Krankheit und ihrem Unfall. Er klärte Diego darüber auf, dass Frida möglicherweise bis an ihr Lebensende in ärztlicher Behandlung bleiben musste.

»Kommen Sie«, sagte Diego, »lassen Sie uns darüber reden.«

Die beiden Männer gingen in Vaters Studierzimmer, um die Sache zu besprechen, vermute ich, denn sie forderten mich natürlich nicht auf mitzukommen. Außerdem musste ich mich sowieso um Klein-Isolda kümmern. Dann wurde bekannt gegeben, dass die Hochzeit am 21. August 1929 stattfinden sollte.

Frida musste mich in jeder Hinsicht übertrumpfen, wissen Sie? Ich hatte ein schönes Hochzeitsfest und bekam ein niedliches kleines Baby, aber sie hat unsere Familie aus der Not errettet! Wie hätte ich das auch tun können? Nein, Frida war unsere Retterin. Oder besser Diego war der Retter. Ich dachte zwar stets, ich täte das Rechte, aber dennoch gelang es mir nicht, meine Eltern aus dem finanziellen Schlamassel zu befreien, in den Frida sie durch ihre Krankheit und ihre Unfälle gebracht hatte. Nein, so war das nicht gemeint, natürlich hat sie das nicht absichtlich getan. Aber es ist einfach eine Tatsache, dass Fridas Behandlungskosten so hoch waren, dass jeder Centavo, den mein Vater nach Hause brachte, dafür verwendet werden musste. Zumal er nicht gerade viel verdiente. Wir hätten das Haus an der Calle Londres gewiss aufgeben müssen, wenn Diego nicht die Hypothek übernommen hätte. Und er zahlte nicht nur für das Haus, sondern ließ Papa und Mama auch dort wohnen. Später, als mein Mann mich verlassen hat, bin ich mit Isolda und dem kleinen Antonio auch wieder dorthin gezogen. Wir stehen also hoch in Diegos Schuld. Wenn es nicht um Fridas willen gewesen wäre ... ich meine, wer weiß, was aus uns geworden wäre, wenn Frida ihn nicht geheiratet hätte.

Die Hochzeit, ja die muss recht lebhaft gewesen sein, wie ich mir sagen ließ. Nein, nicht die Eheschließung vor dem Ortsgericht. Ich meine die Feier anschließend. Ich habe weder an der einen noch an der anderen teilgenommen, und genauso wenig meine Schwestern. Meine Mutter mochte die Leute nicht, mit denen Frida und Diego sich umgaben, außerdem verübelte sie Frida, dass es keine kirchliche Trauung gab. Sie ist so lange auf dem Thema herumgeritten, bis Maty, Adri und ich nicht mehr den Mut hatten hinzugehen, aus Angst, wir könnten mit unserer Mutter einen Streit vom Zaun brechen. Es wäre für sie bestimmt ein Schlag ins Gesicht gewesen, wenn wir sie an jenem Tag allein gelassen hätten, um uns unter Fridas verrückte Gesellschaft zu mischen. Und Maty hatte doch soeben erst die Gunst meiner Mutter zurückgewonnen. Aber mein Vater ist hingegangen.

Was für eine Hochzeit! Sie zogen zum Ortsgericht und gaben sich ihr Jawort. Eine rein zivile Trauung. Ganz revolutionär! Ganz den kirchenfeindlichen, kommunistischen Prinzipien getreu! Ich könnte wetten, dass ihnen vor Selbstgerechtigkeit schwindelte, als sie beschlossen, den Klerus außen vor zu lassen. Arme Mami. Sie hatte sich so liebevoll um Frida gekümmert, als sie krank war, und das war nun der Dank. Frida trat die Tradition mit Füßen und heiratete ohne kirchlichen Segen, obwohl sie wusste, wie sehr meine Mutter das kränkte.

Natürlich trug Frida kein Brautkleid. Nein, ein Brautkleid wäre viel zu bürgerlich gewesen. Vielmehr machte sie aus ihrer Hochzeit ein politisches Statement, eine Solidaritätskundgebung mit dem Volk. Sie lieh sich die Kleider unseres Dienstmädchens. Wohlgemerkt vom Dienstmädchen! Rock, Bluse und *rebozo*. Sie hätte ja wenigstens ein hübsches Tehuanakleid anziehen können, finde ich, ein neues. Sie hätte zum Markt gehen und sich eine Tehuanatracht kaufen können, aber nein, es mussten Inocencias alte Fetzen sein! Ich bin sicher, dass das für sie eine tolle Geste war und sie sich sehr radikal fühlte. Vielleicht wollte sie aber auch nur meinen Vater demütigen, weil er ihr nicht dieselbe Hochzeit ausrichten konnte wie mir. Jedenfalls stopfte sie sich den Schuh aus und zog einen dicken Strumpf an, damit man nicht sah, dass sie lahm war. Im Vertuschen ihrer Gebrechen ist sie stets eine Meisterin gewesen. Und um dem Ganzen die Krone aufzusetzen, rauchte sie während der ganzen Zeremonie. Auf dem Bild, das am nächsten Tag in der Zeitung erschien, hing ihr eine Zigarette aus dem Mundwinkel wie einer Dirne. Verzeihen Sie, aber sie sah wirklich so aus. Meine Mutter fiel fast in Ohnmacht. Diego trug einen ganz gewöhnlichen Straßenanzug ohne Weste. »Es war ein Witz«, erzählte uns mein Vater nachher. »Ein Witz! Was für eine Geschichte, was für eine Geschichte! Wie kann man so eine Geschichte überhaupt ernst nehmen!«

Nachdem der Beamte die Zauberworte gesprochen hatte und Frida und Diego Mann und Frau waren, hatte sich die ganze Gesellschaft zum Haus des Schriftstellers Andrés Henestrosa begeben, der mit Diego und Frida eng befreundet war. Er hatte eine hübsche Stimme und untermalte Feiern gerne mit Gesang, vor allem wenn er schon einen im Tee hatte. Er gehörte zu Tina Modottis Kreis – nur damit Sie ihn einordnen können. Es sind alle mitgegangen, bis auf meinen Vater natürlich, der wieder nach Hause kam.

Anschließend ist monatelang über die Orgie bei den Henestrosas getratscht worden. Einer habe betrunken auf die Zimmerpflanzen gepinkelt. Ein anderer habe betrunken auf das Sofa gekotzt. Ein dritter habe betrunken Lupe Marín zwischen die Beine gefasst – nicht dass ihr das etwas ausgemacht hätte! Und einer habe Opium geraucht, während ein anderer im Heroinrausch gewesen sei. Ich bin nicht hingegangen. Ich hatte mein Baby zu hüten. Klein-Isolda hatte einen schlimmen Husten, und ich wollte sie nicht in der Obhut des Dienstmädchens lassen, außerdem hatte ich das deutliche Gefühl, dass Frida mich bei dem ausschweifenden Fest mit ihrer Bande gar nicht dabeihaben wollte. Mit anderen Worten, ich war nicht eingeladen. Sie fühlten sich als etwas Besseres, verstehen Sie? Als Aristokraten der Kunstwelt – obwohl die Aristokratie in Mexiko ja abgeschafft sein sollte. Diese Leute hoben sich bewusst vom Rest ab. Die Frauen trugen Bubiköpfe mit eng anliegenden pomadigen Haaren und dazu Herrenjacketts. Dieser »Lesbenlook« war in Fridas Gruppe immer noch angesagt, obwohl er in anderen Kreisen längst überholt war. Tina Modotti trug ein knapp bemessenes rotes Trägerkleid und ließ ihre volle Mähne über die sinnlichen Rundungen fallen. Eigentlich hätte sie nicht kommen sollen, denn Lupe war da, und die konnte Tina, seit sie bei Diego für die Wandmalereien in der Chapingo-Kapelle Modell gestanden hatte, nicht ausstehen. Lupe war eifersüchtig, und sie machte Tina für das Scheitern ihrer Ehe mit Diego verantwortlich. Als sie sie bei den Henestrosas entdeckte, ging sie auf sie zu und gab ihr eine schallende Ohrfeige. »Nutte!«, schnauzte sie. »Warum gehst du nicht zurück nach Kalifornien oder nach Italien oder wo zum Teufel du herkommst!« Tina war tatsächlich in Italien geboren, aber vermutlich wusste Lupe das nicht so genau. Oder sie hatte in dem Augenblick nicht mehr klar denken können. Anschließend ging Lupe zu Frida und hob ihr den Rock hoch. »Seht euch diese Beine an«, schrie sie, »Holzbeine! Beine wie Zahnstocher!« Als ich diese Geschichte hörte, musste ich dran denken, wie Frida in der Schule von den anderen Kindern gehänselt wurde: Holzbein-Frida! Holzbein-Frida!, und meine Schwester tat mir Leid. »Mit solchen Beinen wird Diego jetzt ins Bett gehen, statt mit meinen!«, rief sie. »Kaum zu glauben, was?« Dann hob sie ihr eigenes Kleid und präsentierte der Runde ihre prächtigen Schenkel. Lupe hatte sich gefühlsmäßig noch nicht von Diego gelöst – sie hatte ja auch zwei Kinder mit ihm –, und obwohl sie behauptete, ihn nicht mehr zu lieben, konnte sie es nicht ertragen, dass er eine andere hatte.

Diego benahm sich auf der Party gründlich daneben. Er betrank sich so sinnlos mit Tequila, dass er mit der Pistole auf Pflanzen, Lampen, Spiegel, Vasen und Gläser schoss. Er hat das Haus der Henestrosas voller Einschusslöcher hinterlassen und nicht einmal angeboten, für den Schaden aufzukommen. Hugo Leffert, ein Journalist von irgendwoher, ich kann mich nicht entsinnen, woher, hatte versucht, ihm die Pistole abzunehmen, und Diego hatte ihm darauf den kleinen Finger abgeschossen! Frida, die sich sonst über Diegos Possen amüsierte, fand, dass er diesmal entschieden zu weit gegangen war. Er hatte sie auf ihrer eigenen Hochzeitsfeier keines Blickes gewürdigt und stattdessen wie wild in der Gegend herumgeballert und fremde Frauenpos getätschelt, er war herumgetorkelt und hatte Henestrosas Porzellan zerbrochen.

»Du benimmst dich wie ein Verrückter«, sagte sie zu ihm.

Diego war empört. Für wen hielt sich diese einundzwanzigjährige Göre eigentlich, dass sie ihm sagte, was er zu tun und zu lassen hatte?

»Für deine Frau, für die halte ich mich«, schimpfte sie.

Diego hatte gebrüllt wie ein verwundeter Löwe. »Lass mich in Ruhe! Verschwinde von hier!«

»Das kannst du gerne haben!«, hatte Frida erwidert und war in Tränen ausgebrochen.

Es war schon spät in der Nacht, aber sie ist den ganzen Weg zu Fuß nach Hause gegangen in die Avenida Londres und hat sich in das Bett gelegt, in dem sie schon als kleines Mädchen geschlafen hat.

Als ich am nächsten Tag zu meinen Eltern kam, fand ich sie in Tränen aufgelöst. »Ich gehe nie mehr zu ihm zurück!«, schluchzte sie. »Nie mehr! Lieber bleibe ich bei dir und helfe dir, Isolda großzuziehen!«

Aber nach ein paar Tagen kam Diego sie holen, und sie haben ihr Leben zu zweit begonnen.

14

Die Leute behaupten, ich wäre eine Einsiedlerin. Ich würde mich verkriechen und wäre menschenscheu. Wer will mir das vorwerfen, nach allem, was ich durchgemacht habe? Seit Frida weg ist ... ich meine, seit sie gestorben ist ... fühle ich mich schrecklich allein. Noch nicht mal meine Kinder sehe ich oft. Sie interessieren sich nicht für mich. Niemand interessiert sich für mich. Jetzt, wo Frida nicht mehr ist, da kommt es mir vor, als hätte es mich auch nie gegeben. Nur neben ihr war ich wer. Ich war die Schwester, die andere Kahlo, meinetwegen die Dümmere, die es nie zu was gebracht hat, aber immerhin ein Mensch aus Fleisch und Blut. Ich vermisse Frida schrecklich.

Ich weiß gar nicht, weshalb ich Ihnen das erzähle. Ich kenne Sie doch überhaupt nicht. Wieso löchern Sie mich eigentlich so mit Fragen?

Sie wollten doch etwas über Fridas Ehe hören, nicht wahr? Darum hatten Sie mich doch gebeten. Übrigens war ich auch verheiratet, aber das ist leider nicht gut gegangen. Es ist sogar ziemlich schlecht gegangen, von Anfang an, obwohl ich dachte, ich würde alles richtig machen. Kaum war Isolda auf der Welt, da wurde ich wieder schwanger. War das nicht meine heilige Pflicht als Tochter, ich meine, den Eltern Enkel zu schenken? Keine von meinen Schwestern hat das geschafft, deshalb bildete ich mir ein, die gottverdammte Königin des Kahloschwarms zu werden, weil ich offenbar als Einzige imstande war, Kinder zu gebären. Ich hoffte, dadurch endlich das Lieblingskind zu werden. Aber so wie meine Mutter damals Frida nach dem Busunglück umsorgt hatte, behandelte sie mich nie. Ich war schwanger, na und? Ich war schließlich nicht krank. Wahrscheinlich hatte Fridas Krankheit die Kräfte meiner Mutter so aufgezehrt, dass für mich nicht mehr viel übrig blieb.

Diego und Frida zogen jedenfalls in den Paseo de la Reforma 104. Sie hatten ein Haus im französischen Stil, das während der Zeit von General Díaz entstanden war, als man noch europäisch baute, weil alles, was aus Europa kam, als besser galt. Es war ein vornehmes Haus an einer vornehmen Straße, denn Diego gehörte schließlich zum Schatz der Nation. Ich meine, nur weil er und Frida sich mit den einfachen Leuten identifizierten, mussten sie ja nicht so leben wie die, oder? Diego hatte einen Hang zur Archäologie und besaß eine Sammlung von Hunderten kleiner präkolumbianischer Figuren, darunter die eines Mannes, der rittlings auf einer Schlange hockte – in Wirklichkeit ein riesiger Penis! Ja, das war nach Diegos Geschmack! Er erklärte mir, dass die Schlange in der Maya-Quiché-Kultur ein Fruchtbarkeitssymbol gewesen war. Sehen Sie? Das meine ich. So war er. Er erklärte mir die Dinge. Er tat nie so, als wäre ich zu blöd, um irgendwas zu kapieren. Er ist der einzige Mensch, der mir je das Gefühl gegeben hat, wichtig zu sein, schön zu sein, ja überhaupt da zu sein.

In ihrem Haus wimmelte es von Leuten. Sie hatten natürlich ein Dienstmädchen, denn obwohl sie Kommunisten waren, mussten sie bedient werden. Ich will nur sagen, alle hatten Dienstboten, auch nach der Revolution. Obwohl die Radikalen von Gleichberechtigung sprachen und sagten, niemand müsste vor einem anderen buckeln, strömten die Indios nach wie vor in die Städte, und ihre Frauen verdingten sich für einen Tageslohn von wenigen Centavos als Dienstmädchen. Und heute, dreißig Jahre später, ist das immer noch so. Es herrscht aber die Ansicht, dass eine Person nicht geringer ist als man selbst, nur weil sie einem den Dreck wegmachte und den Nachttopf ausleert. Sie tut eben nur ihre Arbeit, und man selbst tut ... Na ja, ich weiß auch nicht was ... Es ist irgendwie kompliziert.

Jedenfalls hatten Frida und Diego ein Hausmädchen, das hieß Margarita und wohnte bei ihnen, ebenso wie der Maler Siqueiros, dessen Frau und ein ganzes Rudel weiterer Kommunisten. Ich weiß nicht mehr ganz genau, wer das alles war. Es ist einfach zu lange her, und Sie dürfen auch nicht vergessen, dass ich damals mit meinem Baby beschäftigt war. Woran ich mich aber gut erinnern kann, ist, dass die Wohnung immer voller Leute war. Denn zusätzlich zu denen, die mit Frida und Diego dort hausten, kamen ständig noch andere Kommunisten vorbei. Sie schliefen im Esszimmer oder im Wohnzimmer auf dem Fußboden. Sie hockten zusammen auf den Sofas oder unter dem Tisch. Zunächst fand Frida das fabelhaft. Es war wie ein großes Spiel, wie Campingurlaub. »Wir sind alle Brüder und Schwestern«, schwärmte sie. »Wir arbeiten zusammen und helfen uns gegenseitig. Ich koche, Andrea beaufsichtigt die Hausarbeit, Edit geht einkaufen ...« Andrea und Edit waren zwei von ihren kommunistischen Freundinnen. »Und wenn es mir nicht gut geht, brauche ich mir keine Sorgen zu machen, weil dann jemand anders für mich einspringt.« Doch als diese Lebensweise nach einer Weile den Reiz des Neuen verloren hatte, wurde Frida sie satt. »Ich wünschte, sie würden alle verschwinden, damit ich in Ruhe meinen Mann vögeln kann«, sagte sie zu mir. Sie hätte sie ja zu mir schicken können. Ich vögelte ja nicht mehr mit meinem Mann und hätte ein wenig Gesellschaft gut gebrauchen können.

Weshalb ich nicht mehr mit meinem Mann vögelte? Weil Pinedo, kaum dass ich schwanger war, fand, dass ich aussehen würde wie eine Milchkuh. Er fing an, die Nächte durchzuzechen, und schielte den Nachbarstöchtern nach.

Nach einer Weile blieben die Kommunisten aber ganz von selber aus, weil Diego Schwierigkeiten mit der Partei bekam. Er war Generalsekretär der Kommunistischen Partei Mexikos, aber einige Leute unterstellten ihm, er würde mit der neuen Regierung unter einer Decke stecken, und die war eindeutig antikommunistisch. Mexiko hatte nämlich einen Rechtsruck gemacht. Die allgemeine Wirtschaftskrise ließ das Geld knapp werden, und die Regierung hatte andere Pläne, als das Wenige, was übrig blieb, in die hungrigen Indios und Landarbeiter zu investieren. Außerdem waren viele der Meinung, dass die Revolution ihren Zweck erfüllt hätte und es Zeit sei, den Kampf aufzugeben. Aber da irrten sie sich, denn es ließ sich wohl kaum leugnen, dass die Massen immer noch verelendet waren und die Reichen immer noch das Sagen hatten. Die Armen vergötterten Diego, weil er in seinen Bildern das einfache Volk feierte und dessen Leid darstellte. Aber den kommunistischen Funktionären waren Bilder von *campesinos* nicht genug. Sie verlangten volles Engagement und warfen Diego vor, auf zwei Hochzeiten zu tanzen.

Diego liebte die Rolle des marxistischen Superstars. Er liebte die Rolle des Volkshelden, aber er war kein, wie nennt man das, kein Ideologist, kein Ideologe. Er hatte keine Hemmungen, von der antikommunistischen Regierung einen Auftrag anzunehmen. Er lachte nur darüber. »Es soll mir recht sein, wenn sie mich dafür bezahlen, dass ich mich in meinen Bildern über sie lustig mache«, sagte er. »Ich weiß nicht, was falsch daran sein soll, die Schweine zur Kasse zu bitten, um sich für Gottes vergessene Kinder einzusetzen.« Aber in Wirklichkeit ging es wohl darum, dass Diego kein linientreues Parteimitglied war. Er war nicht immer mit den anderen Funktionären einer Meinung und hatte eine Menge Freunde, die keineswegs Kommunisten waren. Außerdem hatte er im Grunde nichts für Versammlungen, lange Reden – vor allem von anderen –, Tagesordnungen und Abstimmungen übrig. Er tauchte in den marxistischen Konferenzen auf, wann es ihm passte, riss seine Witze, wollte mit den Genossen einen heben und das Gefühl haben, dass sie ihm aus der Hand fraßen. Den eingeschworenen Stalinisten passte das nicht ins Konzept. Das waren pflichtbewusste Männer, die ihre Sache ernst nahmen. Sie forderten Diego auf, sich an die Regeln zu halten, und als er das ablehnte, beschlossen sie, ihn rauszuschmeißen.

Moment ... Ich möchte nicht, dass Sie mich da missverstehen. Jetzt habe ich vielleicht einen falschen Eindruck erweckt. Es ist so schwer, die Dinge auf den Punkt zu bringen. Ich wollte nämlich nicht sagen, dass Diego in seinem Herzen kein Marxist gewesen wäre. Das war er, ein Kommunist durch und durch. Er glaubte an die Gleichheit und an alles, woran man zu glauben hatte. Er glaubte an die Schönheit des Menschen und an seine Kraft. Er war wirklich davon überzeugt, etwas Gutes zu tun, indem er den Massen durch seine Wandbilder die Parteibotschaft brachte. Er versuchte, sozusagen mit dem Pinsel, die Ziele der Revolution umzusetzen. Er meinte es wirklich ernst. Die Sache ist nur, dass er eher pragmatisch veranlagt war. Er machte sich nichts daraus, einem Konservativen oder einem reichen Schwein den Hintern zu küssen für eine Gelegenheit, seine geliebten *campesinos* zu erziehen. Verstehen Sie, wie ich das meine? Die Calles-Regierung war ziemlich reaktionär, aber sie versorgte ihn weiter mit Aufträgen. Sie bot ihm an, den Nationalpalast auszumalen, und er nahm an, woraus die Kommunisten schlossen, dass er ein Heuchler war. Sie waren Puristen, und Diego war für sie ein Verräter und ein Opportunist.

Als er wusste, dass sie ihn feuern würden, wissen Sie, was er da tat? Er nahm eine lange Pistole und führte auf einer Parteiversammlung den Vorsitz. Er legte die Waffe auf den Tisch und deckte sie mit einem Taschentuch zu, dann bezichtigte er sich selbst in einer ausführlichen Rede der Kollaboration mit der kleinbürgerlichen Regierung und beschloss offiziell seinen eigenen Parteiausschluss. Als er geendet hatte, ließ er die Blicke über die Versammelten schweifen, um festzustellen, wie sie reagierten, ob sie auch ungläubig dreinschauten oder erstarrt waren wie ein Stinktier, dem eine Klapperschlange in die Eier gebissen hat. Nachdem er sich davon überzeugt hatte, dass es ihm gelungen war, die Genossen zu schockieren, nahm er die Pistole und zerschlug sie an der Tischkante, sodass die Stücke durch den ganzen Saal flogen. Den Anwesenden stockte der Atem, und Diego brüllte vor Lachen. Es war nämlich gar keine echte Pistole gewesen, sondern nur eine nachgemachte aus Ton.

»Ich habe wirklich zuletzt gelacht!«, frohlockte er, als er Frida und mir die Geschichte erzählte. Isolda und ich waren gerade auf einem unserer seltenen Besuche in der Stadt. »Ihr hättet die Gesichter sehen sollen! Hahaha! Die glauben wohl, sie könnten Diego Rivera rausschmeißen? Keiner außer Diego Rivera selbst kann Diego Rivera rausschmeißen!« Er sah mich aus den Augenwinkeln an, um zu prüfen, welchen Eindruck er auf mich machte. Ich hielt mir den Bauch vor Lachen. Es war lange her, dass ich so aus mir herausgegangen war, und die Wirkung, die mein Gelächter auf ihn ausübte, regte mich dazu an, weiterzumachen. Es war wie ein Tanz, den wir miteinander tanzten, ohne uns zu berühren … als würden wir uns in einem ungehemmten, wilden Wirbel umeinander drehen, um uns anschließend erschöpft in die Arme zu fallen – nur eben ohne uns zu berühren. Es ist schwer zu erklären, aber das war der Auslöser. Als ich jenen Augenblick mit Diego teilte, als ich dieses Lachen mit Diego teilte, da hat es bei mir gefunkt. Ich war erhitzt, verwirrt.

Frida hat nichts gemerkt.

»Ich bin auch ausgetreten!«, verkündete sie und ballte die Faust. »Solidarität!«

»Solidarität!«, trompetete Diego und warf mir dabei immer noch verstohlene Blicke zu.

Aber Diego spielte nur, denn in Wirklichkeit fühlte er sich ohne die Partei ziemlich verloren. Nach seinem Ausschluss kehrten ihm einige seiner besten Freunde den Rücken. Tina zum Beispiel wollte mit keinem von uns mehr etwas zu tun haben. Diego war kurz zuvor zum Direktor der angesehenen Kunstakademie San Carlos ernannt worden, aber es wandten sich alle von ihm ab, und im Handumdrehen war er den neuen Posten wieder los. Er arbeitete noch härter, ich nehme an, um seinen Kummer zu betäuben. Er malte damals die Wandbilder im Nationalpalast, die im Erziehungsministerium und die, na ja, die, die uns auf Abwege brachten, die Fresken im Gesundheitsministerium.

Wir saßen in einem kleinen Café in Coyoacán. Ich kann mich nicht genau entsinnen wo. Ich kann mich noch nicht mal daran erinnern, ob Frida und Diego damals schon verheiratet waren oder nicht. Frida kritzelte gedankenlos obszöne Bilder auf ein Stück Papier, und Diego johlte beifällig. Sie waren beide völlig genitalfixiert. Sie rauchte eine Zigarette nach der anderen, und ich tat dasselbe. Mir wurde zwar vom Rauchen schwindelig, weil ich schwanger war, aber ich zündete mir trotzdem immer wieder eine von diesen billigen mexikanischen Zigaretten an, die so stark sind, dass sie einem fast die Lungen sprengen. Jetzt rauche ich nur noch blonde amerikanische Zigaretten. Jedenfalls tastete Diego unter dem Tisch nach meinem Bein und streichelte mein Knie und den Schenkel bis unter den Rock, wobei er mit den Händen immer höher wanderte. Ich drehte mich weg und schlug die Beine übereinander, um zu verhindern, dass seine Finger bis zum Schritt gelangten. Ich kannte diese Spielchen und Frida auch, aber man wusste nie, wie sie reagieren würde. Manchmal lachte sie nur, wenn er mit anderen turtelte, aber manchmal wurde sie fuchsteufelswild. Und ich hatte nicht vor, ihren Zorn zu wecken, deshalb rauchte ich lieber und kicherte und tat so, als wenn nichts wäre.

Wie gesagt, Diego arbeitete damals an den Wandbildern im Gesundheitsministerium – sechs riesige Akte, als Allegorien der Reinheit, der Weisheit, der Kraft, der Mäßigung, des Lebens ... was noch? ... der Mäßigung ... nein, das hatte ich schon ... ach so, ja klar, der Gesundheit. Jedenfalls alberten wir drei so herum, als Frida plötzlich einen Einfall hatte: »He, Diego, wieso nimmst du nicht Cristi für die Bilder? Sie ist schwanger und ihre Titten sind so richtig schön prall!«

»Frida!«, war alles, was ich herausbrachte. Was hätte ich auch sonst sagen können? Ich saß da und schnappte nach Luft.

Es stimmte natürlich. Mein Körper fühlte sich unglaublich sinnlich und füllig an. Mein eigener Mann, wie gesagt, würdigte mich damals kaum eines Blickes, aber wenn ich die Straße entlangging, drehten sich die Männer nach mir um und machten: »Psst! Psst! Nimm mich mit nach Eden, mein Schatz, nimm mich mit ins Paradies!« Ich hatte einen runden, vollen, weichen Körper, und den setzten sie mit Unterwürfigkeit gleich. Er machte die Männer ganz wild, denn sie stellten sich vor, mit mir tun zu können, was sie wollten. Nicht, dass ich so hübsch gewesen wäre oder eine besonders glatte Haut gehabt hätte, nein, ich wirkte auf sie wie ein großes Kuscheltier, ganz nachgiebig.

Diego lachte glucksend. »Cristi!«, sagte er. »Wieso habe ich da nicht früher dran gedacht! Das ist eine fabelhafte Idee!«

Selbstverständlich hatte er daran gedacht. Seit unserer ersten Begegnung hatte er fortwährend an mir herauf- und heruntergeschaut, nur war er damals hinter Frida her und konnte mir daher schlecht gleichzeitig den Hof machen. Denn Frida war eifersüchtig. Sie wusste natürlich, dass Diego andere Frauen hatte, selbst während er sie umwarb, aber ihre eigene Schwester! Das hätte sie nicht verkraftet. Ein kleines Tätscheln unterm Tisch war das eine, aber sobald es mehr wurde … Und jetzt schlug sie mit einem Mal selber vor, dass ich für ihn Modell stehen sollte. Wollte sie mich aufs Glatteis führen? Versuchte sie, mich zu schocken? Ich glaube, sie liebte es einfach, mit dem Feuer zu spielen und die Grenzen anderer zu erproben. Sie wusste nämlich ganz genau, dass Diego in der Regel mit seinen Modellen im Bett landete. Sie versuchte immer, ihn dabei zu erwischen, und wenn es ihr gelang, machte sie ein Riesenspektakel. Aber jetzt tat sie plötzlich so, als hätte das Aktstehen nichts mit Sex zu tun, als sei es eine rein professionelle Angelegenheit. Sie wusste doch, dass Diego meinen Körper mochte. Andauernd flirtete er mit mir und machte anzügliche Bemerkungen. Wieso wollte sie uns beide dann in eine solche Situation bringen? Es war ein Spiel für sie. Sie habe vor, alle Modelle für das Fresko im Gesundheitsministerium auszuwählen, erklärte sie mir. Hatte sie etwa vor, ihrem sexuell überaktiven Gatten die Blöße ihrer besten Freundinnen vor die Nase zu halten, um zu beobachten, was dann passierte?

»Erzähl mal von dem Wandbild«, bat ich Diego, um Zeit zu gewinnen, denn ich wollte nicht zuerst sagen, au fein, das ist eine großartige Idee, um es mir später vielleicht anders zu überlegen.

»Es wird eine Serie von Allegorien«, sagte er.

Ich muss ihn angesehen haben, als hätte er chinesisch gerülpst, denn er fügte hinzu: »Figuren, die bestimmte Ideen darstellen.« Wenn Diego etwas erklärte, vermittelte er mir nie das Gefühl, dumm zu sein. Er redete nie von oben herab mit mir, als würde er mir ein Wort erläutern, das ich nicht kannte, weil ich so schrecklich ungebildet war. Er sagte einfach und völlig selbstverständlich: »Figuren, die bestimmte Ideen darstellen.«

Und dann fuhr er fort: »Sechs Akte mit Dekorationen, die eine Hand mit einem reifen Kornbündel zeigen, reif, wie du«, und er klopfte mir sanft auf den Bauch. »Reif und üppig, genau wie du. Du bist hervorragend dafür geeignet.«

Das Wort »Akt« biss sich in meinen Gedanken fest. Ich wusste, dass der Entwurf Akte vorsah, aber in der Art, wie Diego davon sprach, hatte ich das Gefühl, er würde mir direkt durch die Bluse gucken. Frida liebte es, nackt zu sein und Aktbilder von sich zu malen. Aber ich war noch unerfahren auf dem Gebiet, und mir spukten Mutters altmodische Vorstellungen im Kopf herum. Für Diego war Nacktheit keine Frage von Moral oder Unmoral. Der Mensch hatte eben einen Körper, den er bedecken oder entblößen konnte, so war das für ihn. Diego liebte alles Schöne, einschließlich schöner Frauenkörper, und deshalb füllte er seine Bilder damit. Er hat viele Akte gemalt und viele Frauen gehabt, auch weil er Sex liebte. Aber er malte seine Akte nicht nur, weil er sie sexy, sondern auch weil er sie wunderschön fand und sie ihm interessante Formen boten. Die Formen eines Körpers hatten für ihn eine Aussage – rundlich und wohlgeformt wie meine standen sie für Fruchtbarkeit, dürr für Elend und Mangel.

Ich wusste nicht, was ich sagen sollte. Diegos Art mich anzusehen, ließ mich vermuten, dass ... sobald ich die Kleider vor ihm abgelegt hatte ... also, wie soll ich sagen ... irgendwie war mir klar, dass unsere Malsitzung nicht mit einem einfachen »*Adiós* und danke für deine Hilfe« enden würde. Ich ahnte, dass etwas passieren könnte.

»Ich glaube, du würdest dich sehr gut als Modell eignen«, sagte Diego plötzlich ernst. Er hatte die Hand von meinem Knie genommen, wahrscheinlich, um mir zu verstehen zu geben, dass mich für ihn auszuziehen nicht automatisch bedeutete, dass er mich verführen würde. Ich war verwirrt. Mit einem Mal war er sachlich, fast distanziert, obwohl ich genau wusste, dass er nichts lieber getan hätte, als in mich einzudringen wie ein Pflug in die frische, feuchte Erde.

Frida drängte mich: »Na los, sag schon ja. Du bist hübsch genug.

Du bist sogar viel hübscher als ich.« Ich glaube, dass Frida die Vorstellung erregend fand, mich die Kleider für Diego ablegen zu sehen. Sie war fast immer bei ihm und schaute ihm beim Malen zu, und ich stellte mir die beiden vor, komplett angezogen, während ich splitternackt vor ihnen Modell stand. Wie eine Gruppenvergewaltigung, bloß mit den Augen. Ihre vier Augen auf meinem Körper, auf meinen Brustwarzen, auf meinen Schenkeln. Und was den Gedanken noch unangenehmer machte, war, dass, also das klingt jetzt vielleicht gemein, weil sie meine Schwester war, aber Sie dürfen nicht vergessen, dass Frida auch Frauen liebte. Jedenfalls wurde mir bei dem Gedanken ganz schwül und ich spürte, wie mir das Blut ins Gesicht schoss. Es heißt, Schwangere würden keine sexuelle Erregung empfinden, aber das stimmt nicht. Die Vorstellung dieser beiden Augenpaare, die mir das Fleisch kneteten, machte mich ganz kribbelig, ganz fiebrig. In jener Nacht wartete ich auf Pinedos Heimkehr, und das Herz schlug mir bis zum Hals. Zum ersten Mal seit Monaten begehrte ich ihn wirklich. Er kam wie gewohnt betrunken nach Hause und stank nach Huren, aber es war mir gleichgültig. Ich machte mich so leidenschaftlich über ihn her, dass ich dachte, er würde die Nutten für immer vergessen ... aber zumindestens erwartete ich, dass er sich am nächsten Morgen daran erinnern würde, mit mir geschlafen zu haben. Doch da täuschte ich mich. Als er fertig war, fiel er wie ein Zementblock von mir ab und stürzte ins Leere, tiefer, immer tiefer, er durchbrach das Bett, den Fußboden, die Erde, und fiel wie eine leblose Masse bis zum Kern des Planeten, weit, weit weg von mir, so weit weg, dass mir klar war, ich würde ihn nie mehr erreichen, sosehr ich mich auch bemühte.

»Absolut«, sagte Frida. »Sie würde sich hervorragend zum Modell eignen. Sie sieht so fruchtbar aus! Wie ein wunderschöner Baum, beladen mit köstlichen Früchten. Komm, Cristi, sag schon ja!«

»Ich weiß nicht«, sagte ich. »Ich will darüber nachdenken. Was wird mein Mann dazu sagen?«

Wir wussten natürlich alle drei, dass er gar nichts dazu sagen würde – und wenn er es doch tat, dann spielte es keine Rolle. Viele

Männer finden ihre schwangeren Frauen abstoßend, aber trotzdem können sie die Vorstellung nicht ertragen, sie in den Armen eines anderen zu sehen. Aber bei Pinedo ... er hatte schon dieses Besitzdenken, aber im Grunde hat er unsere Ehe gleich wieder aufgegeben. Er fand Diego und Frida und ihren ganzen Umgang degeneriert. Er verabscheute Diego. Einen Anstreicher, der trank und hurte, den akzeptierte er, das war schließlich das Normale. Aber einen Bildermaler, einen Künstler, der nur herumstand und sich den lieben langen Tag nackte Frauen ansah, das konnte nicht gesund sein, das war pervers. Frida und Diego waren für ihn der Inbegriff der Verdorbenheit. Und weil Frida und ich ein so enges Verhältnis zueinander hatten, ging er davon aus, dass ich so war wie sie und es nur eine Frage der Zeit sein konnte, bis ich dasselbe tat wie sie. »Hure!«, brüllte er mich an. »Du, deine Schwester, Tina, Lupe, ihr seid alle gleich! Streunende Katzen seid ihr!« Und als ich dann mit Isolda schwanger war, fing er an, sich herumzutreiben. Er konnte den Anblick meines dicken Bauches nicht ertragen, behauptete, dass er ihn krank machte. »Sag mal, was glaubst du eigentlich, wer mich hat aufgehen lassen wie einen Hefekuchen?«, fragte ich ihn. »Denkst du, ich wäre von ganz alleine schwanger geworden? Es ist dein Kind!« Als Isolda dann geboren war, spielte er eine Zeit lang den stolzen Vater, den Macho, dessen Frau genau neun Monate nach der Hochzeit wirft. Aber als ich zum zweiten Mal schwanger war, geriet er in Wut. Er wurde unerträglich. Er schubste mich gegen die Wand und knurrte: »Das hier ist nicht meins! Wessen Kind hast du da im Bauch?« Sie können sich nicht vorstellen, wie mich diese Worte verletzt haben. Er hat mich behandelt, als dürfte ich ihm nicht mehr unter die Augen treten. Deshalb war mir klar, dass er keine Silbe verlieren würde, wenn er erfuhr, dass ich für Diego Modell stand, weil er ja gar nichts anderes erwartete. Er erwartete, dass ich fallen würde, wie, na ja, wie Eva eben. In Wirklichkeit dachte er sogar, es wäre schon längst passiert.

Was glauben Sie, für welche Allegorie ich Modell gesessen habe? Ich war die Weisheit! Ich glaube, Diego hat mich bewusst dafür gewählt. Mich, Cristina, die dumme Schwester! Ich saß ganz sittsam da, mit geschlossenen Knien, gesenktem Blick und einem Blümchen in der Hand. Frida behauptete, das wäre ein Symbol für das weibliche Geschlecht, weil eine Blume sich öffnet wie das Organ der Frau. Auf dem Bild windet sich neben mir eine Schlange einen Baumstamm hinauf. Nach Fridas Version hat die Schlange Eva selbst überredet, vom Baum der Erkenntnis zu essen, worauf sich Eva ihrer Nacktheit bewusst wurde und den Sex entdeckte. Die Schlange und die Blume sollten die Vereinigung von Mann und Frau darstellen, wie in der Geschichte vom Baum der Erkenntnis in der Bibel. Aber trotz all dieser Sexualsymbole kann man das Bild nicht gerade als erotisch bezeichnen. Weisheit ist eben nicht sonderlich verführerisch. Ich sitze einfach da und sehe auf das Blümchen hinunter.

Ich stand auch noch Modell für eine weitere Figur: das Leben, die Allegorie an der Decke. Sieht aus, als würde ich fliegen, oder in der Luft schweben, denn das Leben umfasst die ganze Natur, mit allem, was die anderen Allegorien vertreten. Damit Diego mich malen konnte, musste ich mich auf den Rücken legen. Flach auf den Rücken.

Das Aktstehen für Diego war weniger schlimm, als ich mir vorgestellt hatte, und nach einer Weile überwand ich auch meine Verlegenheit. Anfangs war er sehr professionell, sehr sachlich. Das überraschte mich, ehrlich. Ich dachte, er würde die ganze Zeit mit mir flirten, aber das kam erst später. Ich vermute, dass ihn Fridas Anwesenheit in die Schranken wies, das und die Tatsache, dass ich schwanger war und sehr, sehr nervös. Er sah mich jedenfalls eine ganze Zeit lang kaum an, gerade mal so viel, dass er den Pinsel führen konnte. Ich hatte nie das Gefühl, dass er mir Augen machte. Offen gestanden gefiel es mir, für Diego als Aktmodell zu arbeiten. Die beiden bedeutsamsten Allegorien, Weisheit und Leben, das war ich. Sie müssen bedenken, dass das genau in die Zeit fiel, als Pinedo mich behandelte wie den letzten Dreck. Er beleidigte mich fortwährend und redete nur schlecht von mir. Wenn er manchmal betrunken nach Hause kam, wurde er richtig ausfallend, andere Male saß er einfach nur schlecht gelaunt da. Ich befürchtete schon, er würde mich noch verlassen, bevor das Baby auf der Welt war. Ich fühlte mich hilflos und verzweifelt, und das Aktstehen gab mir das Gefühl, wenigstens noch zu irgendetwas nütze zu sein. Wenn der großen Diego Rivera was von mir hielt, dann musste doch irgendwas an mir dran sein. Nach einer Weile verblasste Pinedo für mich. Ob er da war oder nicht, ob er betrunken war oder nicht, spielte irgendwann keine Rolle mehr. Diego füllte meine Gedanken. Nach dem Gesundheitsministerium bat er mich, weiter für ihn Modell zu stehen. Das war nach Antonios Geburt, als ich meine alte Figur wieder hatte. Ich wurde sein Lieblingsmodell. Ich konnte also etwas für ihn tun, was sonst keiner für ihn tun konnte, denn Frida ... es ist komisch ... aber Frida hat sich nie von Diego nackt malen lassen. Sie malte ihre eigenen Aktbilder, aber sie hat nur ganz selten für ihren Mann Modell gestanden. Vielleicht weil sie ein verkrüppeltes Bein hatte und einen zerbrochenen Rücken. Im Verbergen ihrer Schwächen war sie eine Meisterin, das sagte ich ja bereits. In ihren eigenen Gemälden konnte sie ihre Unvollkommenheit verstecken. Aber sie wusste nicht, wie Diego sie darstellen würde, deshalb hat sie nicht für ihn gestanden. Aber vielleicht hatte es ja auch gar nichts damit zu tun. Vielleicht verursachte es ihr ja auch einen Kitzel, ihn andere Frauen malen zu sehen und das Schicksal herauszufordern. Jedenfalls saß sie fast immer neben ihm auf dem Gerüst, und irgendwie wirkte ihre Gegenwart beruhigend auf mich. Meine Gefühle für Diego wuchsen, verwirrende Gefühle. Aber ich sagte mir, dass ich nichts Böses tat. Wie hätte ich auch etwas Böses tun können, wenn Diegos Frau, meine eigene Schwester!, direkt daneben saß.

Es ist schon komisch, für einen Künstler Modell zu stehen, man ist nackt und er nicht. Aber man schämt sich nicht, weil seine Arbeit eine Art Schranke darstellt. Ich will damit sagen, dass man ja zu einem bestimmten Zweck da steht. Man hilft ihm bei der Arbeit und steht nicht zu seinem Vergnügen nackig vor ihm. Jedenfalls redete ich mir das ein.

In dieser Zeit richtete Frida ihr neues Heim ein. Sie ging einkaufen, Sie ahnen nicht mit wem, mit Lupe Marín! Lupe half ihr, Geschirr, Tischdecken und Gardinenstoffe auszusuchen. Mit anderen Worten, sie übernahm die Aufgabe, die eigentlich meiner Mutter zugekommen wäre. Aber die konnte Diego immer noch nicht ausstehen und fand die Strecke von Coyoacán nach Mexiko-Stadt fast unüberwindlich. Sie redete sich heraus und überließ Frida mehr oder weniger sich selbst. Wahrscheinlich hatten meine Schwestern und ich es inzwischen geschafft, bei meiner Mutter sämtliche Hoffnungen zunichte zu machen – obwohl ich für mich behaupten möchte, dass ich es immerhin aufrichtig versucht habe …

Ja, und Lupe zeigte Frida auch, wie sie Diegos Lieblingsgericht, *mole poblano*, Pfefferfleisch auf Puebla-Art, zubereiten musste. Die beiden Frauen entwickelten eine richtige Freundschaft. Es ist schon komisch, aber Frida freundete sich immer mit Diegos Geliebten an. Vielleicht um ihn nicht an sie zu verlieren. Ihre Rivalinnen machte sie zu ihren Verbündeten, damit sie sie nicht hintergingen und von ihrem Ehemann abließen. Aber das hat nicht immer geklappt, nicht wahr? Denn wem könnte man mehr trauen als der eigenen Schwester?

Es dauerte nicht lange, bis Frida die neuen Vorhänge wieder abhängte, weil sie mit Diego nach Cuernavaca ging. Der amerikanische Gesandte, er hieß Dwight Morrow, vielleicht kennen Sie ihn ja, hielt viel von Diegos Kunst und beauftragte ihn, dort ein Wandgemälde im Cortés-Palast zu malen. Diego hat zwar immer auf euch Amerikaner geschimpft, weil ihr Mexiko ausgebeutet habt, die Bodenschätze aus dem Land geschafft und uns behandelt, als wären wir so schwachköpfig, dass wir einen Ochsenarsch nicht von einer Flasche Whiskey unterscheiden könnten. Aber wenn die Amerikaner ihm Bares boten, war er nie dagegen. Das ist einer der Gründe, weshalb die Kommunisten so schlecht auf ihn zu sprechen waren. Um die Zeit, als mein kleiner Antonio geboren wurde, zogen Frida und Diego jedenfalls zu Morrow nach Cuernavaca. Der amerikanische Gesandte fuhr in Urlaub, sodass alles sehr gut passte. Seine Villa war, nach Fridas Schilderungen, ein wahrer Luxusbunker. Ich habe sie dort nicht besucht, weil ich mit meinem Neugeborenen alle Hände voll zu tun hatte. Aber es wundert mich nicht, dass sie Morrows Einladung annahmen, weil Diego das bequeme Leben liebte.

Nach der Hochzeit hatte Frida eine Weile zu malen aufgehört. Sie hatte sich damit begnügt, ihrem Mann bei der Arbeit zuzusehen und seine Modelle auszusuchen. Aber in Cuernavaca langweilte Frida sich. Es gab für sie nichts anderes zu tun, als auf Diego zu warten und ihre gesellschaftlichen Pflichten wahrzunehmen, deshalb nahm sie die Malerei wieder auf, zum Zeitvertreib sozusagen. Und dann trat es endlich ein, das große, sensationelle Ereignis, auf das wir alle schon gewartet hatten und das ein Meilenstein in der Weltgeschichte zu werden versprach, es geschah das, wovon Frida schon als junges Mädchen geträumt hatte: Frida war schwanger! Sie würde von Diego ein Kind bekommen, wie sie es vor Jahren prophezeit hatte.

Was soll denn das jetzt heißen? Selbstverständlich habe ich mich gefreut. Wir waren alle hellauf begeistert. Was hätten sich denn meine Eltern Schöneres wünschen können, als weitere Enkel? Mein Vater, der machte sich nicht viel aus Kleinkindern, aber nach Fridas Kindern wäre er sicher ganz verrückt gewesen, davon bin ich überzeugt. Nein, da irren Sie sich. Im Gegenteil, ich war ganz erpicht darauf, Tante zu werden. Noch keine meiner Schwestern hatte mich zur Tante gemacht, und Frida würde nun die Erste sein. Wir würden endlich eine typisch mexikanische Großfamilie sein, mit Enkeln und Großmüttern und Urgroßmüttern, Tanten, Vettern, Kusinen und allem, was dazugehört!

Fridas Schwangerschaft war natürlich etwas Besonderes, weil bei Frida alles etwas Besonderes war. Als ich schwanger wurde, na gut, da hat man das freudig zur Kenntnis genommen, aber die Familie hat längst nicht solch ein Aufhebens darum gemacht wie bei ihr. Von mir erwartete man schließlich gar nichts anderes. Cristina war eben eine echte Frau mit Brüsten wie Flaschenkürbissen, die bereit waren, ihren Saft zu verströmen, und Schenkeln wie Flügeln, die bereit waren, sich zu öffnen. So wie ich gebaut war, musste ich ein gesundes Baby zur Welt bringen, und das tat ich auch. Ich will ja gar nicht sagen, dass sie sich nicht gefreut hätten. Als

Antonio geboren wurde, haben sie sich sogar noch mehr gefreut, weil er der erste männliche Nachkomme war. Vor Frida hatten meine Eltern zwar auch einen Sohn gehabt, aber der war ganz früh an einer Lungenentzündung gestorben. Insofern war Antonio schon etwas Außergewöhnliches, und ich fühlte mich als etwas Außergewöhnliches, weil ich ihn produziert hatte, aber auch nur deshalb. Abgesehen davon, gab es bei mir nichts Außergewöhnliches, weil … na ja … mir ist eben nie was zugestoßen. Ich hatte keine lebensgefährliche Krankheit und bin nie schwer verunglückt … außerdem war ich nicht mit einem Nationalhelden verheiratet. Ich brauchte nicht verwöhnt zu werden, dafür war ich viel zu … viel zu gewöhnlich.

Das war bei Frida anders. Als sie ankündigte, dass sie in anderen Umständen war, gerieten alle in helle Aufregung … auch ich … weil wir uns das Kind so wünschten und wussten, dass sie ganz verrückt danach war, Mutter zu werden. Wir gingen alle zusammen in die Kirche und zündeten der Jungfrau Maria Kerzen an – meine Mutter, Maty, Adri und ich, ja, María Luisa auch und natürlich Margarita, die sehr fromm war und später ins Kloster ging.

Habe ich Margarita schon erwähnt? Manchmal ist man vergesslich und wiederholt sich, besonders alte Damen wie ich.

Als Frida merkte, dass sie schwanger war, zog sie jedenfalls wieder nach Coyoacán in ihr altes Zimmer, damit meine Mutter sich um sie kümmern konnte – ihr heiße Brühe bringen, ihr das Bett richten, ihr die Blumen erneuern, wie in guten alten Zeiten. Frida bedurfte natürlich besonderer Fürsorge. Selbst ich musste da mitmachen, obwohl ich ein Neugeborenes zu versorgen hatte.

Aber dann geschah etwas Fürchterliches. Der Arzt eröffnete Frida, dass das Baby verkehrt herum lag, Kopf nach oben und Füße nach unten. Es würde vielleicht in die falsche Richtung wachsen und sich so verkeilen, dass sie es bei der Geburt nicht ans Licht bringen könnte. Natürlich, sagte er, könnte man abwarten, ob es sich von selbst drehte, aber selbst dann wäre mit Komplikationen zu rechnen. Fridas Gebärmutter sei bei dem Unfall schwer in Mitleidenschaft gezogen worden, und es sei ungewiss, ob sie einem ausgereiften Säugling überhaupt genügend Platz bot. Wir waren alle am Boden zerstört. Frida weinte und weinte. Und ich ebenso. Wirklich.

»Was soll ich nur tun, Cristi?«, fragte sie mich in einem fort.

Wir wussten beide, was sie tun sollte, aber ich wollte nicht diejenige sein, die es aussprach.

»Rede mit Diego darüber«, riet ich ihr. »Er ist schließlich der Vater.«

Dachte ich wirklich, Diego würde ihr ein guter Ratgeber sein, oder sagte ich das aus purer Grausamkeit? Es ist schwer, sich selbst auf die Schliche zu kommen, nicht wahr? Pinedo war mir jedenfalls keine Hilfe gewesen, als Antonio auf die Welt kam. Nach der Entbindung hoffte ich, unsere Liebe würde wieder aufkeimen, weil ich ihm einen Sohn geschenkt hatte. Einen Sohn! Das, was jeder Mexikaner sich wünscht! Aber statt sich in den fürsorglichen, stolzen Familienvater zu verwandeln, den ich mir für meine Kleinen ersehnte, hatte er sich aus dem Staub gemacht. »Was ist das für eine Frau, die für einen Halunken wie Diego Rivera Modell steht, während sie schwanger ist?«, hatte er eins ums andere Mal gefragt. Und ununterbrochen hatte er mir vorgehalten, dass er ja gar nicht wüsste, ob das Kind wirklich von ihm sei. Am Ende hatte er seine Sachen gepackt und war verschwunden. Männer fühlen sich ihrer Nachkommenschaft nicht besonders verpflichtet, was? Sie sind wie Leguane, befruchten das Ei, und alles andere ist ihnen egal. Sehen Sie sich meinen eigenen Vater an. Na schön, er war da, aber hat er uns je geliebt? Hat er, abgesehen von Frida, je eine seiner Töchter geliebt?

Frida versuchte, mit Diego darüber zu reden, wie sie sich hinsichtlich der Schwangerschaft verhalten sollte, aber er war zu sehr damit beschäftigt, seine amerikanische Assistentin, Ione Robinson, zu bumsen, um ihr Gehör zu schenken. Offen gestanden glaube ich, dass Diego kein großes Interesse an Fridas Mutterschaft hatte. Für ihn waren Schwangerschaften Frauensache, so wie die Menstruation, jedenfalls nichts, was ihn in irgendeiner Weise anging. Sie erinnern sich doch, dass ich Ihnen von seinem Söhnchen in Paris erzählt habe? Nachdem der Kleine tot war, hatte er keinen Hehl daraus gemacht, dass er von Angelina überhaupt nie ein Kind wollte. Als dann Marievnas Tochter Marika geboren wurde, hat er gar nicht erst die Vaterschaft anerkannt, obwohl er Marievna hin und wieder Geld für ihren Unterhalt schickte. Und was die beiden Kinder von Lupe Marín betraf, Lupita und Ruth, so kümmerte sich Frida mehr um sie als ihr eigener Vater. In Wirklichkeit empfand Diego Kinder als lästig und reagierte ziemlich ungnädig auf Fridas Schwangerschaft. Die meisten Männer wollen von ihren Frauen Kinder haben. Sie brauchen sie als Beweis für ihre Männlichkeit. Was nicht heißen soll, dass sie sich auch um die Kinder kümmern, aber wenigstens wollen sie sie haben. Aber Diego wollte selbst Fridas Baby sein und fürchtete, ein echtes Baby würde ihm den Rang ablaufen. Frida umsorgte und verwöhnte ihn nämlich nach allen Regeln der Kunst. Sie bekochte ihn, kümmerte sich um seine Wäsche, brachte ihm das Mittagessen zur Arbeit, sah ihm beim Malen zu, steckte seine Affären weg. Sie wurde zwar auch eifersüchtig, schrie und tobte, warf mit Gegenständen, zerriss seine Kleider, aber am Ende arrangierte sie sich dann damit. Was blieb ihr auch anderes übrig? Sie tat so, als würde sie darüber lächeln. »Was soll's?«, sagte sie, »solange er zu seiner *mamita* zurückkommt.« Sie gab ihm Kosenamen und nannte ihn *ranita*, ihren kleinen Unkerich. Sie vergötterte ihn, selbst wenn er sie unglücklich machte. Und er war so selbstsüchtig und von sich überzeugt, dass es ihm gleichgültig war, ob er sie verletzte. Vielleicht tat er es aber auch absichtlich, um zu beweisen, dass er ihr überlegen war. Tatsache ist jedenfalls, dass es Diego relativ egal war, ob Frida das Kind bekam oder nicht. Deshalb kam sie mit dem Problem zu mir.

Der Arzt führte die Operation nicht selbst durch, er schickte sie zu einer Abtreiberin, einer Alten mit knotigen Fingern und gütigen Augen, die Frida einen Kräutertee mit einem entspannenden Zusatz verabreichte und mich bat, ihr die Hand zu halten, während sie ihr ein Stück Draht zwischen die Beine schob. Als es vorbei war, blutete Frida lange und schluchzte in meinen Busen, aber ich glaube trotzdem, dass sie irgendwie erleichtert war.

Wieso fragen Sie? Ich sagte doch bereits, dass sie sich nichts mehr wünschte als ein Kind. Das merkte man auch daran, dass sie immer was zum Knuddeln suchte – kleine Hunde, Äffchen, Puppen. Sie sammelte Puppen. Sie zog sie an und aus, kämmte, badete und fütterte sie, brachte sie zu Bett, und wenn sie »krank«, also zerbrochen waren, ging sie mit ihnen zum Puppendoktor. Sie haben Recht, zwischen einer Puppe und einem Baby besteht ein himmelweiter Unterschied. Eine Puppe stellt keine Ansprüche. Eine Puppe kann man hinlegen und in Urlaub fahren. Eine Puppe rivalisiert nicht um die Aufmerksamkeit des Ehemannes.

Eigentlich ... verzeihen Sie, ich habe das noch nie so offen ausgesprochen, aber Sie haben es gerade selbst angedeutet ... ich glaube nämlich, dass meine Schwester im Grunde genauso wenig ein Kind wollte wie Diego. Trotz ihrer Trauer um das verlorene Baby. Trotz der Bilder, die sie von Gebärmüttern und ausgeschabten Embryonen malte. Trotz all ihrer Tränen. Frida war wie Diego. Sie wollte überall im Mittelpunkt stehen, und ein Säugling, der verweist einen, na ja, auf den Platz einer Sklavin. Man muss tun, was das Baby will. Wenn es essen will, muss man aufstehen und es füttern. Wenn es pinkelt, muss man ihm Windeln wechseln. Es ist der Star, nicht man selbst. Ich bin sicher, dass Frida das nicht lange durchgehalten hätte. Weil sie nämlich, genau wie Diego, selbst das Baby sein wollte, verstehen Sie? Sie wollte sein Kind sein, und er ihres. So sprachen sie auch miteinander. Er nannte sie *Fridita chiquitita, mi niñita preciosa* – kleines Fridalein, mein süßes kleines Mädchen und dergleichen. Die Tatsache, dass sie keine Kinder kriegen konnte, machte sie wieder zum Opfer. Ein Opfer steht im Mittelpunkt, weil man es bemitleiden muss. Und das wollte sie, dass alle sie umgaben und »arme kleine Frida« zu ihr sagten. Das liebte sie.

Nein, warum sollte ich eifersüchtig gewesen sein? Ich hatte schließlich zwei Kinder, oder? Ich war die Einzige, die unseren Eltern Enkel geschenkt hatte, nicht wahr? Ich war überhaupt nicht eifersüchtig. Frida tat mir Leid, das ist alles. Genau wie allen anderen auch.

Ich glaube, dass die ersten Jahre mit Diego ziemlich schwer für sie waren. Sie war ein eigenwilliges, selbstsüchtiges Mädchen und sollte für einen Mann, der genauso egozentrisch war wie sie, die unterwürfige Ehefrau spielen. Sie gewöhnte sich an, Tehuanakleider zu tragen – lange, bunte Röcke und dazu Spitzenblusen. Ich hatte ja schon gesagt, dass diese Tracht nach der Revolution in Mexiko in Mode kam, aber für Frida wurde sie zum Fetisch. Sie sagte, sie würde sie anziehen, um ihre Solidarität mit den Landarbeitern zu bekunden, aber meiner Ansicht nach steckte noch etwas anderes dahinter. Frida machte sich nämlich keineswegs wie eine Bäuerin zurecht. Unsinn! Mit ihren knallroten Fingernägeln, dem auffälligen Lippenstift und den raffinierten Frisuren? Glauben Sie, eine Bauersfrau hätte die Zeit gehabt, sich das Haar eine Million Male mit Bändern in unterschiedlichen Farbtönen zu flechten? Frida verbrachte Stunden vor dem Spiegel. Sie liebte es, sich selbst zu betrachten! Wenn das Rot vom Nagellack nicht genau ihren Vorstellungen entsprach, dann lackierte sie die Nägel noch einmal anders. Wenn ihr die Schleifen nicht gefielen, löste sie die Frisur und fing wieder von vorn an. Und dann all die Röcke und Petticoats! Sie mussten perfekt gebügelt sein. Damit trieb sie die Dienstmädchen zum Wahnsinn. Nein, mit Solidarität zu den Indios hatte das nichts zu tun – oder jedenfalls nicht nur. Frida kultivierte ihren eigenen Stil. Sie liebte es, wenn sich die Leute nach ihr umdrehten und ihre Aufmachung bewunderten. Woher ich das weiß? Weil sie ständig davon redete! »Beim Fest des amerikanischen Botschafters haben alle Leute mein Tehuanakleid bestaunt!« »Als ich bei Cabellos Empfang durch die Tür kam, haben sich alle umgedreht und Beifall geklatscht!«

Sie hatte keinen Umgang mehr mit Tina Modotti und deren Bande. Ich sagte Ihnen ja, dass Tina den Kontakt zu uns abgebrochen hatte. Sie ging uns nicht nur aus dem Weg. Sie lehnte uns ab und verhöhnte uns sogar öffentlich. Na ja, nicht eigentlich *uns*, sondern die beiden, Frida und Diego. Weshalb sollte sie mich auch verhöhnen? Tina war ein Früchtchen! Eine wunderschöne Frau, wahrhaftig, aber welch ein Biest!

Wie Sie wissen, hatte Tina einen Hang zum Dramatischen. Sie

war in Kalifornien Schauspielerin gewesen, bevor sie sich mit Edward Weston einließ und Fotografin wurde. Kennen Sie ihre Bilder? Diese zertretenen, schmutzigen Rosen, die das Sinnbild der vom Kapitalismus zerstörten Arbeiterseelen waren. Oder diese nackten Telefonkabel, die sich ins Nichts strecken. Sie war auf ihre Weise eine ebenso große Künstlerin wie Frida. Also, das ist wenigstens meine Meinung ...

Jedenfalls ist es bei Lichte betrachtet gar kein Wunder, dass Tina über Diegos Parteiaustritt so böse war, denn sie lebte damals mit Julio Antonio Mella zusammen, einem führenden kubanischen Kommunisten. Sie haben ihn umgebracht. Mella, meine ich. Er und Tina gingen die Straße entlang, und paff! jagte ihm jemand eine Ladung Schrot in den Leib. Tina wollte weglaufen, aber sie haben sie geschnappt und als Mordkomplizin angeklagt. Aber sie konnten ihr nichts nachweisen.

Wen ich mit »sie« meine? Ich weiß es nicht. Bezahlte Killer vermutlich, von der Regierung. »Sie« eben, so wie man sagt: Sie haben für morgen Regen angesagt. Wo war ich stehen geblieben? Ach ja, sie ließen sie wieder laufen, aber der Fall wirbelte eine Menge Staub auf und warf auf viele Leute ein schlechtes Licht. Ich meine, wie konnte man nur die arme, schöne Tina so misshandeln? Die arme, schöne Tina mit den großen tragischen dunklen Augen und dem frechen Bubikopf. Um sie zu entschädigen, wurde ihr anschließend die Stelle als offizielle Fotografin des mexikanischen Nationalmuseums angeboten, aber sie hat ihnen natürlich geantwortet, sie sollten sich zum Teufel scheren! Sehr idealistisch, die liebe Tina. Und auch sehr naiv. Sie wusste nie, wann es besser war, den Mund zu halten, und hat sich dadurch noch einmal in Verlegenheit gebracht. Sie wurde als Terroristin verhaftet. Tina, eine Terroristin! Stellen Sie sich das mal vor! Sie war nur ein paar Wochen hinter Gittern, aber das hat sie zerbrochen. Anschließend wurde sie ausgewiesen. Es muss schrecklich für sie gewesen sein, denn sie liebte Mexiko. Sie scheint nach Moskau gegangen zu sein, um für Stalin zu arbeiten, glaube ich. Stalin, einer von Fridas großen Vorbildern. Es wurde gemunkelt, dass sie für Stalins Geheimdienst gearbeitet hat. Jedenfalls hat sie keine Fotos mehr gemacht. Anfang der vierziger Jahre ist sie dann nach Mexiko zurückgekehrt und hier gestorben. Angeblich an Herzschlag, aber das glaubt kein Mensch.

Tja, das ist die Geschichte von unserer Freundin Tina. Besser gesagt von unserer Exfreundin Tina, weil sie uns den Rücken zukehrte, als Diego aus der Partei ausgeschlossen wurde. Frida machte das nichts aus. Sie brauchte Tina Modotti nicht mehr. Sie und Diego waren viel zu sehr damit beschäftigt, bei den reichen Amerikanern kommunistische Reden zu schwingen und Kaviar zu essen, während Frida die Indiofrau spielte.

Na ja, vielleicht bin ich da auch ungerecht. Schließlich musste Diego die Aufträge annehmen, die ihm angeboten wurden, oder? Ein Künstler ist von den Reichen abhängig, und Diego benutzte diese verdorbenen Gringos, um ihnen für die Sache der Arbeiter das Geld aus der Tasche zu ziehen. Und indem sie die Tracht ihres Volkes trug, vermittelte Frida den blasierten ausländischen Ladys: Seht, ich muss mich mit euch abgeben, weil ich euer Geld brauche, aber denkt bloß nicht, ich wäre eine von euch. Ich habe mein eigenes Volk nicht verraten. So war das vermutlich.

Diego bekam nun von allen Seiten Schläge. Inzwischen waren die hoch gesinnten Radikalen an der Preparatoria Vergangenheit. Die neue Schülerschaft hasste Diegos Wandbilder, und eine rechts gerichtete Gruppe verübte sogar einen Anschlag darauf. Aber Diego war Überlebenskünstler, und es gelang ihm, sich die Gunst der Regierung zu erhalten, indem er dem neuen Erziehungsminister unter Calles in den Hintern kroch. Egal. Er ergatterte ein paar nette Regierungsaufträge, doch das belastete sein Verhältnis zu den Kommunisten zusätzlich. Einen »Salonkommunisten« nannten sie ihn, einen »Schreibtischrevolutionär«. Auch nachdem sie ihn aus der Partei geschmissen hatten, bewarfen sie ihn weiter mit Dreck. Zu allem Überfluss griff die Regierung inzwischen hart gegen die Linken durch. Sie ließ einige umbringen, und die anderen kamen ins Gefängnis. Diegos Freunde, Orozco und diese Leute, machten sich alle auf und davon nach Kalifornien. Und Diego suchte ebenfalls eine Möglichkeit, Mexiko zu verlassen.

Sie zu finden, fiel ihm nicht allzu schwer, schließlich war er der Star der mexikanischen Muralistenbewegung, und die amerikanische Oberschicht riss sich um ihn. Obwohl er Leute wie John D. Rockefeller als entstellte, blutsaugende Monster dargestellt hatte, konnten die reichen Amerikaner es kaum erwarten, ihm Geld zu geben, damit er ihre Gebäude anmalte. Das war schon merkwürdig, wirklich. Ich vermute, dass sie so mächtig waren, so reich, so intelligent, dass Diegos Bilder von Arbeitern, die in Autofabriken rote Fahnen schwingen, keine Bedrohung für sie darstellten. Oder sie wollten der Welt beweisen, dass sie im Grunde doch nicht so schlecht waren und ihr Herz fürs Volk schlug, dem sie mit miserablen Arbeitsbedingungen und erbärmlichen Löhnen das Blut aussaugten. Wer weiß.

Jedenfalls brachen Frida und Diego im November 1930 nach San Francisco auf. Ich erinnere mich, dass ich Frida beim Packen half, beim Falten ihrer langen Rüschenröcke und ihrer Schultertücher, und so tat, als würde ich mich für sie und Diego freuen. Dabei wusste ich nicht, was ich ohne sie anfangen sollte. Wir waren nie getrennt gewesen – jedenfalls nie länger als für ein paar Wochen oder einen Monat. »Oh, ihr werdet eine herrliche Zeit dort haben«, beteuerte ich ihnen. »Ihr werdet viele faszinierende Leute kennen lernen!« Aber in Wirklichkeit brach es mir das Herz. Pinedo hatte mich verlassen, und ich lebte mit meinen beiden kleinen Kindern wieder zu Hause, wo meine Mutter nicht aufhörte, mir hoch erhobenen Hauptes und mit dem Rosenkranz zwischen den Fingern meine verpfuschte Ehe vorzuhalten. Ich fühlte mich wie eine Versagerin, wie ein gewöhnliches Mädchen, das das Allergewöhnlichste versucht hatte und sogar dabei gescheitert war. Mein Vater sah einfach durch mich hindurch – für ihn war ich die Frau aus Glas, anwesend, aber unsichtbar. War er böse auf mich oder nur desinteressiert? Maty kam fast jeden Tag zu Besuch, aber sie redete meistens mit meiner Mutter, die jetzt ihre große Verbündete war. Adri kam ebenfalls und auch einige von meinen alten Freunden, aber trotz dieser Betriebsamkeit von Besuchern, Dienstboten und meinen eigenen Kindern fühlte ich mich einsam, unbeschreiblich einsam. Ich war es gewohnt, Frida um mich zu haben und ihre intimsten Gedanken mit ihr zu teilen. Außerdem machte ich mir auch Sorgen um sie, weil sie eine labile Gesundheit hatte und Diego manchmal so gemein zu ihr war. In den Vereinigten Staaten würde sie keine Schwester haben, zu der sie dann gehen konnte.

Es war der Anfang unseres neuen Lebens, unseres Lebens ohneeinander. Ich bangte für uns beide, aber besonders für sie. Meine Lieblingsschwester, mein Zwilling. Der Abschied tat so weh, als hätte mir jemand einen Fingernagel ausgerupft, bei lebendigem Leib aus dem Nagelbett gerissen.

15

Frida war erst sechs Wochen im Norden, als ich ihren ersten Brief erhielt. Möchten Sie ihn lesen? Hier ist er. Sehen Sie, sie nennt mich Kity. Das war ihr Kosename für mich.

San Francisco, den 28. November 1930
Liebste Kity!
Du würdest entsetzlich leiden, wenn du mit ansehen müsstest, wie die Leute an diesem grässlichen Ort, in dieser Weltstadt, deinen armen Zwilling behandeln. Das sind solche Heuchler, die Bewohner von San Francisco! Ich komme mir vor wie ein Paradeäffchen. Sie geben fortwährend Partys und laden Diego zum Lunch ein, und ich muss dabeisitzen und so tun, als fände ich ihre Unterhaltung spannend. Neulich waren wir bei Mr. und Mrs. Reginald Baker. Er ist Bankier und erwog, Diego ein Wandbild in Auftrag zu geben, während sie ihre neue Zigarettenspitze vorführte.
›Sehen Sie doch nur, wie lang sie ist, my dear!‹, sagte sie unentwegt. ›Es ist die längste, die ich finden konnte, mit sechzehn Diamanten besetzt.‹
›Das ist doch nicht lang‹, widersprach ich. ›Der Schwanz von meinem Mann ist wesentlich länger!‹
Mrs. Reginald Baker wurde rot wie eine Chilischote, und die anderen starrten mich an, als wollten sie ihren Ohren nicht trauen. Diego hat zwar lauthals losgelacht, aber anschließend hat er mich zurechtgewiesen. Er hat gesagt, ich müsste mich bei diesen Leuten in Acht nehmen, weil wir auf sie angewiesen seien. Er macht mich wahnsinnig. Erst tut er so, als fände er meine Bemerkungen ungeheuer lustig, und

dann wirft er mir plötzlich vor, ich würde ihm alles verderben. ›Vergiss nicht‹, sagte er zu mir, ›dass wir nicht nach Mexiko zurückkönnen. Die Regierung wird mir nämlich nie verzeihen, dass ich ein kommunistischer Held bin, der fürs Volk kämpft. Es könnte sogar sein, dass sie ihre Killer auf mich ansetzt, Frida. Aber vielleicht willst du das ja, damit du mit diesem Gringo durchbrennen kannst, diesem Rechtsanwalt, der den ganzen Abend um dich herumscharwenzelt ist? Aber da solltest du lieber nichts drauf geben, Weibsbild! Der ist nämlich schwul!‹

Ich weiß nicht, was in ihn gefahren ist. Aber seit wir hier sind, ist er eifersüchtiger denn je. Andauernd unterstellt er mir, ich würde den Männern schöne Augen machen. Manchmal weiß ich noch nicht mal, welchen Mann er überhaupt meint. Allerdings habe ich bemerkt, dass er es nicht mag, wenn ich mit meinen Bemerkungen Aufmerksamkeit errege. Er will sich nicht von mir in den Schatten stellen lassen. Er will, dass ich an meinem Platz bleibe. Na schön, ich werde an meinem Platz bleiben, ist ja auch in Ordnung. Ich werde ihm zur Seite stehen und die bewundernde Ehefrau spielen, weil ich in dieser riesigen, schrecklichen Weltstadt sowieso nirgendwo anders hinkann, obwohl mir manchmal danach zumute ist, einfach wegzulaufen und mich von einer dieser prächtigen, geschwungenen Brücken zu stürzen.

Weißt du, es gibt viele Mexikaner hier. Die meisten sind Farmarbeiter, die bei der Orangen- oder Zwiebelernte helfen. Hier gibt es alles, Kity. Du würdest dich fühlen wie im Paradies, denn hier wächst alles, was du gerne isst. Natürlich sind die Avocados nicht so fleischig wie unsere und die Zitronen nicht so saftig. Die Mexikaner, die keine Erntearbeiter sind, arbeiten als Hausangestellte. Die reichen Amerikaner behandeln sie sehr schlecht, aber am schlimmsten finde ich, dass sie tief innen davon überzeugt sind, allen Mexikanern überlegen zu sein. Ich bin sicher, dass sie auf uns herabsehen, weil wir dunkelhäutig sind, obwohl sie Diego umschmeicheln. Sie tun es nur, weil er ein berühmter Maler ist und ein Genie, wenn es darum geht, hässliche Räume durch seine Bilder zu verwandeln. Er bezieht die architektonischen Gegebenheiten in seine Entwürfe mit ein – aber ich glaube, jetzt werde ich dir zu technisch, oder, mein Schatz? Na ja, was ich sagen will, ist, dass sie zwar vordergründig freundlich zu uns sind, uns aber in ihrem Herzen verachten.

Ich weiß nicht, wie sie es vereinbaren können, ihre mexikanischen Hausangestellten wie Scheiße zu behandeln und gleichzeitig Diego die Füße zu küssen, als wäre er Jesus Christus mit Palette. Wir sind doch genauso Mexikaner, oder?

Diego hat übrigens sehr viel zu tun. Er wird Wandbilder im Clubsaal der Börse und in der California School of Fine Arts malen. Wir wohnen bei Ralph Stackpole, einem Bildhauer, der ein großes Studio an der Montgomery Street hat. Hier wohnt auch noch ein anderes Paar, Lucile und Arnold Blanch. Er ist Bildhauer und sie Malerin. Trotzdem vermeide ich es, mit ihnen über Kunst zu reden, weil ich Angst habe, mir könnte etwas rausrutschen, was sie gegen uns einnimmt, obwohl wir sie eines Tages vielleicht brauchen.

Also, meine liebe Kity, ich will mich jetzt von dir verabschieden. Ich hoffe, dass dieser Brief nicht zu langweilig für dich war. Grüß bitte Mami und Papa, Maty und Adri von mir, und natürlich meinen süßen kleinen Toño und Isolda. Ihr fehlt mir sehr. Ich liebe euch,
eure Frida

Nein, da täuschen Sie sich gründlich. Ich habe mich keineswegs gefreut. Wieso hätte es mir Freude bereiten sollen zu erfahren, dass Diego meine Schwester schlecht behandelte?

Diego wurde von allen Seiten mit Aufmerksamkeit überschüttet, die Leute luden ihn auf Partys ein und nahmen ihn mit auf Landausflüge und Picknicks. Einmal entführten sie ihn sogar zu einem Fußballspiel. Frida fand American Football lächerlich. Diego hielt übrigens auch Vorlesungen. In jenen Tagen der großen Depression setzten viele Amerikaner ihre Hoffnung in den Kommunismus, und wenn Diego darüber sprach, wie sich Künstler für soziale Gerechtigkeit engagieren konnten, dann kamen die Zuhörer in Scharen – Intellektuelle, Künstler, Arbeiter, alle möglichen Leute besuchten seine Vorträge. Frida ging natürlich auch hin, als zurückhaltende, bewundernde Ehefrau, hübsch und liebreizend. Sie spielte ihre Rolle gut.

Sie schickte uns Postkarten mit Landschaftsbildern von Orangenbäumen so weit das Augen reicht oder violetten Hügelketten und endlosen Brücken, die sich dramatisch und anmutig über das Wasser schwangen. Sie schickte großartige Seidenstoffe nach Hause, die sie im Chinesenviertel erstanden hatte, um Tehuanakostüme daraus zu schneidern. Sie schickte mir diese Jadeohrringe, sehen Sie? Ich habe sie immer in der Schatulle hier, bei ihren Briefen und dem Halstuch von meinem Geliebten. Aber, war sie glücklich? Lesen Sie mal diesen Brief.

1. Februar 1931

Meine liebste Kity,

ich hoffe, dass es euch allen gut geht. Ich verbringe hier eine wunderbare Zeit, trotz der Tatsache, dass dieser Ort ziemlich trostlos ist. Es gibt so viel Armut, nicht nur unter den mexikanischen Arbeitern, auch viele Weiße sind davon betroffen, und die Leute müssen stundenlang anstehen, damit sie ein paar Brocken Brot bekommen. Aber die Reichen auf dem Telegraph Hill wohnen in Prachtpalästen und dinieren mit Kaviar und Wachteleiern. Trotz dieser schrecklichen Umstände freue ich mich meines Daseins.

Diego arbeitet am Wandbild im Clubsaal der Börse, sodass ich ausgiebig Zeit habe, durch die Straßen zu schlendern und die Stadt zu erkunden. Ich liebe es, mit der Cable Car die Hügel hinauf- und hinunterzufahren. Manche Straßen sind so steil, dass es einem vorkommt, als würde die Tram eine Wand hochkriechen, und man wagt nicht, sich umzusehen, weil man fürchtet, die Kabine könnte wie ein Glasornament herabfallen und zersplittern. Wenn die Bahn losfährt, halte ich jedes Mal die Luft an und zwinge mich, die Augen offen zu lassen. Am Anfang hatte ich schreckliche Angst, weil ich mich an meinen Unfall erinnert fühlte, aber inzwischen finde ich die Cable Car amüsant und komme mir vor wie in einer Berg- und Talbahn. Ich gehe auch sehr gerne in Chinatown spazieren. Die chinesischen Kinder sind so niedlich! Sie sind ganz bunt angezogen – einige in Lila, andere in Orange, andere in Rosa oder in Rot – wie Bonbons zur Weihnachtszeit. Ich würde am liebsten reinbeißen!

Auf der Straße bleiben ganz oft die Leute stehen und sehen mir nach, wegen meiner wunderschönen Tehuanakleider. So was haben sie hier noch nie gesehen. Manchmal kommen vollkommen Fremde auf mich zu und sprechen mich an. Ich antworte ihnen auf Englisch, was ich immer fließender beherrsche! Kannst du dir das vorstellen, wie deine Schwester gringo plappert? Meine Lieblingswörter: dick, shit, pussy, ass und natürlich dies hier, mein ständiger Begleiter, fuck. Wiederhole sie jeden Tag ein paar Mal, meine Liebe, dann können wir, wenn ich zurück bin, zusammen gringo sprechen. Ich habe kaum Gelegenheit, die Sprache mit Diegos Freunden zu praktizieren, weil sie nur mit ihm reden wollen, obwohl er nicht mal Englisch spricht. Ich stehe eigentlich immer nur daneben und lächele.

Ich kann nicht viel gehen, weil mir mein rechter Fuß wieder Schwierigkeiten bereitet. Ich weiß nicht, was damit los ist. Manchmal kommt er mir vor wie ein Boot, das in die falsche Richtung abdriftet. Er dreht sich immer nach außen, weißt du, und es ist sehr anstrengend, ihn in der richtigen Richtung zu halten – da kommt es vor, dass ich einfach aufgebe. Aber nicht oft! Weißt du was, meine liebe Schwester, ich kann dir eine sehr erfreuliche Mitteilung machen: Ich habe hier einen berühmten Arzt kennen gelernt, Dr. Leo Eloesser, der davon überzeugt ist, dass er mir helfen kann. Er ist ein äußerst liebenswerter Mann. Ich werde von ihm ein Porträt machen, wenn ich wieder zu malen anfange. Er hat meinen Rücken untersucht und mir gesagt, ich hätte eine ausgeprägte Skoliose. Das heißt eine krumme Wirbelsäule, Liebes. Er hat mir auch gesagt, dass mir eine Bandscheibe fehlt, was natürlich keine angenehme Nachricht ist, aber das Gute ist, dass die Medizin hier schon ziemlich fortgeschritten ist, und wenn Dr. Eloesser mich operiert, dann bin ich sicher, dass er mich wieder wie neu hinkriegen wird! Dann werde ich Toñito von der pulquería bis zum Park jagen und wieder zurück!

Jetzt rate mal, wen ich noch kennen gelernt habe, Cristi. Du wirst es nicht glauben: Edward Weston, den berühmten Fotografen, der so lange Tinas Geliebter war. Ich war schon immer neugierig auf ihn. Tina hat so viel von ihm geredet. Sie hat mir einmal erzählt, er wäre so sanft wie ein Rosenblatt und so leidenschaftlich wie ein Wirbelsturm. (Sehen Sie mal, hier hat Frida kleine Blütenblätter hingezeichnet und dicke Wolken mit wilden Augen!) *Ich wusste nicht, was mich erwartet, denn er und Diego haben ja beide Tina gevögelt, aber es war wunderbar, Liebes, denn Weston und Diego entwickelten ein gutes Verhältnis zueinander. Weston ist sehr hübsch und hat unglaublich sinnliche Augen. Er und ich haben eigentlich die ganze Zeit auf die schamloseste Weise geflirtet, und Diego hat es hingenommen. Weston hat von Diego und mir ein Foto gemacht. Ich kann es kaum erwarten, es dir zu zeigen.*

Letzten Monat sind wir nach New York gefahren – die Hauptstadt der Welt und das größte Irrenhaus des Universums –, weil Diegos Ausstellung im Museum of Modern Art eröffnet wurde. Die Amerikaner sind ihm vorn und hinten reingekrabbelt. Er hat ein paar von seinen Zapata-Bildern ausgestellt und ein paar Sachen zur Agrarreform, lauter so marxistisches Zeug – aber sie konnten nicht genug davon kriegen. Kannst du dir das vorstellen? Diese aufgetakelten Weiber in ihren langen Brokatkleidern, so steif, als hätten sie einen Stock verschluckt, mit ihren ›Ohs!‹ und ›Ahs!‹. Sie tun so, als wären sie dem Not leidenden Volk inniglich verbunden. Sie umgeben das Volk mit einem Glorienschein, damit sie sich nicht so mies vorkommen müssen mit ihren Pudeln, die diamantenbesetzte Diademe tragen, und ihren goldverzierten Daimlern. Sie haben Schuldgefühle, die Amerikaner, das ist nicht zu übersehen. Ich merke es daran, wie sie für die Lebendigkeit der mexikanischen Kunst schwärmen und dabei so tun, als würden sie nicht merken, dass Diego und ich auch dunkelhäutig sind. »Oh, Liebes, sieh nur, wie robust, diese Figuren! So erdig! So ... so echt! So authentisch!« »Und sieh dir doch nur mal Riveras kleine Frau an. Ist sie nicht perfekt? In diesen entzückenden Folkloretrachten!« Ich habe mit keiner von ihnen ein Wort gewechselt. Ich stand nur neben Diego und habe ihn auf Französisch drauflosreden lassen, ohne dass er überhaupt merkte, dass kein Mensch ein Wort verstand.

Diese Amerikaner haben einen so grauenhaften Geschmack. Du hättest sehen sollen, was Mrs. Alice Bricker anhatte, die uns nach der Eröffnung in ihr Penthouse eingeladen hat. Ein abscheuliches, blassrosa Rüschenkleid mit gebauschten Schultern und einer großen Schleife am Po. Sie sah aus wie ein fünfzigjähriges Schulmädchen.

Und ihre Freundin, Mrs. Fitch, trug einen Art-Déco-Pyjama in mehreren Lagen und sah aus wie das wandelnde Chrysler-Gebäude.

Meine liebe Kity, du wirst dir vorstellen können, wie sehr es mich schlaucht, einen Empfang nach dem anderen mitzumachen. Alle wollen uns kennen lernen. Wir werden ständig in der Gegend herumgefahren und sehen jeden Tag was Neues. Das Empire State Building, stell dir mal vor! Ein Denkmal der Moderne! Diego ist hin und weg davon. Und was mich betrifft, ich hätte Lust, nochmal zu heiraten, und zwar im allerobersten Stockwerk! Jetzt, wo wir wieder in San Francisco sind, finden außerdem wichtige politische Versammlungen statt, zu denen wir einfach hingehen müssen, weil die Leute Diego anbeten, ja sie beten ihn an.

Oh, meine kleine Kity, warum erzähle ich dir lauter Lügen, dir, meiner eigenen Schwester? Es geht mir überhaupt nicht gut. Diego kommt oft tagelang nicht nach Hause, und du wirst dir wohl vorstellen können weshalb, nicht wahr? Er behauptet, er müsste für sein neues Wandbild recherchieren, aber das Einzige, was er recherchiert, sind die Intimteile seines neuen Modells, der zauberhaften, athletischen weißen Venus, Hellen Wills. Sie ist eine berühmte Tennismeisterin, und Diego hat sie für sein Wandbild als Allegorie von Kalifornien ausgewählt. Er verfolgt sie überallhin. Angeblich weil er sie in Aktion sehen muss, um ein Gefühl für ihre fließenden Bewegungen zu bekommen. Er hat sie bestimmt nicht nur einmal in Aktion gesehen. Ich kann mir lebhaft vorstellen, worin ihre praktischen Sitzungen bestehen. »Zieh die Bluse aus, mein Schatz, und zeig mir deine Tennisbälle! Recht so, jetzt heb die Arme und dreh dich zu mir um. Zieh das Höschen aus und sei mir zu Diensten!« Du solltest das Aktbild sehen, das er von ihr malt. Da schwebt sie an der Decke wie eine geflügelte Waldnymphe oder die Mondgöttin Artemis. Aber ich finde ehrlich gesagt, dass sie aussieht wie ein gerupfter Geier.

Na ja, ein Mann wie Diego braucht vermutlich Abwechslung, aber ich bin schrecklich einsam, meine liebe Kity. Wenn wenigstens du und Toñito und Isoldita bei mir wären. Diego ist ständig von Leuten umgeben, Assistenten, Studenten, Bewunderer, Mitläufer. Alle umschmeicheln ihn, und niemand kümmert sich um deinen armen klei-

nen Zwilling. Na ja, sie tun es schon – Diego stellt mich seinen Leuten vor, und sie laden mich auch alle ein –, aber nur weil ich Mrs. Rivera bin, nicht weil sie sich etwa für mich interessieren. Ich muss nett zu ihnen sein, besonders zu Leuten wie Al Bender, dem berühmten Kunstsammler, der nicht nur Diego das Visum besorgt hat, sondern ihm auch schon eine Menge Bilder abgekauft hat. Solche Leute sind für uns lebensnotwendig. Aber sie haben keinerlei Interesse an mir. Ich diene nur als Staffage. Diegos Frau oder Diegos Stiefelschnalle, das kommt auf das Gleiche hinaus. Ehrlich gesagt kann ich die Gringos nicht leiden, mit ihren Teiggesichtern und ihrer Haut, die aussieht wie Haferschleim.

Meine liebe Kity, wie soll ich es hier bloß aushalten? Ich weiß, dass du mir nicht zurückschreiben wirst, aber bitte heb mir so viele Neuigkeiten auf wie nur möglich, damit du mir alles erzählen kannst, wenn ich wieder da bin, ALLES! Dann können wir die wichtigen Momente nachholen, die ich jetzt bei euch verpasse! Gib Mami und Papi einen dicken Kuss von mir und auch meiner süßen Nichte und meinem niedlichen Neffen. Ich sende dir meine ganze Liebe,
Frida
♥♥♥

Es stimmt, dass ich ihr nie zurückgeschrieben habe. Ich war nicht so gut im Briefeschreiben, und außerdem war ich mit meinen Kindern beschäftigt. Einerseits tat mir Frida Leid, und andererseits, na ja, dachte ich, dass es ihr nicht schadete, endlich mal zu erleben, wie es war, die zweite Geige zu spielen. Ja, ich gebe es zu. Ich empfand eine gewisse Genugtuung, als ich erfuhr, dass sie ausnahmsweise mal nicht im Mittelpunkt stand. Vergessen Sie nicht, dass ich selbst damals eine sehr schwierige Phase durchmachte. Ich lebte mit meinen Kindern wieder bei meinen Eltern und war vom gesellschaftlichen Leben praktisch abgeschnitten …

Verstehen Sie mich nicht falsch. Ich habe Frida kein Leid gewünscht. Und dass ihr Fuß wieder schlimmer war, gefiel mir ganz und gar nicht. Aber im Grunde genoss Frida ihr Leben doch in vollen Zügen – trotz des Gejammers. Sie ging auf Partys, lernte interessante Leute kennen, fuhr mit der Seilbahn, durchstreifte Chinatown, machte mal eben einen Abstecher nach New York. Also, was soll schon so schlimm daran sein, dass einmal nicht alle Blicke an ihr hängen, dachte ich. Sie hat doch trotzdem eine gute Zeit. Aber dann fiel mir was anderes ein ... jemand anderes ... Helen Wills.

Ich hatte sie noch nie gesehen, noch nicht einmal auf einem Foto, aber sie ging mir nicht mehr aus dem Kopf: durchtrainiert und athletisch, das Haar schimmernd wie Mondlicht auf der zitternden Oberfläche eines Sees, die Haut weiß, doch nicht blass, wie feiner Sand oder helles Holz, eine glatte, von Lotionen geschmeidige Haut. Ich stellte mir vor, wie sie Rückhand- und Überhandschläge übte und nichts anhatte als einen Sonnenschutz über den Augen und Tennisschuhe, wie sie die Arme hob und dabei ihre prachtvollen Brüste zeigte, wie sie sich drehte und die Biegsamkeit ihres Oberkörpers bewies, wie Diegos Blicke sie liebkosten, wenn sie hinaufschoss in den klaren, blauen Himmel Kaliforniens. Strahlendes Lächeln, leuchtende Augen, gleichmäßige, polierte Zähne, wie alle Gringos. Und ich sah Diego, der sich in köstlicher Erwartung die Lippen leckte, während er eine Skizze nach der anderen anfertigte.

Ich hasste sie, nicht für das, was sie Frida antat, sondern für das, was sie mir antat.

Was sie mir antat? Na ja, das war alles ziemlich verworren.

Danach hörte ich eine Weile nichts von Frida. Sie hatte wieder zu malen begonnen, da sie sehr viel Zeit hatte und wegen ihres Fußes nicht so viel spazieren gehen konnte. Sie malte ein Porträt von Eloesser – meiner Meinung nach eins ihrer schlechtesten Bilder. Er sieht darauf aus wie eine von diesen billigen Puppen, die im Verhältnis zum Körper einen viel zu großen Kopf haben, der auch noch schief zwischen den Schultern steckt. Sie malte Eva Frederick, eine rundliche Schwarze mit hohen Wangenknochen und weichen Formen. Frida mochte Schwarze. Sie sagte, sie wären wie die Indios – schön, klug, mit einer reichen Kultur und von der Oberschicht total verachtet. Sie waren Opfer, und Frida liebte Opfer. Nein, das ist ungerecht, Frida hatte natürlich Recht. Meine Schwester war großzügig, mitfühlend. Mein Lieblingsbild aus jener Phase ist das von

Luther Burbank, einem Mann, der mit Pflanzen experimentierte. Sie hat ihn als Gewächs dargestellt, mit aufrechtem Stängel, weit auslaufenden Wurzeln und fleischigen grünen Blättern. Aus dieser Zeit stammt auch das Hochzeitsbild, das sie von Diego und sich malte. Es trägt eine Banderole wie die altmodischen Gemälde in den Haziendas. Frida nennt ihn darauf »mein geliebter Gatte Diego«. Sehen Sie, sie spielte ihre Rolle immer besser. Die Rolle der anbetenden Ehefrau, meine mich. »Mein Diego hinten, mein Diego vorne ...« Lesen Sie mal diesen Brief:

15. August 1931

Meine allerliebste Kity,

ich muss mich kurz fassen, weil ich mich gerade auf eine große Ausstellung vorbereite. Meine! Stell dir das vor! In New York! Es ist so viel passiert, seit ich dir das letzte Mal geschrieben habe. Der Sommer ist herrlich hier, obwohl ich nicht imstande bin, so ausgiebig über die Hügel zu wandern, wie ich gern möchte, weil mein Fuß mir scheußlich wehtut. Dein armer kleiner Zwilling hat solches Pech mit seinen Extremitäten! Ich wünschte, ich könnte schön und gesund sein wie du. Diego und ich haben in letzter Zeit alle beide wie verrückt gearbeitet – besonders ich, weil ich für die Eröffnung meiner Ausstellung bis zum nächsten Wochenende alles fertig haben muss. Es ist sehr aufregend. Die Leute hier in San Francisco lieben meine Bilder, alle wollen eins haben! Ich komme mit den Auftragsarbeiten gar nicht mehr nach, weil unsere gesellschaftlichen Verpflichtungen schließlich auch Zeit kosten. Ich bin übrigens auf den Gringo-Partys schon viel besser geworden, obwohl ich die Leute im Grunde meiner Seele hasse – die Amerikaner sind so langweilig! Ich finde, sie haben einen Charakter wie gekochter Reis – den hier natürlich niemand richtig zubereiten kann, weil die Leute nur halbrohes, blutiges Fleisch essen. Beim bloßen Anblick könnte ich kotzen!

Letzte Woche waren wir auf einer Dinner-Party bei Mr. und Mrs. Jerome Pattison. Das sind wichtige Kunstmäzene, die Diego schon drei Bilder abgekauft haben und vielleicht auch noch ein viertes haben wollen. Die Frau hatte ein hautenges Röhrenkleid an, das ihr drei Nummern zu klein war, und darüber einen fließenden Organdy-Um-

hang, von dem sie wahrscheinlich annahm, er würde ihr etwas Ätherisches geben, der aber aussah wie alte Wäsche, die an der Leine flattert. Na ja, sie nehmen jedenfalls den Mund ganz schön voll mit den Rechten der Arbeiter und ähnlichen Dingen, von denen sie im Grunde keine Ahnung haben. Ich habe mich zu Tode gelangweilt und einfach nur dagesessen und an meinem Wein genippt. Doch dann habe ich irgendwann mit todernster Miene gesagt: »Es gab einmal einen Mann, der ein großes Problem hatte.«

Die Leute haben ihre Unterhaltungen unterbrochen und mich angesehen, als hätten sie erwartet, dass ich etwas über die miserable Lage der Arbeitslosen verkünden würde.

»Ja«, wiederholte ich, »ein sehr großes Problem.«

Alle Augen lagen auf mir. Diegos Mundwinkel zuckten, und ich wusste, dass er ein Lachen unterdrückte.

»Der Mann ging in eine Apotheke und sagte zu der Verkäuferin: ›Ich habe ein Problem und möchte mit dem Apotheker sprechen.‹

›Der Apotheker bin ich‹, sagte die Frau hinter der Theke.

›Nun, es ist sehr persönlich‹, sagte er. ›Ich möchte lieber mit einem männlichen Apotheker sprechen.‹

›Ich bin der einzige Apotheker hier‹, sagte sie. ›Aber Sie können mir alles anvertrauen. Ich bin ausgebildete Pharmazeutin und vollkommen professionell. Ich führe dieses Geschäft zusammen mit meiner Schwester.‹

›Also‹, sagte der Mann, ›mein Problem ist, dass ich eine Dauererektion habe.‹

›Eine Dauererektion. Hmm, verstehe‹, sagte die Apothekerin.

Du musst dir vorstellen, Cristi, dass mich alle angesehen und gekichert haben. Die Feier war seit Stunden in Gang, und die Gäste hatten schon so viel getrunken, dass sie mächtig angeheitert waren. Diego konnte nicht mehr an sich halten und gluckste vor Lachen.

›Können Sie mir etwas dagegen verordnen?‹, fragte der Mann.

›Also‹, sagte die Apothekerin, ›ich werde mal mit meiner Schwester beratschlagen.‹

An dieser Stelle habe ich eine Pause gemacht, Cristi, um die Spannung zu erhöhen. Dann bin ich fortgefahren:

Nachdem sie eine Weile verschwunden war, kam die Apothekerin zurück und sagte: ›Gut, ich habe mich mit meiner Schwester beraten: Wir bieten Ihnen zwei Drittel vom Geschäft und dreißig Prozent vom Gewinn!‹«

Sie haben gebrüllt vor Lachen, Kity. Du hättest es erleben sollen! Und dann haben alle angefangen, schmutzige Witze zu erzählen, sogar die vornehme Mrs. Pattison mit ihrem Haferbreigesicht. Ich habe einen nach dem anderen erzählt, und Diego saß da und bog sich vor Lachen. Diesmal hat er mir nicht die Leviten gelesen, als wir nachts nach Hause gefahren sind, weil ich seine kultivierten, gut betuchten Wohltäter schockiert hatte, sondern die Arme um mich gelegt und mir versichert, dass ich das Beste sei, was ihm im Leben passiert ist. Mein allerliebster Diego, ich liebe ihn so sehr, Kity, mehr als mein eigenes Leben! Du kannst dir nicht vorstellen, wie gut es mir tut, ihn glücklich zu machen. Jedenfalls habe ich aus dieser Erfahrung gelernt, dass der Erfolg meiner Einlagen auf den Partys eine Frage des Zeitpunkts ist. Wenn ich warte, bis sie genügend Alkohol intus haben, fressen sie mir aus der Hand. Seitdem sind die Feste amüsanter. Und es ist auch gut, dass Diego sein Wandbild fertig hat. Jetzt ist er nämlich entspannter und hat mehr Zeit für mich. Vielleicht ist ja die schlimmste Zeit endlich überstanden, liebste Kity.

Du kannst dir nicht vorstellen, wie sehr ihr mir fehlt. Schließ bitte deinen kleinen Zwilling in deine Gebete ein.

Viel Liebe, euch allen,   *Frida.*

Es stimmte natürlich nicht. Sie wurde keineswegs mit Anfragen nach Bildern bombardiert. Sie verkaufte in San Francisco fast keins, und die Ausstellung in New York war ein Reinfall. Diego hat es mir erzählt. Ich habe aber darüber geschwiegen und ihr nie gesagt, dass ich Bescheid wusste. Nie. Ich habe sie doch geliebt und musste sie schützen.

An diesem Punkt verschwimmen meine Erinnerungen. Frida und Diego gingen Ende 1931, glaube ich, nach Detroit, oder war es Anfang 1932? Diego hatte nämlich von einem wichtigen amerikanischen Unternehmer einen Großauftrag, einem Autobauer. Nicht

Henry Ford, sondern Edsel Ford. Was für ein komischer Name. Diego hat Frida mal ein Auto gekauft, und mir auch eins, dasselbe Modell. Ford wollte, dass Diego ein paar Wandbilder zum Ruhme seiner Autofabrik malte. Das war ein Auftrag nach Diegos Geschmack: Er würde die Arbeiter abbilden, Männer mit ernsten Mienen und angespannten Muskeln, die ganze Welt der Industrie, die Massen, das Proletariat, den Adel des Schweißes. Es lebe Marx! Es lebe Zapata! Falls Sie wissen, was ich meine. Diego liebte Maschinen, Produktionsanlagen, alles, was modern war, alles, was mit Fortschritt zu tun hatte. Was für ein Name ist eigentlich Edsel?

Na ja, als sie in Detroit ankamen, gingen sie direkt zum Wardell, einem Hotel, wo man richtig wohnen kann, mit Dienstboten, Wäscheservice und allem Drum und Dran. Man kann sogar eine Küche haben, um selber zu kochen. Frida hasste das amerikanische Essen, bestand darauf, mexikanisch zu kochen. Sie sagte, die Gringos würden alles so zubereiten, dass es schmeckte wie angerührter Gips. Jedenfalls war es ein recht angesehenes Hotel. Sie zogen dort mit Sack und Pack ein, mit Diegos Farben, Fridas Tehuanakleidern, Diegos gigantischen Stiefeln, Fridas Arzneiköfferchen, Diegos Alkohol ...

»Wissen Sie, weshalb das Wardell eine so vorzügliche Adresse ist?«, fragte der Finanzmanager des Detroit Art Institute, Bill Regginer, die beiden, als er sie dort absetzte.

»Weshalb?«, fragte Diego.

»Sie nehmen keine Juden.« Das fand er spaßig, Regginer, meine ich. Er dachte, er hätte einen tollen Insiderwitz gerissen.

Aber Frida schnürte es die Kehle zusammen, als stecke ihr ein Eisklumpen im Hals. »Er verfolgt einen überallhin«, erzählte sie mir später. »Du kannst ihm nirgends entkommen«, dem Fluch von Guillermo Kahlo, wie ich ihn nannte.

Wissen Sie, was Diego da tat? Er ging geradewegs zum Geschäftsführer und sagte: »Ich habe soeben vernommen, dass Sie hier keine Juden nehmen.« Er sprach französisch. Frida übersetzte für ihn.

»Das ist korrekt«, sagte der Mann. »Schließlich ist dies eine der besten Adressen von Detroit. Wir müssen unsere Standards wahren.«

»Nun, dann werden Carmen und ich wohl wieder ausziehen, denn wir sind beide Juden.« Er hatte sich angewöhnt, Frida Carmen zu nennen, weil der Nazismus sich ausbreitete und man mit einem deutschen Namen Probleme kriegen konnte. Dem Kerl muss die Kinnlade bis zu den Füßen heruntergeklappt sein. Diego war einer der bedeutendsten Künstler der Welt, und ihm Quartier zu geben, war für das Hotel eine Frage des Prestiges.

»Das kann nicht sein …«, stammelte der Inhaber.

»Es ist aber so!«, lachte Diego. »Wir werden hinaufgehen und sofort unsere Sachen packen, wenn Sie Ihre Politik an diesem Punkt nicht ändern!«

»Na ja, eine Politik kann man es wohl nicht nennen, es ist nur, dass …« Diego hatte den Mann in die Enge getrieben und kostete dessen Verlegenheit aus.

»Ich will damit sagen, es ist nicht meine Regelung … Ich werde das mal mit … mit dem … ähem … also, es gibt da einen Ausschuss …«

»Gehen Sie und klären Sie das, mit wem Sie wollen, aber wenn Sie bis heute Abend das Verbot nicht aufgehoben haben, ziehen wir morgen wieder aus.«

Die Wirtschaftskrise hielt an, und das Hotel war natürlich auf den Umsatz angewiesen, den ein Name wie Diego Rivera mit sich brachte. Deshalb änderte die Leitung schließlich nicht nur ihre Politik, sondern überließ Diego die Suite statt für 185 für nur 100 Dollar im Monat. Diego feierte das als einen Sieg über die Engstirnigkeit.

Nicht lange danach waren sie zu einer Dinner-Party bei den Fords eingeladen. »Lauter Hexen mit Satinbinden und Himmelfahrtsnasen«, beschrieb Frida mir später die Gesellschaft. Sie hatten dagesessen und über dieses und jenes geredet, über Tennis vielleicht, Helen Wills war gerade Meisterin im Einzel der Frauen geworden, oder über den letzten Film von Charlie Chaplin oder von Gary Cooper, und Frida machte Bemerkungen wie: »Haben Sie ›Lichter der Großstadt gesehen?‹ So eine Scheiße!« Wenn dann die Ladys erblassten, fügte sie hinzu: »Oh, habe ich etwas Falsches gesagt? Heißt das nicht so, wenn man etwas ganz phantastisch findet? Ich meinte großartig! Mein Englisch ist noch nicht so gut!« Sie waren jedenfalls auf dieser Feier bei den Fords, und der Hausherr war als erbitterter Judenhasser bekannt. Er gehörte zu denjenigen, die später im Krieg den Deutschen die Daumen hielten. Als eine Gesprächspause entstand, legte Frida los: »Oh, Edsel«, sagte sie, »ich habe gehört, Sie sind Jude! Ist nicht Ihre Mutter eine Jüdin aus Brooklyn?« Na, Sie werden sich vorstellen können, was da los war!

Nein, natürlich war ich nicht dabei. Ich erzähle Ihnen ja auch nur, wie ich meine, dass es gewesen sein könnte ... wie ich es mir vorstelle.

Ein anderes Mal gingen sie auf einen Empfang im Kunstinstitut. Bei der Begrüßung schritten die Damen der Gesellschaft die Reihe der Gäste ab. Frida stand direkt neben Diego. Sie trug ein seidenes Tehuanakleid und war großzügig mit Schmuck behängt, einen Ring an jedem Finger und so. Als die Ladys bei ihr ankamen, sagten sie Dinge wie: »Oh, ich bin entzückt von der Kunst Ihres Mannes!« »Wir sind hoch erfreut, Sie und Mr. Rivera hier zu haben!«, und Frida murmelte, »*Oh, thank you. Fuck you!*« Danach log sie mit dem süßesten Stimmchen: »Ach, und ich dachte, das müsste man bei solchen Gelegenheiten sagen! Ich dachte, es hieße so etwas wie: Sehr freundlich von Ihnen! Das hat mein Mann mir so beigebracht. Dieser ungezogene Diego! Er will mich wohl in Verlegenheit bringen!«

Aber wenn Sie glauben, Frida hätte ihren Aufenthalt in Detroit genossen, irren Sie sich. Ihr Fuß quälte sie ohne Unterlass, und obendrein wurde sie im Frühjahr auch noch schwanger. Wieso das nicht erfreulich war? Weil sie in einem fremden Land war, wo alles anders ist, die Leute, die Sprache, das Essen, der Umgang mit einer Schwangeren. In Mexiko kann sich eine werdende Mutter auf ihre Schwestern verlassen, auf ihre *mamá*, ihre Dienstmädchen. Ich hätte mich um Frida gekümmert, auf sie aufgepasst, sie überredet, dem Doktor zu gehorchen, wenn er ihr verbot, Alkohol zu trinken und so viel auszugehen. Sie wollte ja immer überall dabei sein und ließ sich ungern Vorschriften machen. Diego arbeitete die ganze Zeit. Er musste die Wandbilder für Ford fertig stellen, und Frida hielt es nicht gut alleine aus, deshalb ging sie mit zu den Gesellschaften. Sie zwang sich regelrecht dazu und – lesen Sie mal diesen Brief, er ist von Ende Mai.

30. Mai 1932

Liebste Schwester,

ich weiß nicht, wie ich diesen Brief beginnen soll. Ich würde dir gerne berichten, dass ich überglücklich bin, weil ich ein Kind erwarte. Das tue ich! Ich erwarte ein Baby! Ich müsste eigentlich verrückt sein vor Glück, aber oh, meine allerliebste Cristi, ich leide entsetzlich. Ich habe seltsame Gedanken und sehe im Traum unheimliche, beängstigende Gestalten; Ungeheuer mit Fledermausflügeln und Papageienschnäbeln, die fauchend und krächzend über mich herfallen und mir das Kind aus seiner Höhle rauben wollen. Ich möchte nach Hause, aber Diego wird seine Fresken wohl kaum vor September fertig haben. Das Baby kommt im Dezember. Aber ich möchte jetzt nach Hause. Die Leute hier wissen nicht, wie sie mit mir umgehen sollen, und Diego zeigt nicht das geringste Interesse an meinem Zustand. Wenn mir übel ist, was andauernd der Fall ist, oder mir das Bein wehtut, dann verlässt er laut polternd das Zimmer und schlägt die Tür hinter sich zu. »Du musstest ja unbedingt nochmal schwanger werden«, schnauzt er mich an. »Dann sieh auch zu, wie du damit zurechtkommst!« Er knurrt mich immer nur an und ist ständig schlechter Laune. Manchmal sehe ich ihn wochenlang überhaupt nicht. Er erzählt mir, dass er im Art Institute schläft, damit er am Morgen keine Zeit verliert, aber in Wirklichkeit schläft er wer weiß wo und mit wer weiß wem!

Oh, Cristi! Ich hasse diese trostlose Stadt. Sie ist wie eine riesige Mietskaserne und so heiß, dass Ratten und Küchenschaben auf den Gehsteigen braten. Ich wünschte, ich würde sterben! Bete für mich, liebste Cristi! Kommunisten glauben zwar nicht an Gott, aber vielleicht erbarmt er sich ja trotzdem meiner.

Deine dich liebende Schwester Frida.

Irgendetwas wurmte mich, aber ich konnte nicht so genau sagen, was. Dieses Mal würde sie das Kind bestimmt bekommen, dachte ich. Diegito. Einen kleinen Diego. Ich zweifelte keinen Augenblick daran, dass es ein Junge werden würde. Großmutters Liebling, ihr kleiner Augenstern. »Lieber Gott, bitte lass mich nicht sterben, ohne Fridas Baby gesehen zu haben«, winselte meine Mutter unentwegt, denn Sie müssen wissen, dass sie schwer krank war. Der Arzt hatte ihr eröffnet, dass sie Krebs hatte, und sie wusste, dass sie vielleicht sterben würde, bevor sie ihr neues Enkelchen gesehen hatte. Sie hatte natürlich Toñito, aber der war ja nur meiner. Das neue Enkelchen würde Fridas Kind sein. Alle fielen in das gleiche Loblied ein: All den Widrigkeiten zum Trotz! Welch eine Kämpferin, unsere Frida, welch eine Heldin! Und, ja, ich gebe es zu, ich ärgerte mich darüber, denn Frida spielte in den USA die freche, bewundernswürdige kleine Frau des großen Diego Rivera, mischte sich unter die Crème de la Crème der Yankee-Gesellschaft und genoss ihr Leben in vollen Zügen, obwohl sie das Gegenteil behauptete, wogegen ich in Coyoacán festsaß und mich abstrampelte, um meine beiden Kinder großzuziehen und ganz nebenbei auch noch meine kranke Mutter zu pflegen. Gut, dachte ich, es wird ihr die Flügel stutzen. Sie wird sich nicht mehr als das Leiden Christi, der Heilige Gral und der Pimmel vom Messdiener in einem aufführen können. Sie wird nicht mehr Jesus im lavendelfarbenen Pyjama spielen können, jedenfalls ein Weilchen lang. Sie wird nicht jedes gesellschaftliche Ereignis mitnehmen können und sich gleichzeitig um ein Neugeborenes kümmern. Sie wird wohl oder übel zu Hause bleiben und das Baby versorgen müssen. Aber die arme Frida litt natürlich schreckliche Qualen, wegen ihrer Wirbelsäule und dem Fuß, außerdem war klar, dass eine Schwangerschaft ihre gesundheitlichen Probleme nur verschlimmern konnte. Sie tat mir Leid. Natürlich tat sie mir Leid. Aber ich litt schließlich auch. Es war nie leicht, mit meiner Mutter auszukommen, auch nicht, als sie noch bei bester Gesundheit war, aber krank war sie schier unausstehlich. Tabletten, Ärzte, Bettpfannen, Erbrochenes, den lieben langen Tag. Und dann das Gejammer. Dieses unablässige Gewinsel. Oh, wenn doch nur Frida da wäre, heulte meine Mutter, dann wäre alles besser. Ihre geliebte Frida. Es laugte mich aus. Ich war noch jung, das dürfen Sie nicht vergessen. Ich wollte unter Leute kommen. Aber ich saß zu Hause fest, Tag und Nacht. Natürlich habe ich es gerne getan für meine Mutter, das ist doch überhaupt keine Frage. Ich habe meine Mutter geliebt. Sie war schließlich meine Mutter, und ich schuldete ihr Zuwendung und Fürsorge. Die Frage ist nur, weshalb Frida ihr das eigentlich nicht schuldete.

Als der Brief bei mir ankam, war das Baby schon gestorben. Eines Nachts hatte Frida zu bluten begonnen. Ozeane von Blut, von Klumpen durchsetzt wie Inseln. Halb wahnsinnig vor Sorge war Diego ins Krankenhaus gelaufen. Diego Rivera, das Monument, litt monumentale Schmerzen. Tut mir Leid, war nicht so gemeint. Ich zweifle nicht daran, dass er sich wirklich große Sorgen machte, aber nicht um das Kind. Wenn er durch die Hölle ging, dann bestimmt nicht wegen des Kindes, das er ja gar nicht haben wollte, sondern aus Angst um Frida. Er bangte, dass sie in den Himmel entfliehen und ihn in jener scheußlichen Stadt allein zurücklassen könnte. »Parfümierte Scheiße«, so nannte Frida diesen Ort, »Dünnschiss mit Petersilie garniert«.

Kurz und gut, als sie sich wieder erholt hatte, begann Frida wie eine Besessene zu malen. Ich bin sicher, dass ihr das nicht gerade leicht gefallen ist, denn sie war keine sehr organisierte Person. Sie fing etwas an, dann schlug man ihr vor, einkaufen zu gehen, Karten zu spielen oder jemanden am Ende der Straße zu besuchen, und sie ließ alles stehen und liegen. Aber diesmal erlegte sie sich einen festen Tagesablauf auf. Vormittags wollte sie malen, dann Diego das Mittagessen ins Institut bringen, weil er natürlich *enchiladas* und *mole* brauchte und sich nicht von Sägespänen mit eingetrockneter Farbe ernähren konnte. Sie kochte abends vor. Die gute Frida. Sie war eine pflichtbewusste Ehefrau. Sie setzten sich gemeinsam hin und aßen. Während er mit seiner Krötenzunge die Tortillas in sich hineinschlang, ließ er seine Schimpftiraden auf sie niedergehen. Seine Launen, müssen Sie wissen, wurden nämlich immer ärger. Er hatte an allem etwas auszusetzen. Nein, an ihrer Kunst nicht und auch nicht an ihrer Kleidung, das nicht, aber an anderen Dingen. Zum Beispiel meckerte er darüber, dass sie unbedingt nochmal hatte schwanger werden müssen. Und warum sie ständig zu irgendwelchen Ärzten rannte, wollte er wissen. Warum sie nicht endlich aufhörte, über ihren wehen Fuß zu lamentieren?

Sie machte Skizzen von Föten, wie das erste Mal. Skizzen von toten Babys, von Müttern mit Fehlgeburten. Um diese Zeit begann sie Puppen zu sammeln, richtig ernsthaft, meine ich. Sie hatte Puppen immer gemocht und schon ein ganz ansehnliches Sortiment beisammen. Aber jetzt wurde sie richtig fanatisch. Sie zog sie nicht nur an und aus, sie taufte sie auch, obwohl sie Kommunistin war, brachte ihnen Kindergebete bei und beerdigte sie, wenn sie starben. Einige starben. Sie wickelte sie in ein altes Stück Laken oder ein Halstuch und bestattete sie. Ich will nicht wissen, wie viele Puppen im Garten vom Wardell Hotel in der Erde verrotten.

Dieser Brief hier kam als Nächster:

8. Juli 1932

Meine innig geliebte Schwester,

du kannst dir nicht vorstellen, wie schlecht es mir hier geht. Diego arbeitet ununterbrochen und hat überhaupt keine Zeit für mich. Er wirft mir immer noch vor, dass ich wieder schwanger geworden bin, und lässt es mich spüren, indem er abends nicht nach Hause kommt. Er gibt sich nicht damit zufrieden, mit jedem hübschen Modell und jeder Kunststudentin vom Institut ins Bett zu hüpfen, er geht auch noch mit seinen Affären hausieren und macht mich vor ganz Detroit lächerlich. Oh, Cristi, warum bin ich überhaupt noch am Leben? Ich wünsche mir so verzweifelt ein Kind, aber jedes Mal, wenn ich es erwähne, wird Diego wütend und fängt an, mit Gegenständen nach mir zu werfen. Gestern hat er mit dem Messingleuchter nur knapp meinen Kopf verfehlt. Wenn Diego das Appartement betritt, bricht sofort das Donnerwetter los. Es ist so schlimm, dass ich mich manchmal sogar schon bei dem Gedanken ertappe, er sollte die Nacht lieber in den Armen einer dieser blonden Zicken verbringen. Ich male, um zu vergessen, aber mein Kummer ist unermesslich.

Ich bin sehr krank, Cristi. Ich blute immer noch, und mein Fuß brennt wie eine feurige Chilischote. Ich würde ihn am liebsten abhacken! Wenn ich doch nur nach Hause könnte, Cristi. Du und Inocencia, ihr würdet euch um mich kümmern, weil ihr mich lieb habt. Ihr seid die einzigen Menschen, die mich wirklich mögen. Diego liebt mich nämlich kein bisschen.

Bitte sag diesem alten Gauner von Gott, er soll auf mich aufpassen, mein Schatz. Er wird dich erhören, weil du ein reines Herz hast. Mich erhört er bestimmt nicht, weil ich schon immer ein so schrecklich schwarzes Schaf war.

Auf Wiedersehen, meine Kleine. Ich zähle die Tage bis zu unserem Wiedersehen.

In Liebe, deine dir ergebene Schwester Frida.

Fridas Wunsch ging in Erfüllung. Anfang September telegrafierte ich ihr, dass sie sofort nach Hause kommen musste. Unsere Mutter lag im Sterben.

16

*F*rida klagte ihrer neuen Freundin Lucienne Bloch ihr Leid, einer Künstlerin, die Diego bei der Arbeit assistierte, und die Tochter des Schweizer Komponisten Ernest Bloch. Zu Beginn hatte Frida sie gehasst und auf einer Party sogar offen beschimpft, aber als sie merkte, dass Lucienne es nicht darauf angelegte, mit ihrem Mann ins Bett zu gehen, kamen sich die beiden Frauen so nahe wie zwei Hälften eines Erdnusskerns. Frida trug ihre Leier vor:

»Diego will keine Kinder, Lucienne, damit muss ich fertig werden, er will keine Kinder und wird nicht zulassen, dass ich nochmal schwanger werde, das hat er mir mitten ins Gesicht gesagt, wie eine Ohrfeige, in meinem Zustand, musst du bedenken, ich bin so erschöpft, meine Liebe, Tag für Tag das Malen und dafür von morgens bis abends auf den Beinen zu sein, obwohl ich immer noch blute, das erledigt mich, aber ich muss mich beschäftigen, Lucienne, ich muss mich ablenken, damit ich nicht mehr an das Baby denke, an mein verlorenes Baby, es ist lieb von dir, Lucienne, dass du mich nach Mexiko begleitet hast, ich brauche eine Freundin, die mich wirklich mag, jemanden, mit dem ich reden kann und der nicht dumm ist, jemanden, der die gleichen Interessen hat wie ich, das ist es, Lucienne, was ich so an dir schätze, du bist so wissensdurstig und lernst immer was dazu, Geschichte, Italienisch, Biologie, ich brauche Leute wie dich um mich, Liebes, denn hier, weißt du, du glaubst doch auch, dass Mami wieder gesund wird, oder? Gallensteine sind doch nicht so gefährlich. Ich meine, man kann sie entfernen, das hat der Doktor jedenfalls gesagt, aber Mami hat so viele, über hundert, und der Krebs hat sie so geschwächt, du glaubst doch nicht, dass sie stirbt, Lucienne, oder? Mein Gott, wie soll ich das bloß aushalten? Erst das Baby und jetzt das hier. Mami hat sich so um mich gekümmert, als ich krank war, und ich bin immer noch nicht wieder gesund, mein Fuß, Lucienne, diese Schmerzen sind unerträglich, und mein Rücken tut genauso weh, wer soll sich denn um mich kümmern, wenn sie tot ist? Wenn ich mir das vorstelle, Lucienne, Mami, tot im Sarg, kalt und regungslos unter der Erde, wo die Würmer ihr übers Gesicht kriechen und in ihren Nasenhöhlen nisten, ohne Augenlider, das Haar matt und stumpf wie dürres Seegras, das sich büschelweise von der Kopfhaut löst, während sich das tote Fleisch vom Schädel pellt ... ihre Brüste ohne Brustwarzen, ihr Bauch eingefallen, ihr Geschlecht verwelkt, schrecklich, Lucienne! Es läuft mir eiskalt über den Rücken. Oh Gott, wenn doch bloß Diego hier wäre, er fehlt mir so, Lucienne, er macht gerade eine Diät, deshalb war er in letzter Zeit so unausstehlich, er schmeißt mit Gegenständen nach mir, Pinsel, Zigaretten, Aschenbecher, geladene Pistolen, aber er meint es nicht so, es ist die Diät, sie treibt ihn zum Wahnsinn, sodass er am Ende nicht mehr weiß, was er tut, er liebt mich, und er wird mir ein Kind machen, weil er weiß, dass ich eins brauche, ich brauche ein Kind, Lucienne, das verstehst du doch, oder? Lieber möchte ich sterben, als niemals ein Kind zu haben. Manchmal ist mir danach, einfach Schluss zu machen, aber ich liebe Diego, und das gibt mir Kraft, Lucienne, niemand kann das so gut verstehen wie du. Was bin ich denn, Lucienne? Eine rostige Röhre, untauglich und kaputt. Ein ausgeraubtes Haus, leer ...«

Ich versuchte, nicht hinzuhören.

»Oh, Liebes, ich weiß nicht, warum ich die ganze Zeit weinen muss. Ich habe mich überhaupt nicht mehr in der Gewalt, Lucienne, das Einzige, was dagegen hilft, ist arbeiten, aber hier bin ich nicht imstande, einen Pinsel in die Hand zu nehmen, bei allem, was hier los ist, und Diego so ganz alleine im kalten Norden, mein armer Diego, seinetwegen geht es mir so schlecht, Lucienne, mein armer kleiner Unkerich, du kannst dir nicht vorstellen, wie schlecht es mir geht, Liebes ...«

Halt endlich den Mund!, durchfuhr es mich, aber ich sagte nichts. Ich war so weit, dass ich ihr am liebsten die Finger um den Hals gelegt und zugedrückt hätte. Sie war gekommen, um Abschied zu nehmen. Wir wussten alle, dass es zu Ende ging. Der Krebs hatte meine Mutter schon seit langer Zeit von innen zerfressen, und jetzt stand ihr auch noch eine Gallenoperation bevor, die sie nach Meinung des Arztes möglicherweise nicht mehr überleben würde. Sie verfiel zusehends, und jegliche Lebenskraft war verschwunden. Ich kann nicht mehr so genau sagen, was ich damals empfand. Fridas Gejammer. Diese unaufhörliche Leier. Wahrscheinlich wünschte ich nur, dass das endlich aufhörte. Wahrscheinlich hoffte ich, dass es mit meiner Mutter rasch zu Ende ging, damit Frida nach Detroit zurückkehrte. Nein, natürlich nicht, natürlich wollte ich das nicht wirklich. Nur, ich war so ausgelaugt. Die vielen schlaflosen Nächte, Bettpfannen, Erbrochenes, Arzneien, besänftigende Worte. »Natürlich wirst du uns nicht verlassen, Mami. Du wirst nirgendwo hingehen. Eher als du denkst, wirst du wieder wohlauf sein und Rufina mit der Rute nachsetzen, wie früher. Du wirst auf Isoldas Hochzeit tanzen, Mama.« Immer alles falsch zu machen war das Schlimmste für mich. Meine Mutter war nie zufrieden. Wenn ich ihr das Bett mit den gelben Laken bezog, wollte sie die blauen. Wenn ich ihr Margeriten auf den Frisiertisch stellte, wollte sie Nelken. Es war die Krankheit. Die Krankheit nahm ihr den Verstand und führte sie dazu, gehässige Reden zu führen. Das weiß ich, aber dennoch war es einfach aufreibend.

Wir hatten Frida bei ihrer Ankunft in Mexiko-Stadt am Bahnhof abgeholt. Frida und Lucienne Bloch saßen hinten. Frida hatte sich von ihrer Freundin begleiten lassen, weil ihr die lange Reise alleine angeblich zu beschwerlich war. Sie und Lucienne waren unzertrennlich, und manchmal fragte ich mich insgeheim, ob sie ein Paar waren. »Oh, was bin ich doch für ein armes Wesen!«, wimmerte Frida. »Ich armes, armes, armes, armes Wesen!« Es verursachte mir Kopfschmerzen.

Das Problem, erklärte sie Lucienne, wäre, dass sie vollkommen erschöpft sei. *Sie* wohlgemerkt war erschöpft. Wissen Sie, was es bedeutet, sich um eine Krebskranke zu kümmern? Maty hat mir nicht geholfen. Sie war viel zu sehr damit beschäftigt, ihre kleine Wohnung wie eine Puppenstube herzurichten – Rüschen an die Vorhänge zu nähen, Laken zu besticken, so was in dem Stil. Sie hatte ein paar Möbelstücke von meiner Mutter geerbt und die eine oder andere nachgemachte Antiquität dazugekauft. Frida sagte, Maty hätte einen fürchterlichen Geschmack und wäre schrecklich spießig, aber was ging das Frida eigentlich an? Schließlich war es Matys Wohnung. Adri hat mir auch nicht geholfen, weil sie Krankheiten nicht ertragen konnte. Wenn die Katze kotzte, lief Adri aus der Tür hinaus und ließ mich den Dreck wegputzen. Und wenn meine Mutter ins Bett machte, dann konnte Adri das eben nicht ertragen. Ich war es, die bei ihnen lebte, und deshalb war es meine Aufgabe, mich um meine Mutter zu kümmern, dafür zu sorgen, dass sie ihre Pillen nahm, mich zu ihr ans Bett zu setzen und ihr vorzulesen, ihr den Inhalt der neusten Filme zu erzählen, »Anna Christie« mit Greta Garbo zum Beispiel, den ich gerade erst gesehen hatte, obwohl er in den USA schon länger lief. Natürlich musste ich auch meinen Vater bedienen, darauf Acht geben, dass er seine Mahlzeiten einhielt, weil er sonst tagelang nichts zu sich nahm. Und ich hatte ja auch noch meine eigenen Kinder. Also, ich gebe es zu, ich ärgerte mich ziemlich, weil nicht Frida die Erschöpfte war, sondern ich.

Am 15. September, zwei Tage nach der Operation, ging es mit meiner Mutter zu Ende. Ich war als Einzige bei ihr. Der Priester war schon gekommen und hatte ihr die Letzte Ölung gegeben. Ich habe ihr ganz sanft die Augen zugedrückt. Dann habe ich ein schwarzes Kleid angezogen und mir ein schwarzes Tuch um die Schultern gelegt und bin zu Frida gegangen.

In dem Augenblick, als sie mich sah, wusste sie, dass Mutter gestorben war. »Es ist zu Ende, stimmt's?«, sagte sie wie Teresa Otero, als sie in dem Film »Don Juan in Guadalajara« erfährt, dass der Gouverneur seine Drohung wahr gemacht und ihren Geliebten hingerichtet hat. Frida fing auf der Stelle an zu kreischen wie ein Schwein auf der Schlachtbank. »Mami! Meine liebste Mutter!

Nimm mich mit, Mami! Oh Gott, oh Gott, oh Gott, wie konntest du mir das nur antun?!! Wie konntest du mir meine allerheiligste Mutter wegnehmen?!!« Der Arzt gab ihr eine Tablette, dann brachten Lucienne und ich sie ins Bett. Anschließend sind wir gegangen und haben Maty, Adri und natürlich Margarita und María Luisa Bescheid gesagt, denn obwohl Mami nicht ihre leibliche Mutter war, hatten sie ihr schon lange verziehen, dass sie sie ins Kloster gesteckt hatte. Meinem Vater sagten wir allerdings nichts. Noch nicht. Er war zu empfindlich. Wir hatten Angst, dass die Nachricht bei ihm einen lebensbedrohlichen Anfall auslösen könnte. Wir haben ihm erst am folgenden Tag, ganz behutsam und mit Hilfe des Arztes und des Priesters eröffnet, dass seine Frau gestorben war.

»Gehen Sie«, sagte er zu dem Kirchenmann, »und veranlassen Sie das Notwendige. Sie wissen, was zu tun ist.« Das war sein einziger Kommentar, aber für den Rest seiner Tage wanderte er rastlos durchs Haus wie eine Seele im Fegefeuer.

Inocencia und Margarita – die, die später Nonne wurde – wuschen die Leiche und zogen sie an. Als ihr welker Leichnam auf dem Bett ausgestreckt lag, wirkte meine Mutter winzig. So dominant sie im Leben gewesen war, so hinfällig war sie im Tod. Schlaffe Brüste, magere Ärmchen. Krankheit und Alter hatten ihre Figur zersetzt, bis auf die Schenkel und das Geschlecht, die zu einer wesentlich jüngeren, gesünderen Frau zu gehören schienen. Wie kam es, fragte ich mich, dass die Krankheit an bestimmten Körperteilen so spurlos vorübergegangen war? Als wären es zwei Frauen gewesen: Während die eine schon verfiel, hatte die andere noch lautstark ihren Platz am Tisch behauptet.

Bei der Beerdigung drehte Frida völlig durch. Sie spielte Catalina Trueba in der Szene von »*Farewell my Poet*«, als sie mit etwa fünfzehn die Beerdigung ihres Bruders miterlebt, nachdem ihn ein brutaler Großgrundbesitzer umgebracht hat. Sie rauft sich die Haare, reißt sich die Bluse vom Leib und schluchzt und schluchzt. Dann verliert sie plötzlich das Gleichgewicht und stürzt in die Grube. Na ja, Frida spräng zwar nicht gerade in Mutters Grab, doch sie weinte und wehklagte wie eine Maria Magdalena. So gut wie Catalina Trueba hat sie die Szene aber trotzdem nicht hinbekommen.

»Mein Gott«, sagte ich zu ihr, »nimm dich doch mal zusammen! Wir trauern alle. Siehst du denn nicht, wie dich die Leute anstarren!«

»Du hartherzige Ziege!«, zischte sie. »Du weißt doch gar nicht, was ich empfinde!« Und dann schluchzte sie weiter, »Mamiiii!!! Mamiii!!! – Ich liebe dich!!! Nimm mich mit!!!«

»Ja, hau nur ab!«, sagte ich halblaut.

Ich weiß, was Sie jetzt denken. Sie denken, ich hätte mich damals so über sie geärgert, dass ... dass ich den Entschluss fasste, es ihr heimzuzahlen, aber das stimmt überhaupt nicht. Ich ärgerte mich, das will ich gar nicht leugnen, aber Sie müssen auch bedenken, dass das Ganze ungeheuer belastend war für mich. Wenn einem die Mutter stirbt, dann fühlt man sich plötzlich verwaist, selbst als erwachsene Frau. Besonders, wenn man mit ihr in einem Haus gelebt hat, es wirft einen völlig aus der Bahn, und man kommt ins Stolpern, wie ein Kleinkind, das gerade laufen lernt. Alles, was man sich vorgenommen hatte für die Zeit, wenn sie mal nicht mehr ist – mit einem Indio tanzen, die scheußliche lila Tagesdecke wegschmeißen, die kitschige französische Porzellanvase mit den beiden Amoretten im Wohnzimmer zertrümmern, sich die fellgefütterte Jacke aus ihrem Schrank unter den Nagel reißen, die Schwester in den Matsch schubsen – man kann es plötzlich alles tun, und trotzdem fühlt man sich kein bisschen freier, weil man ihre Blicke spürt, die einen immer noch beobachten und beurteilen. Sie ist nicht da und dennoch da. Ihre Augen sind geschlossen und dennoch offen. Und all die ungehörigen Gedanken, die man in das letzte Hinterstübchen seines Gehirns verbannt hatte, lässt man dann doch lieber da, wo sie sind. Hin und wieder holt man sie vielleicht für einen Augenblick hervor und spielt damit, aber es bereitet einem Unbehagen.

In den darauf folgenden vier, fünf Wochen spielte Frida die hingebungsvolle Tochter. Aber das Schlimmste hatte sie gar nicht miterlebt. Sie hatte die verheerenden Auswirkungen von Mutters

Krankheit nicht auszubaden gehabt wie ich. Sie kam, als alles mehr oder weniger vorbei war, aber trotzdem spielten sie und Lucienne sich als die großen Trösterinnen meines Vaters auf, kochten ihm Tee, gingen mit ihm im Park spazieren, unterhielten ihn mit ihren Geschichten von den wundervollen Partys, die sie in Detroit und New York besucht hatten. Sie waren gute Gesellschafterinnen, das muss man ihnen lassen.

Aber Frida litt unter der Oberfläche. Das Gesicht war angespannt und verschlossen, die Augen rot geländert und verweint. Wenn sie alleine in ihrem Zimmer war, konnte ich sie weinen hören. Ich zweifelte keinen Augenblick an der Aufrichtigkeit ihrer Gefühle. Schließlich hatte sie neben Mutters Tod auch noch den kürzlichen Verlust ihres Kindes zu verschmerzen. Sie litt, das stimmt schon, die Sache ist nur, dass sie nicht die Einzige war.

»Weißt du was?«, sagte sie zu mir, als ich sie zum Zug zurückbegleitete. »Ich bin heilfroh, dass ich Lucienne mitgebracht habe. Du hast dich nämlich nicht besonders gut um mich gekümmert, Cristi.«

Jeder Nerv in meinem Körper spannte sich zum Angriff und zog den Abzug, um abzudrücken.

»Was meinst du damit, Frida? Ich habe Inocencia gebeten, *mole poblano* zu kochen, extra für dich.«

»Inocencia braucht mir keinen *mole poblano* zu kochen, weil ich das selber wesentlich besser kann.«

»Sieh mal«, sagte ich. »Es war wirklich eine schwere Zeit für mich, Frida. Ich habe getan, was ich konnte.«

»Weiß ich, Liebes, weiß ich ja. Du bist erschöpft, das sind wir alle. Mach dir nichts daraus. Jetzt, wo du die Kinder hast, hast du eben keine Zeit mehr für mich.«

Ich gab auf und schwieg. Aber dann fing sie von neuem an.

»Es ist nur ...«

»Es ist nur was?«

»Na ja, du weißt doch, was ich alles durchgemacht habe mit Diego und meiner Gesundheit, Cristi. Ich hatte eigentlich überhaupt keine Kraft mehr. Du hättest ja wenigstens ...«

»Du hattest aber genug Kraft, um bei der Beerdigung eine Riesenszene zu veranstalten«, fauchte ich.

»Eine Szene nennst du das? Eine Szene, Cristi? Ich habe nur meine tiefe Trauer zum Ausdruck gebracht.«

»Wir haben alle tiefe Trauer empfunden, Schwester, aber du musstest dich aufführen wie eine drittklassige Schauspielerin.«

»Mein Gott, du verletzt mich, Cristi.«

»Du verletzt sie, Cristina«, flötete Lucienne mit ihrem fürchterlichen Schweizer Akzent, der klang, als hätte sie den Hals voller Eiter.

Frida brach in Tränen aus.

Ich fühlte mich miserabel. Arme Frida. Schließlich war sie doch krank. Schließlich hatte sie doch gerade ihr Baby verloren. Schließlich war sie müde von der Reise. Schließlich behandelte Diego sie wie Scheiße. Das wusste ich doch alles.

»Tut mir Leid«, sagte ich zerknirscht.

Sie beugte sich zu mir und nahm meine Hand. Wir kamen zum Bahnhof.

Ganz langsam verließ der Zug nach Texas die Bahnhofshalle, eine Riesenraupe aus Glas und Metall. Ich winkte ihr nach und fühlte mich schrecklich allein.

17

Ich erinnere mich aus meiner Schulzeit daran: »Ein guter Baum bringt keine böse Frucht.« Das stammt aus dem Matthäusevangelium. All die Jahre habe ich oft darüber nachgedacht, denn ich habe böse Frucht hervorgebracht. Wenigstens denken Sie das. Sie und alle anderen auch. Ja, natürlich, das habe ich getan, aber wie? Darauf kommt es doch an, oder? Ich war damals so naiv wie ein Kind. Mir war überhaupt nicht klar, was ich anrichtete. Ich war kein böser Baum. Ich war sechsundzwanzig oder siebenundzwanzig. Aber, was ich meine, ist, dass ich keine bösen Absichten hegte. Ich ahnte nicht im Entferntesten, wo es hinführen würde. Keine Ahnung. Nie und nimmer hätte ich mir vorgestellt, dass unser Leben danach nie wieder so sein würde wie vorher, dass das alles kaputtmachen würde, dass es Frida vernichten würde. Alles, was wir tun, hat seinen Preis, hat Folgen, das hätte ich mir vielleicht vorher überlegen sollen.

Frida ging in die Vereinigten Staaten zurück, aber es lief alles schief. Die Fresken in Detroit hatten eine Menge Unruhe gestiftet, weil sie kommunistisch waren und die Arbeiter priesen. Viele Amerikaner haben sie als einen Angriff empfunden auf die amerikanische Art, die Dinge anzupacken, auf den Kapitalismus eben. Außerdem waren Akte dabei, und die Amerikaner sind sehr prüde. Sie finden den Körper ekelhaft. Das hat Frida mir selbst erzählt, dass die Amerikaner den eigenen Körper nicht gerne anfassen. Deshalb benutzen sie auch Waschlappen. Diegos Bilder wurden von den Kirchenleuten angegriffen. Die amerikanischen Protestanten sind sowieso die allerprüdesten. Außerdem hat Diego die Kirchenoberen immer als gierige Schweine abgebildet. Die Leute drohten, die Wandbilder zu zerstören, doch eine Gruppe von Arbeitern tat sich zusammen, um sie zu verteidigen. Das bestätigte Diego natürlich in seinem Kampf, und er fühlte sich wieder als Held des Volkes. Sein Name tauchte in sämtlichen Zeitungen auf. Er trat nicht nur für eine Sache ein, er war die Sache.

Woher ich das weiß? Nein, Frida hat mir nicht geschrieben. Sie war böse auf mich, erinnern Sie sich nicht? Aber als sie wieder hier waren, haben sie die ganze Zeit darüber geredet. Sie redeten über gar nichts anderes mehr. Er war der große Held, der geharnischte Ritter, der Kreuzritter, der Mann an der Spitze. Und sie, Frida, sie war die Frau an der Spitze. Ich kann mir jedenfalls lebhaft vorstellen, wie es weiterging, wie sie die Öffentlichkeit für sich gewannen.

In Detroit waren sie also erledigt, deshalb gingen sie nach New York, wo Diego ein Wandbild im Rockefeller Center malen sollte. Er war so berühmt, dass Eintrittskarten verkauft wurden, damit ihm die Leute beim Malen zusehen konnten. Stellen Sie sich das einmal vor! Tag für Tag versammelte sich die Zuschauermenge unter seinem fetten, aber abnehmenden Hintern, abnehmend, weil er eine Abmagerungskur machte, und glotzte ihn an, während er geldgierige Geschäftsleute auf die Wand pinselte, die unterdrückte Arbeiter, Bauern, Lehrer und Mütter ausbeuteten, allesamt friedlich vereint im marxistischen Paradies. Das ist aber alles recht vage, denn Frida hat mir wie gesagt nicht mehr geschrieben, nachdem sie in die USA zurückgekehrt war.

Die Sache war nämlich die: Diego bekam in New York dieselben Schwierigkeiten wie in Detroit. Viele Leute waren empört darüber, dass er sich zwar von Rockefeller aushalten ließ, aber gleichzeitig die US-Kapitalisten als Betrüger und Schweine in seinen Bildern darstellte. Die Leute fanden Diegos Arbeit unmoralisch und lästerlich, nicht nur wegen der Nackten, sondern weil Kommunisten nicht an Gott glauben. Das war ja auch der Grund, weshalb meine Mutter Diego nie leiden konnte. Frida brachte Zeitungsartikel mit, aus denen hervorging, dass die Wandbilder nichts anderes als kommunistische Propaganda wären, in der es von roten Fahnen, roten

Hemden und roten Halstüchern wimmelte. Ich konnte sie natürlich nicht lesen, aber Frida übersetzte sie mir. Frida war sehr sprachbegabt, wissen Sie? So ein brillantes Mädchen! »Wieso kannst du nicht ein wenig mehr so sein wie deine Schwester?«, pflegte meine Mutter mir zu sagen. Und wenn sie es nicht sagte, dann dachte sie es. Aber dabei vergaß sie, daß Frida Lesbierin war, eine Herumtreiberin. Man braucht jedenfalls nicht sehr helle zu sein, um sich auszurechnen, dass einem ein kommunistischer Maler auch kommunistische Bilder liefern wird. Nelson Rockefeller mag ein Finanzgenie gewesen sein, aber in meinen Augen war er ein Dummkopf. Es war schließlich seine eigene Entscheidung, von dem Erdölvermögen seiner Familie – das nach Diegos Aussagen durch die Arbeit ganzer Generationen armer Bauern und ausgebeuteter Arbeiter zustande gekommen war – Wandbilder malen zu lassen, die einer neuen, besseren Zukunft das Lob sangen. Also ehrlich, was hatte er denn erwartet? Dass Diego die reichen Ladys darstellte, aufgetakelt wie das Chrysler-Gebäude, oder dass er einen Arbeiterhimmel entwarf?

Diego malte jedenfalls einfach weiter, und Frida, na ja, ich weiß eigentlich nicht so genau, was sie tat. Aber nicht malen. Frida malte nur, wenn sie nichts anderes zu tun hatte, aber in New York gab es genug Ablenkung für sie. Es war eine riesige Stadt mit unzähligen Läden. Sie ging mit Lucienne einkaufen. Es gab Theater. Sie ging mit Lucienne ins Kino. Diego begleitete sie nicht. Diego tat überhaupt nichts als arbeiten, arbeiten und nochmal arbeiten. Frida liebte die billigen Warenhäuser und entdeckte allerlei Schätze darin: lange Ohrringe mit kleinen Glasvögeln, einen blumenverzierten bunten Plastikkamm, einen Aschenbecher, auf dessen Rand eine Seejungfrau saß, ein abscheuliches braun-gelb gestreiftes Halstuch – so scheußlich, dass es schon wieder schön war –, einen Satz Schlüpfer mit den Wochentagen auf Englisch darauf. Das ganze Zeug brachte sie mit nach Hause. Manches hatte sie auch gestohlen – nicht etwa, dass sie das nötig gehabt hätte, es war der reine Übermut, und sie machte sich einen Sport daraus, mal dieses und jenes im Kaufhaus mitgehen zu lassen. Was machte das schon, sagte sie, die Besitzer waren doch eh so reich. Sie vermachte mir einiges von diesem Trödel. Und sie ging auf Partys. Sie hatte alle möglichen Freunde in der High Society – obwohl sie eine Fürsprecherin der Arbeiter war und die Oberschicht hasste. Jedenfalls behauptete sie, dass sie sie hasste. Aber wenn Sie mich fragen, sie hat sie geliebt. Sie liebte alles, was mit Geld zu bezahlen war – Luxusappartements, Autos, Schmuck, Kleider, Kunst. Und sie liebte es, sich mit intelligenten, mächtigen Leuten zu umgeben, die ihr die Füße küssten, weil sie die Frau des großen Diego Rivera war. Sie machte sich über sie lustig, aber trotzdem verkehrte sie mit ihnen. Sie fühlte sich ungeheuer wichtig durch diesen Umgang, und das gefiel ihr. Sie kaufte phantastische Stoffe, um sich ausgefallene Kleider zu nähen, die sie auf den Partys vorführen konnte. Dafür gab sie eine Zeit lang sogar ihre mexikanischen Trachten auf. Und sie lernte durch diese Leute andere Künstler kennen – Maler, Bildhauer, Fotografen. Was sie gemeinsam taten? Worüber sie redeten? Ich weiß es nicht. Ich nehme an, dass sie das Spiel spielten, allen anderen überlegen zu sein. Und sie spielten *cadavre exquis*. Kennen Sie das? Frida hat es mir beigebracht. Man faltet ein Blatt Papier zu einer Ziehharmonika, so. Einer malt dann in das erste Feld den obersten Teil einer Figur und faltet es nach hinten weg, sodass der Nächste es nicht sehen kann. Dann zeichnet der nächste Spieler den zweiten Abschnitt der Figur in das mittlere Feld und der dritte die Beine. Am Ende faltet man das Papier auseinander und sieht, was dabei herausgekommen ist. Lucienne hat einige dieser Bilder aufgehoben. Sie sind ziemlich ungezügelt, weil Frida immer irgendetwas Obszönes zeichnete – einen Kopf, der aussah wie ein gigantischer Penis mit Eiern anstelle der Wangen; Brüste, aus denen Milch quoll; gespreizte Frauenschenkel und die Finger eines Mannes dazwischen. Als sie wieder in Mexiko waren, habe ich mit Diego und ihr auch mal dieses Spiel gespielt.

Frida konnte sich aber nicht die ganze Zeit amüsieren, weil bei den Fresken einiges schief ging. Die Stimmung unter Diegos Zuschauern schlug in offene Feindschaft um, und es mussten überall uniformierte Sicherheitsbeamte aufgestellt werden. Trotzdem konnte Diego es nicht lassen, die Sache noch auf die Spitze zu treiben. Er war es so sehr gewöhnt, von allen umschmeichelt zu werden, dass er vermutlich dachte, er könnte sich alles erlauben. Rockefeller kroch ihm hinten rein, obwohl die Priester und Politiker sich darüber einig waren, dass Diego seine Großzügigkeit schamlos ausnutzte. Aber Diego wird sich gedacht haben: »Was soll's, ich habe das Volk hinter mir, ich habe die reichen Säcke hinter mir. Ich kann machen, was ich will!« Und er malte mitten in sein Wandbild ein Porträt von Lenin.

Das war sogar Rockefeller zu viel. Er bat Diego, es zu übermalen, aber Diego weigerte sich. Was glauben Sie, was Don Nelson da tat? Er hat ihn gefeuert! Einfach so! Er hat ihn ausgezahlt und ihm den Laufpass gegeben. Anschließend ließ er die Fresken übertünchen. Also, es ist doch logisch, dass in einem kapitalistischen Land die Reichen das Sagen haben. *Hire and fire.* Rockefeller war auch ziemlich blauäugig, aber als der Groschen dann endlich gefallen war, zack! Da mussten Köpfe rollen! Diego hatte sich über alles erhaben gefühlt, weil er der große Diego Rivera war, Jesus Christus auf Rollschuhen, aber man kann es auch übertreiben, und mit Rockefeller hat er es entschieden zu weit getrieben.

Beim zweiten Hinsehen war es dann gar nicht so schlimm, weil Diego in die Schlagzeilen kam. Ein Sturm der Entrüstung brach los, und die großen Tiere der Kunstwelt waren sofort zur Stelle, um dem armen, missbrauchten Rivera beizustehen. Er hatte sich doch nur für das Recht der Arbeiter stark gemacht, die Weltmacht zu erringen, da versuchten diese miesen Schweine von Standard Oil, ihn in seine Schranken zu weisen. Das würde er sich nicht gefallen lassen. Er war entschlossen zurückzuschlagen. Nicht für sich selbst, versteht sich, sondern für sein geliebtes Volk. Wieder war er der große Held. Wieder saß er auf seinem Schimmel. Wieder war er El Cid mit seiner hingebungsvollen Ximena an der Seite.

Vielleicht ist das auch ungerecht. Man muss sich ja mal vorstellen, was das bedeutet, Tag und Nacht an einer Sache zu arbeiten, damit irgendein Trottel, der wirklich überhaupt nichts davon versteht, daherkommt und einem alles wieder kaputtmacht. Frida setzte sich voll ein für Diegos Verteidigung. Sie holte ihre Tehuanakleider wieder hervor und verteilte Flugblätter an den Straßenecken. Sie ging auf Versammlungen. Sie gab Interviews. Sie wagte es, Rockefeller öffentlich zu verunglimpfen, aber als sich die Aufregung wieder gelegt hatte, drehte sie sich um und küsste ihm den Arsch. Sie war nicht dumm, wissen Sie. Sie wusste genau, auf welcher Seite die Schnitte gebuttert war. Um die Wahrheit zu sagen, also, wenn Sie mich fragen, aber mich hat ja damals niemand gefragt, um die Wahrheit zu sagen: Es machte Frida sogar ungeheures Vergnügen. »Die Amerikaner sind so dumm«, hat sie mal zu mir gesagt. »Man braucht bloß die arme kleine Mexikanerin zu mimen, so zart und zerbrechlich, die schrecklich verletzt ist, weil alle sich von ihrem Ehemann abgewandt haben, und es wird einem abgenommen. Am nächsten Tag erscheint dann ein Artikel in der Zeitung mit dem Tenor: ›Die reizende Mrs. Rivera, so jung und frisch, fühlt sich Mr. und Mrs. Rockefeller für ihre anfängliche Freundlichkeit so verbunden, dass sie sich den plötzlichen Sinneswandel des großen Menschenfreundes, dem sie doch vertraut hat, gar nicht erklären kann.‹ Und tataratá! Alle haben Mitleid und blasen ins gleiche Horn.« So redete sie über die Amerikaner. »Sie sind sehr moralisch, weißt du. Haben einen hohen Anspruch. Sie wollen immer alles richtig machen und gehen fast ein an ihren Schuldgefühlen wegen allem und jedem – wegen ihres Wohlstands, wegen ihres Umgangs mit Mexiko. Man braucht nur an der richtigen Schnur zu ziehen, dann tanzen sie einem nach der Pfeife.«

Aber nach einer Weile wurde sie der ganzen Sache überdrüssig. Ihr rechter Fuß wurde wieder schlimmer. Manchmal konnte sie nicht mal auftreten, und während alle sich um Diego scharten, um ihn zu verteidigen, musste sie daheim sitzen und das Bein hochlegen, oder sie legte sich in die Wanne, weil die Hitze so groß war, dass sie es kaum ertragen konnte.

Sie wollte nach Hause, aber Diego war noch mit irgendeinem Projekt beschäftigt. Ich weiß nicht mehr, was es war. Und wenn er nicht malte, bumste er mit irgendeinem Model, mit einer Studentin oder mit sonst wem. Er hatte also genug zu tun, und sie fühlte sich einsam. Es muss so um diese Zeit gewesen sein, als sie das Bild »*Mi vestido cuelga ahí*« – »Da hängt mein Kleid« – malte. Es zeigt New York, die arme und die reiche Stadt, und mitten zwischen den Wolkenkratzern eins von ihren Tehuanakleidern. Wie sie mir erklärte, bedeutete es, dass ihr Kleid noch in der amerikanischen Stadt hing, während sie selbst längst nicht mehr dort war. In ihren Briefen an ihre Freundin Isabel Campos bat sie diese um Neuigkeiten und machte sich über die amerikanischen Frauen lustig, die versuchten, ihren Tehuanastil nachzuahmen, aber mit ihrem kräftigen Körperbau und den blonden Locken darin lächerlich aussahen. Isabel hat mir die Briefe gezeigt. Nicht damals, erst viele Jahre später. Mir hat Frida nicht geschrieben. Ich hörte damals monatelang nichts von ihr.

Dann waren sie eines Tages wieder hier. Diego hatte seinen Auftrag abgeschlossen und war mit Frida per Schiff nach Havanna gefahren, und von da nach Mexiko.

Natürlich war ich froh, sie wieder zu sehen. Ich hatte meine Schwester vermisst. Aber ... Wie könnte ich es erklären? ... Unsere Stimmung war irgendwie angespannt. Wir versöhnten uns natürlich. Ich hatte längst bereut, dass ich sie nach Mutters Beerdigung so kritisiert hatte, und sagte, dass es mir Leid täte. Sie gab mir einen Kuss und erklärte, sie würde verstehen, dass ich damals wütend gewesen sei, so wütend, dass ich Sachen gesagt hätte, die ich eigentlich gar nicht meinte. »Wahrscheinlich hast du nicht gewusst, wie Worte verletzen können, Cristi. Manchmal bist du eben wie ein Kind und redest einfach drauflos, ohne die Folgen zu bedenken.« Sie schenkte mir ein nachsichtiges Lächeln, wie einem ungezogenen Kleinkind, das kein Wort verstanden hat.

Sie waren alle beide unausstehlich, sie und Diego. Frida war wieder schwanger, und er war kein bisschen glücklich darüber. Er war ohnehin in schlechter Verfassung, wegen der Anfeindungen, denen er in den USA ausgesetzt war, und weil er nicht nach Mexiko hatte zurückkehren wollen. Denn in den USA war er trotzdem ein Star, und als Star lebt sich's in einem reichen Land einfach besser als in einem armen. Die Depression hielt zwar an, aber die Oberschicht feierte nur noch wüster, zumindest hatte ich den Eindruck. »Die Industriemagnaten verdienen sich dumm und dämlich, während das Volk hungert«, klagte Frida in einem fort, aber von genau diesen Industriemagnaten ließ sie sich mit Vorliebe bewirten, und Diego war fein raus, weil er von beiden verehrt wurde: Die reichen Bonzen finanzierten weiterhin seine Projekte und veranstalteten Galas für ihn, während das Volk ihm Altäre baute und ihn als Retter feierte. In Mexiko wurde ihm eine solche Aufmerksamkeit nicht zuteil. Obwohl er ein paar Regierungsaufträge bekam, blies er trotzdem Trübsal. Außerdem hatte ihn seine Diät in Detroit entkräftet. Er war lustlos, missmutig und dauernd krank. Er hatte viel zu schnell an Gewicht verloren, und das bezahlte er nun mit vielfältigen Beschwerden. Er hatte Magenschmerzen. Seine Verdauung spielte verrückt. Seine Drüsen waren in einem katastrophalen Zustand. Aber vielleicht bildete er sich das alles auch nur ein, weil er bemitleidet werden wollte. Tatsache ist jedenfalls, dass er ununterbrochen jammerte.

Als wäre das nicht genug, hatte Frida obendrein auch noch schwanger werden müssen. Er sei ihretwegen schon nach Mexiko zurückgekommen und hörte sich ihr fortwährendes Geklage über den wehen Fuß an. Aber jetzt sei sie auch noch hergegangen und habe sich einfach ein Kind von ihm machen lassen. Wieso hatte sie das getan, wo sie doch wüsste, dass er keins wollte? Und dass sie es nicht austragen konnte. Sie wolle bloß seine Aufmerksamkeit, behauptete er. Hatte sie es denn nicht schon zweimal versucht, ohne Erfolg? Sie wollte es erzwingen und würde damit nur sich selbst und allen anderen die Qualen einer weiteren Fehlgeburt aufladen. »Das ist unfair«, maulte er weiter. »Was diese Frau mit mir macht, ist nicht fair«.

Er tat mir Leid. Er war so ein Kind, dass er alleine nicht zurechtkam. Aber Frida war jetzt wieder mit ihrem Bauch beschäftigt. Sie hatte weder Zeit noch Kraft für ihren Mann.

Diego arbeitete viele Wochen gar nicht. Er konnte sich einfach nicht dazu aufraffen, einen Pinsel in die Hand zu nehmen. Er saß nur herum und grollte, oder aber er bekam Wutanfälle aus heiterem Himmel. Dann warf er mit Gegenständen – Farben, Geschirr, Stiefeln, Antonios Holzspielsachen. Einmal hat er einen Vogelkäfig mitsamt Wellensittich an die Wand geschmissen. Aber man kann ihm keinen Vorwurf daraus machen. Es ging ihm einfach schlecht, und Frida machte mit ihrem ständigen Geheule über den Fuß und über die morgendliche Übelkeit alles nur noch schlimmer.

Diego hatte ein paar größere Regierungsaufträge in der Tasche, aber er schaffte es nicht, sich an die Arbeit zu machen.

»Na komm schon«, redete ich ihm zu. »Mach wenigstens irgendetwas. Versuch ein oder zwei kleine Bilder zu malen, um wieder in Schwung zu kommen. Hol wenigstens die Staffelei raus, du brauchst ja nicht gleich mit den Fresken in der medizinischen Fakultät anzufangen.« Er gab mir keine Antwort. »Ich stehe für dich Modell!«, flüsterte ich ihm ins Ohr und versuchte, ihn damit zu locken.

»Ich weiß nicht mehr, wie man malt«, brummte er. »Ich habe noch nie gewusst, wie man malt. Alles, was ich bisher gemacht habe, ist Mist.«

Ich konnte nur lachen.

»Ich bin froh, dass sie die Fresken im Rockefeller Center übertüncht haben. Sie waren Scheiße. Und das Zeug in Detroit auch. Scheiße. Alles Scheiße.«

»Hör auf damit, Diego«, sagte ich, »du benimmst dich wie ein Zweijähriger.«

Er zog eine Schnute. »Wieso werft ihr Frauen uns Männern immer vor, wir würden uns benehmen wie Kinder?«, fragte er schließlich. »Du nimmst mich überhaupt nicht ernst. Ich bin ein Schwindler, Cristina, glaub mir. In Wirklichkeit bin ich kein großer Künstler. Ich bin ein Hochstapler, sonst nichts. Ich werde nicht mehr malen, nie mehr! Ich will diese Lüge nicht mehr leben. Ich kann es nicht mehr ertragen, Cristina. Ich bringe mich um.«

»Das wirst du bestimmt nicht tun«, sagte ich. »Mal doch erst mal etwas Kleines, um wieder reinzukommen. Was Leichtes. Es braucht ja nicht gleich die Geschichte des Planeten zu sein, sondern nur eine Mango oder eine Wassermelone oder irgendetwas. Mich zum Beispiel in meinem Geburtstagskleid …«

Aber er hörte mir nicht zu. Er hatte mir den Rücken zugewandt und saß mit dem Gesicht zur Wand.

»Na komm schon«, sagte ich freundlich und legte ihm die Hand auf die Schulter. »Komm schon, versuche es noch einmal.«

Er weinte. Die Tränen rannen ihm in kleinen Bächen über die Wangen. Er spielte mir nichts vor. Es ging ihm wirklich schlecht. Armer Diego. Ich nahm eine Ecke von meinem Tuch und tupfte ihm die Tränen ab.

»Es geht dir bestimmt wieder besser, wenn du zu arbeiten anfängst«, sagte ich leise. »Du bist nur glücklich, wenn du zu tun hast.«

»Mag sein, dass du Recht hast.« Er legte den Kopf auf meine Hüfte und vergrub das Gesicht in meinem Rock. Ich liebkoste ihn sanft.

»Armer Diego. Armer, armer Diego. *Pobrecito*!«

»Unter einer Bedingung«, sagte er, wobei er in meinen Rock hineinmurmelte, sodass ich ihn kaum verstehen konnte.

»Was?«

»Dass du für mich stehst.«

»Natürlich! Ich habe es doch versprochen, oder?«

Ich dachte mir nichts dabei. Ich hatte so oft für ihn gestanden. Ich war sein Lieblingsmodell gewesen und freute mich darauf, es wieder zu werden. Ich liebte es, für Diego zu stehen. Es gab mir das Gefühl, etwa Besonderes zu sein und sehr weiblich. Ich hatte ohnehin nichts Besonderes zu tun, denn mein Leben war ziemlich ereignislos. Für Diego Modell zu stehen würde mir Spaß machen, dachte ich. Es würde mir das Gefühl geben, wieder wer zu sein, eine Frau, die ein Eigenleben führte und dafür ab und zu außer Haus musste. Es würde wieder so sein wie in alten Zeiten, stellte ich mir vor.

»Ich würde liebend gerne für dich Modell stehen, Diego. Du brauchst mir nur zu sagen, wann und wo.«

»Morgen«, sagte er, »bei mir zu Hause.« Sein Ton war sachlich.

Was das Wohnen anging, hatten Diego und Frida eine sonderbare Vereinbarung getroffen. An der Ecke Palmas- und Altavista-Straße in San Angel hatte Diego zwei kubische Häuser bauen lassen, die mit einer Brücke verbunden waren. Er wohnte in dem größeren, rosafarbenen, Frida in dem kleinen, blauen. Sein Haus besaß ein weitläufiges Atelier, ihres ein kombiniertes Schlafzimmer und Atelier, das dank eines perfekt positionierten Panoramafensters von Licht durchflutet war. Frida liebte diesen Raum. Sie hatte ein Himmelbett mit einem hölzernen Baldachin, den sie mit Krepppapierornamenten schmückte. Die geblümte Tagesdecke hatte sie selbst bestickt. Sie richtete ihre Wohnung *a lo mexicano* ein, mit goldgerahmten Spiegeln, Töpfereien, Papageien aus Pappmaché, Blumenkränzen und bunt bemalten Kacheln. Sie hatte auch hier und da ein paar Skelette hängen, solche, wie sie am Totensonntag auf der Straße verkauft werden. Ihre Wohnung war wie sie selbst – strahlend, liebevoll zurechtgemacht und schön, aber auch ein wenig morbid. Diese räumliche Trennung ermöglichte Frida und Diego einen eigenen Lebens- und Arbeitsbereich. Anders ausgedrückt, sie traten sich nicht andauernd auf die Füße. Häufig aßen sie zusammen. Manchmal schliefen sie auch beieinander, aber nicht allzu oft, weil der Arzt Frida vorerst den Geschlechtsverkehr untersagt hatte, wenn sie das Kind behalten wollte. Das störte Diego zwar, aber auch nicht allzu sehr, denn die Frauen standen immer noch Schlange, um mit ihm ins Bett zu gehen.

Am folgenden Tag fand ich mich um die Mittagszeit bei Diego ein. Er war seit Stunden auf. Wenn er an einem Wandbild arbeitete, saß er schon im Morgengrauen auf dem Gerüst, von daher war er es gewohnt, zeitig aufzustehen. Er hatte schon seine Staffelei aufgebaut und die Farben auf dem alten Küchenbrett verteilt, das ihm als Palette diente.

Er nahm sich kaum Zeit, mich zu begrüßen, sondern schien ungeduldig darauf zu warten, mit der Arbeit zu beginnen.

»Ich will ein paar Studien für die Fresken in der medizinischen Fakultät machen«, sagte er. »Wir fangen mit der Allegorie der Gesundheit an. Du bist das perfekte Modell dafür, Cristina. Gesundheit, Kraft, Wohlergehen, weißt du? Zieh deine Sachen aus und stell dich hierher.«

Ich tat, wie mir geheißen.

Er erklärte mir die Pose. Erhobener Arm, ein Bein nach vorn. Als er mir das vorführte, streifte er mit dem Fingerknöchel meine Brust. Mich durchzuckte eine Spannung, aber er fuhr in seinen Erläuterungen fort, als hätte er nichts gemerkt. Ungefähr nach einer halben Stunde wurde ich müde. Es war lange her, dass ich Modell gestanden hatte. Ich war aus der Übung, und außerdem war die Stellung ziemlich anstrengend. Ich bat um eine Pause.

»In Ordnung«, sagte er, »aber du kannst nicht alle zehn Minuten eine Pause verlangen. Ich habe heute Nachmittag noch eine Menge zu tun.«

Ich zog mir etwas über und ging in die Küche, um uns einen Kaffee zu machen.

»Warte«, sagte er plötzlich. Er stand in der Tür und sah mich mit einem Mal völlig anders an. In seinem Ausdruck lag eine ungeheure Zärtlichkeit. Noch nie hatte ich ihn jemanden mit einem solchen Blick betrachten sehen, außer Frida.

»Möchtest du keinen Kaffee?«

»Zieh das nochmal aus«, flüsterte er und deutete mit einer Kopfbewegung auf meinen Morgenmantel. »Ich möchte dich ansehen. Ich möchte sehen, wie du dich bewegst.« Seine Stimme war belegt. Ich wusste, was in ihm vorging. Es war offensichtlich. Ich drehte mich um und sah ihm ins Gesicht. Dann öffnete ich den leichten Morgenmantel, den ich mir für die Malpausen mitgebracht hatte, indem ich Diego direkt in die Augen sah, und ließ ihn über die Schultern zu Boden gleiten. Er starrte mich an und lächelte. Dann erforschten seine Augen meinen Körper, als sähe er ihn zum ersten Mal. Zentimeter für Zentimeter. Ich spürte keine Verlegenheit. Es war lange her, seit ein Mann mich auf diese Weise betrachtet hatte, und ich genoss es.

Er kam auf mich zu. Ich wich nicht zurück. Ich war erregt. Jeder Nerv in meinem Körper bebte vor Anspannung. Dann umschloss er ganz vorsichtig meine Brüste mit seinen Händen und ließ die Daumen um die Brustwarzen kreisen. Er zog mich zu sich. Ich erschauerte von den Fußsohlen bis zum Scheitel und schloss die Augen. Seine Berührung war köstlich, sein Körper unglaublich sinnlich und empfänglich. Er streifte die Kleider ab. Nein, das stimmt nicht. So würde man eine Filmszene beschreiben, aber es war nicht so. Diego konnte überhaupt nichts abstreifen, dafür war er viel zu korpulent. Er war noch nicht einmal imstande, über seinen dicken Bauch hinweg den untersten Hemdknopf zu sehen. Seit sein Hausarzt ihm prophezeit hatte, dass er bei der nächsten Abmagerungskur an schlechter Laune sterben würde, hatte er nämlich schon wieder ordentlich zugelegt. Er fummelte eine ganze Weile an seinen Knöpfen herum, bis ich seine Hände nahm und sie mir auf die Hüften legte. Ich liebkoste seine Brust von oben nach unten und löste schließlich die widerspenstigen Knöpfe. Wir mussten beide laut loslachen.

»Ich bin ein Schwein!«, gluckste er.

»Ja, das bist du!«, neckte ich ihn.

Unter der Kleidung kam seine weiße Haut zum Vorschein, weich wie bei einem Baby, mit spärlichem Haarwuchs auf den überdimensionierten Brüsten.

»Du siehst ja aus wie ein Mädchen!«

»Du auch, Cristi.«

Er küsste mich auf die Stirn. »Ein junges, sinnliches, wunderschönes Mädchen.« Er schmiegte sich an mich, sein Atem ging schnell, und er flüsterte ein ums andere Mal: »Ich brauche dich so, Christi. Ich brauche dich so.«

»Du kannst mich nicht haben, bevor du nicht deine Hose ausgezogen hast!«, wisperte ich zurück und knuffte ihn in den Magen.

»Ah, das ist gar nicht so einfach, aber vielleicht hilfst du mir bei der Gürtelschnalle!«

Ich kämpfte mit der Schnalle, die unter den Fettwülsten vergraben lag, sodass man sie kaum zu fassen bekam. Ich versuchte immer wieder, den Bauch wegzuschieben, um sie zu lösen. »Zieh ihn ein! Jetzt halten, halten! Sonst kriege ich den Dorn nicht aus dem Loch!«

»Ha! Dorne und Löcher, damit kenne ich mich aus!«

»Du bist wirklich ein Schwein!« Ich küsste seinen dicken Wanst. »Wie ziehst du dich eigentlich aus, wenn ich nicht dabei bin?«

»Dann hilft mir Frida.«

Frida. Der Name war gefallen und schlug mir dumpf ins … wohin eigentlich? Ins Gehirn? In die Eingeweide? Ins Gewissen? Frida, meine Schwester. Ich war drauf und dran, mit ihrem Mann zu schlafen. Ach so, ja, Frida. Ihr Bild schwebte schemenhaft durch den Raum … lachend … weinend … um sogleich wieder zu verschwinden. Aber ihre Stimme hörte ich noch, fern, leise, geisterhaft. »Cristi! Meine eigene Schwester, meine liebste kleine Schwester!« Ein vorwurfsvolles Raunen. Diego hörte nichts.

Frida! Na wenn schon. Frida! Sie war drüben, ich war hier. Manchmal war sie auch hier, na wenn schon? Für Diego schien das kein Problem zu sein, und ich hatte viel zu sehr meinen Spaß, um die Sache zu unterbrechen.

Er führte mich zur Couch am anderen Ende des Ateliers. Mit Diego zu schlafen war wie Honig trinken. Befriedigend, sättigend, mit einem süßen Nachgeschmack. Ich weiß nicht mehr, woran ich dachte. Ich kann mich nicht mehr erinnern. Ich dachte an gar nichts.

So fing alles an. Naiv. Diego hatte so viele Affären gehabt, dass es auf eine mehr oder weniger ja wohl kaum ankommen konnte, oder? Frida wusste von Lupe, von Tina, von Helen Wills und den Studentinnen … und behauptete, sie hätte diese kleinkarierten bürgerlichen Vorstellungen von der Ehe nicht. »Man stirbt nicht, wenn man heiratet«, hatte sie mir einmal gesagt. »Man lebt weiter, atmet, begehrt.« Wenn Diego wieder eine neue Geliebte hatte, schimpfte und tobte sie zwar eine Zeit lang, aber sie bekam sich immer wieder ein. Ich will damit sagen, irgendwann akzeptierte sie es und gönnte Diego seine Abenteuer. Außerdem, sagte sie, seien seine Affären ohne Bedeutung, solange er sie mehr liebte als alle anderen. Sie beschwerte sich, na schön, aber sie trennte sich nicht von ihm, oder? »Diego ist ein Mann von großem Verlangen«, erklärte sie mir, wenn sie ihre tolerante Phase hatte. »Von großem Verlangen nach Kunst, von großem Verlangen nach Essen und von ebenso großem Verlangen nach Sex. Er kann nie genug kriegen. Diego ist ein Mann, der in jeder Hinsicht nach Befriedigung lechzt. Was würde von ihm übrig bleiben, wenn man ihm das nimmt? Er wäre nichts anderes mehr als ein fetter, langweiliger, asketischer Handwerker. Wenn man ihm das nimmt, zerstört man seine Fülle! Man zerstört den Künstler in ihm! Weißt du überhaupt, was asketisch heißt, Liebes?« Meistens freundete sie sich ohnehin mit ihren Rivalinnen an und zog sie auf ihre Seite, sodass am Ende nicht Diego, sondern Frida triumphierte. Also, offen gestanden, machte ich mir nicht allzu viele Gedanken darüber, was Frida dazu sagen würde.

Eins kann ich Ihnen aber versichern: Diego war ein wundervoller Liebhaber. Er liebte mich nicht nur wie ein junger Gott, er redete auch mit mir. Und er hörte mir zu. Er erzählte mir von seiner Studentenzeit in Spanien. Er hasste die Spanier, weil sie so viel Unheil über Mexiko gebracht hatten, unsere Urbevölkerung ausgerottet, unsere aztekische Kultur zerstört, und er verabscheute sie, weil sie keine Phantasie hätten, wie er behauptete. Mit wenigen Ausnahmen, wie Juan Gris oder Pablo Picasso, aber die waren nach Frankreich gegangen. Solche Dinge erzählte er mir, als wir unser Verhältnis hatten. Er nahm mich ernst, verstehen Sie. Er schilderte mir seine Reisen nach Italien, die Mosaiken in Ravenna ... »Ich bin nur mit einem kleinen Tornister losgezogen«, erzählte er mir, »und hatte nichts weiter dabei als meine Pinsel, meine Farben, ein paar Socken und eine Garnitur Unterwäsche zum Wechseln. Nach einer Woche habe ich gestunken wie die Pest!« Das hat er mir erzählt, und ich habe es ihm auch abgenommen, weil Diego ziemlich wasserscheu war. Er war einfach so weitergezogen, hatte in Mailand, in Verona, in Venedig und wer weiß wo sonst noch Skizzen gemacht. Ich kann mich nicht an all die Orte erinnern. Dafür ist es schon zu viele Jahre her, dass ich in seinen Armen lag und seinen Geschichten lauschte. Ich kann mich aber entsinnen, was er über Picasso sagte. Diego wusste, dass Picasso ein Genie war, aber er mochte ihn nicht sonderlich. »Ich habe von dem Hurensohn eine Menge gelernt«, sagte er, trotzdem ging Picasso ihm auf die Nerven. Er war ihm zu dominant gewesen und hatte zu sehr den Meister herausgekehrt, der erwartete, dass ihm die jüngeren Künstler zu Füßen lagen. »Diese schwule Sau hat jeden spüren lassen, dass er der Erste war und man selbst nur ein Nachfolger«, erzählte mir Diego. Aber zum Nachfolger war Diego nicht geschaffen, und wenn Sie mich fragen, war das der Grund, weshalb er Picasso nicht ausstehen konnte. Die beiden waren sich einfach zu ähnlich, zwei Bullen beim Dauerwettbewerb im Weitpinkeln. Mag sein, dass Diego auch eifersüchtig war. Schließlich war Picasso damals schon berühmt, und Diego war nur, na ja, er war eben noch nicht so berühmt. Als Diego Europa verließ, um in Mexiko Wandbilder für Vasconcelos zu malen, hatte er zu Picasso gesagt: »Der Kubismus ist tot, Alter. Deine verzerrten *demoiselles* sagen den Leuten nichts. Du nennst dich zwar Kommunist, aber du sprichst nicht die Sprache des Volkes.« »Du warst immer schon ein Scheißkerl und ein Lügner«, erwiderte ihm Picasso, ohne von der Arbeit aufzusehen. So haben sich die beiden voneinander verabschiedet. Diego hat mir lauter solche Anekdoten erzählt, und für mich war das wie eine Schulung in Sachen Kubismus, Lombardi-Malerei, Franz Hals. Das habe ich alles von Diego gelernt. Er hat davon geredet, und ich habe ihm zugehört. Nein, warten Sie mal, ich übertreibe. Wir haben nicht stundenlang im Bett gelegen und über Picasso und den Kubismus geredet. Wir wollen der Wahrheit die Ehre geben und die Dinge beim Namen nennen: Diego war so dick, dass es eine enorme Anstrengung für ihn war, mit einer Frau zu schlafen. Deshalb war er danach immer völlig erledigt und sackte in sich zusammen wie ein angestochenes Schlauchboot, pssschhht! So war Diego: aufblasen, kommen, schnarchen! Aufblasen, kommen, schnarchen! Aber er hat mich nie behandelt, als wenn ich doof wäre. Er hat immer mit mir geredet.

Und er hat mir zugehört. Ich habe ihm alles erzählt, wie wir als Kinder wegen Vaters Herkunft gehänselt wurden, wie Frida immer ihren Kopf durchsetzen musste. Von Pinedo und wie scheußlich ich mich fühlte, als er mich verlassen hat. Denn, obwohl Pinedo ein gemeiner Hurenbock war und Frida fand, dass ich ohne ihn besser dran war, fühlt man sich trotzdem, wenn man einfach so von jemandem im Stich gelassen wird, den man geliebt hat und von dem man dachte, er würde einen auch lieben, als würde einem der Boden unter den Füßen weggezogen. Ich redete auch über meine Kinder, darüber, dass ich manchmal den Eindruck hatte, Isolda würde Frida mehr lieben als mich, weil Tante Frida einfach unwiderstehlich war in ihren fließenden Tehuanagewändern und mit den aufgesteckten Zöpfen. Aber ich redete nicht zu viel von meinen Kindern, weil ich ja wusste, dass Diego nichts mit Kindern anfangen konnte, außerdem war Fridas Schwangerschaft ein wunder Punkt bei ihm.

Diego war großzügig, wissen Sie? Er machte mir Geschenke. Erst schenkte er mir nur Kleinigkeiten, die Frida nicht bemerkte. Eine goldene Anstecknadel mit einer Figur des Gottes Chac Mool. Ein Buch über die französischen Impressionisten mit pastellfarbenen Malereien von kleinen Balletttänzerinnen. Eine Schreibmaschine. Wozu brauchte ich eine Schreibmaschine? Ich wusste damals noch nicht, dass Diego vorhatte, mich zu seiner Sekretärin zu ernennen. Richtig, ich bin ganz offiziell seine Sekretärin geworden. Auf diese Weise konnte er mich überallhin mitnehmen. Ein so wichtiger Mann wie Diego konnte schließlich ohne eine Vollzeit-Allwetter-und-überhaupt-Sekretärin nicht auskommen, oder? Er hatte mich stets dabei, in aller Öffentlichkeit, sogar vor ihr. »Cristi, schreib bitte mal Mr. Pérez' Telefonnummer auf!« »Cristi, mach mir bitte für morgen einen Terminplan.« Er brauchte seine Cristi, verstehen Sie? Aber als er mir die Schreibmaschine schenkte, dachte ich, dass ihn dieses Gerät mit dem schwarzen Gehäuse und den glänzenden Tasten, auf denen weiße Druckbuchstaben standen, einfach begeisterte. Er nannte sie eine Skulptur der Moderne. Eine Ode an die Technik. Diego liebte Maschinen jedweder Art. Später machte er mir weitaus größere Geschenke, aber für den Augenblick blieben es Kleinigkeiten. Dinge, die ich in Coyoacán, wo ich ja immer noch mit meinem Vater lebte, in meinem Zimmer verstecken konnte.

Frida kam häufig zu Besuch. Sie kam meinen Vater besuchen und mit Toñito und Isolda zu spielen. Sie verkleidete Isolda mit prächtigen Tehuanatrachten und gebauschtem Kopfschmuck, dann zogen sie das Grammophon auf und tanzten im Patio. Aber sie kam nur selten in mein Zimmer. Die Schreibmaschine hat sie nie entdeckt.

Wie sie uns auf die Schliche kam? Ich kann es nicht genau sagen.

Vielleicht hat Petronila, Diegos Hausmädchen, geplaudert. Petronila ging während unserer Malsitzungen ungehindert in Diegos Atelier ein und aus. Oder Diego hat es Frida selbst erzählt. Schließlich schämte er sich ja nicht dafür, jedenfalls am Anfang. Für ihn war es keine Frage der Moral. Für ihn besaß der Mann das eine Stück und die Frau das Gegenstück dazu, und wenn beiden danach war, dann steckte er seins einfach in ihrs, na und, was sollte denn schon dabei sein? Deshalb kann es durchaus sein, dass er ihr gegenüber eine Bemerkung fallen ließ, wie: »Weißt du, Frida, gestern, als ich gerade mit Cristi gebumst habe, kam mir der Gedanke für ein gutes Motiv für die linke Tafel vom Fresko in der medizinischen Fakultät.« Es ist aber auch möglich, dass sie es von alleine gemerkt hat. Sie hatte Adleraugen, diese Frida, und außerdem hatte sie einen sechsten Sinn.

Nun, es war so, dass sie eines Tages während einer unserer Malsitzungen einfach hereingeplatzt ist. Sie kam ohne Vorankündigung hereingeplatzt. Es war ja auch ihr Haus. Warum sollte sie sich da also ankündigen? Schließlich nahmen Diego und sie gewöhnlich gegen zwei oder drei Uhr nachmittags in seiner weiträumigen Küche gemeinsam ihre Hauptmahlzeit ein, und natürlich hatte sie Zugang zu sämtlichen Zimmern. Aber in letzter Zeit war sie nicht einmal mehr zum Essen rübergekommen. Sie hatte ein paar Monate vorher eine Blinddarmoperation gehabt, und die Narbe tat noch weh. Außerdem nahm die Schwangerschaft einen schwierigen Verlauf. Sie war ständig müde, der schlimme Fuß schmerzte, der Rücken tat ihr weh, eigentlich tat ihr alles weh. Manchmal fiel es ihr einfach zu schwer, bei ihm vorbeizuschauen. Manchmal stand sie gar nicht auf, sondern verkroch sich den ganzen Tag unter der Bettdecke und bemitleidete sich selbst. Außerdem war ihr wegen des Babys ständig übel. Ich will nur sagen, dass sie die meiste Zeit in ihren eigenen Räumen verbrachte, im blauen Kasten auf der anderen Seite der Brücke.

Sie hatte einen sonderbaren Gesichtsausdruck, obwohl zwischen Diego und mir gerade nichts passierte. Ich stand nur Modell, und er malte. Sie hatte uns also keineswegs auf frischer Tat ertappt, aber ihre Augen sprühten Funken und ihre Zunge schnellte vor wie bei einer Schlange.

Sie sagte kein Wort. Sie trug eine graue Hose und ein lavendelfarbenes Hemd ... Sie sah toll aus! Sie kam zu mir und stellte sich ganz dicht vor mich hin, so dicht, dass ich dachte, sie würde meine Wangen berühren. Sie brauchte nichts zu sagen. Ich wusste, dass sie es wusste, und ich wusste, dass es ihr etwas ausmachte. Was soll ich sagen? Ich hatte sie verletzt. Das war offensichtlich. Aus ihren Blicken zuckten Blitze. Ich fühlte mich zu einem schmutzigen Aschehaufen zusammenfallen.

»Frida ...«, stammelte ich.

Sie wandte sich ab. Diego malte einfach weiter, als wüsste er nicht, was los war, als wäre Frida eine Fliege, eine Mücke, lästig, aber unbedeutend.

Sie stand da und starrte ihn an.

»Es ist noch zu früh zum Essen«, sagte er schließlich. »Ich bin noch nicht fertig.«

Sie gab ihm keine Antwort. Sie drehte sich um und sah wieder mich an. Sie ging einen Schritt zurück und betrachtete meinen Körper von oben bis unten mit abschätzigen Blicken, wie einen Misthaufen. Sie ging um mich herum und starrte mich an. Ich fühlte mich wie eine aufgepflockte Sklavin, eine nackte, indianische Sklavin. Ich fühlte mich wie eine Hure, die ihre Haut zu Markte trägt. Das Gefühl gab sie mir. Meine eigene Schwester. Dann drehte sie sich um und ging.

Ich erwartete ein tröstendes Wort von Diego. Mach dir nichts draus, Cristi. Oder: Wir haben sie verletzt, Cristi. Wir müssen unser Verhältnis beenden. Aber es kam nichts. Er malte einfach weiter, als wenn nichts geschehen wäre.

Nach diesem Vorfall wollte ich nicht mehr mit ihm schlafen. Ich wollte nicht einmal mehr für ihn Modell stehen. Ich legte mir alle möglichen Ausflüchte zurecht, um nicht ins Atelier zu kommen. Ich muss mit Toñito zum Arzt, Diego. Ich muss meiner Freundin Carmen María Calderón helfen, zweihundert *tacos* für die Erstkommunion ihrer Tochter zu backen.

Er bettelte und flehte. Er müsse die Vorstudien abschließen, um mit den Fresken in der medizinischen Fakultät anfangen zu können. Er könne nicht bei ein und demselben Auftrag plötzlich das Modell wechseln. Bitte, Cristi, nur ein paar Tage noch. Bitte, Cristi, nur bis ich wieder richtig in Form bin. Bitte, Cristi, sonst werde ich überhaupt nicht mehr malen können. Bitte, Cristi, du hast mich gedrängt, wieder mit Malen anzufangen, du kannst mich jetzt nicht mitten auf dem Ozean über Bord werfen. Kein Wort von Frida. Kein Wort von dem, was wir ihr angetan hatten. Zu guter Letzt bekam er mich herum. Ich wollte eigentlich nie wieder zu ihm gehen, aber er hat mir einfach keine Ruhe gelassen.

»Na schön«, sagte ich endlich. »Ich stehe für dich, aber ich will nie wieder mit dir schlafen, Diego. Ich ertrage es nicht zu sehen, was das bei Frida anrichtet.«

Ja, Frida, dachte ich, würde er jetzt sagen. Wir müssen über Frida reden.

Aber stattdessen sagte er nur: »Du brauchst nur für mich Modell zu stehen. Mehr verlange ich nicht von dir.«

Frida spielte die Märtyrerin. Da war sie gut drin, wissen Sie? Der heilige Sebastian, von Pfeilen durchbohrt. Die heilige Justina, die das Kreuz umklammert, während ihr die Flammen um die Füße lecken. Statt ein Mordsspektakel zu inszenieren, womit ich eigentlich gerechnet hatte, sagte sie nichts und guckte mit den Augen eines geprügelten Hundes in die Welt. Ihr Fuß war schlimmer denn je. Eine Operation wurde unvermeidlich, und der Arzt hatte ihr auch noch mitgeteilt, dass sie die Schwangerschaft nicht zu Ende bringen konnte, dafür sei ihre Gesundheit einfach zu labil. Er riet zum Schwangerschaftsabbruch. Sie sagte zwar nicht, dass es alles nur meine Schuld war, aber ihr vorwurfsvoller Blick sprach Bände. Und das war noch nicht alles: Diego hatte nämlich immer noch nicht den Auftrag in der medizinischen Fakultät in Angriff genommen, sodass die beiden auch kein Geld hatten.

Verdammte Scheiße!, dachte ich bei mir. Nenn mich eine Hure! Nenn mich eine Verräterin! Aber erspare mir diese Leidensmiene!

Ich konnte es nicht mehr ertragen. Der geprügelte Hund. Das

Opferlamm. Ich wäre am liebsten im Erdboden versunken. Ich war todunglücklich. Aber es war nicht ihre Schuld. Es war Diegos. Wieso war ich ihm in die Fänge gegangen? Eine arglose Fliege, das war ich. Eine arglose Fliege, die unversehens in ein klebriges, seidiges Gespinst geraten war und sich in seinen fatalen Fäden verfangen hatte. Ich gelobte, mich nie wieder von ihm berühren zu lassen.

Aber wer konnte dem großen Diego Rivera schon widerstehen? Zunächst benahm er sich. Er malte. Ohne zu reden. Er war liebenswürdig, aber sachlich. Das stärkte mein Vertrauen, und ich ließ meine Abwehr sinken.

Eines Abends, als wir mit dem Malen fertig waren, nahm er meine Hand und führte mich in die Küche. Ich war schon angezogen.

»Bleib noch ein Weilchen hier und iss ein Häppchen mit mir«, bat er mich. »Petronila hat *empanadas* gemacht.«

»Diego …«

Er sah aus wie ein abgewiesener Schuljunge, und ich hatte nicht das Herz, ihn stehen zu lassen.

Wir aßen schweigend. Er schien nicht die richtigen Worte zu finden … Ich nahm seine Hand.

»Armer Diego«, murmelte ich.

»Ich bin so einsam, Cristi.«

»Du armes, verlorenes, kleines Fröschchen«, sagte ich und versuchte ironisch zu klingen.

»Ich brauche dich so, Cristina.«

Ich wollte ihm nicht noch einmal an die Angel gehen. »Ich kann Frida nicht hintergehen«, sagte ich deshalb fest. Oder jedenfalls glaube ich, dass ich es fest sagte. »Wir haben sie schon einmal verletzt. Bitte lass es uns nicht wieder tun.«

Ich hielt ihm immer noch die Hand, aber indem er sie leicht verschob, lag jetzt meine Hand in seiner, und ich spürte, wie er sie etwas fester umschloss.

»Sie hatte einen Abbruch«, sagte er.

»Ich weiß. Arme Frida. Sie leidet fürchterlich.«

»Ja.« Er machte eine Pause. »Aber warum muss sie auch immer wieder schwanger werden? Sie weiß doch, dass sie kein Kind austragen kann. Es kommt mir idiotisch vor. Idiotisch und egoistisch.«

»Wieso egoistisch? Wenn sie doch einem Kind das Leben schenken will?«

»Sie wird nie einem Kind das Leben schenken, und mir kann sie jetzt auch nichts schenken. Der Arzt hat ihr nämlich gesagt: kein Sex. Für den Augenblick zumindest. Sie muss sich erst erholen, und dann wird der Fuß operiert. Es ist jedes Mal dasselbe, wenn ich zu ihr gehe. Sie kann nicht. Sie will nicht. Sie ist völlig vereinnahmt von ihrem Leiden. Sie liebt es, zu leiden, Cristi. Das ist der wahre Grund, weshalb sie immer wieder schwanger wird. Dann geht es ihr schlecht, und alle müssen sie bemitleiden. Das ist ihr höchstes Glück. Aber weißt du was, Cristi? Im Grunde ist es mir egal. Weil ich eigentlich dich will. Ich brauche dich, Cristi. Ich brauche dich. Ich habe dich immer geliebt, von Anfang an, seit ich dich zum ersten Mal gesehen habe, als ich Frida bei euren Eltern besucht habe.«

Er küsste mich zärtlich. Dann knöpfte er mir die Bluse auf, schob sie mir über die Schultern, liebkoste meinen Po, führte mich ins Schlafzimmer.

Wie lange das so weiterging? Vielleicht ein Jahr. Vielleicht auch länger. Eins kann ich Ihnen jedenfalls sagen: Ich habe mich nie so sehr als Frau gefühlt wie in der Zeit unserer Liebschaft. Diego lag mir zu Füßen. Er kaufte mir Geschenke. Er redete mit mir. Er malte mich. Er führte mich aus und sagte nie zu mir, dass ich dumm wäre. Er kaufte mir ein wunderschönes Appartement an der Calle Florencia, im nobelsten Viertel von Mexiko-Stadt. Er hat mir sogar ein Auto geschenkt. Damals gab es nicht viele Mexikanerinnen, die Auto fuhren. Das war was Besonderes. Wenn ich in meinem zweifarbigen Packard auf Tour war, dann drehten sich die Leute nach mir um. Ich trug die Haare offen und ließ sie im Fahrtwind wehen. Ich war ein Anblick … das sagten die Leute von mir … ein Anblick, mit meinen wehenden Locken. An den Wochenenden fuhr ich mit meinem Vater aufs Land. Er genoss es. Ich war eine gute Tochter. Ich war sogar eine erfolgreiche Tochter, denn ich war das Lieblingsmodell des großen Diego Rivera! Als Diego sein Wandbild »Mexiko heute und morgen« im Nationalpalast schuf, hat er mich in die Mitte gesetzt. Da bin ich, weich und sinnlich, leicht vorgebeugt, sodass man die Rundung meiner Hüfte sieht, und meine beiden Kinder neben mir. Ich sitze da und halte ein kommunistisches oder irgendein anderes Dokument in der Hand, eine Erklärung zu den Rechten der Arbeiter oder so etwas. Entscheidend ist, dass ich vorne sitze. Frida ist auch da, aber hinter mir und sieht aus wie eine Pfadfinderin, nein, verzeihen Sie, wie ein Mitglied der kommunistischen Jugend. Einmal, ein einziges Mal in meinem ganzen Leben, habe ich im Mittelpunkt gestanden, und Frida war nur die Schwester.

Frida war natürlich außer sich, weil Diego und ich wieder zusammen waren, das ist ja verständlich. Ab und zu ließ sie Dampf ab: »Du hast mich verletzt, Cristina! Wie konntest du mir das nur antun! Du miese, kleine Schlange!« Aber meistens zeigte sie mir die kalte Schulter und behandelte mich wie Luft. Sie kam ins Zimmer, küsste Diego, küsste meinen Vater, küsste Toñito und Isoldita, küsste sogar Petronila und überging mich, als wäre ich überhaupt nicht anwesend. Wenn sie auf einer Feier nach mir gefragt wurde, zuckte sie mit den Schultern, als wüsste sie nicht, von wem die Rede ist. Selbst wenn ich direkt daneben stand. Na ja, mir sollte es egal sein. Ich hatte Diego. Sie hatte ein zerbrochenes Rückgrat, einen kaputten Fuß und eine leere Gebärmutter.

Sie verließ das Haus neben Diego und zog in eine Wohnung an der Avenida Insurgentes. »Ich helfe dir beim Packen«, bot ich ihr an. Aber statt einer Antwort rümpfte sie nur die Nase und kehrte mir den Rücken zu. Ich war ihre Launen satt und hatte genug von ihren hysterischen Anfällen, von ihren Operationen, ihren Schmerzen, ihrem Gejammer, ihren Schwangerschaften und Schwangerschaftsabbrüchen. Ich hatte gewonnen! Ist das bei Ihnen angekommen? *Ich* war Diego Riveras Frau. *Ich* war sein Liebling, *ich* war die Hübsche, diejenige, die Kinder zur Welt gebracht hatte. Sie war noch nicht mal in der Lage, ein Baby auszutragen. Ich ging auf Partys, hing an Diegos Arm und trug den wunderschönen Silberschmuck, den er mir geschenkt hatte.

Diego liebte Frida immer noch. Das wusste ich. Ich wusste, dass er fast täglich zu ihr ging. Ich wusste es, weil er es mir sagte.

»Es geht ihr besser«, erzählte er dann. »Wir haben heute zusammen geschlafen. Wir haben Liebe gemacht wie die Verrückten. Sie war wundervoll!«

Solche Dinge sagte er nur, um mich zu reizen. Sie stimmten nämlich nicht. Sie konnten gar nicht stimmen, weil Frida krank war. Aber er liebte es, mich zu provozieren. Die Frauen gegeneinander auszuspielen, das war sein höchstes Vergnügen. Wenn zwei Frauen um ihn kämpften, fühlte er sich im siebten Himmel und unternahm alles, um das Feuer auf beiden Seiten weiter zu schüren. Zum Beispiel hat er mir einmal eine wunderschöne Couchgarnitur aus rotem Leder für mein Wohnzimmer gekauft, dann ist er zu Frida gegangen und hat für sie genau dieselbe in Blau bestellt. Er wusste genau, dass wir es herausfinden und uns gegenseitig an die Gurgel springen würden.

»Ich versuche nur, gerecht zu sein!«, redete er sich dann mit diesem verdammt scheinheiligen Grinsen heraus. Er schürte die Flammen, er hetzte uns Schwestern gegeneinander auf, bis wir so weit waren, einander in Stücke zu reißen! Schloss er vielleicht heimliche Wetten mit sich selbst ab, wer von uns die andere zuerst vernichten würde? Offen gestanden, es war mir egal. *Ich* hatte ja meinen Spaß.

Und was sagen Sie dazu? Finden Sie das egoistisch von mir? Finden Sie, dass ich grausam war? Ich glaube, ich war es. Doch. Ich war richtig gemein. Die arme Frida. Sie ging durch die Hölle und hätte mich gebraucht. Aber ich war nur damit beschäftigt, mit meinem neuen Auto durch die Gegend zu flitzen und mit jedem Kerl zu flirten, der mir über den Weg lief. Ich ging in meiner Rolle als Diego Riveras aktuelle Lieblingsfrau vollkommen auf, verstehen Sie? War das denn wirklich so böse von mir? Alles, was ich wollte, war doch nur ein bisschen Glück, ein bisschen Spaß. Frida hatte sich schließlich jahrelang auf Festen und Empfängen vergnügt, Kaviar gegessen und mit wichtigen Leuten geplaudert. So, und jetzt war ich mal dran! Ich lernte Filmschauspieler kennen, Leute wie Dolores del Río! Ich begegnete berühmten Politikern! Sogar Làzaro Cárdenas und vielen anderen. Bei den Gesellschaften stand ich direkt neben ihnen und sagte vor ihren Ehefrauen unerhörte Dinge zu ihnen, während ich verführerisch mit den Wimpern klimperte – genau wie Frida. Erst ging es mir nur darum, Frida zu beweisen, dass ich auch jemand war, dass ich genauso von einem Mann geliebt werden konnte. Zugegeben, ich tat ihr weh. Und wenn schon, dachte ich bei mir. Sie kann ruhig auch mal ein bisschen von dem zu spüren kriegen, was sie sonst austeilt.

Aber dann fing ich an, mal darüber nachzudenken ... Und mir gingen die Augen auf. Ich hatte meine eigene Schwester betrogen. Ich hatte ihr einen Dolch in den Leib gerammt. Sie durchbohrt mit ihrem eigenen juwelenbesetzten Messer. Ich wusste nicht, ob das, was ich zerschnitten hatte, je wieder zusammenzufügen war. Mir wurde bewusst, dass unser Verhältnis nie wieder das von vorher sein würde. Und diesen Gedanken ertrug ich nicht. Ich konnte ihn einfach nicht ertragen. Ich fing an, den Feiern fern zu bleiben. Ich blieb zu Hause, trank und weinte. Manchmal schloss ich mich im Badezimmer ein und lag stundenlang in der Wanne. Ich verlor jegliches Zeitgefühl. Einfach untertauchen und ganz tief einatmen, damit endlich alles vorbei war, schoss es mir durch den Sinn. Damit ich Fridas Glück nicht mehr im Weg stand. Ich sah mich mit aufgeschlitzten Pulsadern daliegen, während das Blut aus den Handgelenken ins Seifenwasser floss. Ich stellte mir vor, ins Meer zu gehen, Isoldas Fingerchen in der rechten Hand und Toños in der linken. Ich würde immer weiter gehen, tiefer, immer tiefer hinein, bis die tröstlichen Wellen erst den zarten Babyleib begruben, dann Isolditas Körperchen und schließlich mich überspülten. Ich konnte Frida vom Ufer aus rufen hören, ›Cristi, tu es nicht! Bitte tu es nicht! Lass mich nicht alleine hier! Lass mir wenigstens die Kinder da! Sie sind alles, was ich noch habe!‹ Sie waren alles, was sie noch hatte? Scheiße! Sogar in meinen Träumen dachte sie immer nur an sich!

Ich machte mir endlich bewusst, was ich angerichtet hatte. Wie mir das bewusst geworden ist? Zunächst war da die neue Wohnung. Fridas neue Wohnung, meine ich. Bei Diego auszuziehen und sich eine eigene Wohnung zu suchen, das war schon ein ziemlich radikaler Schritt. Sie hatte damals versucht, sich von ihm zu lösen, das war offensichtlich. Ich bin kein Fachmann in diesen Dingen, wie Sie, aber ich erkannte, dass sie darum kämpfte, sich von ihm abzunabeln. Sie wollte selbständig werden und von ihrer Malerei leben, sagte sie. Sie bräuchte ihn nicht mehr. Das war natürlich gelogen. Sie belog sich selbst und uns. Weil sie ihn nämlich andauernd sah. Jeden Tag! Sie hatte keineswegs den Kontakt abgebrochen. Aber sie wollte nicht mehr finanziell von ihm abhängig sein, und um es zu beweisen, richtete sie sich in ihrer Wohnung ein Atelier ein und begann, eifrig zu malen. Sie suchte sogar einen Anwalt auf, Manuel González Ramírez, einen ehemaligen *cachucha* aus den Tagen der Preparatoria, um die Scheidung in die Wege zu leiten. Ich hätte nie gedacht, dass sie so weit gehen würde. Es machte mir Angst.

Aber in Frida vollzog sich damals eine Veränderung. Was zwischen uns passiert war, machte eine andere aus ihr. Es schien so, als würde sie sich nicht nur von Diego scheiden lassen, sondern auch von mir. Ich konnte nachts nicht mehr schlafen, lag stundenlang mit offenen Augen in der Finsternis und marterte mich mit dem Gedanken, dass ich alles kaputtgemacht hatte. Ich fühlte mich miserabel.

Aber es gab noch etwas, woran ich erkannte, wie beschissen ich mich verhalten hatte, wie ungeheuer ich sie verletzt hatte. Um diese Zeit malte Frida ein Bild, das sie »Nur ein paar kleine Dolchstiche« nannte. Der Auslöser war ein Zeitungsbericht über einen Mann, der seine Freundin auf die niederträchtigste Weise umgebracht hatte. Er fügte ihr am ganzen Körper Messerstiche zu und ließ sie dann in einer Blutlache liegen. Als die Polizei ihn festnahm, sagte er so in etwa: »Was ist denn schon dabei? Es waren doch nur ein paar kleine Dolchstiche!« Fridas Bild zeigt den Mörder mit dem blutigen Messer über der auf einem Feldbett ausgestreckten Frau, deren Körper von Schnittwunden übersät ist. Es ist brutal, unglaublich brutal. Aber trotzdem ... verzeihen Sie, es ist scheußlich von mir ... aber als ich das Bild zum ersten Mal sah, da habe ich laut losgelacht! Weil es so grausam war. Es erinnerte mich an ein mexikanisches Melodrama. Wissen Sie, wie in diesen Filmen, in denen der betrogene Ehemann seine Frau, ihren Liebhaber, ihre Mutter, ihren Vater, ihre Schwester, die Kinder, den Hund und auch noch das Vieh erschießt! Ich konnte mich kaum wieder einkriegen! Ich lachte Tränen! Ich versuchte, damit aufzuhören, aber ich ... Was konnte ich denn dafür! »Schon gut, Cristi«, sagte Frida mild und hatte dabei dieses verletzte Lächeln auf den Lippen. »In gewisser Weise ... ist es wirklich komisch.« Sie litt solche Qualen. Und der Mörder auf ihrem Bild das war ich. Das wusste ich. Ich und Diego. Wir haben es gehasst, sie zu verletzen. Gehasst. Und trotzdem taten wir es weiter.

Diego und ich haben uns nicht getrennt. Ich lernte Schreibmaschine schreiben, nicht sehr gut, aber immerhin. Ich habe weiter als Diegos Sekretärin gearbeitet und für ihn Modell gestanden. Frida wusste es, dass unsere Liebesbeziehung andauerte. Was hatte Frida nur an sich, dass man sie so verletzen musste, ohne es eigentlich zu wollen? Warum war ich so grausam zu ihr?

Ob Frida mir je vergeben hat? Sie hat es jedenfalls gesagt. Irgendwann, nachdem alles vorbei war, hat sie zu mir gesagt, sie hätte die Sache hinter sich gelassen. Ihre Liebe zu mir und zu Diego sei stärker als alles andere, hat sie gesagt. Aber ich wusste, dass es zwischen uns nie wieder so sein würde wie früher.

Frida reichte zwar letztendlich doch nicht die Scheidung ein, aber sie legte sich ihrerseits einen Liebhaber zu, einen berühmten japanischen Bildhauer, und dann den nächsten und den übernächsten. Männer und Frauen. Eine Kunststudentin. Einen von Diegos Assistenten. Einen Kellner, eine junge Aktivistin. Einen Tänzer aus einer *zarzuela*-Truppe, deren Auftritt sie gesehen hatte. Eine Krankenschwester vom Hospital. Sie ertränkte ihren Kummer in Sex, und sie rächte sich an ihm. Die Frauen kratzten Diego nicht, er fand lesbische Affären sogar interessant. In seinem Umfeld hatten alle Frauen welche. Aber die Männer ... die konnte er nicht ertragen. Die Vorstellung, dass Frida sich mit einem anderen Mann im Bett wälzte, setzte ihm arg zu. Deshalb sorgte sie dafür, dass er es jedes Mal erfuhr. Sie überzeugte sogar ihren Bildhauer-Liebsten, Isamu Noguchi, mit ihr zusammenzuziehen. Sie bestellten sich Möbel, und Frida ließ sie absichtlich an Diegos Adresse liefern. »Oh!«, sagte sie im Nachhinein. »Das Geschäft muss da wohl was verwechselt haben und hat sie an die falsche Anschrift geliefert!« Solche Dinge tat sie, nur um ihn zu verletzen, verstehen Sie? Sie musste es ihm heimzahlen.

Weshalb quälen sich Menschen so, die einander lieben? Das müssen Sie erklären. Das ist Ihre Aufgabe. Das Einzige, was ich weiß, ist, dass ich nie aufgehört habe, Frida zu lieben. Ganz egal, was für schreckliche Dinge ich ihr angetan habe, ich habe sie weiter geliebt. Bitte, notieren Sie: Cristina Kahlo hat ihre Schwester Frida geliebt.

18

Dolores del Río war die blendendste Erscheinung, die bezauberndste Frau, der ich je begegnet bin. Ich habe ihre sämtlichen Filme gesehen, sogar den allerersten, »Joanne«. Sie hatte darin nur eine unbedeutende Nebenrolle, aber schon bei diesem kleinen Auftritt wurde deutlich, wie sie war. So geheimnisvoll, so anmutig, einfach zum Filmstar geboren. Sie war so ziemlich in unserem Alter, ein, zwei Jahre älter vielleicht, aber ich schaute zu ihr auf, als wäre sie eine wesentlich reifere, erfahrenere Frau. Sie strahlte eine gewisse Vornehmheit aus, ein Überbleibsel aus ihrer Erziehung in einer angesehenen französischen Privatschule. Man merkte ihr an, dass sie in einem Haus groß geworden war, wo es Roastbeef von Porzellantellern gab und in der Diele Bilder von ehrwürdigen Urgroßmüttern mit Halskrausen hingen.

Ihr Vater war Bankdirektor, bei der *Banco de Durango*. Während der Mexikanischen Revolution hat er sich in die USA abgesetzt, wie sie mir erzählte. Wir waren damals zwar Zapatisten gewesen, aber als ich Lola kennen lernte – so nannten wir sie nämlich –, nahmen wir es damit nicht mehr so genau. Wir konnten darüber lachen und Freundinnen werden. Ich vergötterte sie. Ihr richtiger Name war Dolores Asúnsolo y López Negrete. Del Río war der Name ihres Mannes. Sie hatte jung geheiratet, sehr jung, mit fünfzehn. Ihr Mann hieß Jaime del Río, ihr erster Mann, meine ich. Das weiß ich übrigens alles von ihr und nicht aus irgendwelchen Illustrierten! Sie hat es mir selbst erzählt!

Stellen Sie sich diese Szene vor: Wir sitzen in einem Boot in Xochimilco. Diego und Frida hatten beschlossen, mit ein paar

Freunden einen Ausflug mit Picknick zu den schwimmenden Gärten zu unternehmen. Ich glaube, Lola Alvarez Bravo war auch dabei, die berühmte Fotografin, wissen Sie, die so viele schöne Aufnahmen von Frida gemacht hat, ihr Mann Manuel und natürlich Lucienne. Warten Sie mal, wer war noch mit von der Partie? Jean van Heijenoort, der französische Mathematiker, der Trotzkis Sekretär wurde, alle möglichen berühmten Leute, die Tänzerin Nicolasa Larrubia de la Barca. Und ich, mittendrin, mitten im Zentrum des Geschehens. Wir saßen also in einem dieser großen, blumengeschmückten Boote von Xochimilco, die *trajineras* genannt werden, wissen Sie? Ein bildhübscher junger Ruderer mit brauner Haut und betörenden Augen, grün wie Pfefferminzbonbons, vermutlich der Nachkomme eines zügellosen Konquistadors und einer indianischen Prinzessin, dieser junge Mann stieß immer wieder den Staken in die Tiefe und ließ unseren Kahn ganz ruhig und gleichmäßig über das Wasser gleiten, an den pappelgesäumten Ufern des Kanals vorbei. Vorn und hinten war die Gondel mit einem bogenförmigen Gebinde aus allerlei Blumen geschmückt – Orchideen, Chrysanthemen, Malven, Nelken. Ihr Duft war berauschend, gemischt mit dem Aroma von Chilis und feuchter Erde. Mir schwindelte vor Glück, der Augenblick machte mich trunken, die Düfte, die prächtige Vegetation, die köstliche, lauwarme Brise und natürlich Lola. Sie war einfach hinreißend. Ihr Lächeln stieg einem zu Kopfe. Ein paar Gitarrenspieler in der typisch ländlichen Kleidung saßen im Heck und sangen *La Paloma, La Ciudad de Jauja, Cielito Lindo,* all so was. Am Morgen hatte es geregnet, und die Tropfen hingen noch glitzernd an Blättern und Blüten. An den Kanalrändern war die Vegetation so üppig, dass unsere Blicke kaum in die Welt hinter den Pappeln vordringen konnten. Aber der Wald lebte, das war zu spüren ... und man hörte das Konzert all der unsichtbaren Vögel, Grillen und Frösche.

Unser Picknick, ein wahres Festmahl, hatten wir in großen Blechkisten mitgebracht, *chile, mole poblano, enchiladas rojas, enchiladas verdes,* Maispasteten, Bohnenpüree und Safranreis. Wir hatten Stapel von Tortillas dabei, dazu Tomaten, schwarze Oliven,

Avocadocreme und flaschenweise Wein, Tequila, Rum und Whiskey. Ich hatte eine Sangría gemacht. Ein Fässchen randvoll mit süßer, starker Sangría. Ich saß neben Lola ... Dolores del Río ... direkt neben ihr, mit dem Kopf auf ihrer Schulter, während sie von Hollywood erzählte. Es war merkwürdig, sie reden zu hören, nachdem ich sie praktisch nur aus Stummfilmen kannte, »*All the Town is Talking*« mit Edward Everett Horton, »*Upstream*« mit Walter Pidgeon und natürlich »Rivalen«, in dem sie ein französisches Mädchen vom Lande namens Charmaine spielt. Es waren so viele.

»Die Leute in Hollywood sagen, ich würde nicht mexikanisch aussehen, sondern bloß ausländisch«, erzählte sie. Irgend so was. Sie hatte den Mund purpurrot geschminkt, und wenn sie sprach, schienen ihre Lippen die Luft zu küssen. Sie waren so sinnlich, dass man Lust bekam, die Hand auszustrecken und ihre Mundwinkel zu berühren. »Bisher bin ich mit meinen Rollen als französisches Landmädchen ganz gut gefahren. Aber bei den Tonfilmen, wer weiß, was da auf mich zukommt?«

Wer weiß, was da auf mich zukommt? Wir wussten alle, was auf sie zukommen würde. Sie würde den Übergang mit Bravour meistern. Man würde sie als Spanierin ausgeben, das zog mehr als eine Mexikanerin, und sie würde Filme machen, in denen ihr Akzent kein Problem darstellte. Sie hatte gerade »*Flying Down to Río*« mit Fred Astaire und Ginger Rogers gedreht. *Wer weiß, was da auf mich zukommt?* Nein, es stimmt nicht, ich wusste nicht, was auf sie zukam, aber ich hätte es wissen können. Ich hätte es ahnen können.

Wir waren alle fasziniert von Lola. Sie war schon ein Star, als ich sie kennen lernte, und wurde als erste Mexikanerin eine echte Hollywood-Größe. Es gab zwar ein paar andere, die das fast geschafft hatten, Ramón Novarro und davor Antonio Moreno, aber wer den Gringos wirklich den Kopf verdrehte und zur Legende wurde, war sie, Lola. Sie hatte eben Glück. Genau wie Frida. Denn alle beide suchten sich einen Mann, der ... Ich will damit natürlich nicht sagen, dass sie kein Talent hatten, sie hatten ein ungeheures Talent, aber es hilft nun mal, wenn man einen mächtigen Mann im Rücken hat. So intelligent war ich eben nie. Lolas Vater war jedenfalls in die

USA gezogen und hatte Lola und ihre Mamá in Mexiko zurückgelassen. Lola lernte Französisch und Flamenco tanzen, was bei den Töchtern der reichen Leute damals sehr beliebt war. Ihre Mutter wollte sie möglichst rasch unter die Haube bringen, denn ein hübsches Mädchen im Haus ist wie ein Honigtopf beim Picknick, er zieht Insekten an. Deshalb wurde sie wie gesagt mit fünfzehn an Jaime Martínez del Río verheiratet und wurde Señora Dolores del Río. Er war beinah zwanzig Jahre älter als sie, ein Rechtsanwalt und Großgrundbesitzer, eine gute Partie! Sie fuhren auf Hochzeitsreise nach Europa. Sie besuchten London und Paris, aalten sich am Strand von Cannes und blieben insgesamt zwei Jahre weg. Und Jaime hatte gute Beziehungen. Als sie wieder in Mexiko waren, hat ihm sein Freund, der Maler Adolfo Best Maugard, irgendwelche amerikanischen Filmleute vorgestellt, darunter den Regisseur Edwin Carewe, und dann war alles einfach. Carewe gab Lola die erste Rolle, und sie zog mit ihrem Mann nach Hollywood, und den Rest kennen Sie ja.

Ich lauschte ihrer Rede, ihrer Stimme wie eine Marimba. Sie hatte erst vor ein paar Jahren den Designer Cedric Gibbons geheiratet, und die beiden waren nun in Mexiko, sozusagen auf verspäteter Hochzeitsreise. So ist das bei den Filmstars. Die sind so ausgebucht, dass sie für die Vergnügen der Normalsterblichen keine Zeit mehr haben, auf Hochzeitsreise fahren, sich betrinken, was auch immer. Wir waren jedenfalls mit dem Essen fertig, und die Bedienstete, die wir wie eine von uns behandelten, sammelte die Teller ein, die sie natürlich trotzdem abwaschen musste. Wir hatten Fridas Lieblingsgeschirr dabei, grobe, handgetöpferte Teller mit Indio-Mustern, dazu Tasse und Untertasse in einem Stück, in die uns das zweite Mädchen den kräftigen, köstlichen Kaffee einschenkte. Sein Aroma mischte sich mit dem Duft von Klatschmohn und wilden Orchideen. Die Vögel tirilierten, die Grillen zirpten in vollen Tönen, um uns herum vibrierte das Leben. Es war einfach göttlich. Fridas Hausäffchen Fulang-Chang plapperte munter in seinem Käfig daher. Sie hatte das Tier eingesperrt, damit es nicht nach dem nächstbesten Ast schnappte und sich auf Nimmerwiedersehen in die Freiheit hangelte. Es war himmlisch. Der *trajinero* ließ die Gondel zwischen Blütenblättern und Pflanzenteilen sanft über das Wasser gleiten. Die hellrosa, roten und grünen Farben des Tageslichts dunkelten allmählich ab und wichen den Schatten der Dämmerung. Und ich war dabei, mittendrin, hatte den Kopf auf Dolores del Ríos Schulter gelegt! Ich höre sie noch, wie sie über Gene Raymond sprach, ihren Partner in »*Flying Down to Río*«. »Der Film ist gerade in der Radio City Music Hall angelaufen, ihr müsst da unbedingt reingehen ...«

Frida weiß nicht, wo sie die Augen hinwenden soll. Sie flirtet mit Lola, zeigt ihre hübschen Zähne, indem sie viel sagend in eine Banane beißt, und nimmt hin und wieder verstohlen ein Schlückchen aus einem Flachmann, den sie jetzt stets bei sich trägt. Frida trinkt Cognac. Andauernd, eigentlich von morgens bis abends. Der attraktive Gondoliere hat es ihr auch angetan. Immer wieder ruft sie ihn beim Namen, damit er die Beinstellung wechselt und sie beobachten kann, wie sich die Wölbung in seinem Schritt verschiebt. Als sie mit der Banane fertig ist, holt sie einen Zigarillo aus der Tasche. Einen langen, dünnen Zigarillo – sehr stilvoll. Sie zündet ihn an und zieht daran, indem sie Lola direkt in die Augen sieht.

Diego lässt sich sachte von seinem Platz neben Jean van Heijenoort rutschen und arbeitet sich zur gegenüberliegenden Bank vor. Dabei hütet er sich aufzustehen, denn dann käme der Kahn ins Schwanken und würde sich wie im Sturm zur Seite neigen. Diego ginge klatschend über Bord und würde ein Seebeben verursachen, so heftig, dass die Fische von den Wellen hochgeschleudert und wie Vögel durch die Luft fliegen würden. Nein, er geht in die Hocke und überquert behutsam den Abstand zwischen den Bänken, dann schiebt er erst eine riesige Pobacke und schließlich das ganze Hinterteil auf den Platz mir gegenüber. Er zieht noch die Füße nach, und dann hat er mich endlich direkt im Blick ... mich? ... Nein, nicht mich, sondern Lola. Er lächelt sie an, ein breites, feuchtes Lächeln, pervers, ein perverses Lächeln, und sie lächelt zurück. Ihr Mann ist nicht dabei. Er ist zu Hause geblieben, Montezumas Rache vielleicht.

Diego schielt lüstern zu ihr herüber. Ich erhasche einen Blick des Gondoliere und lächele kokett zurück. Der junge Mann zwinkert mir zu und lächelt, dann wendet er sich wieder ab. Er ist vielleicht neunzehn oder zwanzig. Seine Arbeit hat ihn muskulös gemacht, stramm. Jedes Mal, wenn er den Stecken ins Wasser stößt, spannen sich seine Schenkel unter dem Hosenstoff. Mit einem jähen Ruck, wie die Zuckung eines Frosches, dreht Diego sich zu mir um und entdeckt mein Spielchen mit dem Jüngling, nichts Ernstes, ein verstohlener Blickwechsel, ein aufforderndes Spitzen der Lippen. Und plötzlich, ohne Vorwarnung, erscheint ein bösartiger Zug auf Diegos Gesicht. Sein Mund verzieht sich zu einem höhnischen Grinsen, er zieht einen Fuß nach hinten und tritt mir blitzschnell mit dem harten Stiefel gegen den Knöchel. Er hat so fest zugetreten, dass ich die Zähne zusammenbeiße, um nicht laut aufzuschreien. Der Schmerz setzt sich wie ein Stromschlag durch mein Bein fort, bis hinauf in die Hüfte und in die Seite. Ich fühle, wie mir die Tränen kommen.

Lola scheint nichts gemerkt zu haben. Jean erläutert ihr gerade, inwiefern die Stalinisten Trotzki missverstanden haben, und schwärmt von der wunderbaren Aussicht, Trotzki nach Mexiko zu holen. Trotzki habe schon lange den Plan, nach Mexiko zu kommen, um seine Leninbiographie zu beenden, die er vor Jahren begonnen habe. Wenn er von Trotzki spricht, ist er entflammt, begeistert, und Lola hört ihm so gebannt zu, als ginge es um ihre nächste Filmrolle.

Aber Frida hat es gesehen.

»*Imbécil!*«, faucht sie Diego an, aber der grinst nur blöde und fährt sich mit der Zunge über die Oberlippe. Frida tastet sich vorsichtig auf die andere Seite des Kahns. Sie setzt sich neben mich und legt mir den Arm um die Schultern. Dann nimmt sie meine Hand und küsst sie. Am liebsten würde ich wie ein Kind den Kopf an ihre Brust lehnen, aber das geht jetzt nicht, deshalb beiße ich mir auf die Lippen, um das Weinen zu unterdrücken, und tue so, als würde ich Jean zuhören.

Diego hat die Ohren gespitzt, weil Trotzki eines seiner Idole ist.

Er fragt Jean, wo Trotzki in Mexiko wohnen soll, und bietet ihm die *casa azul* in Coyoacán – Papas Haus, mein Haus, Fridas Haus – als Unterschlupf an, für den Fall, dass Trotzki ins Land geschmuggelt werden kann. Plötzlich hasse ich Diego und liebe Frida mehr als je zuvor.

Es ist schon lange dunkel, als wir wieder in der Stadt ankommen. Diego hat, wie fast alle, auf der Rückfahrt geschlafen, und jetzt wollen sie tanzen gehen.

»Ich bin zu müde«, erkläre ich. »Ich gehe nach Hause.« Aber davon will keiner was wissen. Sie schieben mich ins Auto, mein Auto, und veranlassen mich, sie zu einer Spelunke im Arbeiterviertel zu kutschieren, einer schummrig beleuchteten *cantina*, wo verschwitzte Arbeiter vor ihrem *pulque* oder ihrem Glas Bier sitzen und mit ihrem Tabak, der so grob ist wie Sägespäne, die Luft verstänkern. Mit feuchten Schnurrbärten, die Hüte tief ins Gesicht geschoben, betrachten sie uns mit ausdruckslosen Mienen. Sie unterhalten sich in gedämpftem Ton, fast verschwörerisch. Ab und zu blitzt ein Goldzahn im Licht der einsamen Glühbirne. Eine Szene wie in einem drittklassigen mexikanischen Film. In der Mitte des Schankraums ist ein vielleicht zwei auf drei Meter großer freier Platz, der als Tanzfläche dient. Aber niemand tanzt. Es sind auch nur Männer da.

Diego sucht uns einen Tisch in der Nähe der Theke, wo die Hitze steht. Lola setzt sich ihm gegenüber, und er betrachtet sie mit viehischen Blicken. Ich glaube, dass die beiden die Nacht zusammen verbringen werden. Frida sieht mich an, als ob sie sagen wollte: Jetzt siehst du mal, wie das ist, aber ich beachte sie nicht. Wieso habe ich eigentlich nicht damit gerechnet?

Worüber wunderte ich mich denn? Es wissen doch alle, dass Diego mit jeder Frau schläft, die ihm in die Hände fällt. Wieso hatte ich mir eigentlich eingebildet, dass er ausgerechnet mir treu sein würde, wo er doch der einen, die er wirklich liebte, nie treu war?

Ich will mal versuchen, mich zu erinnern, wie es weiterging … Jean van Heijenoort saß neben Lola, und ich saß ihm gegenüber neben Diego. Frida saß am Kopfende. Sie bestellte sich einen Rum und nahm, bis er kam, mehrmals kleine Schlucke aus ihrer Cognacflasche.

Jean wollte tanzen. Er sagte zu Lola: »Lass uns tanzen«, und nahm sie am Arm. Darauf stand Diego auf und zog an mir.

»Ich habe keine Lust zu tanzen«, sagte ich und bat ihn, mich in Ruhe zu lassen, aber er zog mich vom Tisch weg zu den splitternden Holzdielen der Tanzfläche.

»Ist Lola nicht wunderschön?«, flüsterte er mir ins Ohr. Sein Atem ging schwer und stank nach Alkohol.

»Sie ist wunderschön«, antwortete ich.

»Hat sie nicht einen prächtigen Hintern?«

Ich war seit Stunden am Rande der Tränen und hatte das Gefühl, jetzt würde der Damm brechen, doch es gelang mir irgendwie, mich zusammenzunehmen.

»Ja, prächtig«, flüsterte ich.

»Soll ich heute Nacht mit ihr schlafen?«

Ich schwieg.

»Soll ich?«, wiederholte er und erdrückte mich beinah.

»Mach nur. Und viel Spaß.«

»Den werde ich haben. Da kannst du sicher sein. Ich werde mit dieser Frau mehr Spaß haben als mit jeder anderen zuvor.«

Ich wollte mich von ihm losmachen. Ich hatte das Gefühl zu ersticken.

»Vielleicht wird Frida auch mit ihr schlafen. Was für ein köstlicher Gedanke, die beiden zusammen, alle beide so schön, so sinnlich. Zwei ineinander verschlungene Frauenkörper, welch erregende Möglichkeiten.«

Ich sagte nichts dazu.

»Weißt du, ich bin froh, dass Frida Frauen liebt. Sie hat dadurch eine Beschäftigung. Es ist für sie wie ein Ventil.«

Ich tanzte schweigend weiter. Ich wünschte, er würde mich an den Tisch zurückgehen lassen. Ich hatte das Bedürfnis, mich hinzusetzen.

»Wen guckst du an?«, fragte er plötzlich.

»Wen ich angucke? Niemand.«

»Doch, tust du. Den Kerl da drüben.«

»Du spinnst doch, Diego, ehrlich.«

»Sprich nicht so mit mir, du kleine Schlampe! Du blamierst mich vor allen Leuten!«

Ich wusste, dass er betrunken war.

»Beruhige dich, Diego«, sagte ich. »Ich gucke niemanden an. Sei nicht albern, *mi amor*. Ich habe im Moment gar keine Energie zum Flirten.«

»Jetzt machst du dich auch noch über mich lustig, was?«, stieß er zornig hervor.

Ich löste mich so weit von ihm, dass ich einen Blick in die Runde werfen konnte. Lola und Jean wiegten sich im Rhythmus ihrer Körper, aber Frida beobachtete uns, und das Lächeln auf ihrem Gesicht verwandelte sich in Besorgnis.

»Sei nicht albern«, flüsterte ich noch einmal und versuchte, besänftigend zu klingen.

»Du miese Schlampe! Jetzt tu nicht so, als hättest du es nicht auf den kleinen Scheißer da drüben im karierten Hemd abgesehen.«

Es war nur noch ein Zischeln.

»Nein, Diego, bestimmt nicht, ich schwöre es dir.« Ich verlor allmählich die Geduld, aber ich versuchte ihn zu beruhigen, weil ich fürchtete, er könnte die Pistole zücken und blindlings im Lokal herumschießen. Es wäre nicht das erste Mal.

Wir tanzten noch eine Weile, dann fing er wieder an. »Du guckst hinter meinem Rücken den Kerl da hinten an, ich weiß das, ich fühle es!«

Ich dämpfte meine Stimme zu einem kaum hörbaren Murmeln und sagte: »Wieso kümmert dich eigentlich, was ich tue? Wieso soll ich eigentlich keinen anderen Mann angucken? Wenn du doch sowieso vorhast, Lola zu vögeln?«

Was dann kam, daran erinnere ich mich nur wie an einen Schwindel in Zeitlupe. Ich sah seine Hand aufsteigen und hinter seinen Kopf gehen, wie ein Tier, ein eigenständiges Wesen. Sie hielt inne und machte sich zum Angriff bereit. Bösartig, tückisch, hasserfüllt. Als Nächstes sah ich sie schnell und hart fallen, ohne den Zusammenhang zwischen dem Bild, dem dröhnenden Knall und dem Schmerz in meinem Kiefer herstellen zu können. Mein Mund füllte sich mit Blut. Ich konnte es schmecken ... ich hatte Angst, mich zu übergeben. Ich wankte, verlor das Gleichgewicht ... Dann war plötzlich Frida da, hielt mich fest, stützte mich.

»*Bruto!*«, fuhr sie ihren Mann an.

Sie brachte mich in ihre Wohnung. Dann verschwimmen die Bilder. Umschläge, heiße? kalte? Ich kann mich nicht erinnern. Ein kräftiger Schluck, Ströme von Tränen, und Frida, die mich im Arm hielt wie ein Baby.

»Meine arme kleine Cristi. Meine arme, arme, kleine Cristi«, sagte sie immer wieder. »*Pobrecita Crisitinita. Pobre muñequita.*«
»Mein armes, armes Püppchen.«

Sie streichelte mir die Wange. »Nur weil er dich ein bisschen haut, heißt das doch nicht, dass er dich nicht lieb hat, Cristinita«, sagte sie zärtlich. »Und nur weil er mit anderen Frauen schläft, heißt das doch auch nicht, dass er dich nicht mehr lieb hat. So ist er, Cristi. Er ist eben, na ja, eben ein Künstler.«

Seit meiner Beziehung, meiner Affäre mit Diego hatte Frida begonnen, sich von ihm zu lösen. Nicht, dass sie ihn nicht mehr geliebt hätte. Sie liebte ihn mehr als alles in der Welt, aber sie kämpfte darum, freier zu werden. Diego hatte unendlich viele Freunde und hatte ständig irgendwelche Prominenten bei sich zu Hause, Politiker, zum Beispiel die Funktionäre der Trotzkisten und natürlich unseren Präsidenten, Lázaro Cárdenas, Autoren wie den Nordamerikaner John Dos Passos und dann all die Filmschauspieler. Aber Frida hatte sich einen eigenen Freundeskreis geschaffen und entwickelte sich allmählich zu einer erfolgreichen Malerin. Immer mehr Leute kannten sie, und die Zeitungen schrieben Artikel über sie, nicht nur weil sie die Frau des großen Diego Rivera war, sondern weil sie selbst malte. Das war es, was sie wollte, ihr Leben selbst in die Hand nehmen. Sie wollte nicht das kleine Frauchen des großen Diego Rivera bleiben. Sie brauchte ihre eigene ... ihre Individualität eben. Selbst als sie in den blauen Kasten neben Diegos großem, rosafarbenem Haus zurückgezogen ist, hat sie ihr eigenes Leben weitergeführt. Sie hatte selbst die Kontrolle. Das Leiden hatte sie stark gemacht. Das Leid, das ich ihr zufügte, als ich die Affäre mit Diego hatte. Es führte zu einer Wende, nicht nur für sie, auch für mich, denn als es vorbei war, habe ich es unendlich bereut. Ich hatte solche Schuldgefühle und nur das eine Bedürfnis: alles wieder gutzumachen. Mein ganzes restliches Leben habe ich mich bemüht, den Schaden, den ich angerichtet habe, wieder gutzumachen.

Aber warten Sie. Ich greife vor.

Ich glaube, dass Frida mir wirklich vergeben wollte, aber die Wunde, die ich ihr zugefügt hatte, war zu tief, und sie war sehr schlecht auf mich zu sprechen. Sie konnte nicht über ihren Schatten springen und ließ mich ihre Feindseligkeit auf tausenderlei Weise spüren. Trotzdem hatte ich damals das Gefühl, dass zwischen uns alles wieder in Ordnung wäre. Ich dachte, sie *hätte* mir bereits vergeben, und von da an tat ich alles, was in meiner Macht lag, um ihre Liebe zurückzugewinnen. Ich sorgte dafür, dass sie ihre Medizin nahm, und zählte ihr die Tabletten ab. Sie schluckte so viele. Schmerztabletten und Schlaftabletten. Ich massierte sie und bereitete ihr medizinische Bäder. An jenem Abend, als ich in ihren Armen lag, als ich hörte, wie sie mich zu trösten versuchte, wie sie versuchte, mich davon zu überzeugen, dass Diego mich trotz allem liebte, merkte ich, wie viel ich ihr bedeutete, und ich schwor mir, alles zu tun, was in meiner Macht stand, um sie wieder glücklich zu machen und die Wunde zu schließen. Ich sehnte mich danach, wieder eins mit ihr zu werden. Und wäre Trotzki nicht gewesen, dann hätte sich die Wunde vielleicht schneller geschlossen.

Diego vergötterte Trotzki. Trotzki war sein Idol, ein Held seiner romantischen Vorstellungen, der für seine Ideale gekämpft hatte, der von dem eigenen Volk missverstanden und verstoßen worden war. Die Stalinanhänger hassten und verfolgten ihn, und ich könnte mir vorstellen, dass sich Diego mit Trotzki identifizierte, weil er ja auch von den orthodoxeren Kommunisten verstoßen worden war. Diego hatte Trotzki schon mehrmals porträtiert. Ein Bild hing in New York, im Hauptquartier der Trotzkisten, und eins tauchte im

Wandbild vom Rockefeller Center auf. Jetzt, wo Jean und die Internationale Kommunistische Liga Trotzki von Europa zu uns holen wollten, sah Diego seine Chance gekommen, den Retter zu spielen.

Trotzki musste sein Land verlassen, weil er zu viele Feinde dort hatte. Und die Stalinisten verfolgten ihn auch in Mexiko. Siqueiros, ein fanatischer Stalinist, ließ keine Gelegenheit aus, um nicht nur Trotzki, sondern auch Diego mit Dreck zu bewerfen. Er unterstellte Diego, seine Bilder an reiche amerikanische Touristen zu verhökern und damit gewissermaßen den eigenen Ausverkauf an die Gringos zu betreiben. Als sie Trotzki mit seiner Frau Natalie, 1937 muss das gewesen sein, nach Mexiko geschmuggelt haben, wurde er in unserem Blauen Haus in Coyoacán aufgenommen. Es war keineswegs ungefährlich, Trotzki Unterschlupf zu gewähren, aber das war ein zusätzlicher Anreiz für Diego. Diego liebte Aufregungen! Er liebte das Risiko! Mein armer Vater war völlig verwirrt und wusste nicht einmal, wer Trotzki überhaupt war. »Ich hoffe, dieser arme Mann hat nichts mit Politik zu tun! Heutzutage ist es gefährlich, sich in die Politik zu mischen!«, sagte er in einem fort.

Was soll ich Ihnen von León Trotzki berichten? Er hatte unglaublich blaue Augen – Augen wie weite, unergründliche Seen oder wie Felder voller Hyazinthen. Man konnte sich in diesen Augen verlieren, in ihrem Blau untergehen. Sie schluckten einen regelrecht und ließen alles andere vergessen. Er trug eine Brille mit einem Gestell aus Schildpatt, wie ein Ufer oder ein Wiesenrand, an dem alles braun und golden wird. Diese Brille, also, manche können ja keine Brille tragen, aber Leóns Brille zog die Blicke an und verlockte einen, in diese geheimnisvollen Augen zu sehen. Trotzki strahlte eine ungeheure Intensität aus. Wenn er ging, marschierte er wie ein Soldat im Gleichschritt mit vorgestrecktem Kinn. Kopf hoch, Kinn vor. Manchmal, wenn man gar nicht damit rechnete, dass er einen gesehen hatte, drehte er sich plötzlich um und winkte, sodass sein weißer Kinnbart und die Schnurrbartspitzen zitterten. Er war in jeder Hinsicht fanatisch. Er arbeitete pausenlos. Er schrieb eine Leninbiographie und saß dafür stundenlang am Schreibtisch und diktierte. Er verfasste auch seine Aussage für einen Prozess, falls er zu den Klagepunkten der Stalinisten Stellung nehmen müsste. Er sah nie von der Arbeit auf, und die Einzige, die ihn dabei unterbrechen durfte, war Frida.

Es war Trotzki, der Frida und Diego wieder zusammengebracht hat. Trotzki und der Spanische Bürgerkrieg. Der spanische Konflikt löste bei uns allen eine große Betroffenheit aus, Republikaner und Kommunisten gegen die Faschisten. Frida schaltete sich in die Propaganda ein und unterstützte Hilfsaktionen für Kriegswaisen und Kinder von antifaschistischen Soldaten. Der Krieg weckte ihr politisches Engagement wieder und schuf eine Gemeinsamkeit mit Diego. Als Trotzki in Mexiko ankam, war Diego mehr denn je auf Frida angewiesen. Er war nämlich ernsthaft krank, diese ständigen Diäten. Er hatte es an den Nieren, an den Augen und wer weiß wo noch alles. Fridas Fuß bedeutete zwar eine ständige Einschränkung, aber sie war damals in einer wesentlich besseren Verfassung als er, weshalb es ihre Aufgabe wurde, sich um die Trotzkis zu kümmern.

Das war genau das Richtige für sie! Die charmante Frida! Die geistreiche Frida! Eine bezaubernde Gastgeberin und brillante Gesprächspartnerin. Und *so* natürlich. Sie stand wieder im Rampenlicht, also dort, wo sie sich am wohlsten fühlte. Kaum hatten die Journalisten herausbekommen, wo Trotzki wohnte, konnten die Fotografen von Frida nicht genug bekommen. Sie posierte hier in ihren bauschigen Tehuanakleidern, sie posierte dort in ihrem schicken, von Chanel inspirierten Kostüm. Sie umsorgte León, wartete auf ihn, vergewisserte sich, dass ihm das Essen mundete. »Hast du genug Schreibpapier, Genosse?« »Brauchst du noch eine zusätzliche Decke, Genosse?« »Soll ich die Köchin bitten, dir einen Kräutertee mit Mandelgebäck zu bringen, Genosse?« Sie überschüttete ihn mit Aufmerksamkeit. Da seine Sicherheit höchste Priorität hatte, musste Frida sehr vorsichtig mit dem Personal sein und brachte ihre eigenen Dienstmädchen mit. »Eusebia hat dir ganz köstliche *chiles rellenos* zubereitet, Genosse! Extra für dich. Weil du sie so magst.« Seine Frau Natalia lag mit Malaria darnieder, war also die meiste Zeit außer Gefecht gesetzt. Wie praktisch, nicht wahr? Somit war es Fridas Pflicht, Genosse Trotzki zu unterhalten. Sie konnte mit ihm über Politik reden, über Dinge also, die ihn interessierten. Sie hatten ihre Geheimsprache, Englisch, denn Trotzki konnte kein Spanisch. Ich wusste also meistens nicht, worum es ging. Aber Frida behandelte mich sowieso wie Luft und übersetzte mir nur die belanglosesten, blödesten Sätze. »Keine Sorge, Cristinita. Wir reden nicht über dich. Ich habe León nur gefragt, ob er eine Tasse Tee möchte.« Selbst wenn ich dabei war, tat sie so, als wäre sie mit ihm alleine. Das kränkte mich. Nach ihrer Reaktion auf den Zwischenfall mit Lola hatte ich eigentlich gedacht, Frida hätte mir verziehen und alles würde werden wie früher. Aber plötzlich saß Frida wieder auf dem hohen Ross. Sie benahm sich wie eine aztekische Prinzessin und behandelte mich, als wäre ich ihre gottverdammte Sklavin. Aber ich stand gar nicht so in ihrem Schatten, wie es schien, während sie ihre Auftritte hatte. Weit gefehlt! Ich war nämlich León Trotzkis Chauffeuse, und das bedeutete, dass ich lange Stunden mit ihm alleine im Auto saß.

Und er verknallte sich zuerst in mich. Dieser geile, alte Bock mit den wundervollen Augen. Sie hätten sehen sollen, wie er mich anfeixte, wenn er zu mir in den Wagen stieg und auf dem Beifahrersitz Platz nahm. Er setzte sich nicht in den Fond, wie ein Industrieboss oder ein Filmstar. Nein. Er wählte den Platz direkt neben mir und rückte mir so dicht auf die Pelle, wie er nur konnte. Ich fuhr aus der Stadt hinaus und brauste über die Landstraße, da spürte ich plötzlich eine Hand auf meinem Knie. Einmal packte er mir sogar an den Oberschenkel, von innen! *Virgen madre*, versetzte er mir da einen Schrecken! Ich kam von der Spur ab und rechnete schon damit, am Straßenrand gegen den nächsten Kaktus zu fahren. Aber ich hatte mich Gott sei Dank so schnell wieder in der Gewalt, dass ich das Steuer herumreißen und den Wagen noch rechtzeitig zum Stehen bringen konnte. Mir war ganz flau zumute, und ich fühlte mich irgendwie feucht, wenn Sie wissen, was ich meine. Es war schrecklich und lustig zugleich.

Seine Art, sich einer Frau zu nähern, war sehr direkt. Ich meine, für den internationalen Kommunismus war er so etwas wie Gott, aber gleichzeitig war er so ungehobelt. Offen gestanden tat mir seine Frau Leid. Die arme Natalia, sie war sehr häufig krank. Sie war in den Fünfzigern, während ich gerade mal Ende zwanzig war und fünfzig uralt fand. Natalia hatte schon sehr viele Falten. Wenn sie in den Spiegel sah, füllten sich ihre Augen mit Tränen, und sie blickte mich so traurig an, als müsste sie vor Kummer vergehen. »Du bist so jung«, sagte sie und seufzte. »Kein Wunder, dass er …«, dann verstummte sie. Frida sagte immer: »Man sollte tun, wozu man Lust hat. Du auch, Cristi. Tu, was du willst, und scher dich nicht darum, was die anderen darüber denken.« Aber ich fand es nicht in Ordnung, wenn mich der alte Trotzki vor seiner Frau in den Hintern kniff oder anzügliche Gebärden machte.

Ich wusste nicht, wie ich mich verhalten sollte. Einerseits hatte ich absolut keine Lust, mit ihm zu schlafen. Andererseits war er ein wichtiger Mann, der Begründer der russischen Armee! Brillant und berühmt. Ich gebe zu, dass die Vorstellung, mit einem Mann ins Bett zu gehen, der von Millionen verherrlicht wird, ihren Reiz hat. Es ist nicht leicht, so einer Persönlichkeit zu widerstehen!

Zuweilen ließ er sich die sonderbarsten Dinge einfallen. Eines Tages sagte er aus heiterem Himmel: »Ich wüsste übrigens nicht, wie ich mich bei einem Feuer verhalten sollte! Lasst uns eine Feuerübung machen.« Er sagte das auf Englisch, und Frida übersetzte. Kaum waren die Worte heraus, da prustete sie los.

»Einen Feueralarm üben, León! Was willst du denn damit?«

Alle lachten, bis auf Natalia und León.

»Es ist mir wirklich ernst damit«, sagte er. »In Russland wäre ich einmal fast durch einen Brand ums Leben gekommen. Stalins Leute haben mein Haus angesteckt, während ich drin war. Was dort passiert ist, kann hier genauso passieren. Ich habe viele Feinde. Wir brauchen für diesen Fall einen Plan.«

Jetzt mischte sich Jean ein: »Ich glaube nicht, dass das eine so gute Idee ist, Leo«, sagte er. »Wenn du jetzt auf offener Straße durch Coyoacán läufst, ist das genauso gefährlich wie ein Feuer.«

Aber Trotzki war ein sturer alter Knabe. Er bestand darauf und fing immer wieder davon an. Steter Tropfen höhlt den Stein, tropf, tropf, tropf, und irgendwann hatte er uns so weit. »Wir brauchen es ja nur ein einziges Mal zu üben, nicht wahr? Nur um sicherzugehen, dass wir alle wissen, was wir im Notfall zu tun haben.«

Wir fassten den Plan, bei einem Feuer über die Gartenmauer zu fliehen.

Ein paar Abende darauf rannte León plötzlich durchs Haus und schrie: »Feuer! Feuer!«

Wir liefen alle in den Patio hinaus. Es war schon so dunkel, dass wir kaum einen Fuß vor den anderen setzen konnten. Frida stolperte voran, bis Diego sie packte und über die Mauer hob.

Als wir auf der anderen Seite waren, ergriff León meine Hand.

»*Vamos!*«, murmelte er, eins von den wenigen spanischen Worten, die er inzwischen beherrschte.

»Was? Wohin?«

»*Vamos!*«, wiederholte er immer wieder. »*Vamos! Vamos!*« Er gab mir zu verstehen, dass ich weiterlaufen sollte, aber ich blieb wie angewurzelt auf der Straße stehen.

»Warte mal«, sagte ich. »Was ist denn eigentlich los?«

Dann machte er eine Handbewegung, und ich begriff, was er vorhatte. Er hatte die Feuerübung nur ausgeheckt, um die anderen abzuschütteln. Es war ein Trick, damit er mit mir fliehen und es irgendwo unbehelligt mit mir tun konnte.

Ich lachte aus vollem Halse. Aber er lachte nicht. Er versuchte, mich die Straße voranzutreiben. »*Vamos!*«, sagte er immer wieder. »*Vamos!*« Er klopfte mir aufs Gesäß, gab mir freundschaftliche Klapse wie einem störrischen Pony, damit ich weiterging.

Ich war unschlüssig. Ich gebe zu, dass die Versuchung groß war. Die Szene mit Diego hatte mir ziemlich zugesetzt, und es ging mir nicht gut. Obwohl Lola wieder in Hollywood war und ich einigermaßen sicher, dass die beiden nichts miteinander gehabt hatten als einen belanglosen Flirt, wusste ich, dass die Dinge zwischen Diego und mir nicht mehr so waren wie vorher. Ich war nicht mehr Diegos Frau. Ich war eine von den vielen, die mit Diego eine Affäre gehabt hatten. Mit Trotzki ins Bett zu gehen wäre also ein Coup, ein Triumph gewesen. Und es hätte mir Spaß gemacht. Ich war schließlich eine allein stehende junge Frau, die ihren Spaß haben wollte, und Trotzki ein weltberühmter Mann! Der außerdem Charme hatte. Aber da war auch noch Natalia, die arme Natalia. Ich hatte schon meine Schwester betrogen ... und konnte mir danach kaum noch selbst in die Augen sehen. Wie würde ich damit fertig werden, jetzt auch noch Natalia zu hintergehen? Sollte ich das Ganze noch einmal durchmachen? Ich war hin- und hergerissen.

Aber dann war es zu spät. Jean und die Sicherheitsbeamten näherten sich. Sie kamen mit Laternen in der Hand auf uns zu.

»León! Bist du's?«

»Genosse Trotzki!«

Nun, das Ende vom Lied war, dass ich mich nie entschlossen habe und es auch nicht brauchte, weil Frida mir die Entscheidung abgenommen hat. Die hilfsbereite Frida. Am nächsten Tag umschwirrte sie nämlich León wie der Kolibri das Geißblatt. León hier, León da. Sie entblößte ihre scharfen Katzenzähnchen und wackelte mit dem Hintern. Sie brachte ihm Tee und Tortillas mit Avocadocreme, eine Speise, die er zu schätzen gelernt hatte. Sie brachte ihm Obst und Konfekt. Sie überschlug sich förmlich vor lauter Dienstfertigkeit. Die beiden schwatzten unaufhörlich in Englisch. Ich fühlte mich natürlich ausgeschlossen. Und das war ja auch die Absicht. Ich konnte kein Englisch, und Frida nutzte ihren Vorteil aus. Natalia und ich saßen nur dabei und guckten den beiden zu. Aber was in der Luft lag, entging uns nicht.

Sie rächte sich. An uns beiden, an Diego und an mir. Ich hatte gedacht, sie hätte mir vergeben, aber alles deutete darauf hin, dass sie nur abgewartet hatte, um mir im rechten Moment den Dolch zwischen die Rippen zu stoßen. Sie kränkte mich absichtlich. Sie bestrafte mich für mein Verhältnis mit Diego, und die beste Art, es zu tun, war, mir Trotzki auszuspannen. *Sie* würde Trotzkis Geliebte werden, nicht ich. Ich war wieder nur die Schwester, die andere Kahlo. Verstehen Sie? *Sie* musste der Star sein. *Ihr* gebührte der Ehrenplatz! Und damit bestrafte sie auch Diego. Die anderen Liebschaften sah sie ihm nach, aber dass er sich in mich verguckt hatte, das vergab sie ihm nicht. Und sie hätte ihn wohl kaum empfindlicher treffen können, als ihn mit dem Mann zu betrügen, den er vergötterte.

Sie benahmen sich wie die Schulkinder, sie und León. Er schrieb ihr Liebesbriefchen, verbarg sie zwischen den Seiten seiner Bücher und steckte sie ihr heimlich zu, wenn sie sich abends gute Nacht sagten. Aber Frida war hemmungsloser und wagte sich weiter vor, als ich es je getan hätte. Sie hielten sogar Händchen und küssten sich, Zungenküsse direkt vor Natalias Nase. Er kniff Frida in den Po und nannte sie *mi amor*. Und dann ... Sie werden es kaum für möglich halten ... dann hat sie *mich* gefragt, ob sie meine Wohnung haben könnte, als Liebesnest. *Meine* Wohnung in der Calle Aguayo! Was sollte ich da sagen? Frida etwas abzuschlagen war nie meine Stärke.

»Auf diese Weise werden wir es Diego heimzahlen«, sagte sie zu mir. »Er hat dich schließlich auch sehr verletzt mit seiner Affäre mit Lola.«

Ich sah sie fassungslos an. Zu dem Zeitpunkt war ich nämlich der festen Überzeugung, dass sich zwischen Diego und Lola nie etwas Ernsthaftes abgespielt hatte. Diego hatte zwar am Abend nach dem Ausflug Lola gegen mich ausgespielt, aber Jean hatte mir erzählt, dass er Lola zu ihrer Mutter nach Hause gebracht hätte, nachdem Frida und ich gegangen waren.

Als Frida merkte, dass das nicht zog, änderte sie die Taktik. »Er hat dich geschlagen, Cristi«, sagte sie. »Er misshandelt Frauen. Warum sollen wir uns seine Frechheiten gefallen lassen, Cristi? Wir werden ihm beweisen, dass er nicht über uns verfügen kann.«

Da gab ich nach, und die Geschichte endete so: Ich habe Frida und León ein Weilchen in der Gegend spazieren gefahren und dann vor meinem Haus aussteigen lassen, damit sie allein sein konnten. Es war wie früher, als wir noch Kinder waren. Ich tat alles, was Frida von mir verlangte. Anschließend kauerte ich mich auf den Fahrersitz und stellte mir vor, wie Trotzki und Frida zusammen schliefen, genauso, wie ich mir einst Alex und Frida vorgestellt hatte. Ich schloss die Augen und sah sie, sah sie ihre Bluse aufknöpfen,

Knopf für Knopf, neckend, kokettierend, sie entblößte erst die eine, dann die andere Brust ... Ich sah, wie sie ihm die Brille abnahm und seine verknitterten Augenwinkel küsste, ihm das Kinn massierte, ihm mit den Fingern durch den weißen Bart fuhr. Wie mochte der Alte im Bett sein? Ein wenig pervers fand ich die Sache doch: der alte Trotzki mit Frida, die noch keine dreißig war. Aber dennoch war die Vorstellung erregend, mit einem Mann zu schlafen, dessen Ideen Geschichte gemacht hatten. Ich sah ihn im Geiste ihre Brüste in den Händen wiegen, dann die Linien ihres Körpers nachfahren, den Rücken, die Kurve ihrer Taille, die Hüften ... Ich hätte an ihrer Stelle sein können.

Die Affäre war nicht von Dauer. Im Juli war sie vorbei. Frida hat ihn nicht geliebt. Sie hatte sich nur etwas beweisen müssen. Sie musste den berühmten Trotzki verführen, um mit ihrem Mann und ihrer Schwester abzurechnen. Danach verlor die Sache bald ihren Reiz und Frida das Interesse. Wenn der erste Nervenkitzel vorbei ist, was hat einem da ein arthritisches Großväterchen mit ranzigem Atem im Bett schon zu bieten?

»León, ich gehe.« Sie stellte ihn einfach vor vollendete Tatsachen. »Ich gehe. Ich muss weg. Ein paar Freunde aus Veracruz haben mich eingeladen.« Sie war nicht einmal sehr charmant dabei. Einfach *adiós* und gut gebumst! Sie war mit ihm fertig. Sie war damals mit uns allen fertig.

Ob er ihr das übel nahm? Ich glaube nicht. Erst dachte ich, er würde sich vielleicht wieder auf mich besinnen, wenn Frida von der Bildfläche verschwunden war, aber das war nicht der Fall. Mir sollte es gleich sein. Damals hatte ich Trotzki, die Internationale Liga der Kommunisten, die ganzen Nachforschungen und Ausschüsse, die Reporter, die von morgens bis abends unser Haus belagerten, gründlich satt. Ich hatte einfach die Nase voll davon. León hatte offensichtlich Natalia vermisst. Denn nachdem Frida abgereist war, sah ich die beiden oft Hand in Hand durch den Garten spazieren. Wenn Sie mich fragen, ist Natalia die Einzige gewesen, die er wirklich geliebt hat.

Natürlich erfuhr Diego von dem Seitensprung. Genau das hatte

Frida ja auch bezweckt. Wie hätte es ihm auch entgehen können. Wo Frida doch alles getan hatte, damit er davon erfuhr. Und Diego schimpfte auf Trotzki, nannte ihn Judas, Schleimbeutel, einen Haufen Scheiße. Aber er konnte es sich nicht leisten, Trotzki allzu lange böse zu sein. Er hatte schon die Stalinisten gegen sich, da wollte er sich nicht auch noch Trotzki zum Feind machen. Deshalb versöhnten sie sich bald wieder. Sie wurden zwar keine engen Freunde mehr, aber wenigstens redeten sie wieder miteinander. Im November schickte Frida León ein Geschenk. Es war, wie hätte es anders sein können, ein Selbstbildnis. Was auch sonst? Sie sah darauf genauso herausfordernd aus, wie sie sich benommen hatte. Die wunderschöne Frida, so verführerisch, mit knallroten Lippen und lackierten Fingernägeln, einer purpurnen Nelke und einer roten Schleife im schwarzen Haar! Vielleicht sollte es ein Andenken an die Leidenschaft sein, die sie mit ihm geteilt hatte. Oder wollte sie ihn nur ein wenig aufziehen?

19

Die Bluse ist aufgerissen – nicht sauber aufschnitten, sondern zerrissen von der Schulter bis zur Taille und ... raten Sie mal, was sie freilegt! Eine üppige runde Brust? Wofür halten Sie das hier eigentlich, für einen Groschenroman? Nein, sie gibt das Innere der Figur frei, ihre Eingeweide. Das Fleisch ist nämlich ebenfalls offen und zeigt ein lebendes, pulsierendes Herz. Es pulsiert und pumpt Blut, obwohl die Arterien durchtrennt sind, Röhren oder Schläuche in der Mitte gekappt, mit klaffenden Öffnungen wie zungenlose Münder, Kanäle nach nirgendwo. Bis auf eine langen Vene, die sich über die Schulter schlängelt und auf dem Rücken ihren Weg über die Rüschenbluse bis zum Rock bahnt, wo sie anmutig wie eine rote Litze beim Ellbogen wieder zum Vorschein kommt. Unterm Handgelenk verbreitert sie sich und reicht über die Hand hinaus bis in den Schoß des milchweißen Rockes; da wird sie mit einer chirurgischen Zange erfasst und abgeknipst. Knips! Und das Blut rinnt aus der Vene auf den weißen Stoff, wo es einen Fleck bildet. Ein Teil wird aufgesogen, während der Rest Rinnsale formt und in Klümpchen herabtropft, die weiter zu pulsieren scheinen. Kleine Bäche, gespeist vom pulsierenden Herzschlag, doch die klebrige Flüssigkeit kann sich nicht weiter ausbreiten, sammelt sich in einer Stofffalte, tropft von da auf die Bordüre und besudelt sie mit ihrem Rot. Die Blutflecken fügen sich in die Stickerei am Rocksaum, sodass man kaum den Klatschmohn von den Klecksen unterscheiden kann. Blütenblätter, Klecks, Schleifen, Stängel, Blätter, Klecks ... gemeinsam bilden sie das Muster der gestickten Blumen.

Sie haben mich doch gebeten, mein Lieblingsbild zu beschreiben. Es ist schon sonderbar, dass Sie mich erst jetzt, nach so langer Zeit, danach fragen. Bisher haben wir ja nicht viel über Fridas Arbeit gesprochen. Ich kann eigentlich nicht sagen, dies oder jenes von Fridas Bildern *gefällt* mir oder *mag* ich, weil ich meistens ihre Entstehung miterlebt habe. Ich weiß, wann sie ein Bild gemalt hat und warum, was es für sie bedeutete, meistens jedenfalls. Also einige, sie sind alle wunderbar, das ist unbestritten, aber bei einigen fällt es mir schwer, sie anzusehen. Das Bild, das ich Ihnen gerade beschrieben habe, heißt »Die beiden Fridas«. Es ist ein großes Bild, ein quadratisches Gemälde, so um die Zeit entstanden, von der ich gerade erzählte. Bevor León starb.

Es zeigt zwei Fridas. Frida ist allein mit sich selbst, und die eine Frida hält der anderen die Hand, weil Frida nur bei sich selbst Halt findet. Ergibt das einen Sinn? Damals fingen sie und Diego an, sich auseinander zu leben, auch wenn Diego Fridas Malerei ohne Vorbehalte unterstützte. »Sie ist die beste Porträtmalerin der Welt«, pflegte er zu sagen, aber gleichzeitig behandelte er sie wie den letzten Dreck. Er sprach tagelang kein Wort mit ihr, oder er kam zwar, schloss sich aber im Bad ein. Sie bereitete ihm eine vorzügliche Mahlzeit, aber er weigerte sich, etwas zu essen. *Nopales* – also Feigenkaktussalat, Schweinebraten, Avocadocreme, und zum Nachtisch diese köstlichen kleinen Butterkekse, die bei uns Katzenzungen heißen. Alles Dinge, die Diego liebte, und trotzdem blieb er die ganze Zeit auf dem Klo hocken.

Also, beide Fridas sitzen stocksteif mit ausdruckslosen Mienen da, hinter denen sich ihr ganzer Schmerz verbirgt. So sah sie sich selbst, verstehen Sie? Eine starke Frau, die trotz allem ihr Leben lebt und weitergeht. Frida, die Unbesiegbare! Aber sie leidet. Sie ist gespalten. In die Frida mit der Tehuanatracht und dem Rüschenvolant, die mexikanische Frida, ihr authentisches Selbst. Bei dieser Figur ist das Herz unversehrt. »Das ist mein Ich, das von Diego geliebt wurde«, sagte sie einmal zu mir. Und in die Frida mit dem offenen Herzen in dem altmodischen Festkleid, einem Hochzeitskleid vielleicht. »Das ist mein Ich, das von Diego verlassen wurde«, erklärte sie mir. Die Tehuana-Frida hält ein winziges Porträt von

Diego in der Hand. Von dort führt eine Vene zu den Herzen der beiden Fridas, wird aber von der ungeliebten Frida abgeschnitten. Es ist beide Male Frida. Frida, die versucht, sich zu befreien, sich zu trennen. Doch obwohl sie die Vene durchtrennt hat, tropft das Blut weiter, unstillbar wie ihre Liebe zu Diego.

Mir kam auch schon der Gedanke, dass »Die beiden Fridas« vielleicht nicht nur sie alleine darstellen. Vielleicht stellen sie ja Frida und mich dar. Die andere, die Ungeliebte, die Hübschere, das bin *ich*. Die eine ist nämlich hübscher, ist Ihnen das schon aufgefallen? Frida hält meine Hand oder tut so ... während ich stark und gefasst dasitze. *Cristina*, die Unbesiegbare! Es wäre ja möglich, dass meine Schwester ein anderes Bild gemalt hat, als sie dachte. Halten Sie das für möglich?

Was meinen Sie damit, weshalb es mein Lieblingsbild ist, obwohl es mir wehtut? Ich habe doch nie gesagt, dass es mein Lieblingsbild ist, oder? Wirklich? Na gut, dann habe ich das wohl gesagt, weil ich meine eigenen Gefühle darin sehe. Ich will damit sagen, dass es nicht nur Fridas Schmerz ausdrückt, sondern auch meinen. Dass es ausdrückt, was ich für meine Schwester, meinen Zwilling, durchlitten habe, und ebenso mein eigenes Gefühl von Verlassenheit. Das Bild macht mich traurig, wie das Foto einer Verstorbenen, ob man sie nun gemocht hat oder nicht, weil ich darin jene Zeit nachempfinde, in der ich so intensiv gelebt habe. Es tut weh, das stimmt schon, aber der Stachel, der sich beim Anblick dieser Bilder in mein Herz bohrt, ist die Erinnerung, dass ... dass ich einmal gelebt habe.

Jedenfalls begann damals Fridas Karriere. Nach ihrem Abenteuer mit Trotzki malte sie so eifrig, als wollte sie sich selbst darüber vergessen. Und obwohl Diego sie sehr mies behandelte, drängte er darauf, dass sie ihre Arbeiten ausstellte. Sie habe nie die Absicht gehabt zu veröffentlichen, behauptete sie, aber Diego nahm Kontakt zu Galerien auf und hatte flugs eine Ausstellung arrangiert, mitten im brodelnden Hexenkessel von Mexiko-Stadt. Sie freute sich darüber. Und sie hatte Diego wieder, sogar nach dem Betrug mit Trotzki hatte sie Diego wieder. Was muss eine Frau tun, um sich einen Mann so ergeben zu machen?

Ihr Fuß quälte sie. »Teufelshuf« schimpfte sie ihn. »Der Teufel hat mich auf die Folterbank gespannt«, sagte sie. »Weißt du was, er hat mir seinen Pferdefuß gegeben, um mich zu bestrafen. Eines Nachts hat er sich in mein Schlafzimmer geschlichen und mir seinen Huf ans dünne Bein gesteckt. Schade, dass er mich bei der Gelegenheit nicht auch gebumst hat! Das wäre ein Teufelsfick gewesen, im wahrsten Sinne des Wortes, Cristi, glaubst du nicht auch? Dieser geile, alte Bock, der muss sich doch aufs Ficken verstehen, wie ... wie, na wie der Teufel persönlich eben!« Und sie lachte aus vollem Halse. Aber es war ein gezwungenes Lachen, weil sie einem zu verstehen geben wollte, wie sehr sie litt, wie sehr sie hinter ihrer Maske der Tapferkeit litt.

Trotz ihrer ständigen Klagen malte sie weiter.

»Ich weiß nicht, weshalb jemand meine Bilder kaufen sollte«, erzählte sie ihrem Publikum. »Ich bin davon überzeugt, dass die Leute viel lieber eins von Diegos Bildern haben würden. Aber die sind ihnen zu teuer, deshalb nehmen sie mit meinen vorlieb.«

Die bescheidene Ehefrau, die sich mit der Rolle der Hobbymalerin zufrieden gibt. Die Kunst macht, um der Kunst willen und nicht fürs Geld. Damit schützte sich Frida aber nur. Denn wenn tatsächlich niemand ihre Bilder gekauft hätte, dann konnte sie immer noch sagen: »Wissen Sie, ich bin im Grunde nie eine ernsthafte Künstlerin gewesen. Die Malerei war immer nur ein Zeitvertreib für mich.« Das war für mich einfach zu durchschauen. Ich bin schließlich nicht so blöd, wie die Leute behaupten, nicht wahr? Ich kannte Frida wie die Innenflächen meiner Hände und wusste, dass das nur vorgeschoben war, um ihren Stolz zu wahren, für den Notfall sozusagen. Aber das war doch idiotisch, finden Sie nicht auch? Ich meine, wie kam sie überhaupt darauf, dass niemand ihre Bilder kaufen wollte? Sie war schließlich die Frau des großen Diego Rivera!

Für ihre Affäre mit Trotzki machte Diego ihn verantwortlich, Trotzki. Er und Frida kamen wieder zusammen, für eine Zeit lang wenigstens, und Diego vermittelte ihr den Verkauf von vier Gemälden an den amerikanischen Schauspieler Edward G. Robinson. Wissen Sie, der mit den Gangster-Filmen. Ich habe alle seine Filme gesehen, aber leider habe ich ihn nie kennen gelernt. Robinson hieß in Wirklichkeit Emmanuel Goldenberg. Wussten Sie das? Er hatte einen jüdischen Namen: Goldenberg. Weshalb legen sich Schauspieler eigentlich immer einen anderen Namen zu? Ich vermute, weil die Leute in Yankeeland so schrecklich viele Vorurteile haben. Der Kauf kam jedenfalls in die Zeitung, und Fridas Bilder bekamen mehr Beachtung von der Öffentlichkeit.

So etwa in dieser Zeit kam André Breton nach Mexiko. Der französische Dichter, Sie wissen doch. Den habe ich immerhin kennen gelernt, obwohl mir ein Filmschauspieler weitaus lieber gewesen wäre. Breton war eine Berühmtheit, der Vater des Surrealismus. Frida und Diego nahmen Breton überallhin mit, und Breton lobte Fridas Malereien als die »Essenz des Surrealismus schlechthin«. Genau das hat er gesagt. Durch die Verknüpfung von typisch mexikanischen Motiven mit ihrer Phantasie, so sagte er, sei sie eine von ihnen, eine Surrealistin.

Aber Frida konnte Breton nicht ausstehen. Jedenfalls behauptete sie das. Er sei völlig von sich eingenommen, sagte sie, und würde unentwegt seine vermeintlich tiefgründigen Ideen zum Besten geben, die eigentlich völlig banal seien. »Der Surrealismus vereint den bewussten und den unbewussten Erfahrungsbereich auf so vollständige Weise, dass man den Traum von der Alltagsrealität nicht mehr unterscheiden kann. Die Realität wird zur Surrealität.« So ein Zeug gab er von sich. Was soll das Ganze? Für uns Mexikaner sind der Tod, die Geister und Träume Teil des Alltags wie alles andere auch, was ist schon so Großartiges dabei? Die Heilige Jungfrau von Guadalupe ist genauso real wie die Blumenverkäuferin an der Straßenecke. Die tanzenden Skelette am Totentag und der Schreiberling, der deinen Personalausweis stempelt, sind beide real. »Pompöser Arsch«, nannte Frida ihn, und sie hatte Recht. Aber wir waren beide hingerissen von seiner Frau Jacqueline. Sie war eine kluge, warmherzige Frau und Malerin, wie Frida.

»Cristina, *chérie*, du musst unbedingt mit deiner Schwester nach Paris kommen!«, sagte sie zu mir. André hatte sich nämlich bereit erklärt, in Frankreich eine Ausstellung für Frida zu arrangieren.

Aber ich konnte natürlich nicht mitfahren. Geplant war, dass Frida erst nach New York fuhr und bei Diegos Freund Julien Levy, dem Galeristen, ihre Bilder ausstellte und von dort nach Europa weiterreiste.

Es war das Ereignis des Jahrzehnts. Maty, Adri und ich wollten Frida eine Abschiedsparty ausrichten, aber Frida hatte andere Pläne.

»Diego möchte richtig groß feiern, meine Lieben. Wir werden *alle* einladen, von den Trotzkis bis Präsident Cárdenas.« Lázaro Cárdenas war Diegos neues Idol. Statt im Präsidentenpalast in Chapultepec lebte er in seinem eigenen kleinen Haus. Er würde keine Befehle mehr von den Regierungschefs entgegennehmen, sagte er, und wolle stattdessen auf sein Volk hören. Er wolle den Mexikanern ihre revolutionären Ideale wiedergeben. Ist einem Politiker überhaupt zu trauen? Ich weiß es nicht, aber Diego vertraute auf Cárdenas, und der hatte immerhin den Mut, sämtliche Ölgesellschaften zu verstaatlichen und dabei den Amerikanern einiges wegzunehmen. Dieser Teil der Geschichte wird Ihnen vielleicht nicht so behagen, aber Tatsache ist, dass er in Mexiko der neue Held war, ein Gott. Wir himmelten ihn alle an. Sogar ich. Denn damals nahm ich alles für bare Münze, was man mir erzählte. Auf jeden Fall ist es unmöglich, für den Präsidenten der Republik mit den selbst gemachten *enchiladas* von der Schwester ein Fest zu geben, selbst wenn der Präsident von sich behauptet, er wäre bloß ein *campesino*. Sie übergaben die Sache an Lupe Marín. Die große Lupe, die anerkannteste Organisatorin von Gesellschaften diesseits des Río Bravo! Lupe heuerte einen Koch mitsamt Crew an, womit ich sehr einverstanden war.

Lupe und ihre bezahlten Helfer übertrafen sich selbst. Sie trugen unzählige Platten auf, mit gefüllten *chayote*-Kürbissen, mit Hühnchen in Erdnusssauce, mit *enchiladas verdes* und *enchiladas rojas*, mit Schweineschmorbraten in *pulque* und *mole poblano*, dazu Reis in den Nationalfarben mit grün-weiß-roten Fähnchen. An Süßspeisen alles, was das Herz begehrt, Quittenbrot, Mandelgebäck, Kokosbällchen, dazu Früchte, Käse … was noch? … Tequila, Granatapfelpunsch, Sangría, Wein … Ich ging zu Fridas Fest, obwohl ich mich abscheulich fühlte und immer noch nicht normal essen konnte. Ich hatte selbst gerade eine Operation hinter mir, wissen Sie. Eine Gallenoperation. »Ehrlich, Liebling, du siehst so jämmerlich aus wie ein schlaffer Schwanz«, flüsterte Frida mir ins Ohr. »Und du siehst mit deinem verkrüppelten Bein und deinem krummen Rücken so verrenkt aus wie eine modernistische Skulptur«, wisperte ich zurück. Oder auch nicht. Vielleicht ging mir das auch nur durch den Kopf.

Die Damen der Gesellschaft und die Politiker überschlugen sich förmlich, um zur Hauptperson vorzudringen. Ebenso die Schauspieler und Schauspielerinnen, von denen es nur so wimmelte. Pedro Armendáriz aus »*María Candelaria*« und »*Flor Silvestre*«, Lola, María Félix, Sara García, Carlos López Moctezuma, der mit Cantinflas und Paulette Goddard gedreht hatte. Paulette sollte sich übrigens später noch als Problem erweisen, María Félix ebenso ... Ich war dabei, mittendrin, und tauschte mit Sara García Rezepte. Sie werden sich denken können, wie viele Reporter damals gekommen sind, und alle umlagerten Frida. Frida, den Star des Abends. Sie hatte für ihre Vernissage in New York eine lange Gästeliste erstellt – mit den Rockefellers, den Luces, Alfred Stieglitz, Lewis Mumford – und ließ diese illustren Namen wie Pferdeäpfel fallen.

»Wissen Sie, ich werde in New York Clare Boothe porträtieren. Der Künstler George Grosz hat mir übrigens versprochen, mir sein Atelier zu zeigen. Nein, Diego ist nicht eifersüchtig. Wir möchten beide, dass John und Nelson kommen. Oh, Fallingwater! Ich habe Frank Lloyd Wright und Edgar Kaufmann schon versprochen, es mir anzuschauen. Nikolas Muray, der Fotograf, bla bla bla, Meyer Schapiro, der Kunsthistoriker, bla bla bla, es ist doch von Vorteil, Halbjüdin zu sein, Liebling, Conger Goodyear, bla bla bla, Dorothy Hale, bla bla bla, ich werde sie übrigens malen, Schätzchen, Sigmund Firestone bla bla bla bla ...«

Diego und sie machten aus ihrem Abschied am Bahnhof eine richtige Schau.

»Mein süßes Fröschchen, wie wirst du nur alleine zurechtkommen?«

»Meine *niñita chiquitita*, mein kleines Mädchen, wenn du etwas brauchst ... irgendetwas ...«

Tränen, Tränen und nochmal Tränen. »Oh mein liebster Diegito. Mein armes Baby, mein armes Fröschlein.«

»Fridita, Friduchita. Ich weiß, du wirst erfolgreich sein, mein süßes kleines Baby.«

Nur wenige von uns wussten, wie dicht diese beiden Komödianten vor der Scheidung standen. Ohne Rampenlicht und wenn sie sich von Reportern unbeobachtet fühlten, fauchten sie sich nämlich an wie Straßenkatzen.

Schließlich war sie abgefahren. Sie schrieb mir auch diesmal nicht, kein einziges Mal, nur an Maty und Adri. Was musste ich tun, um sie zu versöhnen? Das fragte ich mich wirklich. Was musste ich tun, damit sie mir verzieh?

20

Dorothy Hale ist tot. Sie liegt zerschmettert vor dem Hampshire House, ihrem luxuriösen New Yorker Appartmenthaus, auf dem Gehweg. Die Haarnadeln sitzen fest, der Saum ist glatt gezogen, der gelbe Rosenschmuck steckt ordentlich am schwarzen Samtkleid, doch die rechte Schädelhälfte ist zertrümmert zu einem klebrigen Geschmier aus Blut, Knochen und Straßendreck. Spitze Knochensplitter ragen aus ihrer Wange, aus dem Kleiderstoff und liegen auf dem Asphalt vor dem Nobelbau, den sie ihr Heim nannte. Wie mag es sich anfühlen, vom Fenstersims ins Leere zu springen? Zu fallen, zu fallen und zu fallen? Hat sie den schicksalhaften Sprung plötzlich bereut und versucht, ihn rückgängig zu machen? Hat sie mit Armen und Beinen gerudert? Hat sie Halt gesucht an einem Mauervorsprung oder einem Balkon? Hat sie gebetet? »Dein Reich komme, dein Wille geschehe, wie im Himmel so auf Erden ... dein Wille geschehe ...?« Hat sie sich die Frage gestellt, ob es der Wille Gottes war? Kommunisten glauben nicht an Gott. Sie behaupten, Religion sei Opium für das Volk, obwohl mir ein Jesuitenpater mal gesagt hat, dass es genau umgekehrt ist, Kommunismus sei Opium für die Intellektuellen. War Dorothy überhaupt Kommunistin? Die meisten von Fridas New Yorker Freunden waren keine Kommunisten. Ganz im Gegenteil: Es waren wohlhabende Schakale, die ihre Tage damit zubrachten, Partys zu feiern und sich die Tatzen zu lecken. Sie gaben kommunistische Töne von sich, oh ja, das schon. Sie redeten von Ausbeutung und vom Proletariat. Aber sie waren nur *communistas de salón*, falls Sie wissen, was ich meine. Soviel mir bekannt ist, war Dorothy jedenfalls nichts anderes als ein Mädchen aus besseren Kreisen, das gewohnt war, Geld auszugeben, und nicht mehr ein noch aus wusste, als ihr der Mann starb. Ihr Mann, Gardiner Hale, war Maler. Er porträtierte Leute, die im Geld schwammen. Die nahm er aus wie Weihnachtsgänse, wenn sie ein Porträt von ihm haben wollten.

Dorothy war eine entzückende Frau. Ich habe sie kennen gelernt, als sie hier in Mexiko war. Sie war Showgirl in dem New Yorker Revuetheater »Ziegfeld Follies« gewesen, deshalb hat Gardiner sie geheiratet. Sie sah wirklich überwältigend aus, schwarze Haare, eine Haut wie Vanillecreme, Gesichtszüge wie gemeißelt. Sie kauften sich in Südfrankreich ein Haus am Meer und residierten dort im großen Stil. Die ganze Schickeria ging bei ihnen ein und aus, alle diese Leute, die Frida *cacas grandes* nannte. Doch dann war Gardiner bei einem Autounfall ums Leben gekommen, und da stand sie nun, Dorothy, meine ich, mit ihrem schönen Gesicht und der fabelhaften Figur, aber ohne einen Cent. Die ganze Zeit hatte sie Picasso und all die anderen Paschas der schönen Künste an der Riviera unterhalten, und nun sollte er tot sein. Sie konnte es nicht fassen, gerade eben war er noch da, und im nächsten Augenblick sollte von ihm nichts übrig sein als ein Brei aus Blech und Eingeweiden. Sie wollte weder arbeiten, noch wollte sie arm sein. Das wies sie alles weit von sich und wählte den Tod. Hat sie die Augen zugemacht oder ihm mitten ins Gesicht gesehen? Ist sie so auf dem Gehweg zu liegen gekommen, wie Frida sie gemalt hat, mit den Augen geradeaus und dem Blut, das ihr aus dem Ohr rann? Wie mag das sein, so zu fallen und zu wissen, dass man im nächsten Moment aufprallen und wie eine Vase zerschellen wird? Dass einem die Splitter von der Schädeldecke abplatzen und durch die Gegend fliegen werden. Dass man den Gehweg mit dem Blut aus dem eigenen zermatschten Körper besudeln und damit die Rocksäume und Schuhe der Passanten vollspritzen wird. Werden die Fußgänger zur Seite springen, um ihre Kleider nicht zu beschmutzen? Werden sie schreckerfüllt das Weite suchen? Werden sie dem Fallenden überhaupt ausweichen? Wird irgendjemand versuchen, die versprengten Teile einzusammeln?

Dorothy Hale gab in der Nacht vor der Tat ein Fest und lud alle ein – Bernard Baruch, den Bildhauer Isamu Noguchi, alle. Frida ging zeitig nach Hause, weil sie am nächsten Tag mit dem Porträt von Dorothy beginnen wollte. Sie waren sich einige Jahre zuvor in Mexiko begegnet, und Frida hatte versprochen, sie eines Tages zu porträtieren, wenn sie in New York wäre. Nun war Frida da, und sie hatten sich genau an jenem Tag verabredet, dem Tag nach dem Fest. Allerdings gab es ein Problem, Dorothy konnte nicht zahlen. Wie gesagt, Gardiner hatte sie ohne einen Penny zurückgelassen. Sie lebte auf Pump von ihren Freunden und bezahlte die Miete für ihr phantastisches Penthouse von dem Geld, das Clare Boothe Luce ihr widerstrebend lieh. Sie war die Herausgeberin von Vanitiy Fair. Zunächst erwog Frida, die Verabredung mit Dorothy platzen zu lassen. »Sie ist eine solche Langweilerin, Schatz. In einem fort winselt sie über ihr Unglück.« Frida hatte kein Ohr für die Leiden anderer. Da erklärte sich Bernie Baruch bereit, die Kosten für das Porträt zu übernehmen. Und Frida, nun, sie wollte bei diesen Leuten eben dazugehören, deshalb fiel ihr wieder ein, dass sie ja Kommunistin war und ihr das Geld einerlei war. »Du brauchst mich nicht zu bezahlen, Liebes.« »Doch, ich bestehe darauf.« »Nein, wirklich nicht, Schätzchen.« »Ich bestehe aber darauf!« »Na schön, Liebes, aber nur, weil ich die Knete wirklich brauchen kann.« Frida versuchte nämlich, sich finanziell unabhängig zu machen. Sie bat Diego nur ungern um Geld. Am folgenden Tag, ich meine, am Tag nach dem Fest, sollte Dorothy jedenfalls für Frida Modell sitzen. Das war fest verabredet. Ich sehe Dorothy den Vorhang zur Seite ziehen und das Fenster ihres luxuriösen New Yorker Penthouse öffnen. Da klopft es an die Tür.

»Kann ich reinkommen, Liebes? Ich komme, um dich zu malen«, sagt Frida durch die Tür.

»Entschuldige, Schätzchen, aber ich bin gerade dabei, mich umzubringen.«

Dorothy steht mit ihren hochhackigen Riemenpumps auf einem Stuhl. Sie zieht sich auf das Fenstersims und lässt den Blick über die Stadt wandern, über Wolkenkratzer, Bürofenster und Dreckwolken, dann unten über Autos, Taxis, Straßenverkäufer, geschäftige Käufer und Büroangestellte, die wie Spielzeug aussehen. Sie holt ganz tief Luft ... dann tut sie den entscheidenden Schritt nach vorn ins Nichts ... und fällt ... fällt, schneller und schneller ... und überlässt sich der süßen, süßen Finsternis ...

Ob ich selber mal mit dem Gedanken gespielt habe? Natürlich habe ich das. Tut das nicht jeder irgendwann mal? Frida spielte jedenfalls ständig mit dem Gedanken. Sie fühlte sich noch von der Trennung von Diego aus der Bahn geworfen und litt unter ihrem Fuß, sie litt Höllenqualen und mixte sich Cocktails aus Schnaps und Schmerztabletten, um ihrem Elend für ein paar Stunden zu entkommen. Sie tat das immer öfter.

»Eines Tages werde ich die ganze Packung in einem halben Liter Wodka auflösen und in einem Zug herunterspülen«, kündigte sie mir nicht nur einmal an. »Und dann *adiós*, Frida. Tschüs, du kleines Biest. Du bist für die Welt kein großer Verlust. Malen konntest du ohnehin nie richtig!«

Nachdem Dorothy tot war, hat Clare Boothe Luce Frida gebeten, trotzdem das Porträt zu malen. Sie beschaffte ihr ein paar Fotos, damit Frida ein hübsches Bild malen konnte. Mrs. Luce wollte dafür zahlen und es Dorothys Mutter schenken, als Andenken. Aber Frida tat etwas Skandalöses, sie verhielt sich wahrhaft skandalös und grausam. Das war typisch für Frida. Sie konnte so grausam sein. Sie hat ein Bild von Dorothy Hales Selbstmord gemalt. Ein Bild vom Augenblick ihres Todes. Dorothy stürzt kopfüber durch die Luft, umgeben von einem Wolkenwirbel, der sich über den Bildrand hinaus bis zum Rahmen ausbreitet, während sie einen Schuh verliert und die Arme schützend über den Kopf hält, als wollte sie den Sturz abfangen. Im Vordergrund ist dann noch ein anderes Bild von Dorothy, wie sie tot daliegt, das Kleid um die Beine gewunden, die Augen weit geöffnet, während das Blut auf den Gehweg und bis zum Bilderrahmen strömt, Blut, Blut, Blut überall. Es tropft sogar auf das Schriftband, das die Szene untermalt und ursprünglich aussagte, das Bild sei eine Auftragsarbeit für Mrs. Luce, doch auf deren Geheiß hatte Frida es ändern müssen. Das

Blut scheint bis auf den Boden zu strömen, auf den Boden und direkt vor die Füße des Betrachters. Man hat den Eindruck, dabei zu sein, genau da zu sein, wo Dorothy liegt. Man meint, die Blumen an ihrem Ausschnitt zu riechen und möchte die Hand ausstrecken, um ihren Fuß zu berühren.

Hier in Mexiko kam es in die Zeitung. Nicht der Selbstmord, der interessierte hier niemanden, Fridas Bild davon. Wir waren bestürzt. Ich jedenfalls. Wie konnte sie einer armen Mutter, die gerade ihr Kind verloren hatte, ihre wunderschöne Tochter, so etwas antun? Frida, du gemeines Biest, wieso hast du das getan? Wieso hast du solch ein Bild gemalt? War es pure Gemeinheit, oder wolltest du bloß auf dich aufmerksam machen? Wie als wir klein waren ... Wie damals, als du mir meine kleine blonde Stoffpuppe mit dem Porzellankopf entwendet und sie nackt mit gespreizten Beinen auf Mutters Bett gelegt hast. Dann hast du meinen Plüschesel daraufgesetzt mit dem Maul genau auf ihrer ... na, du weißt schon. Oder ging es dir bei dem Bild überhaupt nicht um Dorothy? Ging es um dich selbst? Das würde Sinn machen, nicht wahr? In deinen Dramen hast immer du selbst die Hauptrolle gespielt, die tragische Heldin, das Opfer. Ist die Frau, die durch die Wolken stürzt, Dorothy Hale oder Frida? Fridas Schmerz, Fridas Verzweiflung, Fridas ... Fridas ... Es ... es tut mir Leid ... Ich weiß auch nicht, was plötzlich mit mir los ist ... Warten Sie ... Ich habe hier irgendwo ein Taschentuch ... Es ist nur, weil sie mir nie geschrieben hat. Sie hat mir nie geschrieben, die ganze Zeit nicht, als sie weg war. Nicht mal eine Karte. Wieso hast du mir nicht wenigstens eine Postkarte geschrieben, Frida? Ich weiß, du warst immer noch böse auf mich, wegen Diego, aber ich habe dich so geliebt, Frida. Ich habe dich so vermisst, und ich war hier so schrecklich allein. Warum konntest du mir nicht verzeihen? Adri und Maty haben auch Post von dir bekommen. Sie haben mir die Briefe gezeigt. Du hast von deinem neuen Liebhaber, Nikolas Muray, geschrieben. Er sei Fotograf, sagtest du, und sehr attraktiv. Ein Ungar, sagtest du, aber er interessierte mich nicht. Ich hatte keinen Bedarf, ihn kennen zu lernen. In keinster Weise. Ich wollte keine Rivalitäten mit Frida mehr. Ich konnte sowieso nie mit ihr mithalten.

Frida sollte in Julien Levys Galerie in New York ausstellen. Die Ausstellung war für Ende des Jahres geplant, ja, 1938, das Jahr vor dem Kriegsausbruch in Europa. Sie fuhr im Oktober nach New York und sollte von dort nach Frankreich weiterreisen. Ich erinnere mich, dass alle sehr beunruhigt waren, weil niemand genau wusste, was in Deutschland los war. Es gab Gerüchte, mein Vater hatte in Deutschland jüdische Verwandte, und es war die Rede von Bomben, die bei den Leuten im Wohnzimmer hochgingen. Damals kamen eine Menge Juden nach Mexiko, weil ihnen die USA die Einreise verweigerten. Die Amerikaner hatten nämlich Quoten. Irgendjemand hat meinem Vater erzählt, dass deutsche Soldaten einer seiner Cousinen ein Baby aus dem Arm gerissen hatten, ein kleines Mädchen, sie hatten es in die Luft geschleudert, wie einen Mammeiapfel bei einer Schießübung, ganz hoch in die Luft, über alle Köpfe, immer und immer wieder, hoch, runter, hoch, runter. Das Baby schrie aus Leibeskräften und die Mutter auch ... und dann gaben sie ihm den letzten Schubs, hoch, ganz hoch, wie in Zeitlupe schien es ein für alle Mal davonzufliegen, dann zog ein Nazi sein Gewehr und zielte. Die Mutter, die sieht, was er vorhat, stürzt sich auf ihn, greift ihm in den Arm und versucht, ihn herabzuziehen. Er stößt sie weg, und sie fällt ... sie kämpft sich wieder hoch, doch er zielt nun auf sie und drückt ab. In einem Augenblick war sie noch lebendig, und jetzt ist sie tot. Das Baby fliegt nicht mehr in Zeitlupe durch die Luft. Es stürzt ab. Es prallt auf den Boden, der Schädel ist zertrümmert. In einem Augenblick war es noch lebendig. Und jetzt, jetzt befindet sich Frida auf der Reise in den Kontinent, in dem solche Dinge geschehen. Von New York soll es weiter nach Europa gehen. Aber sie war nicht wirklich in Gefahr, ich meine, wir waren keine Juden. Meine Mutter war katholisch, und da das Jüdischsein über die Mutter vererbt wird, lief Frida eigentlich keine Gefahr, von den Nazis gefasst zu werden, weil sie eben keine Jüdin war. Außerdem war Frida eine bedeutende Malerin, eine Berühmtheit sozusagen und nicht nur die Frau von Diego Rivera. Deshalb hatten sie eigentlich keine Handhabe gegen sie, berühmte Leute genießen eben einen gewissen Schutz.

Frida brach wie gesagt im Oktober nach New York auf. Ich kann mich entsinnen, dass es Oktober war, weil wir gerade unsere Vorbereitungen für den mexikanischen Totentag trafen. »Jesus Christus, der herrlich über den Tod siegt, am dritten Tage auferstanden von den Toten, unsterblich, und von jedem Leid erlöst …« Ich erinnere mich, dass wir Totenköpfe aus Zucker anfertigten, Schädel, Skelette, gekreuzte Knochen, verziert mit bunten Zuckerblumen. Meine Kinder nuckelten hingebungsvoll an süßen Totenschädeln, knabberten an bleichen Zuckerfingern, Rippen oder Oberschenkelknochen …

Frida war also im Aufbruch begriffen. Was sie und Diego betraf, so stand ihre Ehe auf so wackeligen Beinen wie noch nie, weshalb ich nicht damit gerechnet hatte, dass Diego sich in der Weise für Fridas Ausstellung einsetzen würde, wie er es tat. Schließlich hatten beide schon seit Monaten andere Partner. Aber Diego entfaltete plötzlich eine Betriebsamkeit, als hätte er Knallkörper unter dem Hintern. Alles musste für seinen Liebling Frida aufs Vollkommenste vorbereitet sein. Er machte sie mit wichtigen Leuten bekannt, half ihr, die Gästeliste für die Ausstellungseröffnung zusammenzustellen und so weiter. André Breton schrieb einen Beitrag für den Katalog, und die Galerie kündigte das Ereignis an, als wäre Frida eine berühmte Filmdiva. Zeitungsartikel, eine Anzeige in der Vogue. Frida war allgegenwärtig wie der Heilige Geist. Frida in ihrer Tehuanatracht vor »Was mir das Wasser gab«. Frida, aufgemacht wie eine Filmschönheit neben »Fulang-Chang, und ich«. Frida mit einer Zigarette in einer schicken, langen Zigarettenspitze und einem Champagnerglas vor dem Trotzki gewidmeten Selbstporträt. Frida, die mit rauem Lachen auf meinen Vater in »Meine Großeltern, meine Eltern und ich« zeigt. Wie Sie sehen, enthielt jede Anzeige sogar gleich zwei Frida-Porträts, ihr Foto selbst und das fotografierte Gemälde. Zwei Fridas für den Preis von einer, verstehen Sie? Frida, Frida über alles!

»Meine Großeltern, meine Eltern und ich« enthielt ein Porträt meines Vaters. Doch, zu dem Zeitpunkt war das schon passend, meinen Vater ins Spiel zu bringen. In jenen New Yorker Kreisen war es in gewisser Weise sogar angesagt, Jüdin zu sein. Bei dem drohenden Krieg und so ... die Linken machten sich damals die Sache der Juden zu Eigen. Schreckliche Dinge passierten mit den Juden, wesentlich schrecklichere, als man damals ahnte, und Frida, na ja, sie verstand es eben, die Situation für sich zu nutzen. Unter den amerikanischen Linken gab es sowohl viele Juden als auch eine Menge Kunstliebhaber, Leute, die Bilder kauften, Leute mit Knete, Leute, die Frida als Freunde und Verbündete brauchte. Daher wurde Frida plötzlich eine von ihnen. Sehr exotisch, sehr mexikanisch, aber eine von ihnen. Das Beste aus zwei Welten sozusagen. Das Künstlermilieu war entzückt – dieses fremdartige Geschöpf, diesen Vogel mit dem hübschen Gefieder, so vertraut und doch so fern. Und das kurbelte Fridas Bilderverkauf natürlich enorm an. Sie war schon schlau. Sie war ganz erpicht darauf zu verkaufen. Überall tauchten Anzeigen und Hinweise auf ihre Ausstellung auf, die sie als Frida Kahlo (Rivera) ankündigten.

»Wieso wirbst du noch immer mit Diegos Namen?«, fragte ich sie, als sie wieder zu Hause war. »Du hast doch immer darauf gepocht, dass du für deine eigenen Leistungen anerkannt werden willst. Du wolltest doch nicht als die Señora von Rivera berühmt werden?«

»Es war Levys Idee«, redete sie sich heraus. »Levys und Bretons Idee. Sie haben darauf bestanden, in der Werbung Diegos Namen zu erwähnen.«

»Ach? Und du konntest dich nicht dagegen wehren? Du konntest es ihnen nicht ausreden? Du hättest ihnen doch einfach sagen können, dass es da um deinen beruflichen Stolz ginge, oder?«

»Nein, mein Schatz, hätte ich eben nicht. Julien will mit seinem Laden Geld verdienen, und Diego Riveras Name zieht nun mal.«

»Mag sein. Aber deine Sachen sind gut. Diego behauptet, du könntest besser malen als er. Du hättest seinen Namen wahrscheinlich gar nicht gebraucht!«

Sie sah mich an, als wollte ich ihr ihre besten Seidenstrümpfe stehlen. »Du weißt doch, wie die Gringos sind, Liebling«, sagte sie abschließend. »Für sie zählt nur das Geld.«

»Und was ist mit der Ausstellung in Mexiko-Stadt, Fridita? Die vor deiner New-York-Reise, meine ich. Bei der hast du auch überall damit geworben, dass du auch wirklich Frida Kahlo de Rivera bist.«

Sie begann zu schnauben und mit den Füßen zu scharren, deshalb ließ ich das Thema fallen. Es war mir einerlei. Ich wollte mit Frida Frieden haben und sonst nichts.

Sie schrieb an Maty, die New Yorker Ausstellung sei ein Riesenerfolg, sie habe alles verkauft, bis aufs letzte Stück. »Guck mal hier!«, jubelte Maty. Sie kam mit Fridas Brief ins Haus gestürzt: »Unsere kleine Schwester hat New York im Sturm erobert!« Ich war zwar die kleine Schwester, aber was soll's.

Ich las türkisfarbene Schrift auf dem mit Früchten, Blumen und Kaktusblättern verzierten Briefbogen.

Maty, meine Liebe, ob du es glaubst oder nicht, die Leute hier sind alle verliebt in deine Friducha. Sie lieben mich so, dass sie restlos alles gekauft haben. Alfred Stieglitz wollte sogar eine Haarlocke von mir kaufen, und Mrs. Rockefeller wollte mit das Kleid vom Leib wegkaufen! O nein!, habe ich da zu ihr gesagt. Meine Tehuanakleider sind nicht käuflich! Ich hasse es, wenn die Gringas indianische Kleidung anziehen. Sie verstehen doch gar nicht die Bedeutung und Symbolkraft von unseren Mustern und setzen damit nur unsere einheimische Kultur herab, findest du nicht auch, Liebes? Aber schließlich habe ich ihr angeboten, speziell für sie ein solches Kleid anfertigen zu lassen. Das musste ich, Liebes. Sie war so nett zu mir.

»Sie hat's geschafft!«, sagte ich lachend und dachte im Stillen: Vielleicht aber auch nicht. Vielleicht übertreibt sie nur. Es wäre nicht das erste Mal. Aber wenn sie mit der Reise nur erreicht hat, von Diego loszukommen, dann hat sie sich schon gelohnt.

Liebes, ich habe sämtlichen Männern in New York den Kopf verdreht. Na ja, irgendwo mag es vielleicht noch einen Polizisten, einen

Metzger oder ein, zwei Schuljungen geben, die mir entgangen sind, aber alle anderen habe ich verzaubert. Weißt du, was in Fallingwater passiert ist? Du hast doch bestimmt schon von Fallingwater gehört, nicht wahr, Maty? Es ist ein großartiges Bauwerk von dem berühmten amerikanischen Architekten Frank Lloyd Wright.

Jeder in Fridas Umgebung war ein berühmter Dieses oder Jenes. Ein berühmter Fotograf. Ein berühmter Schauspieler. Ein berühmter Philantrop. Ein berühmter Architekt.

Das Haus steht in Pennsylvania, an einem wunderschönen Ort namens Bear Run, voller Bäume, Flüsse und Tiere (selbst von der menschlichen Sorte, Mädchen, aber warte, bis ich so weit bin!). Wright hatte die Idee, die Natur und die Architektur miteinander zu verschmelzen. Ich bin sicher, dass du das begreifst, Maty. Cristi traue ich das nämlich nicht zu, sie hat eine schrecklich lange Leitung, findest du nicht, Liebes? Das Haus steht auf einem Felsen oberhalb eines Wasserfalls und besteht aus mehreren über das Riff vorspringenden Terrassen. Es ist mitten im Wald, und du wirst dir vorstellen können, dass deine arme Friducha, als der Besitzer, Eddie Kaufmann, sie dorthin einlud, sich ziemlich gefürchtet hat. Es steht nämlich wirklich mitten in der unberührten Natur; Streifenhörnchen tollen herum, aus dem Gebüsch springen Füchse und Kaninchen hervor, die man bis ins Gästehaus rammeln hört, ich schwöre es dir, Maty! (Sehen Sie mal hier, da hat sie einen Hasen gezeichnet, der einen anderen bespringt.) *Abends wird man vom Grillengezirp, dem sanften Flüstern der Blätter und, was das Beste ist, vom fortwährenden Rauschen und Strömen des Wasserfalls in den Schlaf gewiegt. Wenn man morgens aus dem Fenster blickt, hat man das Gefühl, die Welt zum ersten Mal zu sehen – ein knorriger Ast wie eine exotische Skulptur, ein glitzernder Regentropfen an einem zitternden Blütenblatt (weil der heilige Petrus heute Nacht gepisst hat!), ein Baum, der wie ein Priester die Arme zum wolkenlosen blauen Himmel reckt. Es ist einfach phantastisch, wie Wright Beton, Glas und Stahl zu einer Skulptur komponiert hat, in der man wohnen kann. Die vorstehenden, auf*

Felsblöcken ruhenden Platten sind ein so kraftvolles Bild! Und man fühlt sich darin so geborgen wie in den Armen eines Mannes, den man wirklich liebt.

Sie fährt mit der Beschreibung von Teilen des Hauses fort, den Betonpfeilern, den Terrassen, dem Wohnzimmer mit seinen riesigen Panoramafenstern, den raffiniert verknäulten Treppen. Die raffiniert verknäulten Treppen sind besonders wichtig. Hier der nächste Abschnitt:

Meine Liebe, du ahnst nicht, was geschehen ist. Zunächst musst du wissen, dass Edgar Kaufmann, sein Sohn (der ebenfalls Edgar heißt) und Julien ganz verrückt nach mir sind und ich schamlos genug bin, um mit allen dreien gleichzeitig zu flirten. Aber eines Abends haben Julien und Edgar senior beschlossen, Nägel mit Köpfen zu machen. Sie haben beide gewartet, bis der andere im Bett war, um sich über Fallingwaters komplizierte Doppeltreppe in mein Zimmer zu schleichen. Währenddessen lag ich völlig entspannt in meinem Bett und habe meine Prognosen darüber angestellt, wer wohl das Rennen machen würde. Ich habe mich wirklich köstlich amüsiert, Maty! Zuerst habe ich gehört, wie Eddie seine Zimmertür öffnete und tapp, tapp, tapp, die Stufen heraufgestiegen ist. Dann ging Juliens Tür auf, und Eddie ist wieder in sein Zimmer runtergelaufen, aber statt hineinzugehen, ist er im Flur stehen geblieben, damit sein Rivale wusste, dass er beobachtet wurde. Daraufhin trat Julien den Rückzug in sein Zimmer an und schloss die Tür hinter sich. Dann ging das ganze Theater wieder von vorn los. Julien hat es schließlich aufgegeben. Aber was glaubst du, wer ihn in seinem Zimmer erwartet hat, als er dorthin zurückkehrte? Ich! Während er mit Eddie auf der Treppe Katz und Maus spielte, bin ich in sein Zimmer geschlichen, habe mich ausgezogen und in sein Bett gelegt!

Bald werde ich nach Paris aufbrechen. Glaub mir, Kleines, es würde mir hier wirklich gut gehen, wenn das mit meiner Wirbelsäule nicht wäre. Wo ich gehe und stehe, fühle ich mich, als würde der Teufel Huckepack auf mir reiten. Er krallt sich mit seinen spitzen, klei-

nen Klauen an mir fest und bohrt mir seine Nägel immer tiefer ins Fleisch.

Ich melde mich aus Paris bei dir. Soll ich dir ein Parfüm mitbringen?

Hier schaun Sie mal:

The American Hospital
Paris, 15. Februar 1939

Liebe Maty,

letzten Monat bin ich hier in der Unterwelt angelangt, und Satan (in der Gestalt von Breton) hat mich allen seinen surrealistischen Spielkameraden vorgeführt wie ein neues Spielzeug. Nun, es ist nicht so, als würden sie mich nicht lieben, Schätzchen. Ganz im Gegenteil. Sie vergöttern mich, aber nur weil sie glauben, ich wäre eine von ihnen. André nennt mich eine surréaliste par excellence, *die Quintessenz einer Surrealistin. Kapierst du das, Liebes? Nur weil ich mich aufschneide und meinen Schmerz zeige, denkt er, seine blödsinnigen Lehren hätten mich beeinflusst. Sein Lieblingsbild ist »Was mir das Wasser gab«. Er sieht darin lauter Lebens- und Geburtssymbole aus meinen Träumen und verkennt völlig, dass das einfach meine Art ist, die Dinge zu sehen: Wenn ich in der Wanne meiner eigenen Wirklichkeit schwimme, na, was nehme ich da wahr? Meinen kaputten Fuß. Mama und Papa. Liebende und Leichen. Skelette und Embryonen. Meinen Körper. Chac Mool. Einen Wolkenkratzer, der aus einem Vulkan aufragt. Mein ausrangiertes Tehuanakleid. Knorrige Pflanzen. Was diese Schwachköpfe nicht verstehen, ist, dass wir Mexikaner die Welt anders sehen. Für uns sind Tod und Leben immer eins. Dieser beschissene kleine Planet und Nirwana, Liebes, ich meine, das Jenseits, sind beide ein und dasselbe. Das finden sie merkwürdig, weißt du, dabei ist es für uns völlig normal. Die* grandes cacas *des Surrealismus kapieren einfach nicht, dass wir uns genauso mühelos zwischen der materiellen und der ätherischen Welt hin- und herbewegen wie ein Frosch zwischen Land und Wasser.*

Also, du kannst dir nicht vorstellen, was sie für ein Aufhebens um mich machen, und obwohl ich sie ziemlich bescheuert finde, muss ich zugeben, dass ich hier eine großartige Zeit verbringe. Pablo war einfach unglaublich zu mir. Er hat mich mit Geschenken regelrecht überschüttet und mich bei allen Leuten eingeführt. Für das nächste Frühjahr ist hier eine große Picasso-Ausstellung geplant, und er möchte gerne, dass ich bis dahin hier bleibe, aber ich habe einfach zu viel Sehnsucht nach New York und nach Nick, deshalb werde ich es ihm wohl ausschlagen müssen. Ich habe hier schon faszinierende Leute kennen gelernt – den Dichter Paul Eduard und den Maler Max Ernst (du hast wahrscheinlich noch nie von ihnen gehört, Liebling, aber sie sind hier in aller Munde) – und natürlich die Modeschöpferin Nina Schiaparelli. Sie war so begeistert von meinen Tehuanakleidern, dass sie für die Pariserinnen etwas Ähnliches entwerfen will! Sie hat mir die Zeichnungen gezeigt. Es ist natürlich ein fabelhaftes Kleid, aber die Vorstellung einer Tehuana-Garderobe à la parisienne kommt mir trotzdem ziemlich verrückt vor. Ich war auf verschiedenen Trotzki-Versammlungen hier. (Bitte sag Diego nichts davon, denn ich weiß ja, dass er immer noch sauer ist auf León.) Aber eigentlich hatte ich kaum Zeit für politische Aktivitäten, liebste Maty, denn meine Ausstellung hier beginnt im März. Und ich werde wahrscheinlich noch nicht einmal daran teilnehmen können, weil ich schon wieder krank bin. Diesmal habe ich eine Nierenentzündung. Deshalb liege ich hier in diesem scheußlichen amerikanischen Hospital eingesperrt. Immerhin ist es das beste Krankenhaus, das Paris zu bieten hat, und die Ärzte sind wundervoll und sehr um mich bemüht. Aber ich wünsche mir nichts sehnlicher, als hier rauszukommen.

Weißt du, ich vermisse Nick so schrecklich. Du erinnerst dich doch an ihn, oder? Nikolas Muray, der Fotograf. Wir sind sehr gute Freunde geworden, musst du wissen. Er ist mit seinen Feuer sprühenden ungarischen Augen der dynamischste, bestaussehende Mann, dem ich je begegnet bin. Und was er für ein Liebhaber ist! Und was für ein Künstler, Maty! Du solltest mal die Aufnahmen sehen, die er von mir gemacht hat. Ich fühle mich von ihm auf eine Weise erkannt wie von keinem anderen Mann. Er fotografiert mein wahres Wesen, Maty. Meine Seele. Ich will damit sagen, dass er meinen innersten Kern erfasst. Meinen Schmerz, meine Leidenschaft. Er weiß, wie er mich zu betrachten hat. Oh, meine allerliebste Maty, meine süße Schwester, kannst du dir vorstellen, wie es sich anfühlt, für einen Künstler wie ihn Modell zu stehen? Diego wäre sehr eifersüchtig, wenn er wüsste, wie sehr ich Nick liebe.

Maty, Liebste, bitte verzeih mir, aber ich werde dein gewünschtes Parfüm nicht besorgen können. Erstens habe ich nur sehr wenig Geld. Ich musste aus Bretons Appartement in ein Hotel umziehen, weil ich dringend eine Krankenschwester brauche und dort nicht genügend Platz war, um eine weitere Person unterzubringen. Ich war nämlich so krank, dass ich noch nicht einmal aufstehen, geschweige denn einkaufen gehen konnte. Du verstehst doch sicher, was ich damit sagen will, oder Maty? Ich muss das Geld zusammenhalten – die paar Franc, die ich habe –, um für mich zu sorgen. Ich habe mir noch nichts gekauft, nichts außer zwei Puppen für meine Sammlung. Sie sind wirklich niedlich. Die eine hat blaue Augen und blonde Haare. Die andere ist dunkelhaarig. Das ist das Einzige, was ich mir bisher gegönnt habe, meine teure Maty. Zwei Puppen, die mir Gesellschaft leisten. Deine arme kleine Schwester wird in Mexiko nämlich sehr einsam sein ohne ihren lieben Nick.

Küsse alle von mir, und gräme dich nicht allzu sehr über deinen kleinen Hund. Es ist besser zu sterben, als zu sehr zu leiden. Armes Ding! Wenn du dir einen anderen anschaffst, dann lass Isolda nicht mehr so wild mit ihm herumtoben. Escuincles *haben nämlich sehr zarte Knochen.*

Es umarmt und küsst dich deine Frida.

Sehen Sie? Sie hat mich mit keiner Silbe erwähnt. Kein Gruß, kein Kuss. Noch nicht mal einen Satz wie: Sag dieser Ziege von Cristi nicht, dass ich dir geschrieben habe. Kein Wort. Kein Sterbenswörtchen für ihre Schwester, die sie umhegt und gepflegt hat, und die sie geliebt hat. Kein Sterbenswörtchen.

Es kam noch ein weiterer Brief aus Paris, diesmal an Adriana. Ich habe keine Abschrift davon, aber er war im März geschrieben worden. Darin erzählte Frida von ihrer Ausstellung, die gerade zu Ende gegangen war. Es waren dort außer ihr noch andere Künstler ausgestellt worden – fast nur Schrott, wie sie sagte. Adri gegenüber stellte sie sich als den großen Star dar. Ich hatte aber schon die ganze Zeit den Verdacht, dass das Publikum vielleicht doch nicht ganz so verliebt in Frida war, wie sie behauptete. Weshalb? Weil Frida ihren Erfolg immer maßlos übertrieb und weil ihre New Yorker Ausstellung von der mexikanischen Presse besprochen worden war und sich dabei herausgestellt hatte, dass sie keineswegs alle ihre Bilder verkauft hatte. In Wirklichkeit war die Ausstellung in finanzieller Hinsicht kein Erfolg gewesen. Später erfuhren wir dann auch, dass die Pariser Ausstellung ein regelrechter Flop war. Breton nannte sie *Méxique*, was auf Französisch Mexiko oder mexikanisch heißt. Jedenfalls sind die Franzosen so verdammt nationalistisch, dass sie auf jeden ausländischen Künstler herabsehen. Wenn einer aus Deutschland oder Italien kommt, hat er vielleicht eine kleine Chance, aber eine mexikanische Malerin? Die Hälfte der Franzosen wusste vermutlich noch nicht einmal, wo Mexiko überhaupt liegt. Das jedenfalls schrieben die *Novedades Mexicanas*, aber ob das so stimmt, weiß man natürlich auch nicht. Riveras Frau zu sein bedeutet da drüben vermutlich auch nicht viel. Oder Fridas Bilder waren nicht so ... Andererseits muss man bedenken, dass es unmittelbar vor Kriegsausbruch war. Die Leute waren nervös. Ich könnte mir jedenfalls vorstellen, dass das Interesse an Gemälden von aztekischen Gottheiten und Vögeln, die tot in der Badewanne schwimmen, relativ gering ist, wenn man Schiss hat, dass die Deutschen einem das Haus bombardieren und einen mit Kind und Kegel zerfetzen. Nach Paris sollte Frida ursprünglich in London ausstellen, aber sie entschied sich dagegen, weil sie jede Sekunde damit rechnete, dass Europa in die Luft flog. Außerdem vermisste sie Nick. Jedenfalls stellte sie das uns gegenüber so dar, als sie wieder zu Hause war. Ende März flog sie jedenfalls zurück nach New York zu ihrem geliebten Nick.

Ich schließe die Augen, und was sehe ich? Ich sehe eine wunderschöne, geräumige Küche. Ich sehe Wände mit leuchtend blauweißen mexikanischen Kacheln. Ich sehe Kessel, große Kessel, die über dem Feuer brodeln. In ihrem bauchigen Innern höre ich es gluckern, und der Duft von *mole*, von gefüllten Fleischklößchen mit Chilisauce und von Krabbensuppe steigt mir in die Nase. Ich sehe einen langen, rustikalen Holztisch, gedeckt mit rotweiß bemalten Tonschälchen aus Guanajuato, mit irdenem Geschirr aus Oaxaca. Ich sehe rote und gelbe Schüsseln aus Puebla mit Avocadocreme, Kaktusblättern und Tomatensalat, Schweineschwarten, dazu stapelweise Tortillas, eingeschlagen in grob gewebte rote Tücher mit indianischen Stickereien in Blau, Gelb und Grün. Ich sehe zwei Frauen, Schwestern, jung und schlank, die sich sehr ähnlich sehen. Wie Zwillinge. Es hätten Zwillinge sein können. Sie arbeiten schweigend. Die eine schneidet Chilis, die andere püriert *pipián*-Sauce. Sie sind ernst. Beide arbeiten leicht voneinander abgewandt. Die eine hat die andere betrogen. Zwischen ihnen auf dem Boden liegt ein Schatten. Kein Lachen füllt den Raum.

Doch dann, als die Zwiebeln in der Pfanne brutzeln und der Sittich im Patio zu zwitschern beginnt, als die Butter im Wasserbad schmilzt und eine Fliege trunken vom Fenstersims zum Tisch kreist, fängt die eine Schwester zu summen an, sehr leise. Die andere lauscht und lächelt. Es wird Zeit, den Nachtisch zuzubereiten, Zeit für was Süßes. Die eine schlägt in einer großen blumenbemalten Schüssel die Eier, die andere rührt die Schokolade und fällt in den Rhythmus ein. Allmählich hebt sich der Schatten, als hätte jemand die Fensterläden geöffnet. Der Zucker schmilzt zu Karamell, während sie gemeinsam ein Kinderlied summen.

Arroz con leche / me quiero casar / con una señorita / de este lugar ...

Die eine Schwester kichert. Ein hohes Kichern. Wie das Läuten eines Glöckchens. Die andere Schwester neigt ihr den Kopf entgegen und lächelt.

Milchreis und canelita / nimm doch mich zum Mann / ich will eine señorita / die nähen, sticken, kochen kann ...

Die eine Schwester legt ihren Löffel nieder und wendet ihrem Zwilling das Gesicht zu. Sie lächelt ein warmes, vergebendes Lächeln. Sie streckt die Hand nach der Schwester aus, und diese nimmt sie. Einen Augenblick stehen sie da, Hand in Hand. Die erste Schwester zieht die andere zu sich und umarmt sie. Die andere legt den Kopf an die schwesterliche Schulter. An ihrem Lidrand steht eine Träne. Der Schatten ist verschwunden. Die Küche ist von Licht durchflutet.

Aber es ist nicht geschehen, nicht wahr, Frida? Es war nur eine Wunschvorstellung. Ein Traumbild, an das ich mich ein Leben lang geklammert habe. Jetzt wird es Zeit, es loszulassen.

21

Ich war Fridas Sklavin. Der unterwürfigste Knecht hätte seinem Meister nicht demütiger dienen können als ich meiner Schwester. Ich war ihre Putzfrau, ihr Aschenputtel, ihre Sekretärin, ihr Kindermädchen. Ich war ihr Mädchen für alles. Hören Sie sich an, was geschah, nachdem Frida Paris verlassen hatte. Dann werden Sie vielleicht verstehen.

Stellen Sie sich vor, eine einsame bettlägerige Frau zu sein, na gut, nicht direkt bettlägerig, aber immerhin ziemlich krank. Sie sind in einer fremden Stadt, wo Sie sich nicht wohl fühlen. Sie beherrschen die Sprache nicht und empfinden die Menschen als unaufrichtig. Sie zwingen sich aufzustehen. Schließlich sind Sie eine Prominente, und Ihr Publikum wartet, aber Sie fühlen sich so elend, dass es Sie eine enorme Willensanstrengung kostet, sich anzukleiden und eine Blume ins Haar zu stecken. Man hat eine Feier für Sie anberaumt, Sie müssen hingehen. Der Anlass ist die Eröffnung Ihrer Ausstellung *Méxique*. Sie sacken auf den Rücksitz des Wagens und lassen sich zur Galerie fahren. Es sind schon alle da ... die ganze Schickeria – die Intellektuellen, die Damen der Gesellschaft, die Filmgrößen, die Politiker, all die berühmten *cacas*, die eine Künstlerkarriere fördern oder vernichten können. Künstler und Möchtegern-Künstler streichen potentiellen Mäzenen mit sehnsüchtigen Blicken um die Waden und lächeln mit sorgfältig geschmierten Wangen, die sich zu einem mechanischen Grinsen spannen. Sie beschließen, sich in eine Ecke zurückzuziehen. Sie haben Schmerzen, und Ihr Französisch ist nur spärlich. Sie kennen die Ausdrücke *salaud, conasse, ta gueule*, Ihre Lieblingsschimpfwörter. Aber für eine

Unterhaltung reicht das nicht, deshalb machen Sie gar nicht erst den Versuch. Sie verlieren sich in Ihren Gedanken. Sie werden diese beschissene Stadt bald, ganz bald wieder verlassen, ja. Sie beschließen, London zu überspringen und auf dem schnellsten Weg nach New York zurückzukehren.

Nach New York, wo er ist. Sie sind nicht mehr ganz jung. Eine Frau von zweiunddreißig, und ob Sie ihren vierzigsten Geburtstag noch erleben werden, ist nicht vorauszusehen. Sie wollen den Augenblick genießen! Dem Geliebten entgegeneilen! Diesem außergewöhnlichen Mann – nur Feuer und Glut! Sie schließen die Augen und beschwören ihn herauf: das kantige Kinn, die breite Stirn, sein Rasierwasser, sein Atem wie Tang. Während Sie an ihn denken, schmilzt Ihr Körper wie Wachs. Sie hören ihn auf Ungarisch flüstern: Lass uns vögeln, Liebste! Lass uns vögeln! – wie ein exotischer Reim oder ein längst versunkener Refrain aus den Darmschlingen der Geschichte. Trotz Ihrer Krankheit, vielleicht aber auch gerade wegen Ihrer Krankheit, entfacht die Erinnerung an die Berührung seiner Hände Freudenfeuer auf Ihren Schenkeln ...

Sie haben ihn seit Monaten nicht gesehen, Ihren Bohemien, Ihren Liebsten, Ihren wunderschönen Zigeuner. Nur im Geiste haben Sie ihn umfangen gehalten und zärtlich gestreichelt.

Und dann ist es endlich so weit, Sie fliegen zu ihm zurück, über das große Wasser, getragen vom Wind, oder besser gesagt vom Motor eines Ozeanfliegers, aber es kommt jetzt nicht darauf an ob Motor oder Wind. Sie werden über den Ozean getragen, das ist die Hauptsache ... und es ist Ihnen egal, dass sich Ihr Rücken anfühlt wie durch den Wolf gedreht oder so, als lägen Sie auf einem Nagelbrett. Es ist Ihnen egal, dass der Schmerz sich wie lauter kleine Teufel mit scharfen Krallen an Ihre Hüften klammert und Sie quält. Ihr Geist ist unbeschwert und fliegt zurück zu ihm.

Und dann sind Sie da, in seiner Wohnung, überbordend vor Liebe und Leidenschaft. Sie finden alles unverändert. Den Kristallschaum-Aschenbecher von Lalique auf dem Wohnzimmertisch. Vor den Fenstern die minzfarbenen, sonnengebleichten Vorhänge. Ein Foto von Ihnen beiden an der Wand. Seine Olympia-Medaille vom Fechten in der Glasvitrine. Die Fotos der Freunde in der Diele – Martha Graham, Edna St. Vincent Millay, Eugene O'Neill, T. S. Eliot. Ausschnitte aus dem Dance Magazine und dem Vanity Fair – seine Artikel – auf dem Boden verstreut. Alles ist so wie bei Ihrer Abreise, bis auf ein Detail: Er will Sie nicht mehr.

Er will Sie nicht mehr.

Sie sind eine kranke Frau mit verrenktem Rücken, einem verkümmerten Bein und einem launischen Wesen. Die Schmerzen machen Sie reizbar. Sie suchen Fehler. Sie fangen Streit an. Außerdem sind Sie körperlich beeinträchtigt. Sie können nicht Liebe machen wie eine Akrobatin. Nick möchte eine junge, gesunde Frau. Ein behändes, heiratsfähiges junges Füllen. Eine Frau, mit der er herumtollen und experimentieren kann. Er heiratet eine andere. Goodbye, Frida.

Sie hatte es nicht kommen sehen. Es hat sie eiskalt erwischt. Er hatte sich verlobt und wollte sie aus dem Weg haben. Es blieb ihr nichts anderes übrig, als ihre Sachen zu packen und nach Hause zu fahren.

So kehrte Frida im April 1939 nach Mexiko zurück.

»Ich habe es in New York nicht länger ausgehalten«, erzählte sie mir. »Ich hatte einfach zu viel Sehnsucht nach euch allen.«

Sie log. Sie hatte keine Sehnsucht nach uns gehabt. Außer vielleicht nach Diego. Wenn sie nämlich überhaupt nach jemandem Sehnsucht gehabt hatte, dann war das Diego. Aber da wartete die nächste Enttäuschung auf sie. Diego war keineswegs glücklich, sie wiederzuhaben. Denn er war inzwischen zu Lupe Marín zurückgekehrt, und kurz darauf begann er ein Verhältnis mit Paulette Goddard.

Ja, *die* Paulette Goddard. Die Schauspielerin. Aber warten Sie, ich will nicht vorgreifen.

Sie weinte still in sich hinein und trocknete sich die Augen mit einem gestickten Taschentuch, das einst unserer Mutter gehört hatte. Wir saßen in der Küche der *casa azul* an demselben Tisch, an dem wir als Kinder Tortillas mit Avocadocreme gegessen hatten. Sie benahm sich melodramatisch und war verärgert, aber ich ließ sie gewähren. Sie brauchte mich, wissen Sie? Und ich schuldete ihr schließlich etwas. Ich hatte ihr ja was Schreckliches angetan und wollte, dass zwischen uns alles wieder in Ordnung kam.

›Wieso hast du mir kein Mal von deiner Reise geschrieben?‹, wollte ich sie fragen, aber ließ es dann doch lieber.

»Selbst als ich mit Nick zusammen war«, sagte sie, »habe ich immer an Diego gedacht. Ich habe Nick geliebt, das stimmt, aber Diego war trotzdem immer in meinen Gedanken anwesend. Er war mir nie einerlei, Cristi.«

Ich wusste, dass das stimmte, weil ich Diego auch noch liebte. Ganz gleich, was ich tat – Vaters Arzneien zusammenstellen, einen Rock für Isolda kürzen, Karten spielen – immer war Diego dabei. Wenn ich nachts aufwachte, dachte ich an ihn. Wenn ich einen Brief tippte, dachte ich an ihn. Sogar, wenn ich mal auf der Tanzfläche irgendeiner finsteren Kneipe meinen Hintern schwenkte – was in jenen Tagen nicht allzu oft vorkam –, sah ich Diego im Schatten auf- und abtauchen.

Ab und zu begegnete ich ihm in Lola Bravos Haus, oder Maty bat mich, ihm ein paar Zeitungsausschnitte zu bringen, die Frida aus New York geschickt hatte. Es kam auch vor, dass er mich bat, irgendwelche Sekretariatsarbeiten oder Fahrten für ihn zu erledigen. Dann saßen wir zusammen, schwatzten ein Weilchen, und er erzählte mir, welche Neuigkeiten er von seiner *chiquitita* hatte. Er zählte mir ihre jüngsten Eroberungen auf – sofern sie nicht Männer betrafen – oder erzählte mir von seinen Bemühungen, einen einflussreichen New Yorker Kritiker dazu zu bewegen, dass er sich ihre Bilder ansah.

»Simon Weintraub wird was über sie schreiben. Er kann mir das unmöglich abschlagen! Er schuldet mir nämlich noch Geld!«

Sehen Sie, obwohl sie nicht zusammen leben konnten, obwohl sie sich unermüdlich bekriegten, obwohl er sie wie Scheiße behandelte, liebte er sie. Zwischen ihnen herrschte eine ganz tiefe Zuneigung, die durch nichts zu zerstören war. Aus mir machte sich Diego nichts mehr. Er war nett zu mir. Er kaufte mir Geschenke – einen silbernen Kerzenständer, einen Seidenschal, einen silbernen Kamm, eine *piñata* für die Kinder. Kennen Sie die? *Piñatas* sind Pappmachéfiguren, mit einem Tontopf voller Süßigkeiten im Bauch. Einmal brachte er Isolda ein Filmplakat mit, von »*Allá en el Rancho Grande*« mit Tito Guízar. Aber es war nicht mehr wie vorher zwischen uns. Fridas Schatten hatte sich zwischen uns gelegt. Unser Verrat an Frida, wie ein scheußliches Ungeheuer, das immer zugegen war, zumindest für mich, für ihn mag das anders gewesen sein. Ich will damit sagen, dass ihn die Sache vermutlich nicht so quälte wie mich. Für ihn war Sex Spaß und Spiel und nichts weiter. Für ihn war es das Natürlichste von der Welt, mit jeder Frau zu schlafen, die ihm über den Weg lief. Genauso wie mancher an keinem Hund vorbeigehen kann, ohne ihm das Fell zu tätscheln, oder an keiner Blume, ohne daran zu riechen, oder an keinem Chilitopf, ohne seine Tortilla hineinzutunken. So war das bei Diego eben mit den Frauen. Deshalb glaube ich, dass er sich nicht so schuldig fühlte wie ich, so mies ... Vielleicht hatte er auch schlichtweg das Interesse an mir verloren. Es standen doch noch so viele andere Blumen am Wegesrand. Aber eins weiß ich genau: An Frida hatte er nicht das Interesse verloren.

Und trotzdem, trotzdem empfing Diego Frida, als sie in die Heimat zurückkehrte, nicht mit offenen Armen und einem warmen Bett. Ganz und gar nicht. Wie gesagt, er lebte mit Lupe Marín zusammen.

Es gab eigentlich keinen Zweifel darüber, wo Frida nach ihrer Rückkehr wohnen würde. Sie war zu wackelig auf den Beinen, um auf sich selbst gestellt zu sein. Sie sah aus wie ein Häufchen Elend und konnte kaum gehen. Obwohl sie mir nicht geschrieben hatte, wussten wir beide, dass niemand anderes sie pflegen würde als ihr hingebungsvoller Zwilling. Sie hätte zu Maty gehen können, aber die hatte Probleme zu Hause. Außerdem wollte Frida bei mir sein, beziehungsweise bei ihrem Neffen und ihrer geliebten Nichte. Sie brauchte Pflege, und da ich ohnehin schon meinen Vater versorgte, kam es nicht darauf an, ob ich noch einen zweiten Nachttopf auszuleeren hatte, nicht wahr? Im Arzneimischen und Pillenzählen war ich inzwischen eine Fachfrau. Ich konnte Spritzen setzen wie eine gelernte Krankenschwester und beim Fiebermessen das Thermometer blitzschnell in den Po stecken. Ich brachte Frida nach Hause und gab ihr unser altes Zimmer mit ihrer Puppensammlung, ihrem Papierskelett und dem Himmelbett.

Am Tag nach ihrer Ankunft kam Diego. Nicht alleine. Mit Lupe, seiner neuen Assistentin Irene Bohus und mit Paulette. Paulette Goddard.

Lupe und er hielten Händchen wie zwei Kinder.

»Sieh mal hier, Liebling, das haben wir dir mitgebracht«, gurrte Lupe und zog eine bunte Holzkette aus einem Tütchen. Sie bestand aus bemalten Perlen und kleinen geschnitzten Papageien, rosafarben mit grünen Flügeln, blau mit gelben Flügeln, rot und lila. Frida grapschte gierig danach, legte sich die Kette um den Hals und täuschte Entzücken vor. Gleichzeitig beobachtete sie aus dem Augenwinkel, wie Diego mit Lupes Fingern spielte, wie er ihre Hand an seine Lende drückte und sich den Anschein gab, als wollte er es vor Frida verbergen, obwohl er in Wirklichkeit genau das Gegenteil wollte. Irene stand sittsam dabei. Damals wusste ich noch nicht, dass Diego Lupe mit Irene betrog.

Paulette Goddard saß auf einer Stuhllehne und lächelte ihr strahlendes Lächeln, ohne ein Wort zu sagen. Sie konnte nicht viel Spanisch. Vielleicht fühlte sie sich aber auch fehl am Platz. Auf der Leinwand war sie zum Schreien komisch, aber persönlich war sie so schweigsam wie ein schlafendes Katzenjunges, jedenfalls solange sie einen nicht näher kannte. Ja, genau die. Das habe ich Ihnen doch schon gesagt. Ich rede von der Paulette Goddard, von der blonden Hollywood-Göttin, dem Komödienstar. Ich habe alle ihre Filme gesehen. Was war das noch, warten Sie mal, »Moderne Zeiten«, »*Ghost Breakers*«, »*Second Chorus*« ... das war ein Musical ... Und dann ein paar Jahre später »Tagebuch einer Kammerzofe«, »Idealer Gatte«, was noch? »Rebellen der schwarzen Berge«. Welchen ihrer Filme mochten Sie am liebsten? »Idealer Gatte«, der war so lustig. Ob Sie es glauben oder nicht, Paulette hat mich besucht, und wir sind enge Freundinnen geworden. Da hat sie gestanden, da in meiner Küche, und hat sich mit Kokosplätzchen und Kaffee bedient. Sie sehen also, dass ich eine ganze Menge Schauspieler gekannt habe. Ich bin zwar keine berühmte Künstlerin geworden wie Frida, aber ich hatte immerhin bedeutende Freunde. Es dauerte jedenfalls nicht lange und Diego betrog alle beide, Lupe und Irene, mit Paulette!

Es war grausam von Diego, damals mit seinem Harem bei Frida aufzukreuzen. Er küsste sie auf den Mund und scharwenzelte ein Weilchen um sie herum, erkundigte sich aber nur oberflächlich nach ihren Ausstellungen. Er wusste bereits, dass sie misslungen waren, so gesehen war es vielleicht sogar Rücksichtnahme, dass er nicht weiter danach fragte. Er wollte Frida nicht in die Verlegenheit bringen zuzugeben, dass sie die meisten Bilder wieder einpacken und per Schiff nach Hause schicken musste. Er wollte nicht an die große Glocke hängen, dass sie statt Geld einzunehmen eine ganze Menge Geld ausgegeben hatte. Aber es war grausam von ihm, ihr zu verstehen zu geben, dass er jetzt mit Lupe zusammen war. Na ja, so war er nun mal.

Scharfsinnig wie sie war, begriff Frida natürlich sofort, was gespielt wurde. Sie sah, dass er mit Lupe zusammen war, und sie ahnte vielleicht sogar, das auch Irene mit von der Partie war. Um diese Zeit hat Frida ein Selbstbildnis mit Dornenkette gemalt, wie eine heruntergerutschte Dornenkrone, wie ein weibliches Christusbild, verstehen Sie? Frida, die Heilige, die an ihrem Kreuz litt …

Das war gemein. Sie litt wirklich. Sie litt sogar sehr. Zuerst hatte sie Nick verloren und dann Diego. Das gab für mich auch den letzten Ausschlag, mich um sie zu kümmern. Sie war ein Wrack, und wir waren alle beide so einsam. Wir brauchten einander. Wirklich, ich brauchte sie genauso wie sie mich.

Eins sollten Sie wissen: Ich habe mich nie dagegen gewehrt, Frida pflegen zu müssen. Manchmal vielleicht schon ein wenig, aber es ist schließlich ganz normal, dass man auch mal murrt. Im Grunde war mir aber immer bewusst, wie sehr sie mich brauchte. Die Sache ist nur, dass ich damals selbst nicht ganz auf der Höhe war. Meine Gesundheit war noch schwach, ich hatte mich immer noch nicht richtig von meiner Gallenoperation erholt. Und man darf auch nicht vergessen, dass ich noch für zwei heranwachsende Kinder zu sorgen hatte. Isolda war etwa zehn, zehn oder elf, in einem Alter, in dem die Mädchen allmählich aufmüpfig werden. Wir stritten uns unentwegt, Isolda und ich. Wenn ich wollte, dass sie das blaue Kleid anzog, wollte sie das gelbe, und wenn ich verlangte, dass sie beim Großvater blieb, wollte sie im Park spielen. Und sobald ihr was nicht passte, lief sie natürlich zu Frida, die ihr jeden Wunsch erfüllte.

Tante Frida hinten und Tante Frida vorne. *Tía Frida, tía Frida*, den ganzen Tag. Tante Frida ist witzig und intelligent. Tante Frida kann traumhaft malen. Tante Frida ist schön und modern. Tante Frida raucht amerikanische Zigaretten. Tante Frida kennt wichtige Leute. Tante Frida kann besser kochen als du. Tante Frida borgt mir ihre Schminksachen. Tante Frida hat mir diesen Ring geschenkt. Tante Frida liebt mich wirklich. Arme Tante Frida, ihr Rücken bringt sie um. Ihr Bein bringt sie um. Ihre Hüfte bringt sie um, ihre Nieren bringen sie um, ihr Fuß bringt sie um ihr Kopf bringt sie um ihre Augen bringen sie um ihre Knöchel bringen sie um ihr Schambein bringt sie um ihre Finger bringen sie um … Ich konnte es nicht mehr hören. Weder von Frida noch von meiner eigenen Tochter!

Aber wenn mein damaliges Leben das Fegefeuer war, dann war Fridas die Hölle. Das muss ich allerdings zugeben.

Aber ich will noch mal auf Irene Bohus zurückkommen.

Sie war keine Aufsehen erregende Person. Sondern eher eine von denen, mit denen Diego nur schlief, weil sie eben da waren. Sie war Ungarin, groß, mit schulterlangem Haar, straff zurückgekämmt und hinten zu einem Knoten zusammengesteckt, wobei sich im Nacken kleine braune Löckchen kräuselten, wie bei Andrea Palma in »*Distinto amanecer*«. Nur war Irene nicht so hübsch wie Andrea. Sie wirkte irgendwie tollpatschig. Sie war nach Mexiko gekommen, um die Wandmalerei zu erlernen, und wohnte in Diegos Studio.

Also, als Diego mit Lupe, Irene und Paulette zu Besuch kam, hatte Frida Rückenschmerzen und ging in ihr Zimmer, um sich hinzulegen. Nicht lange danach gingen wir hinterher. Für Frida war es nichts Ungewöhnliches, ihre Gäste im Bett zu empfangen. Gegen Ende tat sie das eigentlich nur noch, besonders nach der Amputation ... Nachdem sie das Bein verloren hatte, fiel es ihr grauenhaft schwer aufzustehen, aber davon erzähle ich Ihnen ein anderes Mal.

Lupe, Diego und ich standen also an Fridas Bett, das sie an die Wand gerückt hatte, und Irene saß am Fußende und betrachtete sie hingerissen. Es ist Frida nie schwer gefallen, Menschen für sich zu gewinnen. Obwohl Irene mit Diego schlief, liebte sie Frida und wünschte sich, auch von ihr geliebt zu werden. Die große Frida Kahlo! Für eine junge Frau von Anfang zwanzig, wie Irene, war Frida so was wie ein Filmstar.

Lupe sah mit ihrer burgunderfarbenen, schulterfreien Bluse und der weiten weißen Hose umwerfend aus. Ihre schokoladenfarbenen Augen leuchteten. Sie hielt das Kinn leicht nach oben gereckt, was ihr einen Anflug von Arroganz verlieh, und wirkte, als würde sie für einen blutjungen Verehrer nackt Modell stehen. Frida stand ihr aber in nichts nach. Sie trug ein aufwendig gerüschtes Tehuanakleid, dazu rote und weiße Rosen im Haar. An jedem Finger glitzerte ein Ring. Die meisten zwar unecht, falsche Smaragde, falsche Rubine, falsche Brillanten, falsche Saphire und so weiter, aber ihre gesamte Erscheinung vermittelte Pracht. Ihre beiden goldenen Schneidezähne hatte Frida mit einem brillantbesetzten Goldhütchen bedeckt und sah damit aus wie ein aztekischer Herrscher. Sie hatte die plumpen orthopädischen Schuhe abgelegt, aber im Übrigen lag sie vollständig angezogen in ihrem ganzen Staat auf der Bettdecke und erzählte von Paris.

»Sie rühmen sich ihrer hervorragenden Küche, dabei essen sie hauptsächlich Schnecken und Ameisen in fettigen Saucen, ehrlich, *mi amor*«, sie sah dabei Lupe an, »anständige Tortillas sind da nirgends aufzutreiben.«

»Siehst du? Ich hätte mal mitfahren und dir einen von meinen köstlichen *moles poblanos* kochen sollen.«

»Quatsch. Ich hatte doch eine Nierenentzündung, Schätzchen. Außerdem warst du ja offensichtlich damit beschäftigt, meinen

Mann zu vögeln.« Sie lachte und nahm einen Zug von ihrer Zigarette.

Lupe kicherte, aber es war ihr anzumerken, dass sie darauf nicht gefasst gewesen war. Plötzlich sah sie aus, als hätte sie den Mund voller Regenwürmer.

Diego tauschte einen flüchtigen Blick mit Irene. Das wäre mir vollkommen entgangen, wenn Frida nicht eine spitze Bemerkung gemacht hätte. »Weißt du, mein Schatz, eine Quelle, die zu viele Flaschen füllt, trocknet früher oder später aus.«

Diego brach in schallendes Gelächter aus. Er lachte aus voller Kehle. »Der Krug geht so lange zum Brunnen, bis er bricht«, erwiderte er dann.

»Mach dir da mal um mich keine Sorgen, Schatz. Ich bin alles andere als gebrochen, weißt du, ich plane nämlich eine Rundreise zu den Brunnen der Welt.« Sie blitzte ihn mit einem breiten, drohenden, diamantenen Lächeln an und erinnerte an eine exotische Raubkatze. Einen königlichen Jaguar. So etwas in der Art.

Diegos Lachen verflog, und er blickte sie mit säuerlicher Miene an. Er ließ sich nur ungern daran erinnern, dass Frida genauso in der Gegend herumvögelte wie er.

Irene wurde allmählich unruhig.

»Liebes Kind«, sagte Frida halblaut zu ihr. »Warum kommst du nicht morgen mal ohne alle diese Langweiler vorbei und lässt dir von mir beibringen, wie man echte *enchiladas tapatías* zubereitet? Du solltest nicht in deine Heimat zurückkehren, ohne hier wenigstens irgendeine wahre Kunst erlernt zu haben.«

An dieser Stelle wurde mir klar, dass Diego mit Irene schlief, nämlich als ich merkte, dass Frida ihre alten Tricks anwandte. Manchmal gelang es ihr sogar, seine Gebliebten ganz auf ihre Seite zu ziehen. Sie war so nett zu ihnen, dass die Frauen ein schlechtes Gewissen bekamen und aufhörten, sich mit Diego zu amüsieren.

Aber womit Frida und Irene und Lupe nicht gerechnet hatten, war, dass sich Paulette im pompösen San Angel Inn einquartierte. Und raten Sie mal, wo das lag? Genau gegenüber von Diegos Studio!

Statt dass Irene am nächsten Tag zum Kochkurs rüberkam, bereitete Frida ihr und Diego ein exquisites Mittagsmahl zu und schickte mich damit zum Studio. Natürlich bereitete Frida es nicht selber zu, Graciela machte es, eins von unseren Dienstmädchen.

Ich stellte den Korb ins Auto. Der Tag war warm, aber verhangen und voller schlechter Vorzeichen. Die Luft roch nach verfaultem Gemüse. Die Straßen waren weniger bevölkert als sonst, und nichts schien an seinem Platz zu sein. Doch, die Reinigung mit dem Schild *Lavandería Olmedo* war noch an der Straßenecke, und daneben befand sich auch immer noch die Autowerkstatt, deren Boden mit ölverschmiertem Werkzeug bedeckt war. Und die Automechaniker bauten vor demselben Pin-up, das schon seit Jahren an der Wand hing, einen Motor auseinander. Ich erkannte auch den Zeitungsverkäufer vor dem Brunnen und den Losverkäufer, der an einer Mauer lehnte. Aber trotzdem fühlte ich mich desorientiert, wie in einer anderen Zeit und an einem anderen Ort, oder als hätte ich die falsche Richtung eingeschlagen. Obwohl alles war wie immer, kam mir nichts bekannt vor. Ich hatte das Gefühl, ich müsste umkehren und nach Coyoacán zurückfahren, um den Weg noch einmal von vorn zu machen. Als ich an der Kreuzung war, wusste ich nicht mehr, ob ich nach links oder rechts abbiegen musste, obwohl ich die Strecke schon hunderte von Malen gefahren war.

Als ich endlich bei Diegos Studio angelangt war, wollte mir das Einparken nicht gelingen, und ich ließ den Wagen einen halben Meter vom Bordstein stehen. Dann klemmte ich mir den Essenskorb fest unter den Arm, weil ich fürchtete, er könnte mir entgleiten und sie würden alle böse auf mich sein.

Eine Hausangestellte öffnete mir die Tür – eine alte Indianerin, die ich noch nie gesehen hatte. Wo war Petronila, das Mädchen, das ich kannte? Die Alte machte nicht den Eindruck, als hätte sie mich erwartet, aber ließ mich trotzdem eintreten. Diego hatte vermutlich vergessen, ihr zu sagen, dass ich das Mittagessen bringen würde, dachte ich.

Da waren sie, der Meister und seine Assistentin, so in die Arbeit versunken, dass sie mein Kommen nicht bemerkten. Beide malten sie dasselbe Modell: Paulette. Sie lag nackt da auf einer Art Diwan, in derselben Pose, in der er mich einst abgebildet hatte, die Göttin, die blonde Chimalma, ich meine die heilige Mutter des höchsten Aztekengottes, nur blond, langbeinig, glatt und weiß wie Sahne, wunderbar straff, mit anderen Worten ... vollkommen.

»*Hola*, Diego«, sagte ich.

Diego grüßte zurück und wechselte viel sagende Blicke mit den anderen beiden Frauen. Er sah so ertappt aus wie ein Mann, der auf seiner eigenen Hochzeit gefurzt hat.

Was wurde denn hier gespielt? Was bedeuteten die Blicke? Äußerlich gesehen war es eine geläufige Szene: Künstler und Schülerin malten einen Akt. Aber unter der Oberfläche schlugen die Wellen hoch, brachen Vulkane aus, und die Haie verschlangen sich gegenseitig.

Paulette erhob sich vom Diwan, schien es aber nicht eilig zu haben, ihre Blöße zu bedecken. Sie bewegte sich wie eine Tänzerin und trippelte mit zusammengekniffenen Pobacken, eingezogenem Bauch und fließenden Armbewegungen durch den Raum. Diego betrachtete sie hungrig, aber ohne Gier. Es war offensichtlich, dass er diesen Körper bereits genossen und sein heftigstes Verlangen danach gestillt hatte. Der allergrößte Appetit war schon befriedigt. Er würde später mehr verlangen, aber er war nicht mehr völlig ausgehungert.

Irenes Blicke waren dagegen unersättlich. Sie verschlangen Paulettes Körper wie die Augen eines Kindes das Schaumgebäck und die Apfelkringel im Schaufenster des Konditors. Waren sie alle beide in Paulette verliebt? Sah Diego am Ende den Frauen bei ihrem Treiben zu? War Irene die Zuschauerin? Oder bildeten sie sogar ein Dreiergespann? Diego und Paulette waren Geliebte, das war offensichtlich. Diego und Irene auch. Und was noch? Und wie passte Lupe da rein?

Auf dem Heimweg war ich noch verwirrter als auf der Hinfahrt. Ich bog irgendwo in der Nähe von San Angel in eine falsche Straße und fuhr stundenlang im selben Wohnviertel im Kreis herum. Wie konnte mir das nur passieren? Unter normalen Bedingungen konnte ich die Strecke mit einem Sack überm Kopf fahren! Aber alles war aus dem Lot geraten.

Ich fragte mich unablässig: Soll ich es Frida erzählen? Soll ich Frida das mit Paulette erzählen? Jetzt, wo sie beschlossen hatte, Irene für sich zu gewinnen, sollte ich ihr da nicht fairerweise erzählen, dass sie eher bei Paulette ansetzen musste? Frida konnte kaum noch mit Diegos Affären Schritt halten, der die Frauen schneller verführte, als sie sie unter ihre schützenden Fittiche locken konnte. Schließlich beschloss ich, das Ganze für mich zu behalten.

Ich hatte genug damit zu tun, eine Erklärung für meine Verspätung zu suchen. Und für die Tatsache, dass ich mich auf einer Strecke, die ich so gut kannte wie mein Schlafzimmer, heillos verfahren hatte. Und dass ich darüber versäumt hatte, meinen Patienten die Mittagsmedizin zurechtzustellen.

Wie sich bei meiner Rückkehr herausstellte, waren gar keine Erklärungen notwendig. Mein Vater stand immer noch unter dem Beruhigungsmittel, das ich ihm am Morgen verabreicht hatte; Graciela hatte ihn mittags gefüttert und zu Bett gebracht. Und Frida war so betrunken, dass sie nicht mehr wusste, wie viel Uhr es war. Sie hatte den ganzen Vormittag gesoffen. Als Graciela für Diegos und Irenes *comida* Zwiebeln hackte, hatte Frida schon in einem fort an ihrer Flache genippt. Hack, hack, nipp, nipp, hack, hack, nipp, nipp ... Der Kopf war ihr schwer und schwerer geworden, hack, hack, gluck, gluck, hack, hack, gluck, gluck, bis sie ins Bett getorkelt war. Sie hatte die Schmerztabletten höher dosiert als gewöhnlich, gegen die Schmerzen im Rücken, im Bein, im Fuß und die Pilzinfektion am Finger, die sie sich obendrein auch noch zugezogen hatte. Dr. Ovando, ein Facharzt für Entzündungen, hatte ihr irgendwelche Tabletten verordnet und ihr geraten, die Malerei zu unterbrechen, bis die Infektion abgeklungen war. Deshalb hatte Frida auch nicht selbst Zwiebeln geschnitten, und statt zu malen, faulenzte sie, trank und schluckte Pillen, bis sie ausfallend wurde, dann hysterisch und schließlich die Welt um sich herum völlig ausgeblendet hatte.

Ich dachte, dass die Affäre mit Paulette Goddard nur ein kurzes

Zwischenspiel sei und es nicht darauf ankäme, ob Frida davon wusste oder nicht. Ich gab dem Verhältnis nur den Stellenwert einer kleinen Eskapade und wollte es Frida vorenthalten. Sie war in so einer üblen Verfassung, körperlich und emotional. Was sollte es da für einen Sinn haben, noch Salz in ihre Wunden zu streuen?

Aber dann begann die Gerüchteküche zu kochen. Diego liebte es, seine Frauen vorzuführen, und ging mit Paulette am Arm, ganz verliebt und eidiei, zur Premiere von »*Sólo para tí*«. Sie wissen doch, mit Fernando Richi und Elsa García Campos. Ich wäre liebend gerne ebenfalls hingegangen, Fernando Richi war so ein stattlicher Mann, mit seinen Smaragdaugen und dem schwarzen Haar! Zu dem Anlass kamen natürlich haufenweise Reporter, und Diegos Foto erschien in sämtlichen Zeitungen. »Berühmter Freskenmaler erregt Aufsehen mit amerikanischem Filmstar«, »Rivera und die Goddard zusammen bei Richi-Premiere«, »Blond, schön und in Diego Rivera verliebt!«, »Die Achse Hollywood–Mexiko!«

Unter anderen Umständen wäre Frida sicherlich imstande gewesen, diese Kränkung zu verkraften, aber nach der Trennung von Nick und nach der Enttäuschung mit ihren Ausstellungen in New York und Paris ...

Kaum hatte die Neuigkeit die Runde gemacht, da stand Lupe in der Tür.

»Es ist mir ja egal, wenn er mit dir schläft!«, brach es aus ihr heraus. »Schließlich bist du seine Frau! Aber mit dieser amerikanischen Schlampe! Damit macht er uns beide zum Gespött!«

Frida fing zu weinen an. Nicht melodramatisch, auch nicht hysterisch. Sie weinte einfach still vor sich hin und wischte sich die Augen mit Mutters altem, besticktem Taschentuch. Es war nicht zu übersehen, dass sie tief verletzt war. Es war weder gespielt noch aufgesetzt. Ich weiß, dass Sie jetzt sagen werden, Frida sei schließlich selbst dran schuld, weil sie Diego mit Nick betrogen hatte, nicht wahr? Aber sie war ja nur nach New York geflohen und hatte sich in Nick verliebt, weil sie sich so schrecklich allein gelassen fühlte, so hoffnungslos allein gelassen ...

Und als mit Nick alles vorbei war, wollte sie zu ihrem Mann zurück, nicht wahr? Krank und gebrochen, war sie zu Diego zurückgekommen. Aber statt sie liebend aufzunehmen und sie moralisch zu stärken, benahm Diego sich wie das letzte Schwein. Na schön, er kam sie besuchen, und ja, ja, er brachte ihr auch Geschenke. Aber er gab sich selbst nicht, nicht wirklich. Und seine Affäre mit Paulette war für Frida einfach zu viel. Paulette war zu schön, zu sexy, zu blond. Frida hatte das Gefühl, so schätze ich es jedenfalls ein, nicht gegen sie anzukommen. Sie konnte genauso wenig für Diego wie für Nick die Schlangenfrau sein, die sich in ausgefallenen Liebespositionen verrenkt, und die Vorstellung, dass sie den körperlichen Bedürfnissen ihres Mannes nicht mehr genügte, machte sie fertig. Und als Diego mit seiner Liebschaft zu Paulette auch noch hausieren ging, fühlte sich Frida gedemütigt. Irene, das war was anderes, Irene war nicht so berühmt, sie war nur seine Assistentin. Aber Paulette, Paulette ... Wer konnte schon mit Paulette Goddard konkurrieren?

Am 19. September 1939 reichte Frida die Scheidung ein, und Anfang des darauf folgenden Jahres war sie geschieden.

Sie schnitt sich die Haare ab. Sie tat das jedes Mal, wenn sie einen ernsthaften Bruch mit Diego hatte. Es war ihre Art, den Schmerz auszudrücken, und wahrscheinlich auch ihre Art, ihn zu bestrafen, denn Diego liebte ihre langen Haare.

Sie sehen also, Frida war von aller Welt verlassen, von aller Welt, außer von ihrem liebenden Zwilling. Wer hätte sich besser um sie kümmern können als ich? Wer liebte sie mehr als ich? Ich konnte gar nicht anders, als für sie da zu sein. Ich, Cristina, ihre Schwester, ihre Leidensgenossin, ihre Sklavin.

22

Er hieß Ramón Mercader und gab mir das Gefühl zu fließen, leicht und durchsichtig zu sein, wie eine Qualle im lauwarmen Meer schwerelos im Auf und Ab der sanften Strömung dahinzutreiben, getragen vom Wiegen des Wassers. Sein Atem war wie die Seebrise. Wenn er mich anlächelte, erinnerte er mich an etwas, woran ich seit Jahren nicht mehr gedacht hatte ... an einen kleinen Strand bei Cozumel, wo ich einst als Kind wie berauscht von der Seeluft in der Sonne gesessen hatte. Aber jetzt war ich kein Kind mehr. Ich war eine Qualle, formlos, kristallen, weich, und legte mein Schicksal getrost in die Hände freundlicher, wohlmeinender Götter.

Kein anderer Mann hatte je dieses Gefühl in mir geweckt. Es kam durch seine Art, mit mir zu reden, und mehr noch durch seine Art, mir zuzuhören. Als wäre er tatsächlich an dem interessiert, was ich zu sagen hatte. Er fragte mich nach meinen Erfahrungen und nach meiner Meinung. Er war ein Freund von Frida, wie hätte es auch anders sein können. Ein spanischer Kommunist, den sie in Paris kennen gelernt hatte. Er war in Mexiko und kam uns dann und wann besuchen, leider nicht annähernd so oft, wie ich es mir gewünscht hätte.

Wir waren kein Paar. Das wäre allzu schön gewesen. In meiner Phantasie war er der Prinz, auf den ich immer gewartet hatte, der spanische Konquistador, der mich, die hübsche Aztekin, zur untergehenden Sonne tragen würde. Wir beide würden eine neue Rasse begründen, die Rasse der Mestizen. Aber in Ramóns Leben schien die Liebe keinen Platz zu haben. Zu stark wurde er von der Politik vereinnahmt. Trotzdem war es, wenn wir redeten, so, als würden wir Liebe machen, und er gab sich mir in einer Weise hin, wie es kein Liebhaber vor ihm getan hatte.

Er war ein Mann der Tat. Wir redeten natürlich über die Partei. Das war sein Lieblingsthema. Trotzki, Diego, die Zukunft des Stalinismus, ob die Sowjets die Nazioffensive überleben würden, ob die Amerikaner in den Konflikt eingreifen würden ... Er redete nie von oben herab mit mir, und er kam mir nie mit Parteiparolen. Mit Klischees um sich werfen, wie Diego und auch Frida, das war nicht seine Art. Bei Ramón hatte man das Gefühl, er sagte alles aus tiefster Überzeugung. Er hatte sich die Dinge genau angeschaut und seine Schlüsse gezogen. Jedes Wort schöpfte er aus dem unergründlichen Ozean seiner Seele.

Klingt poetisch, nicht wahr? Wie finden Sie das? »Aus dem unergründlichen Ozean seiner Seele.« So redete Ramón nämlich, so drückte er sich aus. »Ach, Cristinita, diese Erkenntnisse habe ich aus dem unergründlichen Ozean meiner Seele geschöpft.« Er hat mich mit seiner Sprache verführt. Er war Spanier, das dürfen Sie nicht vergessen, und hatte diesen wunderbaren iberischen Akzent. *Grathiasch* sagte er, statt *gracias*. Ja, er brachte mich mit seiner kastilischen Aussprache zum Lachen. Es war so, so kribbelnd. Offen gestanden, wusste ich manchmal überhaupt nicht, wovon er redete, aber das machte nichts. Ich wollte ihn nur sprechen hören. Er gab mir das Gefühl, als könnte ich mich in ihm auflösen.

Frida war nie alleine. Sie hatte immer den Wunsch, Leute um sich zu versammeln, die sie bewunderten und verehrten. Nach ihrer Scheidung schickte sie lastwagenweise Einladungen los. Unser Haus verwandelte sich in ein Grand Hotel, durch dessen Tür ein nie abreißender Strom von berühmten Leuten zur Audienz bei der Gebieterin hereindrängte. Faszinierende Leute. Stars, genauso schillernd wie Frida selbst. Fast so schillernd, meine ich natürlich. Als ihre Haare wieder gewachsen waren, empfing sie ihre Gäste in ihren bauschigen Kostümen, mit einem Ring an jedem Finger und einem Kranz aus Hibiskusblüten auf dem Kopf. Die tapfere Frida, die Unrecht erlitten hatte. Das Opfer. Das hinkte und seinen Schmerz verbarg. Die Leute bewunderten sie nicht mehr allein ihrer körperlichen Gebrechen wegen – »Wie tapfer, in diesem Zustand auch noch Gäste zu empfangen!« –, sondern auch wegen ihres neuen Status – »Wie mutig, ihren Weg alleine zu gehen, ohne Diego!« Für mexikanische Verhältnisse war sie eine Sensation. Eine geschiedene Frau. Nicht eine Frau, die bloß ohne Mann lebte, das brachten viele von uns fertig. Nein, eine erwerbstätige Frau, eine echte Genossin, eine Frau, die für sich selbst sorgte und ihren gesellschaftlichen Beitrag leistete!

Sie spielte die Genossin mit Leib und Seele. Kinn hoch, gerader Blick, Lächeln und stets ein Scherz auf den Lippen. Manchmal saß sie während einer Gesellschaft in der Küche bei den Dienstboten und erzählte Witze. »Wie ihr seht, *compañeros*, mache ich keinen Unterschied!« »Wo ist Frida?«, fragte irgendjemand. »Mahlt Korn!« »Schält Kartoffeln!« »Rührt den Pudding!« Wie die Antwort auch ausfiel, immer wurde sie von den Anwesenden mit anerkennenden »Ohs« und »Ahs« aufgenommen.

Ich muss zugeben, dass ich die Feiern liebte. Ich genoss den Trubel und dass ich mittendrin war, obwohl ich natürlich nur daran teilnahm, weil ich eben Frida Kahlos Schwester war. Manchmal habe ich das aber völlig vergessen. Ich meine, manchmal dachte ich einfach nicht daran und amüsierte mich bloß. Denn sie waren alle nett zu mir. Und schließlich war ich ja auch jemand. Ich gehörte dazu. Ich weiß auch nicht, warum ich trotzdem immer das Gefühl hatte, ich müsste meine Anwesenheit irgendwie rechtfertigen.

Der Einzige, bei dem ich dieses Gefühl nicht hatte, war Ramón Mercader.

»Deine Schwester«, sagte er einmal zu mir, »ist politisch eine kleine Dilettantin, nicht wahr?«

Ich verstand das nicht, aber es war mir peinlich, es zuzugeben.

Als Ramón merkte, dass mir der Ausdruck nicht geläufig war, machte er keine boshaften Bemerkungen wie Frida – »Mein Gott, Cristina, du weißt wohl noch nicht einmal, was ein Dilettant ist!« –, sondern fuhr einfach fort.

»Weißt du, Cristina«, sagte er sanft, »ich ziehe Leute wie dich vor, Leute, die aus ihrer politischen Haltung keine Schau machen.«

Da hatte ich den roten Faden wieder. »Frida macht keine Schau. Sie glaubt wirklich an den Kommunismus.«

Er strich mir mit den Fingern über die Wange und lächelte. Ich hätte am liebsten seine Hand genommen und sie geküsst. Er sagte, man müsste seine Überzeugung leben, seinen Glauben im Alltag zum Ausdruck bringen, das sei der enorme Beitrag des einfachen Volkes. Was hatte das mit mir zu tun? Ich wollte nur, dass er mich berührte, und empfand seine Worte wie ein warmes, duftendes Bad ...

Und dann war Ramón Mercader eines Tages verschwunden. Ich hielt bei jedem Fest nach ihm Ausschau, suchte ihn auf jeder kommunistischen Veranstaltung, aber er war wie vom Erdboden verschluckt. Ich fühlte mich, als hätte mich das Meer an den trockenen Strand gespült und ich müsste verdursten. Niemand konnte mir Auskunft über seinen Verbleib geben. Ich fand keine Adresse von ihm. Er hatte kein Telefon. Politische Morde waren damals in Mexiko keine Seltenheit, deshalb durchforschte ich halb hoffend, halb bangend die Zeitungen nach einer Meldung, in der sein Name fiel. Ich machte mich innerlich gefasst auf Schlagzeilen wie »Spanischer Kommunist erschossen«. Nein, wenn Ramón gestorben war, würde das gewiss nicht in der Zeitung stehen. Frida schien keine Notiz davon zu nehmen. Sie hatte schließlich noch mehr Freunde. Auf einen spanischen Kommunisten mehr oder weniger kam es nicht an. Trotz der Feierei und der guten Stimmung, die sie verbreitete, war Frida in schlechter Verfassung, das stimmt wohl. Aber das hing nicht mit Ramón zusammen. Nein, das lag an ihrer Scheidung. Im Grunde verkraftete meine Schwester es nämlich gar nicht, dass sie nicht mehr mit Diego verheiratet war. Was mich betraf, so wusste ich, wie ich mit meinem Problem umzugehen hatte. Ich musste meine Liebe vergessen. Ich musste Ramón aus meinen Gedanken verbannen und mich der Pflege meiner Schwester widmen. Ich hielt die Tränen zurück. Ich biss die Zähne zusammen. Die gute alte Cristi.

Ich suchte Paulette Goddard auf. Trotz allem, was mir nachgesagt wird und was auch Sie von mir denken, habe ich meine

Schwester geliebt und konnte nicht tatenlos zusehen, wie Diegos Liebschaften an ihren Kräften zehrten, sie in den körperlichen Verfall trieben und ihr ihre Lebenskraft nahmen, wie ein Pilz lebendiges Fleisch zersetzt. Es war nicht mit anzusehen.

Trotz der Scheidung hing Frida nämlich an Diego. Sie machte sich unentwegt Sorgen um ihn. Von morgens bis abends ging das so: Ich frage mich, ob Diego seine Diät einhält, ich frage mich, ob Diego die neuen Hemden aus New York bekommen hat, ich frage mich, ob Irene genügend Sex mit ihm macht. Ich frage mich, ob er Paulette wirklich liebt und was mit Modesta ist? Modesta war eins seiner Modelle, eine Indianerin, eine ungeheuer sinnliche Frau. Er hat einen Akt von ihr gemalt, wie sie sich das Haar kämmt.

Diego und Frida trafen sich auch noch. Und sie führte ihm sogar die Bücher weiter. Ja, das stimmt, ich weiß, dass es unglaublich klingt, aber es stimmt. Diego hatte mit Zahlen nichts im Sinn, er konnte nicht haushalten, deshalb führte Frida ihm die Geschäfte. Sie hatte den Überblick darüber, wer was zahlte, wer ihm was schuldig war, was er einnahm und was er ausgab. Sie behielt diese Aufgabe, als wären sie immer noch zusammen. Und kaum war sie von ihm getrennt, kam sie fast um vor Sorge. Was Diego wohl gerade tat? Was er wohl aß, malte, dachte? Sie war besessen von ihm.

Nach außen gab sie sich so dreist und gut gelaunt wie eh und je, aber innen ... Deshalb habe ich Paulette aufgesucht. Ich wollte ihr klarmachen, was sie Frida antat. Ich erwartete natürlich nicht, dass sie sich darum scherte, aber ich wollte es ihr trotzdem sagen. Paulette war eine von den Frauen, die nur Beziehungen zu berühmten Männern haben. Sie war mit Charlie Chaplin zusammen und hat ihn schließlich geheiratet. Ich liebte Charlie Chaplin. Er war fabelhaft, einfach wundervoll. »Moderne Zeiten« ist einer meiner Lieblingsfilme. Bei der Premiere in New York – ich war natürlich nicht dabei, aber ich habe gehört, dass die Leute zu Tausenden das Filmtheater gestürmt haben, das Rivoli. Wenn ich dort gewohnt hätte, wäre ich ganz bestimmt auch hingegangen und hätte versucht, einen Blick auf die Filmgrößen zu erhaschen, Gloria Swanson, Ginger Rogers, Elsa Maxwell ... Die Polizei musste damals alles aufbieten, um die Menge in Schach zu halten. Ich habe mir immer gewünscht, mal eine Premiere mitzuerleben. Paulette war natürlich Charlie Chaplins Co-Star. Ich fragte mich, wieso sie Diego brauchte, wenn sie Männer wie ihn hatte. Wieso konnte sie Diego nicht in Frieden lassen? Sie hatte doch alles, Geld, ein tolles Aussehen, Ruhm. Sie hat sogar für »Vom Winde verweht« vorgesprochen, ist aber nicht genommen worden.

Ich weiß, es lag nicht allein an ihr. Es war Diego, der ihr hinterherlief. Aber meine Schwester, meine Schwester ging daran zugrunde, und ich musste was unternehmen. Wenn Frida auf die Straße ging, benahm sie sich wie eine Filmdiva, wie Rita Hayworth oder so. Sie zwinkerte ihren Bewunderern zu, *Hola, cuate! Hola mi amor!* Sie flirtete, kniff ein Auge zusammen und leckte sich die Lippen, als hätte sie eine köstliche Mango entdeckt, sobald sie einen hübschen jungen Mann sah ... oder eine junge Frau. Aber dann kam sie wieder nach Hause, griff zur Flasche und fiel nach kurzer Zeit in sich zusammen wie ein alkoholbesudeltes, verkotztes Wäschebündel. Oh ja, für Feste und öffentliche Auftritte sammelte sie ihre Bruchstücke wieder zusammen und erstand aus der Asche, aber sobald sie allein war, ging es ihr eigentlich nur gut, wenn sie malte. Glücklicherweise malte sie in diesem Jahr recht viel. Selbstbildnisse natürlich, Frida mit ihrem Äffchen und einer roten Schleife wie eine blutige Schnittwunde um den Hals. Frida mit der Dornenkette. Sie malte sich im Herrenanzug, mutterseelenallein, mit kurz geschnittenem Haar im Leeren sitzend. Die Schere hält sie noch in der Hand, während auf ihr und um sie die abgeschnittenen Haare liegen, überall, auf den Knien, auf den Händen, auf dem Stuhl, auf dem Boden, so weit das Auge reicht. Als ich es zum ersten Mal sah, hat mich das Bild erschreckt. Es zeigt Selbstzerstörung, Fridas sterbliche Überreste, im ganzen Raum verstreut, schlapp, leblos, ihre Trümmer, die wie Abfall herumliegen.

Also ich ging jedenfalls zu Paulette. Aus mir damals unbekannten Gründen war die Straße vor dem San Angel Inn abgesperrt, daher stellte ich den Wagen in einer Nebenstraße ab. Dann ließ ich mich vom Portier melden.

»Señorita Kahlo«, sagte er. Und dann, als hätte der Name eine Saite in ihm zum Tönen gebracht: »Sind Sie mit Frida Kahlo verwandt, mit der Frau von Diego Rivera?«

»Sie ist meine Schwester.«

»*Die* Frida Kahlo?«

»Ja.«

»Sie ist Ihre Schwester?«

»Bitte, ich habe nicht so viel Zeit.«

Aber es gab keinen Grund zur Eile, denn Paulette brauchte lange, bis sie an die Tür kam.

»*Un momento!*«, rief sie von innen. Nicht einmal, sondern immer wieder. »*Un momento! Un momento!*«

Sie hat jemanden bei sich, dachte ich. Einen Mann. Während Diego Frida mit ihr betrügt, betrügt sie Diego mit irgendeinem dahergelaufenen Filmproduzenten. Aber als sie mich endlich hereinließ, gab es keine Hinweise auf einen Besucher. Keine qualmenden Zigarettenstummel im Aschenbecher. Keine Weingläser hinterm Sofakissen. Keine verräterischen Düfte.

Ich wusste nicht, ob Paulette mich erkannte, obwohl ich angekündigt worden war. Auf den Partys hatte sie mich nie sonderlich beachtet, und jetzt hielt sie mich vielleicht für irgendeine fanatische Anhängerin, die ihre Adresse ausfindig gemacht und sich Zugang zu ihr verschafft hatte. Doch dann lächelte sie und bat mich, Platz zu nehmen. Ich fand es sonderbar, dass sie noch nicht mal eine Bedienstete da hatte. Ein berühmter Filmstar wie Paulette Goddard!

Sie kam mir durchsichtig vor, ätherisch, wie ein Engel. Ich erwartete geradezu, sie ein paar Zentimeter über dem Boden schweben zu sehen. Sie trug eine graublaue Strickjacke. Ihre Augen waren groß und feucht und ihre Lippen perfekt geschminkt in der Farbe von Begonien. Sie verströmte einen Duft nach Jasmin, Honig und Amber. Es muss ein französisches Parfüm gewesen sein.

Sie küsste mich auf die Wange, aber ich liebte sie nicht so, wie ich damals Lola geliebt hatte. Sie gab mir nicht das Gefühl, ihre Freundin zu sein, sondern nur eine Außenstehende, die sich manchmal der Gesellschaft anhängte. Ihr fehlte Lolas mexikanische

Wärme. Wie gesagt, ein Engel, der irgendwo oben schwebt – fern und unerreichbar.

Sie ging zum Fenster und sah hinaus. Auch das verwunderte mich. Schließlich war ich gerade gekommen. Ich meine, wenn Sie gerade in Ihrer Hotelsuite einen Gast empfangen haben, würden Sie sich doch auch nicht sofort abwenden und zum Fenster hinaussehen, oder? Sie spioniert Diego nach und versucht herauszufinden, was er mit Irene treibt, ging es mir durch den Sinn. Aber Paulette hatte, genauso wenig wie Frida, nie eine eifersüchtige Regung gegenüber Diegos Assistentin gezeigt. Irene war vielleicht lästig, aber unbedeutend – wie ein Moskito oder eine Stubenfliege.

Paulette biss sich auf die Lippe, ohne dabei ihren Lippenstift zu verschmieren. Das bewunderte ich, denn wenn ich das tat, kam immer ein heilloses Geschmier dabei heraus.

Sie sagte etwas auf Englisch, das ich nicht verstand. Ich lächelte höflich. Wie sollte ich ihr erklären, weshalb ich gekommen war?

»*Un momento!*« Sie lief durch die Suite, als würde sie etwas suchen. Sie schien nervös. Sie starrte weiter aus dem Fenster. Ich ging nun selbst hin, konnte aber nichts Besonderes auf der Straße entdecken.

»Weißt du«, sagte ich auf Spanisch, der einzigen Sprache, die ich beherrsche. »Ich wollte dir keinen Höflichkeitsbesuch abstatten, Paulette. Ich bin gekommen, um mit dir etwas Wichtiges zu bereden.«

Sie nickte, als hätte sie verstanden. »*Un momento!*«, sagte sie dann noch einmal.

Sie nahm den Telefonhörer ab und spuckte so etwas wie einen Befehl hinein. Auf Englisch. Wenige Minuten später klopfte ein Kellner an der Tür und brachte einen Servierwagen mit Kaffee und Gebäck. Eine sonderbare Zeit zum Kaffeetrinken, fand ich. Graciela würde erst in einer Stunde zu Hause den Tisch für die *merienda* decken. Paulette übernahm den Rolltisch und schob ihn eigenhändig ins Zimmer, indem sie dem livrierten Hoteldiener fortschickte. ›Eine Yankee-Sitte‹, dachte ich.

Sie lächelte mich an.

»Weißt du«, begann ich von neuem. »Ich wollte dir keinen Höflichkeitsbesuch abstatten. Ich muss mit dir über meine Schwester reden. Verstehst du mich?«

»*Si, si*«, gab sie mir zur Antwort. »*Comprendo perfectamente*« – ich verstehe dich genau. Aber offensichtlich war sie mit etwas anderem beschäftigt.

Ich ärgerte mich. Sie glaubte wohl, sie wäre zu berühmt, um sich mit mir zu unterhalten! Sie glaubt wohl, ich wäre eine von ihren Anhängerinnen, einer dieser albernen Fans, die Fensterscheiben einschlagen, um ihren Idolen näher zu kommen. Ich öffnete den Mund, um zu erklären, wie schlecht es Frida ging, wie verletzt sie war, aber Paulette gab mir zu verstehen, dass ich still sein sollte.

Ich wartete schweigend, die Augen auf Paulette gerichtet, und spürte, wie mein Unmut wuchs.

Plötzlich huschte ein Schreck über ihr Gesicht. Sie ging zum Fenster, dann wieder ans Telefon.

»*Qué pasa?*«, fragte ich. Was ist los?

Sie flüsterte ein paar Worte in die Muschel. Ich hörte »Diego«, »Gefahr«, »Trotzki«, »Polizei«, »Mord«.

Ich ging ans Fenster und sah hinaus. Die Straße war wie verwandelt. Ich hatte plötzlich eiskalte Hände. Was war geschehen? Überall Polizei, eine ganze Schwadron, und sie umzingelten Diegos Studio. Sie machten Anstalten, das Haus zu stürmen! Einige hielten Pistolen im Anschlag. Was dachten sie denn, wer Diego war? Pancho Villa? Zugegeben, er lief mit einer Pistole herum und nahm den Mund so voll, als wäre er Lenins Großmutter, aber er hatte nie jemanden umgebracht! Ja, sicher, er blähte sich auf und trompetete dummes Zeug herum. Er behauptete, in der Oktoberrevolution gekämpft und Tausende von Zaristen niedergemäht zu haben. Aber das war alles Unsinn. »Ich saß im Keller, als ich Graf Alexander Kaminoff in seinem Zobelmantel anrücken sah. Ich habe das Gewehr durchgeladen und bumms!«, aber das war bloß Prahlerei.

»*Qué pasa?*«, fragte ich noch einmal.

»Trotzki.«

Zunächst verstand ich den Zusammenhang nicht. Mir war zwar

bekannt, dass auf León und Natalia einmal ein Mordanschlag verübt worden war, aber was das mit dem Auflauf vor Diegos Studio zu tun haben sollte, war mir schleierhaft. Wild gestikulierend versuchte Paulette es mir zu erklären. »Diego«, »Gefahr«, »Trotzki«, »Polizei«, »Mord«. Für eine Schauspielerin, dachte ich, war sie nicht besonders gut darin, jemandem etwas zu vermitteln. Sie wiederholte die fünf Worte immer wieder in unterschiedlichen Kombinationen. Schließlich machte ich mir meinen Reim darauf.

Ich war nicht sehr bewandert in der Politik. Aber ich wusste, dass León eine Menge politischer Feinde hatte. Das war ja auch der Hauptgrund, weshalb er mit Natalia nach Mexiko gekommen war, weil sie ihn aus der UdSSR verbannt hatten. Er kam mit Stalin nicht zurecht. León war der Ansicht, Stalin wollte in allem das letzte Wort behalten, ohne gewisse Dinge, wie die Industrialisierung und Ähnliches, wirklich verstanden zu haben. Na ja, und Stalin passte es nicht, dass León ihn auf seine Fehler aufmerksam machte, deshalb warf er ihn raus. Aber jetzt lebte León im Ausland und verbreitete überall seine antistalinistischen Ideen. Die Feinde zu Hause beschuldigten ihn, ein riesiges antisowjetisches Komplott anzuzetteln, und schickten León ihre Agenten hinterher, um ihm das Handwerk zu legen. Und was Diego anging, so war er aus anderen Gründen böse auf Trotzki. Er warf ihm immer noch vor, dass er sich an Frida herangemacht hatte. Als die Trotzki-Gegner in Mexiko davon zu reden begannen, sie wollten León unschädlich machen, da riss Diego die Klappe zu weit auf: »Ich werde diesem Hurensohn eine Kugel ins Hirn jagen! Dieser Bastard ist ein Verräter an der Sache!« Damals versuchte Diego nämlich, sich als Stalinist auszugeben.

Na ja, mich interessierte die Politik nicht sonderlich, und Ramón Mercader hatte gesagt, dass Diego, wenn es darauf ankam, überhaupt nicht wusste, wovon er sprach. Diego sei politisch ein Opportunist, sagte er, und würde immer zu denen halten, die gerade Oberwasser hätten. Und es stimmt, als sich der Wind gegen Stalin drehte, da wurde Diego wieder mit ganzer Seele Trotzkist. Ich habe ja immer schon gesagt: Er war ein großer Künstler, aber wenn er über Politik redete, erinnerte er mich an einen Ballon, der nur heiße Luft abließ. Und wenn es um León ging, da wusste ich genau, dass er ein persönliches und kein politisches Hühnchen mit ihm zu rupfen hatte.

Aber Diego machte einen großen Fehler, als er umherlief und lauthals damit drohte, dass er León den Geiern zum Fraß vorwerfen würde. Denn als Trotzki etwas zustieß, fiel der Verdacht natürlich sofort auf Diego. Das ist verständlich. Gibt es denn einen besseren Mordverdächtigen als den Mann, der seit Monaten genau diesen Mord ankündigt? Deshalb kam die Polizei und wollte ihn festnehmen. Deshalb hatte Paulette im Studio angerufen. Um Diego zu warnen.

Aber der wahre Schuldige war keineswegs Diego. Es war der Maler David Alfaro Siqueiros, der Mann, der gemeinsam mit José Orozco Clemente Diego geholfen hatte, die Muralisten-Bewegung aus der Taufe zu heben. Für David war die Politik immer wichtiger als die Malerei. Die Kunst diente ihm als Mittel zum Zweck, um die Botschaft zu verbreiten. Er war weniger Künstler als Kämpfer, und ich bin davon überzeugt, dass es ihm gleichgültig war, ob er den Anschlag überlebte, als er das Feuer auf León und Natalia eröffnete. Im Gegenteil, David hätte es als persönlichen Sieg betrachtet, für Stalin zu sterben. Einen Märtyrertod, wie der heilige Martin. Wie sich herausstellte, kam David beim Mordanschlag auf Trotzki gar nicht ums Leben. Er wurde von der Polizei gefasst, aber da er Präsident Cardenas Spezi war, kam er noch vor Jahresende wieder auf freien Fuß und machte sich auf den Weg nach Chile, um dort Wandbilder zu malen. Doch warten Sie, eigentlich wollte ich ja erzählen, was mit Paulette war.

Ich stellte mich also neben sie ans Fenster. Sie zitterte am ganzen Leib. Sie hatte Angst. Jetzt war sie nicht mehr der sagenhafte Engel, fern und unnahbar, der gen Himmel schwebte. Sie war eine Frau aus Fleisch und Blut, die um Diego bangte. Ich legte ihr den Arm um die Taille, und so standen wir eine Weile da, Hüfte an Hüfte wie siamesische Zwillinge, und warteten, was geschehen würde.

Schließlich kam hinter Diegos Studio ein Wagen hervorgefahren, aber ohne Diego. Irene saß am Steuer.

Sie wurde von einem uniformierten Polizisten angehalten. Offenbar stellte er ihr Fragen. Irene wirkte gefasst und fast gleichgültig. Der Beamte ging um den Wagen herum und öffnete den Kofferraum. Er stocherte darin herum, warf den Deckel wieder zu, öffnete den hinteren Wagenschlag und wiederholte die Prozedur. Schließlich machte er ein Handzeichen und ließ Irene durch. Sie fuhr langsam durch die Reihe der Polizisten und außer Blickweite.

Sekunden später stürmte das Überfallkommando das Haus. Man hörte Schusssalven. Aus den Fenstern drang Rauch.

Ich ließ einen Schrei los, der einen Stein hätte spalten können. »*Virgen santísima*! Diego! Dieeegoo!« Dieses Sperrfeuer konnte niemand überleben.

Paulette brach in schallendes Gelächter aus.

Verwirrt drehte ich mich zu ihr um.

»Diego *está bien*«, es ginge ihm gut, sagte sie und schüttelte sich vor Lachen. Sie sah aus wie die Paulette, die ich von der Leinwand kannte, die Komödiantin, die Spaßmacherin. »Er war in dem Auto.«

Ich verstand nichts.

»Im Auto, mit Irene.« Sie machte eine flache Hand und deutete mit Zeige- und Mittelfinger Schritte an, um Diegos Flucht zu versinnbildlichen.

Was wollte sie damit sagen? War Diego im Auto gewesen? Das konnte nicht sein. Ich hatte doch mit eigenen Augen gesehen, wie der Beamte es durchsucht hatte.

»Unter den Leinwänden!«, hickste sie und versuchte wieder zu Atem zu kommen. Sie formte ihre Hand zu einem kleinen Tier und verbarg sie unter einem Stapel Servietten. »Versteckt! Versteckt!«

Ich konnte es nicht fassen. Sie hatte das Schlimmste verhindert! Dank Paulettes Warnung hatte Irene Diego das Leben gerettet.

Wo sie hingefahren waren, wollte ich wissen. Aber Paulette verriet es nicht. Sie lief ins Schlafzimmer und stopfte ein paar Sachen in eine kleine Reisetasche. Dann drängte sie mich zur Tür hinaus.

Ein paar Tage später kam sie uns in Coyoacán besuchen. Es ginge Diego gut, sagte sie. Er und Irene würden sich verstecken, und sie brächte ihnen täglich das Essen. Nicht nur Tortillas und schwarze Bohnen, nein, Delikatessen – Kaviar, Paté, Bœuf bourguignon, Champagner und Gebäck. Außerdem hatte sie Diego mit frischer Kleidung versorgt. Keine Bange. Diego war im Paradies. Er wurde von zwei Frauen verwöhnt, die ihm so viele *éclairs* brachten, wie er nur essen konnte. Paulette kicherte. Außerdem hatte Diego Freunde in hohen Rängen, die ihm helfen würden, heimlich das Land zu verlassen. Er hatte das Angebot, in San Francisco das Junior College auszumalen, berichtete Paulette, und alle beide, Irene und sie, würden ihn dorthin begleiten.

Als Frida das hörte, war sie erleichtert und verzweifelt zugleich. Diego war in Sicherheit, und das war ein Grund zum Feiern. Aber er wollte nicht nur Mexiko verlassen und nach Kalifornien gehen, sondern plante, Paulette und diese ärgerliche kleine Ungarin, Irene Bohus, mitzunehmen!

Nicht lange danach brachte die mexikanische Presse Fotos von den dreien, wie sie wohlbehalten auf dem Flughafen von San Francisco gelandet waren. »Diese wunderbare Paulette«, schwärmte Diego vor Journalisten. »Sie hat mir das Leben gerettet. Sie ist mein Schutzengel, meine Göttin. Allein um unter ihren köstlichen Flügeln Zuflucht zu finden, hat es sich gelohnt, durch die Hölle zu gehen.«

Welche Hölle, wollten die Zeitungsleute wissen. Und was ihn zu dieser überstürzten Abreise veranlasst hatte? Aber Diego ließ nichts verlauten. »Diego Rivera weigert sich, die Umstände seiner Flucht aus der Heimat zu erklären«, trompetete *El Pregonero*. Sein Abenteuer wurde doch durch die Geheimnistuerei darum nur noch spannender, verstehen Sie? Diego, der Held, der Geheimnisvolle, der Zauberkünstler.

Zwei Jahre später ließ sich Paulette von Charlie Chaplin scheiden, und noch bevor die Tinte auf dem Scheidungsurteil trocken war, hatte sie schon ein Verhältnis mit Burgess Meredith. Ich habe Ihnen doch gesagt, es gibt Frauen, denen es stets gelingt, zur rechten Zeit mit dem richtigen Mann zusammen zu sein.

Nach Diegos Abreise verschlechterte sich Fridas Gesundheit zusehends. Selbst das Atmen fiel ihr schwer. Die Ärzte vermuteten, dass das verrenkte Rückgrat ihre Lunge einquetschte, und legten ihr eine Art Streckverband an, um den Rücken zu begradigen. »Wenn meine Krankheit mich nicht umbringt, dann ganz bestimmt diese verfluchten Ärzte!«, schimpfte sie. »Dieses verteufelte Ding bereitet mir höllische Schmerzen!« Es kam eine weitere Operation ins Gespräch. Von welchem Geld?, fragte ich mich, und auch, wie ich die Kraft aufbringen sollte, sie anschließend zu pflegen. Meinem Vater schwanden nämlich rapide die Kräfte, und er brauchte mich so nötig wie Frida. Und Isolda und Toño brauchten mich mehr denn je, besonders Toño. Er war solch ein Energiebündel, ich war vom bloßen Zusehen erschöpft.

Der Sommer hatte seinen Höhepunkt erreicht. Die Tage waren lang und freundlich, aber Frida war in einem Dauertief. Sie hatte Diego einen ausführlichen, tränenrührenden Brief geschrieben, voller kindischer Kosenamen und mit genauen Beschreibungen der qualvollen Therapien, die die Ärzte speziell für sie erdacht hatten. Sie illustrierte den Brief mit grässlichen Zeichnungen von neumodischen Apparaten mit Greifarmen und Klauen, die das menschliche Fleisch aufreißen. Er antwortete ihr zwar, bekundete aber keine Anteilnahme, sondern schickte einen munteren Bericht über den Fortgang seiner Arbeit. Er male öffentlich, schrieb er, im Rahmen des Projekts »Art in Action« der Golden Gate International Exposition, und sei von jungen Bewunderern umringt, von »fröhlichen jungen Leuten«, »wundervollen *gringas*«, »reizenden Anhängerinnen«, »viel versprechenden Studenten«. Irene teilte nicht mehr das Studio mit ihm, dafür tummelten sich jetzt unzählige andere junge Damen dort. Und dann war da ja auch noch Paulette. Das Thema seines Freskos sei der Panamerikanismus, schrieb er, und dass es ein Selbstporträt mit seinem Schutzengel enthielte, wie sie sich verliebt in die Augen schauen – sie, blond und arktisch wie eine Schneekönigin, er, dunkel und leidenschaftlich wie der geile alte Bock, der er war – als Symbol für die Liebe zwischen den beiden Amerikas. Wie Sie sehen, hatte Diego es damals aufgegeben, sich damit zu befassen, ob er für oder gegen Stalin war, und verliebte sich stattdessen in die Vorstellung einer panamerikanischen Solidarität. Ein gefälliges Anliegen. Ein regelrechter Publikumsreißer, denn ein Liebender wird in der Regel von allen zurückgeliebt. Nur Frida wollte von Paulette nichts wissen. Sie wollte, dass Diego ihr sagte, wie sehr er sie vermisste.

»Die Vorstellung klingt schön. Freundschaft zwischen den Völkern und so«, bemerkte ich in dem Versuch, Frida aufzumuntern und die Dinge positiv zu sehen.

»In meinen Ohren klingt es wie Scheiße. Gib mir was zu trinken, Kleines, ja?«

Ich wollte nicht. Ich hatte ihr gerade eine Dosis Demerol verabreicht und fürchtete, sie würde darauf keinen Alkohol vertragen. Am Vorabend war ihr die Kombination nämlich ganz und gar nicht bekommen. Sie war ohnmächtig aus dem Bett gefallen, und Graciela und ich brachen uns fast das Kreuz, als wir sie wieder auf ihr Lager hievten. Sie hatte zwar an Gewicht verloren, das stimmt wohl, aber es war trotzdem recht mühevoll gewesen, und das Foltergerät an ihrem Hals hatte uns die Sache nicht gerade leichter gemacht.

»Du hast schon genug getrunken, Frida.«

»Komm schon, Cristi Kity, Cristi Kity. Komm schon, sei nett zu mir!«

»Nein.«

»Na komm schon, du alte Zicke. Oder gib mir einen Schuss Morphium.«

Es pochte an der Haustür. Graciela kam aus der Küche und wischte sich die Hände an der Schürze ab.

»Deine Anhänger meinen wohl, sie könnten Tag und Nacht hier hereinschneien«, schimpfte ich. Ich war erschöpft und nicht in der Verfassung, Fridas Gäste freundlich zu empfangen.

Aber Frida kümmerte es nicht, wer vor der Tür stand. »Gib mir einen Schuss Morphium, du Schlampe! Ich kann die Schmerzen nicht länger ertragen! Los Kity, Kity, Kity. Liebst du mich denn nicht mehr? Bring deinem Schwesterchen sein Morphium, ja? Na los, Kity, Zucker für das Kind, Zucker für das Kind.«

Sie döste schon weg. Ihre Worte waren nur noch ein undeutliches und verschwommenes Gemurmel.

»Macht die Tür auf!«, donnerte eine Männerstimme von draußen.

Dann krachte es. Ohrenbetäubende Schläge, die nach Gewehrkolben klangen. Graciela fing zu zittern an.

»Macht die Tür auf!«

»Geh schon aufmachen, bevor sie die Tür zertrümmern!«, fuhr ich Graciela an. Aber sie stand da wie gelähmt.

Isolda streckte den Kopf aus der Küche herein, wo sie mit Graciela Teig geknetet hatte. Der Ausdruck ihres Schreckens machte mir weit mehr Angst als das Poltern an der Tür.

»*Qué pasa, mamá?*«, wollte sie mit den flehenden Augen eines ertrinkenden Katzenjungen wissen.

Frida zwang sich, die Augen zu zwei langen, schmalen Schlitzen zu öffnen. Ihr Gesicht war verzerrt. Sie tat den Mund auf, um etwas zu sagen, aber ihre Zunge war zu schwer, und es kam nur ein unverständliches Lallen.

Ich wusste nicht, was ich tun sollte. Ich war es nicht gewohnt, Entscheidungen zu treffen.

Graciela erwachte aus ihrer Erstarrung und öffnete die Tür. Sie wurde von einer Meute hereinstürmender Männer beiseite geschubst. Polizei. Sechs oder sieben mit Knüppeln und Pistolen bewaffnete Polizisten. Gabriela stieß einen schrillen Schrei aus, der brannte wie eine Kopfverletzung. Ein vierschrötiger Bulle mit einer breiten, narbigen Nase stieß ihr den Ellbogen in den Magen, und sie presste die Lippen zusammen, um nicht aufzujaulen.

»Frida!«, flehte ich. »Frida!«

Frida hatte jetzt die Augen weit aufgerissen, sie hatte sich auf die Beine gezogen und sah den Schläger, der Graciela angegriffen hatte, herausfordernd an. Der Aufruhr hatte sie wieder zur Besinnung gebracht.

»Was ist hier los?«, schrie sie. Ihre Worte waren zwar noch etwas lallend, aber in Anbetracht des Zustands, in dem sie sich noch wenige Augenblicke zuvor befunden hatte, war ihre Verfassung erstaunlich.

»Sie sind verhaftet!«

Ein großer, fleischiger Mann mit wächserner Haut zog sie an sich heran und schlug ihr ein Paar Handschellen ins Gesicht. Sie schrak zurück.

»Was ist hier los?«, fragte sie, und diesmal hörte man ein leichtes Beben in ihrer Stimme.

Ich stand da und weinte. Der untersetzte Kerl, der Graciela geboxt hatte, hielt mich an den Handgelenken gefasst und verdrehte mir die Arme.

»Lassen Sie sie gehen, und sagen Sie mir, was eigentlich los ist!«, befahl Frida.

»*Puta comunista*!«, knurrte ein anderer Polizist, ein drahtiger Kerl mit Locken.

»Kommunistenhure! Ihr seid verhaftet wegen Mordes!«

»Wegen Mordes!«, Frida lachte laut los. »Wen sollen wir denn umgebracht haben, du Esel? Uns selbst vielleicht! Wir sind drei Frauen, die ihre Zeit damit verbringen, *enchiladas* und *chiles rellenos* zu kochen. Sieh dich mal genau um, mein Junge. Kannst du hier einen Mörder entdecken?«

Der Bulle verpasste ihr einen Schlag auf die Lippe, sodass das Blut hervorquoll und ihr über das Kinn bis zum Halsband rann.

»Sie haben sieben von euch Schlägern hergeschickt, um drei harmlose Frauen festzunehmen, von denen eine auch noch krank ist? Das ist ja kaum zu glauben! Ihr feigen Schwanzlutscher!« Diesmal hob der Bulle die Faust und holte richtig aus. Der Hieb traf sie direkt unterm Auge und warf sie zu Boden. Frida krümmte sich einen Augenblick, dann lag sie still. Aber es war nur der Schock. Kaum wandte der Polizist sich mir zu, da begann sie sich zu regen und versuchte, sich wieder aufzurichten.

»Lass sie in Ruhe!«, stammelte sie. »Lass meine Schwester in Ruhe!«

Eine Welle der Liebe durchströmte meine Brust. Schwach wie sie war, kämpfte sie darum, mich zu beschützen – wie eine verwundete Füchsin fletschte sie die Zähne vor dem Jäger, der ihr Junges bedrohte. Aber gleichzeitig durchzuckte mich Ärger. Wieso musste sie sich immer in den Mittelpunkt stellen und die Heldin spielen?

Der Beamte holte wieder aus, um sie zu prügeln. »Frida, in Gottes Namen, sei still!«, schrie ich da.

»Gute Idee«, knurrte der Mann.

»Bringt diese Bälger zum Schweigen!«, bellte der Polizist mit der wächsernen Haut. Die Schreckensschreie von Isolda und Antonio brachten ihn schier um den Verstand. Mir fielen Geschichten von Nazisoldaten ein, die Kinder einfach umgebracht hatten, weil sie ihr Schreien nicht mehr ertragen konnten.

»Isolda, Toño, schon gut!«, rief ich und versuchte, mich in die Gewalt zu bekommen. »Alles wird gut werden. Seid jetzt schön still. Versucht mal ganz still zu sein.« Aber entgegen all meinen Bemühungen, beruhigend zu wirken, wurde ich plötzlich von einem Heulkrampf überwältigt.

Der drahtige Bulle packte mich am Arm und drückte mich mit der einen Hand gegen die Wand, während er mit der anderen die Tür öffnete. Dann schob er mich vor sich her bis zum Polizeiwagen, während ich Isolda und Antonio hysterisch schreien hörte. Innerhalb von Sekunden fielen Frida und Graciela auf mich, von einer unsichtbaren Hand ins Auto geschubst. Ein unförmiger Kerl mit Stiernacken setzte sich hinters Steuer und ließ den Motor an. Ich entdeckte einen Leberfleck auf seinem Hals – ein widerliches, zerfranstes Mal wie eine Spinne mit ausgestreckten Beinen.

»Meine Kinder!«, schrie ich. »Ich kann sie nicht alleine lassen!«

»Nehmen Sie mich mit, und lassen Sie meine Schwester hier!«, bat Frida. »Es ist niemand für die Kinder da! Sie ist die Mutter! Lassen Sie sie da!«

Aber wir waren schon unterwegs.

»Dann lassen Sie wenigstens Graciela da!«, flehte Frida. »Sie kann wahrscheinlich sowieso keine Aussage zu dieser Angelegenheit machen. Lassen Sie sie zu Hause und die Kinder füttern!«

Wieder überfiel mich eine Welle widerstreitender Gefühle. Sie war ein Engel, dachte ich, oder wusste jedenfalls, dass ich so denken sollte. Jeder vernünftige Mensch hätte das von mir erwartet. Sie opferte sich für mich auf. »Nehmen Sie mich! Verschonen Sie sie!«

Und das für meine Kinder. Aber gleichzeitig gab es etwas an dieser Märtyrerart, was mich ärgerte.

Ich weinte und weinte. Ich wurde von einem so heftigen Schluchzen geschüttelt, dass ich zu zerbrechen drohte. In mir fühlte es sich an wie ein Gewittersturm, der alles durcheinander fliegen ließ. Fridas Tabletten, Diegos Bilder, Gracielas Haarnadeln, Isoldas Puppen. Alles wirbelte in meinem Inneren herum.

»Ich muss beten«, flüsterte ich, als ich endlich wieder Luft schöpfte.

Und obwohl Frida Kommunistin war, sagte sie: »Ja, bete. Ich bete mit.«

»Gegrüßet seist du Maria voll der Gnaden ...«

Ich gebe es zu. Während all dieser schrecklichen Jahre habe ich unentwegt gebetet. Ich weiß, dass das nicht mit der kommunistischen Lehre vereinbar war. Ich brauchte einen Halt, so fühlte ich mich nicht so allein. Es tröstete mich. Inzwischen bin ich eine alte Frau und von aller Welt verlassen, sogar von Gott. Ich habe das Beten aufgegeben. Na und? Gott würde mir sowieso nicht zuhören. Warum sollte er auch?

Als wir im Kommissariat anlangten, steckten sie uns in eine finstere Zelle. Dort haben sie uns wer weiß wie lange festgehalten. Ich musste die ganze Zeit an die Kinder denken, die jetzt allein zu Hause waren. Graciela hatte noch kein Abendessen vorbereitet. Was würden sie essen?

Dann kamen drei Polizisten, und das Licht wurde eingeschaltet. Sie brachten Frida und Graciela in ein anderes Zimmer und kehrten mit einem Mann im schwarzen Anzug zurück. Ich war schweißgebadet. Ich musste auf die Toilette. Der Mann erinnerte mich an meine Großmutter, meine Großmutter mütterlicherseits. Er erinnerte mich auch an meine Lehrerin in der Vorschule, Señora Caballero. Ich wusste genau, dass er mir den Gang auf die Toilette verweigern würde.

León Trotzki sei umgebracht worden, sagte er. Was ich darüber wüsste?

Ich begann zu zittern. León, tot? Ich wusste ja, dass es damals ein Attentat auf ihn gegeben hatte, aber das war drei Monate her. Und er war mit heiler Haut davongekommen. Ich hatte mir eingebildet, nach Davids Festnahme wäre er in Sicherheit.

»Wo waren Sie gestern Abend?«

»Mit wem waren Sie zusammen?«

»Wer hat Sie gesehen?«

Jemand hat León Trotzki aufgelauert, sagte der Mann, und ihm mit einem Eispickel den Schädel gespalten. Ihm das Gerät mitten in den Kopf gerammt, bis ins Gehirn. Ein Eispickel in seinen weichen Schläfen, tief, ganz tief in seinen grauen Zellen, in diesem wunderbaren, brillanten Gehirn, diesem Gehirn, das Theorien und Ideologien ausspie, und gestern Nacht hatte es Blut gespuckt wie ein Springbrunnen. Blut, das ihm übers Gesicht gelaufen ist, über den Kragen, den Bart, die lustige Schildpattbrille … León ist tot! León, der die Straße entlanggelaufen und »Feuer! Feuer!« gerufen hatte. León, der mich geliebt hatte, der Frida geliebt hatte. León, der Diego betrogen hatte. León Trotzki, der berühmte kommunistische Intellektuelle, der Autor, der Witzbold, der Quatschmacher, der Mann, der im Auto neben mir gesessen hatte, León Trotzki mit einem Eispickel im Gehirn …

Die Knie wurden mir weich, mir schwindelte. Ich spürte den Brechreiz in Wellen aufsteigen. Ich musste würgen. Ich musste aufs Klo. Ich fühlte mich, als hätte ich selbst einen Eispickel im Schädel stecken, im Rachen, in den Eingeweiden.

»Wir haben guten Grund anzunehmen, dass Sie etwas damit zu tun haben.«

»Warum?«, flüsterte ich.

»Weil Sie mit dem Mörder befreundet waren. Wir wissen, dass Sie Verbindung mit ihm haben.«

»Wer ist der Mörder?«

»Das wissen Sie nicht?«

»Nein. Das weiß ich nicht.«

»Jemand, der sehr häufig bei Ihnen zu Gast war.«

»Bei uns sind viele zu Gast.«

»Ramón Mercader.«

Um mich wurde es dunkel, als würde jemand ganz, ganz langsam das Licht ausdrehen.

Dann kann ich mich an nichts mehr erinnern, außer daran, dass ich nach meinen Kindern rief. »Wer gibt meinen Kindern was zu essen! Wer kümmert sich um meine Kinder!« Sie haben uns alle drei über zwölf Stunden lang auf der Wache festgehalten. Dann ließen sie uns wieder frei.

Frida war unausstehlich. Sie heulte. Sie jammerte. Als wäre sie wieder mal die Einzige, die einen Menschen zu betrauern hätte. Als wäre sie als Einzige von Ramón Mercader hinters Licht geführt worden.

»Das ist alles Diegos Schuld!«, schrie sie.

»Wieso ist das Diegos Schuld?«

»Wenn Diego León nicht nach Mexiko geholt hätte, dann wäre das nicht passiert!«

Sie rief Diego an. »Du Idiot! Du Esel!«, schrie sie ins Telefon. Dann brach sie schluchzend auf ihrem Bett zusammen.

In den Tagen darauf fiel Frida in eine abgrundtiefe Depression. Ihr Gesundheitszustand verschlechterte sich schneller denn je. Die Ärzte äußerten einen Verdacht auf Tuberkulose, die von ihrer krummen Wirbelsäule noch verschlimmert wurde. Sie bestanden darauf, sie zu operieren. Aber Dr. Eloesser, ihr alter Freund aus Kalifornien, schrieb ihr, das Ganze würde nicht nach einer Tuberkulose klingen, und fragte sie, weshalb sie nicht zu ihm nach San Francisco käme. Er sei sicher, dass sie dort medizinisch besser aufgehoben sei als in Mexiko. Außerdem würde Diego sie vermissen und wäre schon ganz krank vor Sorge um sie. »Komm her! Der Tapetenwechsel wird dir gut tun«, drängte er.

Ich hoffte inständig, sie würde das Angebot annehmen. Ich war mit meinen Kräften am Ende. Mir setzte Leóns Tod zu, und mein Vater war in einem fürchterlichen Zustand. Es reichte mir, eine Person rund um die Uhr zu pflegen. Meinen Vater und Frida noch dazu, das schaffte ich nicht mehr länger.

Bevor der Sommer zu Ende ging, verließ Frida Mexiko. Sie hielte es ohne Diego nicht mehr aus, erklärte sie mir. Sie bräuchte ihn.

Sie wollte ihn wiederhaben. Sie wüsste, dass er sich nicht ändern würde und sie ihn immer mit anderen Frauen würde teilen müssen, aber sie sei bereit, diesen Preis zu zahlen.

Am 8. Dezember 1940 wurden Diego und Frida in einer kleinen, schlichten Zeremonie in Kalifornien wiedervermählt. Ich war nicht dabei. Ich war gar nicht eingeladen. Und offen gestanden, war es mir auch egal. Ich hatte allmählich die Nase voll von Fridas und Diegos Affentheater. Sie waren wie zwei verwöhnte Kinder, und ich war es einfach müde.

23

Wer einmal einen Krieg erlebt hat, wird das nie mehr vergessen können. Er wird von den Erinnerungen regelrecht verfolgt werden. Ein Kind mit abgerissenem Kopf, das auf der Straße liegt; ein Maulesel mit angstgeweiteten Augen, dessen Eingeweide im Dreck hängen. Ströme von Blut. Schreiende Menschen, kreischende Kinder, quietschend wie Schweine an der Schlachtbank. Undeutliche Bilder von abgetrennten Gliedmaßen, ein einzelner Finger, ein Bein ohne Fuß, ein Arm, zermatschte Schädel ... Mir war übel.

»Frida! Was hast du getan? Frida!!«

Ein verdrehter Torso, ein Unterleib ohne Geschlecht, aufgeschlitzt, eine zertrümmerte Schulter ...

»Frida! Warum hast du das getan? Was hat das zu bedeuten?!«

Haarbüschel, zerfetzte Kleidchen, ein winziges Sonnenschirmchen, eine Rüsche ...

Ich konnte sie in ihrem Schlafzimmer schluchzen hören, dass es mir das Herz brach. Ich hob eine winzige Hand auf und umschloss sie mit der Faust.

»Armes Baby«, flüsterte ich. »Armes, kleines Baby.« Zu wem hatte es gehört, dieses zierliche Händchen? Zu dem blonden Baby mit den traurigen blauen Augen? Zu dem brünetten mit dem gebauschten Kleidchen?

»Frida!!!«

Die ganze Sammlung lag in Fetzen. Die Stoffpuppe mit dem Patronengürtel von der Mexikanischen Revolution, die kleine Französin mit der kecken Baskenmütze, die *india* mit den schwarzen Zöpfen und dem Kind auf dem Rücken, die Porzellanbabys mit dem gemalten Lächeln und den reglosen Augen, alle zerstört. Mir kamen abscheuliche Szenen in den Sinn, von echten, durch Bomben und Sprengstoff zerrissenen Kindern, während der Revolution und jetzt wieder, in Europa. Junge Mädchen in Organdykleidern, die wie alte Lumpen tot an Stacheldrahtzäunen hingen, tote Mädchen an Stacheldrahtzäunen. Mädchen, die Sekunden vorher noch gerötete Wangen und feuchte Lippen hatten, Puppen aus Fleisch und Blut. Und hier lagen nun die Gipspuppen mit den lackierten Lippen, zerstückelt, brutal verstümmelt, mit ausgerenkten Armen, zerschlagenen Bäuchen. Wie konnte meine Schwester nur so gewalttätig sein? Welche Ungeheuer, welche Dämonen hatten sie dazu getrieben, ihre geliebte Puppenschar zu zerstören? Ich hatte das Gefühl, den Verstand zu verlieren. Ich war erschöpft.

»Frida!«

Seit mein Vater gestorben war, führte sie sich so auf. Unberechenbar, meine ich. Ihre Stimmung konnte von einer Minute zur anderen wechseln. Gerade war sie noch freudestrahlend und lachte: »*Hola*, Kumpel, komm her und nimm mich in den Arm! Wie wär's mit einem Tequila und einem Kartenspiel!« »*Hola*, Süße, wollen wir einen Einkaufsbummel machen und uns für jeden Finger einen Ring kaufen?« – dann fing sie an zu trinken und ließ sich von niemandem davon abbringen. Wenn man es versuchte, wurde sie ausfallend: »Du Schlampe! Du willst mir wohl überhaupt keinen Spaß mehr gönnen!« Sie warf mit Gegenständen um sich und schlug Sachen entzwei. Sie geriet vollkommen außer Kontrolle. Das Saufen und dazu die Schmerztabletten, das war es, was sie so verrückt machte.

Als Vater gestorben war, wurde es immer schlimmer. Ich hatte mich um ihn gekümmert, ihm die Arznei dosiert und zwischen die ausgedörrten Lippen gezwungen. Ich hatte ihm die Briefe von alten Freunden vorgelesen, um ihm Abwechslung zu verschaffen. Was für eine Abwechslung! Die Juden gingen in den Lagern elend zugrunde. Die mexikanische Presse berichtete kaum davon, aber die Briefe, die Briefe sagten alles. Die Juden strömten aus Deutschland nach Spanien, wo Franco ihnen freies Geleit gab. Warum? Diego behauptete, Franco wäre ein Unmensch, ein Verbündeter von Hitler und Mussolini. Aber Franco hat vielen Juden das Leben gerettet. Warum er das tat? Mein Vater wusste es nicht, aber er segnete ihn dafür, obwohl er sich selbst gar nicht mehr als Jude betrachtete. Die meisten Flüchtlinge wollten in die USA. Wer keine Einreiseerlaubnis bekam, versuchte es mit Argentinien oder kam nach Mexiko. Mein Vater brachte sich fast um vor Sorgen um Verwandte, um Leute, die er seit Jahrzehnten nicht gesehen hatte, um Leute, die er in seinem ganzen Leben noch nie gesehen hatte. Und er fragte sich, wann die Vereinigten Staaten in den Krieg eingreifen würden. So ging es ihm in den letzten Jahren. Bis er 1941 starb. Frida war in seinen letzten Jahren in New York und bumste Nikolas Muray, oder in Paris und mokierte sich über die Surrealisten, oder in San Francisco und spielte sich als Señora Rivera auf – während ich die ganze Zeit unseren Vater betreute. Sie war mit ihrem eigenen Leben beschäftigt. Aber als mein Vater im Sterben lag, verlangte er trotzdem nach ihr, und als dann alles vorbei war, war es Frida, die außer Rand und Band geriet.

Nein, das ist überhaupt nicht sarkastisch. Sie war sein Liebling, und sein Tod machte ihr sehr zu schaffen. Vergessen Sie nicht, dass wir gerade die Zerreißprobe von Trotzkis Ermordung hinter uns hatten. Damals kam eins zum anderen. Es war einfach zu viel. Und dann ihr Gesundheitszustand. Es ging bergab mit ihr. Alles war im Argen, ihr Rückgrat, ihr Fuß. Wie gesagt, es wurde alles immer schlimmer. Nachdem sie aus den Vereinigten Staaten zurück war, zog sie wieder zu Diego, verbrachte aber die meiste Zeit mit mir. Sie schrieb unentwegt an Dr. Eloesser. »Meinem Bein geht es besser, dafür ist mein Magen in Aufruhr. Mein Nacken ist in Ordnung, dafür spielt mein Kreislauf verrückt. Meinem Herzen geht es besser, dafür fühlt sich meine Wirbelsäule an wie ein Foltergerät der spanischen Inquisition.« Manchmal führte sie auch Ferngespräche mit ihrem amerikanischen Arzt.

»Was bin ich doch für ein Nichtsnutz! Ich habe in meinem letzten Brief etwas sehr Wichtiges vergessen! Mein Verdauungsapparat ist so verstopft wie die mexikanische Kanalisation. Ich muss andauernd rülpsen.« Aber sie sagte *burpted*.

»*Burped*!«, verbesserte Diego sie. Wir saßen im Wohnzimmer und hielten Händchen, Diego und ich. Es war das erste Mal seit Jahrhunderten, dass er mir irgendeine körperliche Nähe zugestand, und das vermutlich nur, weil Frida dabei war, keine drei Meter von uns entfernt. Was konnte dann schon Schlechtes daran sein? Wir hörten beide Frida bei ihrem Telefonat zu, obwohl ich kaum etwas verstand. Ich bat Diego, mir die wichtigen Teile zu übersetzen, aber er sagte, es gäbe nichts Wichtiges, nur Gerede übers Rülpsen.

»Rülpsen?«, fragte ich.

Diego lachte nur. »Ich bin Künstler und nicht Übersetzer«, knurrte er in gespieltem Ärger. Am Ende übersetzte er mir aber doch ein paar Sätze.

»Ich habe ununterbrochen Bauchweh«, sagte Frida, »und wenn ich nicht rülpse, dann fühle ich mich wie eine Feuerwehrrakete kurz vorm Explodieren.« Aber sie sagte weiter *burpted* dazu.

»*Burped*, nicht *burpted*!«, wieherte Diego. »Das habe ich doch schon einmal gesagt!«

»Wessen Englisch ist nun besser, deins oder meins?«, fauchte sie ihn an und machte ein finsteres Gesicht. Sie dachte, ihr Englisch wäre perfekt.

»*Burp*!«, schrie Dr. Eloesser so laut ins Telefon, dass sogar ich es hören konnte. Er lachte hysterisch. »Ihr habt beide Unrecht! Es heißt weder *burpted* noch *burped*, sondern *burp*!«

Also wie gesagt, ich kann nicht viel Englisch, aber bei diesem Gespräch habe ich jedenfalls kapiert, was *burp* heißt. *Burp, burp, burp*! Wie konnte Dr. Eloesser das nur ertragen? Ich meine, dass sie fortwährend vom Rülpsen redete. Ich frage mich ohnehin, wie ein Arzt es aushält, sich den ganzen Tag Geschichten über Blähungen, Scheiße und Erbrochenes anzuhören. Es muss ein scheußlicher Beruf sein.

Aber Sie sind ja nicht diese Art von Arzt. Sie haben ja nichts mit Körpern zu tun.

Am Tag als sie ihre Puppen zerfetzte, war sie jedenfalls in der übelsten Verfassung. Als hätte Gott sich einfach von ihr abgewandt und wäre gegangen. Vom bloßen Zusehen kam ich mir schon vor, als hätte ich mich in einem U-Bahntunnel verlaufen, in dem es weder Eingang noch Ausgang gab.

»Frida«, flüsterte ich und strich ihr übers Haar. »Friducha, deine wunderschönen Babys.«

»Es gibt keine Babys mehr!«, schniefte sie. »Es gibt keine Babys mehr. Ich werde nie ein Baby haben.«

Das wussten wir beide. Frida würde nie ein Baby bekommen. Sie hatte sich schon vor langer Zeit damit abgefunden. Inzwischen hatte sie auch nicht mehr den Wunsch, ein Kind zu bekommen. Sie hatte gar keine Zeit fürs Muttersein. Dafür war sie viel zu beschäftigt und viel zu berühmt. Trotzkis Ermordung, ihre Scheidung und ihre Wiedervermählung mit Diego hatten sie zum Superstar gemacht. Sie wurde von sämtlichen Zeitungen interviewt. Und es regnete nur so Aufträge.

»Du solltest dich noch öfter scheiden lassen und wieder heiraten«, sagte ich zu ihr. »Das ist ein einträgliches Geschäft.«

Sie fand den Witz zwar nicht besonders komisch, aber sobald ein Reporter vor der Tür stand, lächelte sie trotzdem in die Kamera. Sie war sehr gefragt, und mir war das nur recht. Fridas Glück war nämlich auch mein Glück. Sie war großzügig. Sie gab mir Geld. Sie kaufte mir Kleider. Sie kaufte Spielsachen für Isolda und Antonio. Sie spielte begeistert die Rolle der erfolgreichen, edlen und mildtätigen Schwester.

Deshalb überraschte mich der Zwischenfall mit den Puppen ja auch so. Ich will damit sagen, dass ich zu diesem Zeitpunkt dachte, es hätte sich was verändert, sie würde sich wieder aufrichten. Sie war vor kurzem gebeten worden, fünf Porträts von den bemerkenswertesten Frauengestalten der mexikanischen Geschichte zu malen. »*Cucarachas* – Küchenschaben« nannte Frida sie. Sie sei davon überzeugt, sagte sie, dass die gewöhnlichen Mexikanerinnen wesentlich interessanter seien als die »großen Tanten«. Aber sie würde den Auftrag dennoch annehmen, denn ganz gleich, wie viel Arbeit sie hatte, das Geld konnten wir alle Mal gebrauchen. Die Frauen, die sie malen sollte, waren die Heldin der mexikanischen Unabhängigkeit Josefina Ortiz de Domínguez, die jedes mexikanische Schulkind kennt, dann die berühmte Nonne, Dichterin und wissenschaftliche Forscherin Sor Juana Inés de la Cruz, solche Frauen eben. Die Porträts sollten den Speisesaal des Nationalpalastes schmücken. Frida, müssen Sie wissen, war damals unsere Ernährerin. Wir waren praktisch eine Familie, Frida, ich und die Kinder. Ich war die Mutter, Frida der Vater. Und Diego … na ja, Diego war so was wie ein Onkel, der ab und zu auf der Matte stand.

Ich bin nur eine ungebildete Frau, und noch dazu dumm. Aber trotzdem will es mir nicht einleuchten, dass die Sache mit den Puppen was mit dem Kinderkriegen zu tun gehabt haben soll. Ich führe sie eher auf den Druck zurück, die Porträts malen zu müssen, und alles, was noch dazukam. Zum Beispiel, dass Diego immer noch mit jeder Frau vögelte, die er in die Finger bekam.

»Ich weiß, dass ich die anderen Damen in seinem Leben akzeptieren muss«, sagte sie einmal, ich weiß nicht mehr zu wem. Wahrscheinlich zu jemand Bedeutendem, denn sie sagte »andere Damen« und nicht »andere Frauen«.

Aber wenn sie alleine war, brach es ungeschönt aus ihr heraus: »Dieses gottverdammte Serienficken bringt mich um, Cristi! Ich kann es nicht mehr ertragen!«

»Serienficken«, nannte sie es. Das war ihr Ausdruck. Und genau das war er auch, verstehen Sie? Ein gottverdammter Serienficker! Ich wollte nicht ausfallend werden.

Ich weiß nicht, ob Sie verstehen können, wie es ist, als Frau von einem Mann so verletzt zu werden. Er behauptet, einen zu lieben, und hört trotzdem nicht auf, einen so zu demütigen. Denn nicht lange nachdem sie wieder verheiratet waren, fing Diego eine Liaison mit María Félix an. Er malte sie, er nahm sie mit zu Ausstellungseröffnungen. In jeder Zeitschrift war ein Bild von den beiden, und bevor wir es ahnten, fing Diego an, davon zu reden, dass er sich wieder scheiden lassen wollte.

»Natürlich liebe ich María«, sagte er zu einem Reporter. »Alle lieben María.« Und das stimmte. Noch bevor María in Fernando de Fuentes »*Doña Bárbara*« auftrat, war sie schon für alle die wilde, erotische Jezebel. Ganz Mexiko hatte sich in María verguckt.

María, die Verführerin. María, die Mannstolle. Erst später, als sie eine beherzte Lehrerin spielte, die dem Tyrannen des Ortes die Stirn bietet, wurde María Félix eine Heldin der Nation. Sie wurde zur Patriotin und Revolutionärin erklärt, wissen Sie.

Und was ist mit Frida?, fragten die Journalisten. »Ich muss sie verlassen«, sagte Diego einfach. »Ich schade ihrer Gesundheit.« Er brüstete sich wieder als Held. Als ein Mann, der bereit war, Opfer zu bringen. Doch, er würde Frida verlassen, aber nur zu ihrem eigenen Besten. Dass er sie zu sehr belaste, erläuterte er den Presseleuten, und dass die Ärzte ihr empfahlen, jegliche Aufregung zu vermeiden.

In Wirklichkeit war er ihrer überdrüssig. Ihre Trinkerei wurde immer schlimmer, und es war kein Vergnügen mehr, mit ihr zusammen zu sein. Eine Frau, die nach Erbrochenem riecht und nach Tod, kann ja wohl schlecht den Vamp spielen, oder? Kotze wirkt eben nicht gerade erotisierend. Aber in einer Sache war Diego ehrlich. Er machte sich wirklich Sorgen um ihre Gesundheit.

Sie hatte mir versprochen, mit dem Trinken aufzuhören, und schrieb sogar an Dr. Eloesser, dass sie es aufgegeben hätte. Aber ich fand überall leere Gläser, leere Flaschen. Sie trank, um die körperlichen Schmerzen zum Schweigen zu bringen. Sie trank, um die seelischen Schmerzen zum Schweigen zu bringen. Diegos Verhalten zerstörte sie, deshalb zerstörte sie sich selbst, und die Puppen. Die Puppen waren so eine Art Erweiterung ihrer selbst. Lauter kleine Fridas. Sie brachte die Babys um, die in gewisser Weise für die Zukunft standen. Ich glaube, Frida hat zu diesem Zeitpunkt erkannt, dass ihr selbst nicht mehr viel Zukunft blieb.

Eine Zeit lang dachte ich, dass die Esmeralda Abhilfe schaffen würde. Sie haben doch schon mal von der Esmeralda gehört, nicht wahr? Es war eine Schule, die in den vierziger Jahren vom mexikanischen Erziehungsministerium gegründet wurde, 1942 glaube ich. Mein Gott, über zwanzig Jahre ist das schon her. Jedenfalls wurde Frida dort Lehrerin. Diego unterrichtete auch dort. Viele berühmte Künstler hielten da ihre Vorlesungen. Er hatte gedacht, es würde Frida gut tun, unter jungen Leuten zu sein. Ich meine, weil sie Kinder ja schon immer gemocht hatte.

Ja, sie mochte Kinder. Sie hat sehr oft Kinder gemalt, doch, absolut.

Na ja, ich habe sie einige Male dorthin begleitet, als Assistentin sozusagen. Ich bin auch am ersten Unterrichtstag mitgegangen, schwer mit Leinwänden beladen bin ich hinterhergetrabt. Dabei fiel mir der denkwürdige Tag vor vielen Jahren ein, als ich Fridas Bilder von Coyoacán in die Stadt geschleppt hatte, damit Diego sie begutachtete. Die Schule lag an der Calle Esmeralda. Frida hatte nichts vorbereitet, keine Bücher dabei, keine Reproduktionen, die sie den Schülern zeigen konnte. Ich habe zwar auch keine großartige Schulbildung, bin also auch keine Expertin, aber ich stellte mir schon vor, dass eine Lehrerin irgendwas tun müsste, um ihren Unterricht vorzubereiten. Zumindest musste sie sich doch überlegen, was sie am ersten Schultag tun wollte. Aber Frida schien der ganzen Angelegenheit keine große Bedeutung beizumessen.

Die Schule war so neu, dass mir schwindelte. Frisch geöffnete Farbdosen, Terpentinflaschen und Temperatuben verströmten ihren Dunst, der mir zu Kopfe stieg und mich beschwingte. Eigentlich war es ein fürchterlicher Gestank, fürchterlich und doch großartig, ätzend und berauschend. Ich fühlte mich jedenfalls leicht benommen und gleichzeitig angeheitert. Die Schule war aufregend. Überall gab es Überraschungen. In dem Raum, wo Mosaike hergestellt wurden, purzelten einem lauter winzige bunt glasierte Steinchen aus einem Sack entgegen wie der Juwelenschatz eines aztekischen Häuptlings. In anderen Räumen gab es Holzschränke mit so raffinierten Trompe-l'œil-Einlegearbeiten, dass man meinte, die Türen stünden offen, während sie in Wirklichkeit geschlossen waren. Es gab Nachbildungen von indianischen Schnitzereien in Grisaille und wunderschöne Altarbilder aus Pappmachéfiguren, überzogen mit leuchtendem Schellack in Rosa, Gelb, Türkis und Lila, sehr mexikanisch, sehr lebendig.

Die Schüler drängten sich in dichten Trauben zusammen und surrten wie ein Motor im Leerlauf. Die meisten stammten aus Arbeiterfamilien, Söhne von Straßenverkäufern und Dienstboten. Der Unterricht und das Material waren kostenlos. Einige Schüler kamen vom Land. Sie waren jung, so um die sechzehn oder siebzehn Jahre alt, und ein, zwei sahen sogar aus wie vierzehn. Es gab auch Mädchen darunter, aber nicht viele.

Frida überraschte sie. Sie kam ins Klassenzimmer gerauscht und ihr Lachen klirrte wie ein Löffel in einem Glas. Sie trug ein weißgerüschtes Tehuanakleid mit rosafarbenen und roten Schleifen, rote, gelbe und rosafarbene Rosen im Haar und an jedem Finger einen Ring. Sie sah nach allem aus, nur nicht nach einer Frau, die den jungen Leuten das mühselige Geschäft des Malens beibringen wollte.

Eins von den Mädchen ging auf Frida zu und betrachtete sie von oben bis unten. Sie muss etwa sechzehn gewesen sein, wirkte aber wie eine verdrießliche Vierjährige, die ihre neuen Schuhe vorzeigt.

»Ich hatte bisher nur Männer als Lehrer und nie eine Frau«, verkündete sie. Sie stieß ihre Worte aus wie Rauchwölkchen.

Frida warf den Kopf in den Nacken und lachte.

»Sie sind keine Lehrerin«, zischte das Mädchen. »Sogar mein Lehrer in Landschaftsmalerei, Feliciano Peña, hat gesagt, dass Sie keine Lehrerin sind!«

Frida sah das Mädchen freundlich an. »Du hast Recht!«, sagte sie liebenswürdig. »Aber was soll das ganze Unterrichten überhaupt?« Und Fridas Lachen fiel dem Mädchen vor die Füße wie ein Juwelenschauer. »Ich schwöre dir, dass ich keine Ahnung davon habe, wie man unterrichtet. Willst du es mir beibringen?«

Das junge Mädchen stand da, sprachlos.

»Wie heißt du, Schätzchen?«

»Fanny.«

»Fanny, und weiter?«

»Fanny Rabinovich.«

Später, als sie für ihre Kinderporträts berühmt wurde, nannte sie sich Fanny Rabel.

»Schön, mein Fannylein, du wirst eine von meinen *muchachitas* sein. Du bist meine Schülerin und wirst mir beibringen, wie man unterrichtet, weil ich wirklich keinen blassen Schimmer davon habe, Schätzchen. Willst du das für mich tun, meine teure Fanny? Willst du mir beibringen, wie man Unterricht erteilt?«

Frida hatte sie völlig entwaffnet. Sehen Sie, das konnte sie. Sie war so witzig und so warmherzig. Damit machte sie die Leute vollkommen wehrlos.

Fanny stand immer noch wie gelähmt da.

»Nein? Nun, dann will ich mal die anderen fragen. Wer will mir beibringen, wie man unterrichtet?«

Niemand antwortete, aber einige fingen schüchtern miteinander zu tuscheln an.

»Na gut, wenn das so ist, dann werde ich euch wohl einfach machen lassen, was ihr wollt. Wie wäre das? Denn ich werde euch mit Sicherheit nicht erzählen, was ihr tun sollt.« Wieder brach sie in schallendes Gelächter aus. Die Schüler starrten sie verwundert an. Ein Junge mit einem Poncho und einem für sein Alter ungewöhnlich üppigen Schnurrbart zupfte sich nervös am Ohr. Dann fiel einer nach dem anderen in Fridas Lachen ein.

Sie hielt Wort und ließ sie tun, was sie wollten. Ich will damit sagen, dass sie ihnen das Zeichnen nicht eigentlich beibrachte. Stattdessen zeigte sie ihnen, die Augen aufzumachen und die Welt wahrzunehmen, die sie umgab. Sie ließ sie malen, was es bei ihnen zu Hause zu sehen gab, Krüge, Blumen, Besen, Lappen. Sie brachte ihnen bei, die Schönheit ihrer Umgebung zu erkennen. Sie ließ sie selbst ihre Themen wählen und im eigenen Tempo arbeiten. Sie sagte nie: »Mal das so. Zeichne das aus dem Buch ab. Nimm dir meine Arbeit zum Vorbild.« Sondern sie ließ sie ihren eigenen Stil entwickeln. »Zeichne, was du siehst«, sagte sie. »Zeichne, was du fühlst.« Sie wollte eben, dass sie Bilder schufen, die aus ihrer eigenen Welt stammten.

»Das Einzige, was ich will, ist eure Freundin sein«, sagte sie. »Lasst uns ans Werk gehen, und ihr bringt mir genauso viel bei wie ich euch, mehr sogar, weil ich nämlich wirklich keine Ahnung vom Unterrichten habe.«

Natürlich hatte keiner der Schüler je einen Erwachsenen so reden hören, und schon gar nicht eine erwachsene Autoritätsperson. Sie hingen an ihren Lippen. Sie vergötterten sie. Die große Frida Kahlo wollte ihre Freundin sein! Sie hat ihre Schüler wirklich geliebt. Nur war eben ihre Art zu unterrichten recht ungewöhnlich. Es konnte vorkommen, dass sie in der Klasse saßen und malten, da sagte sie plötzlich: »Oh, das ist alles zu langweilig! Lasst uns rausgehen auf die Straße! Da findet ihr die wahre Schönheit und Farbigkeit von Mexiko! Kommt, Kinder, und vergesst nicht eure Skizzenblöcke!« Sie zogen gemeinsam hinaus in die Armenviertel und starrten stundenlang auf irgendwelche Wäschestücke, die an einer Leine hingen – bunte Baumwollröcke, Unterwäsche, Hemden –, auf einen Hund, der an eine Mauer pinkelte, oder auf einen Kaktus in einem Blumentopf.

Manchmal gingen sie auch in eine *pulquería*, tranken und sahen anderen Leuten beim Trinken zu. Sie lauschten den Gitarrenklängen und stimmten in den Gesang der betrunkenen Exrevolutionäre ein, die Frida als ihre Genossen bezeichnete, aber trotzdem nie zu den feinen Abendgesellschaften mit Gästen wie Dolores del Río und Präsident Cárdenas einlud.

Manchmal brachte sie Körbe voller Leckerbissen mit in die Schule – *empanaditas*, geröstete Tacos, Bananenchips, Kokosplätzchen.

Sie dürfen nicht vergessen, dass das alles Kinder aus armen Verhältnissen waren. Ein gefüllter Picknickkorb, das war schon etwas. Ein gefüllter Picknickkorb stellte einen echten Wert dar.

Aber nach einigen Monaten wurde Frida es müde, zur Esmeralda zu gehen. Sie und Diego wohnten inzwischen beide im blauen Haus in Coyoacán, und es war jeden Tag eine lange Anfahrt in die Stadt, die Frida und ihren Rücken allzu sehr beanspruchte.

»Na schön«, sagte Diego. »Dann gehst du eben nicht mehr hin.«

»Und meine *muchachitos*?«

»Die lässt du hierher kommen!«

Hat sie ihre Schüler wirklich geliebt, oder war sie nur süchtig nach deren Bewunderung? Guillermo Monroy nannte Frida eine wandelnde Blume. Er war ein Junge aus einer einfachen Familie. Sein Vater war Schreiner. Und ich glaube, dass Fridas Gegenwart ihn einfach überwältigte. Die Tatsache, dass Frida Kahlo, *die* Frida Kahlo, ihn überhaupt beachtete, das war für ihn unfassbar.

Na, dachte ich, er sollte mal seine wandelnde Blume sehen, wenn sie sich in die Kloschüssel übergibt. Er sollte mal seine wandelnde Blume sehen, wenn ihr Kopf so schwer ist, dass er in den Reis hängt. Aber als ich darüber nachdachte, fragte ich mich: Wieso bin ich eigentlich so gemein? Im tiefsten Innern wusste ich nämlich genau, dass Frida, obwohl sie eine ziemlich selbstsüchtige Person war, den Kindern alles gab, was sie zu geben hatte.

»Ich kann sie nicht im Stich lassen«, sagte sie zu mir. »Sie brauchen mich. Sie vergöttern mich.«

Und das stimmte. Sie vergötterten sie. Aber brauchen? Sie brauchte die Schüler, das wohl. Aber umgekehrt?

»Du bist so schön, Frida. Sitz Modell für uns!«

»Bring uns ein Lied aus der Revolution bei, Frida!«

»Kommst du heute Abend mit uns zur Veranstaltung der kommunistischen Jugend, Frida?«

Frida, Friducha, Fridísima den ganzen Tag. Sie nannten sich selbst die »Fridos«.

Zunächst kamen etwa zehn bis zwölf Fridos täglich zu uns nach Hause. Sie stellten ihre Staffeleien im Garten auf und malten den ganzen Vormittag. Frida brachte ihnen zu essen, besorgte ihnen Farben und Leinwände. Während die Schüler Bilder von schwellenden Hibiskusblüten, berstenden Wassermelonen, herumtollenden Affen und überfließenden Krügen malten, schuf Frida weitere Fridas. Sie malte ihre Gefühle, ihre Schmerzen. Frida von Dämonen besessen, Frida mit einem Totenschädel im Hirn, Frida mit Diego wie einem dritten Auge auf der Stirn, Frida einsam, Frida mit Wurzeln im Bauch, Frida mit zerbrochenem Rückgrat, Frida weinend, Frida von Nägeln durchbohrt, Frida aufgeschlitzt. Frida, die Göttin, Frida, der Christus. Frida, die Herrin über alle sichtbaren und unsichtbaren Dinge.

Mein Gott! Mein Gott! Alles voll von Fridos und Fridas. Unser Haus war wie eine Kirche. Nein, wie der Schrein unserer allerheiligsten Santa Frida. Sie komponierten sogar Musikstücke auf sie. Guillermo Monroy hat ihr einen *corrido* mit fünfzehn Versen gewidmet. »Doña Frida de Rivera, unsere ehrwürdige Lehrerin ...«, la la la, und so weiter und so fort. Bitte, verlangen Sie jetzt nicht von mir, es Ihnen vorzusingen! Unser Haus war ein Schrein, gehütet von andächtigen Priestern und Priesterinnen. Ich war selbst eine davon, verstehen Sie? Ich war die Meisterin des Kults, ich war die Oberpriesterin, die Päpstin, die gottverdammte Päpstin der Religion unserer allerheiligsten Frau und göttlichen Santa Frida Kahlo de Rivera, weil ich diejenige war, die sich um sie kümmerte, die ihr die Arzneien verabreichte, die ihr zu essen gab und ihr das Bad einließ. Ich war es, die ihr ein offenes Ohr schenkte, die ihr Trost spendete, die ihr den Dreck wegmachte. Die ihre Wutausbrüche ertrug, ihre Sauferei, ihre Kotze auf dem Badezimmerfußboden, ihr Gejammer und ihre Depressionen. Kein Priester irgendeiner Religion hat je sein Leben in der Weise seinem geliebten Gott gewidmet, wie ich Santa Frida das meine geweiht habe.

Gehen Sie jetzt. Ich will nicht mehr darüber reden. Bitte, Doktor, gehen Sie jetzt.

Na schön, ich erzähle die Geschichte noch fertig, aber dann lassen Sie mich um Christi Liebe willen bitte allein.

Die Schüler blieben irgendwann einer nach dem anderen weg. Coyoacán war zu weit draußen. Den meisten wurde die lange Anfahrt zu viel. Außerdem gab Frida ihnen keine richtige Anleitung. Bis auf die wenigen Male, wenn sie und Diego in den Garten hinausgingen und hier und da eine Bemerkung fallen ließen, wie Fürsten, die ihren Hunden Fleischbrocken zuwerfen, bekamen die Schüler keine Rückmeldung zu ihrer Arbeit. Einigen genügte das wahrscheinlich nicht. Sie wollten einen richtigen Lehrer, und deshalb blieben sie weg. Vielleicht täusche ich mich aber auch. Vielleicht war es das gar nicht. Vielleicht blieben sie weg, weil sie kein Geld für den Bus hatten oder keine Zeit, keine Energie. Ich weiß nicht, warum sie wegblieben, aber sie taten es. Nur vier hielten Frida die Treue – Guillermo Monroy, Fanny Rabinovich, Arturo García Bustos und Arturo Estrada. Und es gab noch einen, einen ganz jungen, der hin und wieder dazukam. Er war ungefähr fünfzehn Jahre alt und hieß Carlos Sánchez Ahumada. Ein wunderschöner Knabe, wie ein junger Krieger, wie ein junger Aztekenkrieger, Adlernase und hohe Stirn. Man sah ihn förmlich in Lendenschurz und Federschmuck, wie er den Arm mit der Lanze über den Kopf hob, bereit zum Wurf, mit gespannten Muskeln. Er hatte einen herrlichen Körper. Er war Maurer, wie sein Vater, wissen Sie, und gewohnt, Steine zu schleppen.

Frida fand auf Anhieb Gefallen an ihm.

Wenn er kam, bat sie ihn ins Schlafzimmer, wo ihre Staffelei stand.

»Carlos, komm mit und sieh dir das Porträt von Doña Rosita an«, sagte sie eines Morgens zu ihm. Die anderen taten, als bemerkten sie nichts. »Ich möchte mal deine Meinung dazu hören. Ehrlich, Liebling, sag mir, was du davon hältst. Ich lerne genauso viel von meinen Schülern wie ihr von mir!«

Sie stupste ihn in ihr Zimmer und schloss die Tür.

Keiner sagte etwas. Alle wussten, dass Frida manchmal ein ungewöhnliches Verhalten an den Tag legte. Das war es ja, was sie in den Augen ihrer Schüler so faszinierend machte – ihre völlige Missachtung der herkömmlichen Moral. Der Moral einfacher Mütter. Der katholischen Moral. Für ihre Schüler waren Fridas sonderbare Vorlieben ein Ausdruck ihrer kommunistischen Ideale. Zum Teufel mit der Mittelschicht und so. Aber es waren gar keine Kinder aus der Mittelschicht, es waren arme Kinder, und die Moral, über die sich Frida da hinwegsetzte, war genau die Moral, mit der ihre Schüler aufgewachsen waren. Trotzdem akzeptierten sie Frida. Ja, sie liebten sie. Santa Fridita.

Aber als sie dann ein so eindeutiges Interesse an Carlos zeigte, waren doch alle überrascht, weil sie dachten, Frida hätte ein Auge auf Fanny geworfen. Vielleicht hatte sie das auch. Das eine schloss das andere ja nicht aus.

»Carlitos, *mi amor*, komm und sieh dir das Porträt an, das ich gerade male.«

»*Sí*, Doña Frida.«

»Wie oft soll ich dir das eigentlich noch sagen, Carlitos: Nenn mich bitte nicht Doña Frida! Ich bin deine Freundin, mein Schatz, nicht deine unverheiratete Tante.«

»*Sí*, Doña Frida.«

Sie legte ihm den Arm um die Hüften und schmiegte sich an seine Schulter. Sie kicherte, und ihr Lachen stieg hinauf bis zu den Baumwipfeln und mischte sich ins Vogelgezwitscher.

Sie blinzelte Carlos an und fuhr sich mit der Zunge über die Lippen.

»Carlitos, *mi amor*!«

Der Junge sah auf seine Sandalen. Frida nahm ihn an der Hand und führte ihn in ihr Schlafzimmer. Ich sah sie von der Küchentür aus.

Etwa eine Stunde später tauchte er wieder auf, das Haar zerzaust, das Hemd offen und die weiße, handgewebte Baumwollhose ganz verrutscht. Die anderen malten unbeirrt weiter. Als Carlos wieder an seiner Staffelei stand, hielt er den Blick unverwandt auf seine Arbeit gerichtet, während Frida mit siegesbewusstem Lächeln und rastlosen Augen an der Mauer des Patio lehnte.

»Er war unmöglich«, erzählte sie mir im Nachhinein, als wir abends zusammen in der Küche saßen und Erbsen schälten. »Er dachte, seine *mamá* würde uns zusehen. Er ist wirklich davon überzeugt, dass seine *mamá* ihn immer und überall sehen kann. Sie und die Jungfrau von Guadalupe. Man greift ihm zwischen die Beine und hat das Gefühl, dass die komplette Gemeinschaft der Heiligen dabeisteht. Santo Tomás, San Ignacio, Santa Teresa, Santa Rosa, die ganze Bande. Und der Engelschor dazu. Alle, angefangen bei unserer Nachbarin Doña Hortigosa bis hin zum gottverdammten Papst persönlich observieren ihn bei der kleinsten Bewegung!« Sie brach in stürmisches Gelächter aus. »Scheiße, was trichtern die ihren Kindern doch für einen Mist ein!«

Ich ärgerte mich. Sie hatte das Wort ›observieren‹ benutzt, und ich wusste nicht, was das hieß.

Sie sah mich an, als wollte sie meine Zustimmung. Aber ich schälte schweigend meine Erbsen weiter.

»Irgendwann hat er sich dann doch darauf eingelassen«, gluckste sie. Sie steckte sich den Zeigefinger in den Mund und lutschte wie verrückt daran. »Wenn sie jung sind, machen sie alles mit, was man will.«

Eine Welle der Übelkeit stieg plötzlich in mir hoch. Carlitos war nicht viel älter als mein eigener Sohn, Toñito.

Sie muss den Abscheu in meinem Gesicht gesehen haben.

»Ist was?«

»Nein«, log ich. »Nichts.«

»Du freust dich doch für mich, nicht wahr, Cristi?« Das klang kindlich aufrichtig.

»Natürlich, Frida.«

»Ich liebe dich so sehr, Cristi.«

Ich wusste, dass das stimmte.

»Ich liebe dich auch«, flüsterte ich.

Ich war erschüttert. Ich biss mir auf die Lippe, stand dann auf und verließ den Raum. Warum konnte ich sie nicht einfach akzeptieren, wie sie nun mal war? Warum ließ ich mich von ihren Verrücktheiten so aus der Bahn werfen?

Nicht lange darauf verschwand Carlos von der Bildfläche. Er hörte nicht nur auf, die *casa azul* zu besuchen, er verließ die Schule ganz und gar. Warum? Das weiß ich nicht. Niemand hat sich darum gekümmert. Niemand ist zu ihm gegangen, um es herauszufinden.

Natürlich nicht! Ich hatte damit überhaupt nichts zu tun! Ich habe nie ein Sterbenswort zu irgendjemandem darüber verloren, und jetzt richtet es keinen Schaden mehr an. Das ist so viele Jahre her. Außerdem hat ihn danach ohnehin niemand mehr erwähnt. Carlos war ein Tabuthema, wie die Babys. Über bestimmte Dinge sprach man eben mit Frida nicht. So als ob es sie einfach nicht gäbe. Sie wurden bewusst vergessen und aus dem Gedächtnis gelöscht.

Ich bin alt. Ich bin älter als alt. Und will mich nicht mehr erinnern. Alles, was ich will, ist, dass Sie jetzt gehen.

Gut, ich erzähle weiter. Aber nur noch ein bisschen. Sie müssen verstehen, dass ich müde bin.

Ich weiß, ich war egoistisch. All die Male, die ich Frida so hart beurteilt habe. All die Male, die ich ihr ihren Erfolg missgönnt habe. Ich gebe es zu, ich war gemein und grausam. Ich habe mich selbst dafür gehasst, aber manchmal ... manchmal konnte ich einfach nicht anders. Sie konnte ein solcher Plagegeist sein, so selbstsüchtig, dass es Momente gab, in denen ich sie am liebsten umgebracht hätte. Nein, so meine ich das nicht. Aber diese selbstgefällige Art, die sie hatte. Sie war so übervoll mit sich selbst, wie eine Muschel, die ihre Schale so vollkommen ausfüllt, ohne den kleinsten Platz für irgendetwas anderes zu lassen, wie zum Beispiel bei der Eröffnung von La Rosita.

Ach, Sie kennen La Rosita nicht? Es war eine *pulquería* an der Calle Londres, genauer gesagt Ecke Calle Londres und Aguayo, nicht weit von unserem Haus entfernt. Eine armselige kleine Spelunke mit schmuddeligen Böden und ein paar Stühlen. Diego hatte einige von den Fridos in Freskenmalerei unterrichtet, und Frida besorgte ihnen die Erlaubnis, zu Übungszwecken die Fassaden von La Rosita zu bemalen. Die Idee war übrigens gar nicht so originell, weil *pulquerías* ursprünglich immer angemalt waren. Mit einfachen Bildern, die beinah an Graffiti erinnerten und meistens was mit dem Kneipennamen zu tun hatten. Die *pulquería* El Cacto war zum Beispiel mit Unmengen Kakteen bemalt. Bei La Paloma waren lauter Tauben unter den Dachsparren abgebildet. Es gab auch politische Malereien – Bilder von Revolutionshelden, oder solche, die von der Stadtgeschichte erzählten. Beispielsweise waren sämtliche *pulquerías* in San Pablo Guelatao in Oaxaca von oben bis unten mit Bildern von unserem berühmten Präsidenten Benito Juárez bedeckt, weil es seine Heimatstadt ist. Aber irgendwann hatte die Regierung beschlossen, die *pulquerías* müssten gesäubert werden, und im Zuge dessen alle Wandmalereien weiß übertünchen lassen. Frida und Diego hatten dagegen protestiert, indem sie vorbrachten, dass die Gemälde die Kunst des Volkes wären und in ihrer Art einzigartig, schön und ungezwungen. Jetzt kam Frida auf den Gedanken, ihren Schülern etwas Malpraxis zu verschaffen, indem sie sich an den Wänden von La Rosita versuchten. Nur zur Übung, betonte sie, beabsichtigte aber gleichzeitig, die Volkskunst der einstigen *pulquería*-Wandmalereien dadurch neu zu beleben.

Gemeinsam zogen sie also zu ihrer Wirkungsstätte, die Fridos und einige von Diegos Schülern, die Diegitos, und pinselten tagelang. Fanny malte ein kleines Mädchen und eine Menge Rosen, weil das der Name der *pulquería* nahe legte. Ab und zu kamen Frida und Diego vorbei und gaben ihre Kommentare ab. Im Juni war das Werk vollendet.

In welchem Jahr? Ich glaube es war 1943, ich bin ziemlich sicher. Es war das Jahr, in dem »*Distinto Amanecer*« in die Kinos kam. Also, als die *pulquería* fertig war, plante Frida eine Einweihungsfeier, um die neuen Wandgemälde vorzustellen, und ließ für die Ankündigung die Bilder der Front- und Rückwand ablichten und vervielfältigen, bunte Malereien mit Rosen und *pulque*-Trinkern. Sie kündigte ein großartiges Essen an, ein Grillfest, das mit dem besten *pulque* von ganz Mexiko begossen werden sollte. Das Ganze klang, als würde sie die Eröffnung einer bedeutenden Kunstausstellung bekannt geben. Sie sorgte dafür, dass überall Plakate aufgehängt wurden, in der großen Markthalle und an Kirchenmauern, sie schickte Ankündigungen an die Presse und lud die einflussreichsten Persönlichkeiten von Mexiko-Stadt ein.

Na ja, Sie werden sich wohl unschwer vorstellen können, dass es der reinste Zirkus wurde, eine wahre Parade der Schickeria.

»*Dios mío!*«, säuselte Frida. »Das hätte ich ja nie und nimmer erwartet!«

Aber natürlich hatte sie das erwartet. Ich meine, *sie* war es doch gewesen, die den Rummel angezettelt hatte. Wenn Frida Kahlo und Diego Rivera ein Fest gaben, dann kamen die Reporter zuhauf. Und Frida hatte dafür gesorgt, sie schon vorab hinreichend auf das Ereignis aufmerksam zu machen. Oh doch, sie hatte sehr wohl ein Ereignis daraus gemacht.

Die berühmte Volkssängerin Concha Michel sang *Delgadita*, das Lied eines Mädchens, das sich weigert, die Geliebte eines großen Mannes zu werden, und Guillermo sang den verfluchten *corrido* über seine geliebte Kunstlehrerin. Fridas alter Freund aus der Prepa, Salvador Novo, der inzwischen ein berühmter Dichter war, trug seine Verse vor. Der Gemeindepfarrer Padre Esteban küsste Frida die Wange, die Mutter eines ihrer Schüler küsste ihr die Hand, und sämtliche Reporter küssten ihr den Hintern.

Überall Gitarrenklänge, fröhliche Jugendliche, ausgelassene

Kinder. Eine zahnlose alte Dame tanzte mit ihrem Enkelsohn eine *jaranda*, schwang die Hüften und warf begeistert den Kopf in den Nacken. Sogar die Straßenhunde schienen mit ihrem Gebell in die Musik einzustimmen. Ein Hund jagte einen anderen mitten in eine Gruppe von Tänzern, worauf ein Grüppchen kleiner Jungen vor Vergnügen kreischte. Die Schülerinnen trugen Tehuanakostüme, mit farbenfrohen weiten Röcken und Spitzenblusen. Das Haar hatten sie mit Rosen und Bändern geschmückt. Lauter kleine Fridas. Als Nächstes werden sie wohl noch zu hinken anfangen, dachte ich.

Die Luft war von den herrlichsten Gerüchen erfüllt, nach gegrilltem Fleisch, Guavenmus, Quittenbrot, Käse, Zuckergebäck und dem besten *pulque* von Ixtapalapa, an dessen Aroma allein man sich schon berauschen konnte. Und Frida ließ sich als die edle Spenderin feiern, weil die Leute dachten, sie hätte das Ganze alleine finanziert, dabei haben in Wirklichkeit Diego und eine Reihe anderer reicher Säcke die Zeche bezahlt. Die Leute aßen und lachten und genossen die erlesene *mexicanidad* des Augenblicks. Frida war die Herrscherin dieses märchenhaften Königreichs, in dem alle, vom Gouverneur bis zum Schreinerssohn, einen Nachmittag lang satt zu essen hatten und in guter Laune vereint waren.

Dolores del Río, meine alte Freundin Lola, die mir in Xochimilco die Hand gehalten und das Haar gestreichelt hatte, stellte sich auf einen Stuhl und gratulierte Frida zu diesem großartigen Beitrag zur mexikanischen Kultur. Dann sprang sie herunter und schloss Frida in die Arme. Diego klatschte Beifall. Frida strahlte. Die Fotografen machten klick, klick, klick. Die Bilder würden in der nächsten Morgenzeitung erscheinen. Ich lächelte Lola zu, und sie sah durch mich hindurch. »Lola«, flüsterte ich, aber sie tat so, als wäre ich gar nicht da.

Alle tanzten. Ich auch, aber wie im Traum. Ich schwankte und hüpfte auf und nieder wie ein Ballon an einem Gummiband. Obwohl ich da war, sah ich die Szene aus weiter Ferne, in wechselnden Pastellfarben, Rot, Gelb, Grün, und körnig wie eine schlechte Filmkopie. Ich fühlte mich irgendwie außen vor. Wie soll ich es erklären? Als würde ich dem Treiben von oben zusehen, als zitterndes, gefiedertes Geschöpf, das am Himmel schwebt.

Nur Benjamin Péret tanzte nicht. Er war Französischlehrer an der Esmeralda, ein schmächtiger Kerl mit stumpfem Haar, Schlafzimmerblick und einem steifen Handgelenk. Er war vor kurzem aus Paris eingetroffen und hatte als Erstes deutlich gemacht, dass er zwar unseren revolutionären Eifer teilte, aber nicht die Absicht hatte, je mit einem echten Mexikaner in Berührung zu kommen. Er war ein guter Kommunist, er liebte die Menschheit, aber sobald er einen *campesino* mit Handschlag begrüßt hatte, griff er zum Desinfektionsmittel.

Diego bedeutete ihm, sich zu ihm auf die Tanzfläche zu gesellen.

»*Vamos, compañero.* Lass uns einen *zapateado* tanzen.«

Péret machte ein entsetztes Gesicht.

»*Mais non!*«, zuckte er zurück. Er sah aus wie ein ausgemergelter Hahn, der einen ranzigen Wurm verschluckt hatte, oder einen Faden, den er irrtümlich für einen Wurm gehalten hatte.

»*Mais non!*« Er schüttelte den Kopf, die Augen weit aufgesperrt und rund. »Ich weiß nicht, wie man den tanzt, Diego.«

Diego war betrunken. »*Vamos,* Benjamin«, redete er ihm zu, zwinkerte und winkte ihn heran, als wäre der spröde Franzose ein schüchternes junges Mädchen.

»Nein, Diego. Ich weiß nicht, wie das geht. Ich will nicht!«

Da verfinsterte sich Diegos Miene. »Dann werde ich es dir beibringen!«, stieß er wütend hervor.

Er zog die Pistole, die er stets an der Hüfte trug. Die Umstehenden wichen zurück. Die Mütter nahmen rasch ihre Kinder an die Hand und zogen sie weg. Diego zielte auf Pérets Füße.

»*Non!*«, wimmerte der Franzose. »Nein, Diego!« Er war den Tränen nahe.

Diego schoss, und Péret sprang von einem auf den anderen Fuß. Diego schoss noch einmal, und Péret verlagerte wieder das Gewicht. Diego schoss wieder und wieder, und Péret sprang, plötzlich behände, von einem Fuß auf den anderen.

»Genauso geht es!« Diego brüllte vor Lachen. Er schoss weiter, und der Tänzer setzte unfreiwillig den *zapateo* fort. Im Patio der *pulquería* brach ein Gelächtersturm los, aber der arme Benjamin schniefte und zog die Nase hoch.

Da tauchte Frida hinter Diego auf und legte ihm sachte die Hand um die Taille. »Komm, mein Schatz«, sagte sie schmeichelnd. »Es ist genug.«

Diego ließ sich von ihr einwickeln.

Frida nahm ihm vorsichtig die Pistole aus der Hand und schmiegte sich an ihn. Dann nahm er das Ding wieder an sich, ließ es ins Halfter zurückgleiten, und die beiden fingen zu tanzen an.

Sie machten mich beide krank. Wie oft kann man eigentlich denselben Film sehen? Es wurde allmählich Zeit, die Spule zu wechseln. Es war langsam Zeit, die Rollen auszutauschen.

Frida tanzte stundenlang in jener Nacht. Wie hat sie das bloß geschafft? Ich wusste, dass Diegos Verhalten sie aufbrachte und dass die Schmerzen in ihrem Rücken und in ihrem Fuß ihr fast den Verstand nahmen, aber irgendwie schaffte sie es trotzdem. War es der *pulque*, den sie literweise in sich hineingoß, oder die Aufregung? Oder wollte sie sich keine Blöße geben, weil sie wusste, wie viele Augenpaare auf ihr ruhten? Oder hatte sie vor der Veranstaltung noch eine Extradosis Schmerztabletten eingenommen?

Sie starb. Ihr Körper verfiel, siechte dahin, unmittelbar vor meinen Augen. Aber trotzdem war sie da und tanzte.

»Gieß mir noch ein Glas ein!«, rief sie in Abständen, und irgendjemand kam mit einem neuen Glas *pulque* gelaufen. Sie brauchte nur etwas zu sagen, nur den Mund aufzumachen, und sofort sprang einer für sie. Die ganze Welt kroch im Staub vor ihr. Frida, die Königin. Sie spielte ihre Rolle wie Bette Davis.

Ich war wütend, das gebe ich zu. Ihre Selbstsucht, ihr Getue als die tapfere kleine Kranke. Mich widerte das alles an, aber gleichzeitig fühlte ich mich schuldig, weil ich so viel zu Fridas Schmerz beigetragen hatte. Von all dem, was Frida durchgemacht hat, war mein Betrug das Schlimmste. Weil ich zur Familie gehörte. So ist das bei uns Mexikanern. Wir lernen von Geburt an, nichts und niemandem zu vertrauen als der eigenen Familie. Auf die ist allerdings bedingungslos Verlass. Sie sehen also, ich habe ein heiliges Gesetz übertreten. Vielleicht wäre alles anders gekommen. Vielleicht hätte sie sich nie scheiden lassen. Vielleicht wäre sie wieder gesund geworden. Ich hatte das Gefühl, etwas tun zu müssen, um ihr Leid zu verringern, selbst wenn es hieß, zeitlebens ihre Sklavin zu sein.

Ich sah Frida, die sich immer schneller und schneller im Kreis drehte, mit glühenden Wangen und erhobener Brust. Sie lachte frei und wirbelte von einem Tanzpartner zum nächsten, stampfte, klatschte, schwang die Hüften. Und doch starb sie, sie starb an einem zermalmten Rückgrat, einem kaputten Fuß, einem gebrochenen Herzen. Die tanzende Frida verwandelte sich vor meinen Augen und war plötzlich nicht mehr Frida, sondern ihr eigenes Skelett. Statt eines Gesichts, statt eines Körpers, anstelle von Füßen sah ich ein fleischloses Gerippe, immer noch im Tehuanakostüm, wirbelnd, lachend, ein Knochengerüst, das sich im Takt der Musik bewegte, steppte, sich wiegte, während die Rüschenbluse am Knochengestell schlackerte und oben ein Totenschädel heraussah.

Ich sah von einem zum anderen, Diego, Lola, Guillermo, Fanny, Salvador Novo, alles Skelette. Diego, der noch Augenblicke zuvor gestampft und sich trotz seines gewaltigen Umfangs anmutig im Kreis gedreht hatte wie ein geschmeidiger Riese oder ein vornehmes Walross, grinste jetzt mit nacktem Schädel gespenstisch über einem klappernden, fleischlosen Kadaver. Lola im schicken lila Kleid und den passenden Sandaletten, die *campesinos* mit den selbst gewebten Hemden und Hosen und den groben Sandalen, alle waren sie Skelette. Sogar die zierliche Fanny mit den edlen europäischen Wangenknochen. Und Benjamin, der neben der Tanzfläche stand und wie ein Hahn mit dem Kopf vor- und zurückwackelte. Alles blanke Schädel und Knochengerippe.

Ich wollte schreien, aber wieso sich die Mühe machen? Mich würde ohnehin niemand hören. Ich war unsichtbar.

Das Projekt von La Rosita war so erfolgreich, dass Frida für ihre Fridos eine Menge neuer Aufträge auftat. Sie malten ein öffentliches Waschhaus mit den Porträts sämtlicher Waschfrauen aus – eine Sensation! Sie veranstalteten eine Ausstellung im Palast der schönen Künste, so um 1945 oder 46, die wegen ihrer linken Themen eine Menge Ärger verursachte. Ich kann mich nicht an alles erinnern, aber Frida hat ihren Schülern geholfen, wo sie konnte. Sie besorgte ihnen Arbeitsstellen, organisierte Ausstellungen für sie. Und sie fingen an, sie als zweite Mutter zu betrachten, aber das war ein großer Fehler. Es war der Anfang vom Ende.

Wie Sie wissen, also ich vermute jedenfalls, dass Sie das wissen, feiern wir in Mexiko am 8. Dezember Muttertag, also am Tag der Unbefleckten Empfängnis. Und in einem Jahr beschlossen Fridas Schüler, ihrer Gönnerin ein Muttertagsgeschenk zu machen. Sie malten ein paar Bilder zum Thema, Fanny wählte eine Szene mit Mutter und Kind, aber nicht *die* Mutter mit Kind. Eine anderer malte eine Revolutionsfamilie, Vater, Mutter, Sohn und Tochter, alle gekleidet wie *campesinos* in weißer Baumwolle mit groben Sandalen und Patronengürteln um die Brust. Ein Dritter entwarf, angeregt von Fridas »Meine Geburt«, das sie über ein Jahrzehnt vorher gemalt hatte, eine Geburtsszene. Es waren alles kleine Bilder, beinah Miniaturen, und die Schüler dachten, dass Frida sie alle zusammen an eine Wand ihres Studios hängen könnte, als eine Anerkennung von ihren, warten Sie, wie hat Fanny sich ausgedrückt?, von ihren geistigen Kindern. Sie kamen schon am frühen Morgen zu uns mit ihren Gaben und einem riesigen Blumenstrauß, Rosen, Orchideen, Margeriten, Nelken, Hibiskus, ein großartiger Strauß, mit bunten Bändern und Schleifen geschmückt.

Sie hatten eine kleine Karte vorbereitet, die sie mit dem Strauß überreichen wollten. Darauf stand: »Unserer zweiten Mutter«, und sämtliche Unterschriften.

Offensichtlich waren sie überzeugt, dass Frida sich freuen würde. Sie wussten, wie sehr sie sich einst ein Kind gewünscht hatte, wie oft sie gesagt hatte, dass sie gerne Kinder gehabt hätte.

Breit lächelnd übergab Fanny ihr den Strauß.

»*Maestra* ...«, begann sie atemlos.

»Unsere verehrte *maestra*«, echote Guillermo Monroy.

Frida stand da wie gelähmt und starrte die jungen Leute an. Sie bewegte die Lippen, ohne einen Ton hervorzubringen.

Monroy schien es nicht zu bemerken. Denn er ließ sich nieder und begann auf seiner Gitarre zu klimpern. Er hatte ein neues Lied für Frida geschrieben, »*Segunda madre*«, und fing nun schmalzig zu singen an.

Eine zweite Mutter bist du / für die Kinder, die dich lieben / du bringst Licht in unser Leben ...

Fridas Lippen bebten. Ich erwartete, dass sie eine bissige Bemerkung machen, sich eine Zigarette anzünden und ins Weite starren würde, um den jungen Leuten zu verstehen zu geben, wie ihre törichten kleinen Geschenke sie anödeten. Ich erwartete, dass sie ein gelangweiltes Gesicht aufsetzen und einen zynischen Ton anschlagen würde. Aber sie bedankte sich liebenswürdig, dann entschuldigte sie sich. Sie fühle sich nicht wohl, die Schüler mögen ein anderes Mal wiederkommen.

»Aber *Maestra*«, widersprachen sie. »Wir sind mit dem Bus den ganzen Weg herausgefahren.«

»Tut mir Leid, meine Süßen«, flüsterte sie. »Tut mir Leid, aber ich kann einfach nicht.«

»Diese Idioten!«, brach es aus ihr heraus, kaum dass die Gäste aus der Tür waren. »Diese bescheuerten kleinen Schwachköpfe! Was fällt denen eigentlich ein, mich ihre Mutter zu nennen! Ich bin nicht ihre Mutter! Ich bin von niemandem die Mutter. Ich will ihre Geschenke nicht! Ich will ihr Mitleid nicht! Ich will nicht die zweite Mutter für irgendjemand sein! Schaff mir diesen verfluchten Mist weg! Weg damit, sofort!«

Sie nahm ein Messer und stieß es in Fannys wunderschöne Mutter mit Kind. Sie zerfetzte jedes einzelne Gemälde, dann ging sie auf die Blumen los. Sie ging darauf los, als würde es sich um Menschen handeln, um Kinder ... Sie brach ihnen die zarten Köpfe, sie riss ihnen die feinen Blätter ab, sie knickte die zerbrechlichen Stiele. Sie wütete wie eine Wahnsinnige und nahm sogar die Zähne zu Hilfe, zermalmte ein paar Stücke und spuckte sie wieder aus. Ihre Augen waren verdreht und traten ihr aus den Höhlen. Sie schrie, schrie und schluchzte. Sie war vollkommen außer sich: »Trottel! Arschlöcher! Idioten! Schwachköpfe! Ich bin nicht eure verdammte Mutter! Ich bin nicht eure beschissene Mutter, ihr bescheuerten Dummköpfe. Eure beschissenen Blumen könnt ihr behalten! Nehmt eure verfluchten Bilder weg! Ich bin nicht eure Mutter, habt ihr das verstanden! Ich bin nicht eure Mutter! Ich habe keine Kinder, und ihr seid nicht meine Kinder!« Es war nur noch ein Kreischen, sie führte sich auf wie eine Irre. Ich stellte mir vor, dass sie an jenem Tag, als sie ihre Puppen zerfetzt hatte, in der gleichen Weise gewütet und getobt haben musste. Am Ende, als sie vom Schreien schon ganz heiser war, brach sie wimmernd auf ihrem Bett zusammen.

Sie sehen also, ich konnte sie nicht im Stich lassen. Manchmal dachte ich bei mir: Ich halte das nicht länger aus. Ich muss weg aus diesem Haus. Aber Frida brauchte mich. Ich stand in ihrer Pflicht … bis zum Ende.

24

Montag, 12. Juli 1954, 23 Uhr 07: Die Nacht ist so schwarz wie ein Trauergewand, aber draußen sind noch Kinder zu hören. Vielleicht holen sie *pulque* für den Alten oder Tortillas von der Tante. Obwohl er da sein müsste, ist kein Mond am Himmel zu sehen. Señora Mayet, die Krankenschwester, flößt Frida Saft ein, Möhrensaft. Frida sträubt sich. Sie verabscheut das Getränk, aber sie muss etwas zu sich nehmen. Señora Mayets Bewegungen sind ruhig und sicher. Mit geübtem Griff hebt sie Fridas Kopf an und drückt ihr sachte die Tasse an die Lippen. Auf der Straße durchbricht ein schrilles Lachen die Nacht, dann breitet sich wieder Stille aus – zäh und klebrig wie Teer. »Komm schon, *chiquitita*«, redet Diego ihr zu. »Trink das aus.« Sonst spricht niemand. Señora Mayet besteht auf dem Saft. Sie kippt die Tasse und lässt Frida die Flüssigkeit in den Mund laufen. Ich stehe auf und massiere ihr die Schultern. Vorm Fenster ist ein Schlurfen zu hören, das sich wieder entfernt. Schließ die Augen, Frida. Schließ die Augen. Es ist bald so weit. Sie schließt die Augen und schläft ein.

Vergangene Woche ist sie zu einer kommunistischen Demonstration gegangen, obwohl ihr Dr. Farill wegen der Bronchitis dringend davon abgeraten hat. »Meine Lunge fühlt sich an wie Felsgestein, Cristi, wie scharfes Felsgestein, das mir die Brust zerschneidet.« »Dann schalte mal deinen Kopf ein, Frida, und geh nicht hin!« Aber sie rollte aus eigener Kraft im Rollstuhl von dannen. »Es wird nicht mehr lange dauern, *pelona*«, hatte sie vor dem Gehen zu ihrem Spiegelbild gesagt und sich angegrinst. *La pelona*. Der Tod. Dann steckte sie sich eine verblühte rote Rose ins Haar. Die Blütenblätter hatten sich gelöst und zu einem traurigen Häuflein auf dem Boden gesammelt. Einige flogen ein Stück weiter und legten sich wie vereinzelte Blutstropfen auf die Erde. Ich wandte den Blick ab. »Ich kann mir die Haare nicht machen, Cristi.« »Ich werde es auch nicht für dich tun. Du sollst nämlich nicht ausgehen.« Sie hatte eine Schnute gezogen. »Schon gut. Es wird sowieso regnen. Es regnet schon.« Sie hatte sich ein Kopftuch um das unfrisierte Haar gebunden und darin ausgesehen wie ein Knäuel Spinnweben umrahmt von weißer Baumwolle. Es war ein jämmerlicher Nachmittag, kalt und nass. Ich fühlte mich wie ein Erdklumpen in einem durchweichten Handtuch. Aber Frida musste hin ... Sie dachte, sie müsste hin. Es war ein größeres Ereignis, ein Muss. Frida musste gesehen werden, wie sie die geballte Faust hob und schrie: »*Americanos! Asesinos!* Amerikaner, Mörder!« Wir protestierten gegen die CIA, dagegen, wie die CIA Jacobo Arbenz aus der Macht vertrieben hatte. Arbenz, der guatemaltekische Präsident, der sich für sein Volk einsetzte und sich weigerte, den kapitalistischen Interessen nachzugeben. Das hatte Frida zwar gesagt, aber es kam mir so vor, als hätten Diego und sie allzu häufig selber den kapitalistischen Interessen nachgegeben, als sie sich von den reichen Säcken in Chicago und New York aushalten ließen. Wie dem auch sei, Frida rief jedenfalls Parolen wie »Nieder mit den Gringos! Yankees raus aus Guatemala! Mörder! Schlächter!« Sie sah aus wie ein kleiner Spatz, zierlich und rundäugig, sie wirkte so zart, so erschöpft und matt. Ihre Stimme trug kaum über den Rand ihres Kopftuchs hinaus, aber das Bild zählte. Es blieb ihr ja nur noch so wenig Zeit, um ihren Mythos zu schaffen. Jedenfalls verfehlte sie ihre Wirkung nicht. »Was für ein Solidaritätsbeweis!« »Tapfere Frida, eine wahre Jeanne d'Arc!« »Ein wahrer Benito Juárez!« »Eine wahre Güera Rodríguez!« Die Reporter kriegten sich kaum wieder ein. Die Schlagzeilen hallten mir schon im Ohr. »Frida Kahlo trotzt ihrer Krankheit, um die Forderungen des Volkes zu unterstützen.« Wer? La Güera Rodríguez? Das war eine Heldin unserer Unabhängigkeit von Spanien. Haben Sie noch nie von ihr gehört? In Mexiko kennt sie jedes Schulkind. Jedenfalls gingen wir zu der Demonstration, obwohl ich eigentlich zu Hause bleiben wollte. Ich meine natürlich, obwohl ich wollte, dass Frida zu Hause blieb. Weshalb? Na, ich liebte sie schließlich, und sie war krank, sie war am Sterben ... Wenn Sie mich jetzt weiter unterbrechen, werde ich mit der Geschichte überhaupt nie zum Ende kommen. Und ich will damit zum Ende kommen, Doktor, denn ich möchte, dass Sie gehen und mich in Frieden lassen.

Als alles vorbei war, brach sie auf ihrem Bett zusammen und verlangte Demerol. Ich schaltete auf Durchzug. Sie schluchzte hysterisch: »Demerol! Demerol!« Es schien das Einzige, was sie noch herausbringen konnte. Ich ging ins Bad und wusch mir das Gesicht. Ich war selbst vollkommen erschöpft. Als ich das Bad verließ, lag Frida auf ihrem Bett, hatte den Gehstock in der Hand und fuchtelte damit in der Luft herum. »Demerol!« Ich hatte nicht die Kraft, mich mit ihr herumzustreiten, da griff Señora Mayet ein. »Nein«, sagte sie fest. »Ich habe ihr auf der Demonstration ihre Medikamente gegeben. Keine weiteren Schmerztabletten. Keine Spritzen. Keine Pillen.« »Ja, Señora Mayet«, sagte ich. Dann ging ich zu Frida ins Schlafzimmer und spritzte ihr eine Dosis Demerol.

23 Uhr 29. Isolda kommt auf Zehenspitzen herein. Sie ist inzwischen eine junge Frau, schlank und leichtfüßig. »Möchte Tante Frida etwas Brühe?« »Nein, Liebling, sie ist vor etwa einer halben Stunde eingeschlafen.« »Ich gehe ein Weilchen lesen, Mama.« »Ja, tu das. Morgen wird es ihr wieder besser gehen.« Ein Betrunkener kommt die Straße entlanggetorkelt und trällert voller Inbrunst einen Schlager. Dann hört man ein vereinzeltes Hundebellen, einmal, und aus der Richtung von La Rosita zwei Männer lachen. Die Schwester ist in einer Zimmerecke eingedöst, ihr Atem geht wie Staubstöße über der Wüste. Diego streicht Fridas Decke glatt und küsst sie auf die Stirn. »Du solltest dich ein wenig ausruhen«, sagt er zu mir. »Nein, Diego. Geh du schlafen, ich werde auf sie aufpassen.« Ich schiebe den Vorhang beiseite und sehe zum nächtlichen Himmel hinauf. Jetzt schimmert der Mond grünlich und blass, ganz blass, hinter den Wolken. Ein Liebespaar tauscht Zärtlichkeiten. Ich spüre es mehr, als es zu sehen. Es fühlt sich an, als würden die beiden heute Nacht neues Leben schaffen.

Dienstag, 13. Juli 1954, Mitternacht. Dienstag der Dreizehnte gilt bei uns als Unglückstag, Doktor, wie Freitag der Dreizehnte bei Ihnen. Frida schnauft wie ein rostiger Blasebalg, aber sie schläft. Diego lässt den Kopf ins Dreifachkinn sinken, in das schwammige Kissen auf der Babybrust. Ich gehe noch einmal ans Fenster und schiebe den Vorhang zur Seite. Heute werde ich nicht schlafen. Nein, heute Nacht nicht. Ich werde warten auf den Augenblick, den rechten Augenblick. Ein alter Mann humpelt vorbei. Er hebt nicht den Blick, um den meinen zu treffen. Er geht in Gedanken versunken, ohne zu ahnen, dass in unserem Haus ein Mensch stirbt. Ich wende mich vom Fenster ab und setze mich ans Fußende des Bettes. »Diego!« Er antwortet mir mit einem Nicken und einem leisen Grunzen wie ein Ferkel. »Diego, sie schläft. Bist du damit einverstanden, jetzt zu gehen?« Er hebt die Lider, als wäre Sand darunter. »Was?« Sein Atem riecht ranzig. »Du kannst ins Studio gehen, wenn du möchtest. Sie schläft.« Er versucht, seinen Blick scharf zu stellen und Fridas Silhouette zu erfassen, die Hand, die schlaff auf dem Laken liegt, die Brust, die sich verkrampft hebt und senkt. »Du kannst jetzt gehen, Diego. Ich werde bei ihr bleiben.« »Glaubst du, sie wird durchschlafen?« »Ja. Sie wird ruhig schlafen.« Er schiebt die Beine vor und stemmt den behäbigen Leib in die Senkrechte. »Macht es dir auch wirklich nichts aus?« »Señora Mayet und Isolda sind hier bei mir. Und Manuel ist nebenan.« Erinnern Sie sich an Manuel, Doktor? Papas alter Bediensteter. Er war kurz vor Vaters Tod wieder zu uns zurückgekommen. Diego beugt sich herab und küsst Frida auf die Stirn. »*Adiós, mi amor.*« Er zögert noch. Er möchte nicht gehen. Er bleibt noch ein Weilchen am Bett stehen und streichelt ihre Hand. Schließlich nimmt er sein Jackett und den Hut. »Es könnte regnen, bevor du das Studio erreichst.« Er zuckt mit den Schultern. Im Eingang nimmt er meine Hand und drückt sie an seine Wange, als könne ihn das vorm Weinen schützen. Er sieht verstört aus. Bebende Lippen. Eine Träne sammelt sich im Augenwinkel, schwillt und bricht sich Bahn durch die teigigen Furchen bis zum Kinn. Sein Kummer durchbohrt mir das Herz.

Aber ich halte meine Gefühle im Zaum. Was soll jetzt dieses reuevolle Gegeifer? Wo er doch vorher mit María Felix zugange war? »*Río Escondido*« war ein großartiger Film! Die Kommunisten waren begeistert davon. Nachdem sie die Rolle der Rosaura Salazar gespielt hatte, dieser beherzten Lehrerin, die es mit den bösen Buben aufnimmt und gewinnt, wurde María Felix der Liebling der Nation. Die Leute hielten sie für Rosaura persönlich. Sie verehrten sie wie eine Heilige.

María Félix war eine tolle Frau, mit allem großzügig ausgestattet. Sie tummelte sich in trägerlosen Abendkleidern, die alles zeigten, auf Partys oder lag im knappen Badeanzug an Swimmingpools und ließ die langen, schlanken Beine vom Liegestuhl baumeln. Das schokoladen- und lakritzfarbene Haar trug sie offen, und ihre zerzauste Mähne war eine unwiderstehliche Aufforderung, mit den Fingern hindurchzufahren. Das Volk liebte sie, weil sie Maria und Eva in einem war, Gott und Teufel, Erlösung und Versuchung. Diego malte sie mit gesenktem Blick, da wirkte sie nachdenklich, wie ins Gebet vertieft, und gleichzeitig ungeheuer verführerisch mit dem offenen Haar über den nackten Schultern, das Licht fängt sich genau auf dem Scheitel. Sie sieht aus wie eine Magdalena.

Und überall, wo María auftauchte, war auch Diego. Er verfolgte sie wie ein Anhängsel. Und die Zeitungsleute knipsten. Immer. Auf Partys, auf Vernissagen, auf Pressekonferenzen. María lachte, warf Kusshände und sprach von Patriotismus. Und Diego sprach von Scheidung.

Und Frida? Riss Witze. Da er schon seit einer ganzen Weile davon redete, sie zu verlassen, hatte sie genügend Zeit gehabt, sich ihre Rolle zurechtzulegen, falls Sie wissen, was ich meine.

Einmal fragte sie ein Reporter: »Was ist das für eine Geschichte zwischen Diego und María Félix?« »Nun«, antwortete Frida, »es macht ihm eben Spaß, sie zu vögeln. Na und, was ist schon dabei. Ich hätte selber nichts dagegen, es mit ihr zu treiben!« Sie sehen also, sie wollte allen beweisen, dass Diegos Schürzenjägerei sie nicht verletzen konnte, nicht weil sie ihn nicht mehr geliebt hätte, nein, weil sie seine Leidenschaft teilte. Sie waren immer noch ein Team, aber sie gaben sich wie zwei Machos auf der Pirsch. Sehen Sie sich doch nur ihre Selbstporträts an, Doktor, die werden immer männlicher. »Was für eine Botschaft steckt in diesem Selbstbildnis? Sie sehen darauf aus wie ein Mann«, wurde sie einmal von einem jungen Journalisten gefragt. »Ja, finden Sie?«, fragte sie ironisch zurück. »Sie wissen wohl noch nicht, wie ich Diego kennen gelernt habe: Wir hatten ein Rendezvous mit demselben Mädchen!« Ein anderes Mal zog sie bei einem Empfang der amerikanischen Botschaft eine silbergraue Lady auf die Seite, die entzückt war, der großen Kahlo zu begegnen, und flüsterte ihr ins Ohr: »Hören Sie, ich will Ihnen ein Geheimnis anvertrauen. Diego ist gar nicht der Vater von Lupe Maríns Tochter Lupita.« Und sie fügte augenzwinkernd hinzu: »Das bin nämlich ich!«

»Hört mal zu«, unterhielt Frida einmal die Gäste bei Eddie Kaufmann im Hotel. Er war auf Mexikoreise und hatte uns alle zu einem großen Empfang im Moctezuma eingeladen. »Hört mal alle her«, sagte Frida. »Wusstet ihr schon, dass Eddie, Diego und ich zusammen auf der Titanic waren, als sie zu sinken anfing? Kaufmann rief als echter Gentleman und echter Held: ›Frauen und Kinder zuerst! Lasst die Frauen und die Kinder in die Rettungsboote!‹ Aber Diego rannte selbst zu den Rettungsbooten und schrie: ›Frauen und Kinder zuerst bumsen!‹ Und ich blieb stehen und dachte einen Augenblick über seine Worte nach. Dann fragte ich: ›Haben wir noch genügend Zeit dazu?‹« Offene Münder. Jauchzen. Pfiffe. Gelächterstürme.

Mir brach es das Herz. Meine Schwester benahm sich wie eine Marionette, wie eins von den tanzenden Knochengerippen, deren Schnüre am Totentag von Laienspielern gezogen werden. Zieh, zieh, Schritt nach rechts, zieh, zieh, Schritt nach links. Sobald wir irgendwo waren, ließ sie die Leute an ihren Strippen ziehen. Sie hatte an Gewicht verloren, und ihre Gesichtszüge waren hart und kantig. Meistens war sie so betrunken oder unter Drogen, dass ihr beim Schminken die Hand nicht mehr gehorchte. Sie malte sich das Maul eines Ungeheuers, makaber. Ich hätte sie am liebsten umarmt und gesagt: »Hör auf, Frida! Hör auf!« Ich konnte es nicht mit ansehen, wie sie sich zum Spielball der anderen machte, zu deren Vergnügungsobjekt. Ich hätte sie am liebsten geküsst, nach Hause gefahren und ins Bett gebracht. Meine arme, geliebte Schwester. Am liebsten hätte ich zu ihr gesagt: »Schick sie zum Teufel, Frida! Komm mit nach Hause, um in Frieden zu sterben!« Aber sie musste diese Rolle spielen. Selbst in diesem Zustand musste sie immer noch im Mittelpunkt stehen.

An dem Abend, als sie bei Eddie Kaufmanns Feier den Witz mit der Titanic gerissen hat, haben Diego und ich sie nach Hause gebracht und ins Bett gelegt. Auf dem Heimweg wurde sie hysterisch, weinte und lachte abwechselnd. Ihr Gesicht war schmerzverzerrt, wie bei einer frisch gewaschenen und ausgewrungenen Stoffpuppe. Diego fuhr sofort nach San Angel weiter. Ihre damalige Krankenschwester hatte ihr die Arznei geholt, und als sie sich übers Bett beugte, um sie ihr zu geben, griff Frida ihr direkt zwischen die Beine. Die Frau schnaubte nur verächtlich. »Kommen Sie schon, Fräulein Frida, nehmen Sie Ihre Medizin.« »Na los, gib mir die Pillen und ein bisschen Liebe, du kleine Schlampe!« Aber die Schwester lachte nur und schlug ihr auf die Finger wie einem ungezogenen Kind. Da nahm Frida ihren Gehstock und versuchte, ihn der Frau zwischen die Beine zu schieben. »Na komm schon, Süße«, umwarb sie sie. »Heb brav das Röckchen für Frida.« Die Pflegerinnen hielten es bei uns nie lange aus, weil Frida ihnen immer an die Wäsche wollte. Alle liefen uns nach ein bis zwei Wochen davon. Alle bis auf diese, denn sie teilte Fridas Neigungen. Ich bin sicher, dass sie Frida nicht nur Demerol und Schlaftabletten gab, sondern es ihr auch hin und wieder mit der Hand besorgte. Aber selbst diese Frau konnte Fridas Wutausbrüche irgendwann nicht mehr ertragen und verließ ebenfalls das Haus. Ich glaube, ich kriege die Schwestern nicht mehr alle zusammen, Doktor, lauter Frauen, die kamen und gingen. Die kamen, weil Diego ihnen ein gutes Gehalt bot und sie es als eine Ehre empfanden, der großen Frida Kahlo die Bettpfanne zu leeren ... und gingen, weil die Stockhiebe und die Grapscherei ihnen einfach zu viel wurden. Dann war es wieder meine Aufgabe, Frida die Stirn glatt zu streichen und die Hand zu halten. »Gib mir einen Schuss, kleine Kity!«, bettelte sie. »Nein, Frida. Es ist noch zu früh.« »Na komm schon, Kity. Gib mir ein bisschen Demerol ... Gib mir ein bisschen Kodein, gib mir ein bisschen Opium, gib mir ein bisschen Atropin ... irgendwas!« Sie durfte nicht direkt Morphium nehmen, sondern nur Demerol, weil das synthetisch ist. »Bitte, Kity. Komm schon, Cristi Kity. Wenn du mich liebst, dann tust du es!« »Ich kann nicht, Frida. Versuch zu schlafen.« »Ich kann ohne Drogen nicht schlafen. Komm schon, Kity, gib mir eine Spritze.« Ihr Körper war von Einstichwunden übersät wie eine Schießscheibe von Einschüssen. Ich konnte den Anblick nicht ertragen. Aber sie drehte sich auf den Bauch und zog das Nachthemd hoch. Was sollte ich machen? »Such eine Stelle!« »Ich finde keine!« »Such eine!!!« Sie schrie und schrie, zitterte und schrie, und ich fürchtete, sie könnte wieder einen dieser Anfälle bekommen. Was sollte ich tun? Ich fand einen winzigen, unversehrten Hautflecken und spritzte, kurz darauf wurde sie ruhig.

2 Uhr 51. Sie hat die Augen offen, weit offen. Ich habe den Vorhang ein Stück zur Seite gezogen, weil ich mich so alleine in dem pechschwarzen Zimmer fürchte. In ihren Pupillen blitzt das Mondlicht wie eine Messerklinge.

»Wo ist Maty?«

»Maty ist vor Stunden gegangen, Frida. Schlaf weiter.« Aber sie kann nicht schlafen, weil ihr das Bein wehtut, das nicht mehr vorhandene Bein, das Bein, das ihr abgenommen worden ist. Ein stechender Schmerz, sagt sie. Ein Dolch in der Wade. »Demerol!« Aber es ist noch zu früh, und ich muss mich daran halten, weil Señora Mayet schon in der Tür steht. Sie kommt, um nach dem Rechten zu sehen.

»Warum schlafen Sie nicht, Fräulein Frida?«

»Du weißt genau, warum ich nicht schlafe, du Fotze. Ich habe Schmerzen, fürchterliche Schmerzen! Gib mir Demerol!«

Señora Mayet dreht das Licht an und misst Fridas Temperatur. »Warum gehen Sie nicht ins Bett, Fräulein Cristina? Ich werde den Rest der Nacht bei ihr wachen.«

»Nicht nötig. Ich kann bei ihr bleiben.«

Sie traut mir nicht. Sie verdächtigt mich, ihre Vorschriften zu missachten. Sie verdächtigt mich, ihr nicht mehr zu gehorchen, sobald sie aus der Tür ist. Ich versuche, ihre Zweifel auszuräumen.
»Ich bin nicht müde, Señora Mayet. Ich möchte nur noch ein Weilchen hier sitzen. Sie können ruhig zu Bett gehen.«
»Ja, Señora Mayet. Gehen Sie schlafen. Meine Schwester wird sich um mich kümmern.« Fridas Stimme ist kräftiger als erwartet. Die Schwester zögert, aber nur einen Augenblick.
»Sie dürfen ihr keine Medikamente geben, Fräulein Cristi.«
»Nein, Señora Mayet.«
»Nur ein feuchtes Tuch auf die Stirn, wenn sie es braucht. Aber keine Schmerzmittel mehr.«
Frida sagt kein Wort.
»Und versprechen Sie mir, dass Sie mich rufen, wenn Sie mich brauchen.«
»Selbstverständlich, Señora Mayet.«
Die Schwester löscht das Licht. Wir lauschen ihren Schritten im Flur nach. Wir hören die Toilettenspülung. Dann ist es still. Zwei, vier, fünf, zehn Minuten. »Cristi, ich halte es nicht mehr aus.« Ihre Stimme ist kaum vernehmbar, bettelnd, verzweifelt. »Ich weiß, Liebes.« Ich ziehe die Spritze auf und gebe sie ihr. Sie berührt meine Hand und versucht, mir dankbar die Finger zu drücken. Kurz darauf fallen ihr die Augen zu, und sie ist ruhig.

Vor fünf Jahren hat Frida neun Monate im Hospital Inglés zugebracht. Damals wurde zum ersten Mal von Amputation geredet. Sie hatte eine zu schlechte Durchblutung. Zwei Zehen waren ihr schwarz geworden, und die Ärzte sagten, der Wundbrand hätte eingesetzt. Wundbrand. Das bedeutet, dass einem der Körper am lebendigen Leibe verwest. Dass einem das Gewebe Zelle für Zelle zerfällt. Das betroffene Glied wird nicht mehr genügend mit Blut versorgt, und man löst sich allmählich, Stück für Stück auf, langsam, ganz langsam, so langsam, dass man es gar nicht bemerkt, bis man eines Tages aufwacht, und ein Körperteil ist tot. Genau das war mit Frida geschehen. Ihr starben zwei Zehen ab, und die mussten entfernt werden.

Maty und ich sind jeden Tag ins Krankenhaus gefahren. Adri jeden zweiten. Diego hat sich im Krankenhaus eingemietet, um bei ihr zu sein. Damals war seine Romanze mit María zu Ende. Aber selbst als sie noch voll im Gange war, und ich lege Wert darauf, das zu betonen, hat er Frida geliebt. Er hat sie immer geliebt, genau wie ich. Wir haben einander verletzt, aber wir haben uns geliebt.

Sie haben ihr den Rücken operiert. Ich kann mich nicht an alle Einzelheiten erinnern. Sie erstellten ein Knochenbild, und das Ergebnis war katastrophal. Sie haben ihr nach der Operation ein grauenvolles Korsett umgeschnürt, damit sie sich nicht bewegte. Aber darin konnte die Wundflüssigkeit nicht richtig abfließen, und nach kurzer Zeit hatte sie einen Abszess am Rücken. Alles war entzündet und stank so abscheulich, dass einem übel wurde. Maty sagte, Frida würde stinken wie ein toter Hund. Ich fand, sie roch wie ein Schweinefurz. Es ist scheußlich, das zu sagen, aber ich konnte das Krankenzimmer nur mit zugehaltener Nase betreten. Stellen Sie sich mal vor, wie sie sich dabei gefühlt haben muss, ausgerechnet Frida, die es mit ihrer Kleidung, den Frisuren und dem Schmuck immer so genau nahm. Die Arme, wie muss sie sich gefühlt haben, als der Wundgestank die Leute von ihr fern hielt. »Tu's schon, Cristi«, hatte sie gefleht. »Eine Überdosis Demerol.« Aber ich bat den Doktor, Juan Farill hieß er, sie zu retten, ihr etwas Stärkeres gegen die Schmerzen zu geben, und ich betete. Ja, ich gebe zu, dass ich gebetet habe, obwohl Frida behauptete, dass die katholische Kirche die größte Scheiße wäre, der Katholizismus ein Übel. Ich wusste mir einfach keinen anderen Rat, deshalb habe ich gebetet.

Inzwischen bete ich natürlich nicht mehr, obwohl mir offen gestanden manchmal danach zumute ist.

Sie legten ihr ein neues Gipskorsett an mit einem Loch im Rücken, sodass die Suppe ablaufen konnte. Aber ihr Körper war die reinste Jauchegrube. Die Wunde wollte nicht heilen, und sie stank weiter wie eine verwesende Leiche … aber … aber, ich brachte es trotzdem nicht fertig … Ich wusste, dass sie sterben wollte, aber ich brachte es einfach nicht fertig … Sie war meine Schwester, und ich liebte sie.

Sie haben ihr eine Staffelei ans Bett geschnallt, sodass sie im Liegen malen konnte. Die Leute kamen ins Zimmer und sahen ihr bei der Arbeit zu. Einmal hat Diego einen jungen Huichol-Indio in einer wundervollen Tracht mitgebracht, der für sie Modell saß. Ein hübscher Kerl mit vollkommenen Gesichtszügen, langem Haar und kupferfarbener Haut, sogar weiße Zähne hatte er. Er war wirklich sehenswert in seinem breiten Hut mit der aufgebogenen Krempe, dem gestickten Tuch, dem kurzen roten Poncho, dem wundervollen Stoffgürtel. Als Schmuck trug er ein Sortiment Armreifen und eine kunstvoll gewebte Umhängetasche. Frida war im siebten Himmel ... Sie, mit den zehn beringten Fingern, dem bemalten Gipskorsett, den langen Ohrringen, und er, mit seinem Schmuck und Tand, ergaben zusammen einen berauschenden Anblick aus Farben und Formen. Für eine Weile war er ihr Lieblingsspielzeug.

Sie hatte auch noch anderes Spielzeug. Zum Beispiel eine Sammlung von Totenschädeln, die sie mit Blumen und Schleifen verzierte und mit unseren Namen versah. Meiner war ein lächelnder Zuckerkopf mit buntem Weingummi beklebt. Ihrer trug Hammer und Sichel, hatte rosa Augenbrauen und ebensolche Rüschen. Cristina tot. Frida tot. Leben und Tod. Lustig und makaber.

Sie hatte gerne Leute um sich. Ich war natürlich die ganze Zeit da, und auch Maty. Diego ebenfalls. Aber es war nicht nur ein Familientreffen. Die Ärzte und Schwestern scharten sich um sie, und die Besucher gaben sich die Klinke in die Hand. María – die natürlich Fridas Freundin geworden war –, Lupe Marín, Isolda und Antonio, Fanny und die anderen Fridos, ihre ehemaligen Kumpels von der Prepa. Adelina Zendejas gehörte zum Beispiel zu den Freunden aus den guten alten Zeiten, die häufig kamen. Politiker und Dichter, Schauspieler und Nachbarskinder. Sogar La Reina kam ein- oder zweimal ins Krankenhaus. Diego besorgte einen Projektor und führte Filme von Laurel und Hardy vor. Manchmal tanzte er, und Adelina schlug das Tamburin dazu. Ich brachte Essen, körbeweise. Frida lachte und erzählte schmutzige Witze. »Warum benutzt eine Witwe einen schwarzen Tampon? Weil sie ihren Typ da unten am meisten vermisst!« Sie versprühte Frohsinn und Zuversicht, solange sie Publikum hatte. Doch wenn niemand da war, ging es so: »Lackier mir die Nägel! Mach mir die Haare! Bring mir den Spiegel! Such mir meinen Ring!« Sie besaß einen Silberring mit einem türkisfarbenen Quetzal-Vögelchen und bildete sich ein, dass sie ihn nicht verlieren durfte, weil ihr sonst der nächste Körperteil taub wurde und abstarb, noch ein Zeh vielleicht, oder ein Finger. Wenn ich ihr widersprach: Deine Nägel haben Zeit, Frida. Du solltest dich jetzt lieber ein wenig ausruhen, dann wurde sie böse. Mach mir keine Vorschriften, du Dickwanst. Gleich kommen meine Freunde, und die dürfen mich nicht so sehen! Sie hatte schreckliche Angst vorm Alleinsein, musste sich ständig mit Leuten umgeben und im Rampenlicht stehen. Das war eine Überlebensfrage, deshalb lackierte ich ihr die Nägel, kämmte ihr die Haare, schmückte ihr die Zöpfe mit Seidenschleifen und Blumen. Und sie sah wundervoll aus. Ich muss es zugeben. Sie sah prächtig aus, trotz der Krankheit, die ihren Körper verzehrte. Prächtig wie die verzierten Totenschädel aus Gips, die das Zimmer füllten. Wenn die Menge um sie versammelt war, wurde ununterbrochen gefeiert, und es herrschte die reinste *alegría* ... bis auf eins: Frida starb, und alle wussten es. Aber sie ließen sich von der gespielten Festlaune täuschen. Vielleicht war sie auch nicht gespielt, sondern bloß vordergründig. Denn wenn alle gegangen waren, drückte sie meine Hand und bat mich: »Tu es, Kity, mein Liebling. Kity, bereite meinem Elend ein Ende.«

Und dennoch war sie froh, am Leben zu sein, als sie endlich aus dem Hospital Inglés entlassen wurde, trotz des Rollstuhls, trotz des Gipskorsetts, das sie einzwängte und zerquetschte, stürzte sie sich von neuem ins Leben und feierte in einem fort, mit einem Lächeln auf den Lippen und einer Zigarette zwischen den Fingern. Sie umgab sich mit Stars, Josephine Baker, Concha Michel, María Félix. Lola allerdings nicht, Frida und Lola hatten sich zerstritten. Frida hatte ihr aufs Geratewohl ein Gemälde geschickt, ohne dass Lola darum gebeten hatte, und eine Rechnung dazugelegt. Das machte Frida nämlich manchmal, wenn sie Geld brauchte. Sie schickte ihren Freunden einfach unaufgefordert das eine oder andere Gemälde und eine entsprechende Rechnung. Nur hatte Lola sich geweigert, dieses Spielchen mitzumachen. Lola hatte sich geweigert, ihr den erbetenen Scheck auszustellen. Stattdessen hatte sie Frida das Bild zurückgeschickt. Sie war mit Diego fertig und brauchte die beiden nicht mehr. Es war Schluss, na wenn schon. Aber wir waren auch nicht auf Lola angewiesen. Wir hatten Dichter wie Carlos Pellicer, Maler wie Dr. Atl, Fotografen wie Lola Alvarez Bravo, und jede Menge Filmschauspieler. Weil Frida Stars brauchte. Sie brauchte das Gefühl, der Star der Stars zu sein.

Bei Frida musste alles großartig sein. Wie nennt man das noch? Glamourös. Sie feierte mit Glamour, sie litt mit Glamour, sie trauerte sogar mit Glamour. Als Stalin starb, wurde sie von Traueranfällen regelrecht überwältigt. Sie hätten mal sehen sollen, wie sie für die Journalisten und Fotografen geweint und gewehklagt hat. Ich will überhaupt nicht unterstellen, dass sie nicht aufrichtig an ihm gehangen hätte. Sie hatte Stalin immer persönlich kennen lernen wollen, und nun war die Chance verpasst. Sie hatte das Gefühl, dass ihr etwas sehr Wertvolles entgangen war, dass ihr die Welt irgendwie entglitt. Und da sie ihm im Leben nicht begegnet war, wollte sie wenigstens in der Kunst mit ihm vereint sein. Sie malte also ein Doppelporträt, Frida und Stalin. Es war ein Porträt im Porträt. Auf der einen Seite eine Staffelei mit Stalins Bild, groß und dominant, auf der anderen Seite Frida im roten Tehuanakostüm. Er groß, sie klein. Er ein Kunstwerk, sie eine lebendige Frau. Er ihre Schöpfung, sie aber auch seine, weil sie ohne ihn nicht die treue Kommunistin und die erleuchtete Denkerin gewesen wäre, die sie war. Er von ihr abgewandt, sie zum Betrachter gerichtet, als säße sie vor einem Foto. Frida und Stalin, vereint und doch getrennt.

Die Kunst erhielt sie aufrecht. Sie verwandelte den Schmerz in Schönheit, und das half ihr, in ihrem Leiden einen Sinn zu sehen. Sie bemalte ihre Gipsverbände, diese Folterinstrumente, und machte so etwas Schönes daraus. Sie pinselte Hammer und Sicheln darauf, Sterne und Blumen, Vögel und Babys. Sie malte einen Fötus darauf, und wenn sie den Verband trug, kam es ihr vor, als würde sie ein Kind tragen.

3 Uhr 47. Wie lange noch? Bis zum Morgengrauen? Mir kribbelt jeder Muskel am Körper. Und mein Geist brodelt wie ein Topf *mole*. Ich stehe unter Hochspannung. Heute Nacht werde ich für meine Sünden büßen. Geliebte Frida, wie ein Adler wirst du aufsteigen in die Lüfte! Es ist jemand auf der Straße zu hören. Ich schiebe den Vorhang beiseite. Es ist Marco Antonio, der Bäcker. Ich kann ihn kaum ausmachen, aber ich erkenne die Umrisse seines stämmigen Körpers, das zottelige, schulterlange Haar und sein Hinken. Er hat als Kind eine Kugel ins Fußgelenk bekommen. Und jetzt steht er den ganzen Tag auf seinem krummen Fuß und backt knusprige Brötchen und Eiergebäck. Am Totensonntag backt er Totenbrot, an Dreikönig backt er Zimtschnecken mit Anis und Rosinen. Er hat, wie wir alle, früh gelernt, sich die Wunden zu lecken und weiterzuleben. Jetzt hat er, um sich vor der feuchtkalten Witterung zu schützen, den Sombrero so tief in die Augen gezogen, dass ich mich frage, ob er überhaupt sieht, wo er hintritt. Ich kann in der Dunkelheit seine Füße nicht erkennen, aber ich höre die Sandalen über den feuchten Boden schaben. Bald wird Ana Teresa, die Tortillafrau, herbeieilen, leichtfüßig wie ein gehetztes Hündchen. Es dauert nicht mehr lange, dann schwinden die Schatten, und über den Dächern bricht ein neuer Morgen an. Der Morgen ist schon da.

April 1953. Vergangenes Jahr. Es scheint Jahrhunderte her. Frida lag im Bett, genau wie jetzt, mit dem einzigen Unterschied, dass die Sonne seit Stunden aufgegangen war. Sie hatte die Augen geschlossen, das Gesicht war käsig.

Ja, es war in der ersten Aprilwoche 1953. Ihr Kiefer wies nicht mehr die straffe Glätte von einst auf. Sie ist sechsundvierzig und keine zwanzig mehr, aber die Hausangestellten behandeln sie immer noch wie ein verwöhntes Kind. Ihre Bilder sind weg. Vor Tagen schon sind sie verpackt und abgeholt worden, für die Ausstellung. Ihre Hand hängt schlaff über dem Bettrand. Sie hält eine Zigarette, ohne zu rauchen. Bald wird es Zeit sein, sie anzuziehen. Dr. Farill kommt ins Zimmer gehumpelt und setzt sich neben sie ans Bett. Frida liebt ihn, weil er lahmt wie sie. Er braucht sogar

Krücken. Er ist kahlköpfig, mit dichten Augenbrauen im runden Gesicht und hat viel Sinn für Humor. »Hallo, meine Schöne«, sagt er zu Frida. »Hallo, Süßer«, antwortet sie, ohne die Augen zu öffnen. Woher weiß sie, dass er es ist? Frida weiß alles. »Hat Ihnen mein dickes Schwesterchen was zu essen gegeben?« »Noch nicht, aber gleich. Cristi sorgt immer sehr gut für mich.« »Ich hoffe, nicht zu gut«, sagt Frida mit einem Hauch Sarkasmus. Nur ein Hauch, kein Sturm.

In ihrem Zimmer riecht es nach Chili, nach spanischem Flieder, nach Alkohol und Urin. Ich gehe hinaus, als Farill mit Fridas Untersuchung beginnt, obwohl sie mich nicht darum gebeten hat. Es macht ihr nichts aus, wenn ich dabei bin, während er ihren zerschundenen Körper abtastet.

Das Telefon klingelt. Es ist Maty. Sie ist in der Galerie. Sie sagt, die Reporter wären schon alle da und würden den Eingang umlagern. Wie Bienen, sagt sie. Wie Bienen, die einen Bienenstock umschwärmen.

Dr. Farill sagt, Frida hätte Fieber. Es wäre besser, wenn sie nicht hinginge. »Die Wunde ist immer noch nicht abgeheilt. Sie ist entzündet.« Die Knochentransplantation ist nicht gelungen, und Fridas Rückgrat ist alles andere als in Ordnung. Nächtelang brüllt sie vor Schmerzen.

»Sie kann nicht hin«, sagt Dr. Farill. »Sie kann nicht laufen. Sie kann nicht einmal aufstehen.« »Du kannst mich mal!«, sagte Frida. »Ich werde trotzdem gehen.«

Diego steht in der Tür. »Du kannst uns mal«, sagt er. »Sie wird trotzdem gehen.«

Seit langem hat sie auf diesen Augenblick hingefiebert: Ihre Ausstellung in Lola Álvarez' Galerie für zeitgenössische Kunst. Die einzige Einzelausstellung, die sie je in Mexiko hatte, und die zweite ihres Lebens. »Hör mal, Doc«, sagt sie zu Farill. Ihre Stimme ist jetzt weicher, spielerischer. »Ich kann heute noch nicht sterben. Halt mir den Tod wenigstens bis nach der Vernissage vom Leib.« Aber Farill schüttelt den Kopf. Sie habe ungeheure Schmerzen, und er müsse ihr eine gefährliche Dosis Tabletten geben, damit sie durchhielte.

Und selbst dann sei das stundenlange Stehen für sie vollkommen ausgeschlossen. Sie sei wahrscheinlich noch nicht mal in der Lage, ein paar Minuten zu sitzen. »Nein, Frida«, sagt er. »Das kann ich nicht verantworten.« Er steht eine halbe Armlänge vor Fridas Himmelbett und hält sich mit einer Hand am Bettpfosten fest. »Verpiss dich, du gottverdammter Scheißkerl!« Sie zielt mit der brennenden Zigarette auf sein Gesicht, aber der Arm versagt ihr den Dienst. Die Zigarette trifft sein Jackett und fällt zu Boden. Diego gibt dem Arzt ein Zeichen, ihm hinaus in den Flur zu folgen. »Komm, Juan«, sagt er. »Es muss doch eine Möglichkeit geben.« »Nein!«, brüllt Frida. »Das werdet ihr nicht über meinen Kopf hinweg entscheiden! Ihr werdet mich nicht behandeln, als wäre ich schon tot! Bleibt hier drin, wir besprechen das gemeinsam!«

Wieder klingelt das Telefon. Wieder Maty. In der Galerie laufen die Telefone heiß, sagt sie. Alle wollen wissen, ob Frida nun kommt. Die Bilder hängen schon. Die Angestellten versehen sie gerade mit Schildchen. Boten liefern Blumen und Champagner. Lola Álvarez hat die Veranstaltung geplant und macht mit ihrem bewährten künstlerischen Geschick eine Gala daraus, ein Hollywood-Ereignis. »Aber die Leute wollen wissen, ob es Frida gut genug geht, um zu kommen«, sagt Maty. »Ohne Frida, na ja, sie verlangen eben alle nach Frida.«

Vor einigen Wochen hatte Frida die Einladungen verschickt. Sie sahen aus wie die kleinen handgemachten Gedichtsammlungen, die Poeten manchmal an ihre Freunde verteilen, arme Poeten, die sich keinen Drucker leisten können. Sie wissen doch, diese Zusammenstellungen aus handgeschriebenen Versen auf buntem Papier, mit Bändern oder Schnüren zusammengeheftet. Frida hatte einen ganzen Haufen davon gebastelt, hunderte. »Das ist mein Fest! Mein Fest! Mein Fest!«, keift sie ihren geliebten Doktor Juan Farill an, wie ein Habicht, der sich auf seine Beute stürzt. Aber er lässt sich nicht beirren. Er ist das gewohnt. Wie wir alle. Alle bis auf Diego. Er kann Fridas hysterische Anfälle nicht ertragen, deshalb kommt er jetzt seltener. Viel seltener ... Die letzten Tage hat er im Atelier verbracht, mit seiner Kunsthändlerin Emma Hurtado, der schönen

Emma, mit dem dicken, braunen Haar. Wer hätte je gedacht, dass er sie schließlich heiraten würde. »Schmeißt den Scheißkerl raus!«, kreischt Frida. »Ich brauche keinen verfluchten Doktor, der mir sagt, was ich tun und lassen soll!« Eigentlich liebt sie es, wenn Juan Farill ihr sagt, was sie tun und lassen soll. Nur eben heute kann sie sich ihm einfach nicht fügen.

Die Auseinandersetzung hat sie erschöpft, und sie ist jetzt still. Farill und Diego sind gegangen, aber Diego hat versprochen, in einer Stunde zurück zu sein. Indessen frisiere ich Frida, kämme ihr die trostlosen Locken, ziehe sie nach hinten, flechte sie zu einem Zopf und stecke ihn am Kopf fest. Zum Schluss schmücke ich ihn mit Bändern und frischen Rosen. Ich steche ihr die Enden der langen, baumelnden Ohrringe in die Ohrlöcher. Sie zieht eine gestickte Bluse mit einem grellen geometrischen Muster an.

Adri schwirrt durchs Haus. Ab und zu wirft sie einen Blick auf die Straße. Alle paar Minuten klingelt das Telefon, jetzt wieder. »Es ist Maty!«, ruft sie. »Maty sagt, es sind schon hundert Leute da. Sie kann die Reporter nicht mehr in Schach halten. Sie wollen wissen, ob Frida kommt.« »Sag ihr, sie soll sie hinhalten!«, rate ich Adri. »Sie soll ihnen sagen, dass Frida es noch nicht weiß.« Frida lächelt. »Gib mir den Spiegel«, befiehlt sie. Ich reiche ihr den Spiegel, aber sie ist so schwach, dass sie ihn nicht selber halten kann. Adri bringt ihr eine Suppe. »Iss die und schlaf noch ein wenig«, sagt sie. Aber Frida kann nicht schlafen. Sie kann sich nicht entspannen. Adri flößt ihr die Suppe ein, während ich ihr die Hände massiere. »Wieso braucht Diego so lange?«, fragt Frida andauernd. »Er muss alles vorbereiten. Es ist nicht so einfach.« Diego hat nämlich schon vor Tagen etwas arrangiert.

»Sie sind da!«, ruft Isolda von nebenan. Dann kommt Diego mit zwei Pflegern ins Zimmer, die Frida auf eine Trage heben. »Vorsichtig, ganz vorsichtig.« »Wo ist Juan?«, will Frida wissen. »Er kommt mit dem Krankenwagen.« Das Krankenhauspersonal stellt Frida im Nebenzimmer ab. Dann tauchen mehrere kräftige Männer wie aus dem Nichts auf und packen Fridas Himmelbett, als wäre es ein Spielzeug. Ohne den Himmel von den Pfosten zu demontieren, tragen sie das Möbelstück zu einem wartenden Lastwagen hinaus und fahren los. »Sprüh mir ein wenig Toilettenwasser auf den Hals«, bittet mich Frida. »Du duftest schon wie ein ganzes Treibhaus«, neckt Adri sie. »Nur noch ein bisschen«, beharrt Frida. »Ich rieche nach Tod.« Adri, Maty und ich sehen uns an. Es stimmt. Sie riecht nach Tod.

Jetzt kommen die Pfleger wieder. Sie heben die Trage an und bringen sie hinaus. Dann schieben sie Frida in den Krankenwagen, der vor dem Haus steht. Die Autokolonne ist startbereit. Der reinste Hollywood-Streifen: Licht! Kamera! Film ab! Ein Krankenwagen mit heulender Sirene und Motorradeskorte. Frida lächelt. »Lola würde mich beneiden!«, flüstert sie.

Der Krankenwagen fährt los. Die Motorräder kommen auf Touren. Frida Kahlo braust in Begleitung ihres bewundernden Ehemannes Diego Rivera und ihrer Schwestern Adriana, Matilde und der anderen, Cristina, durch die Straßen von Mexiko zu Lola Álvarez' berühmter Galerie in der vornehmen Zona Rosa. Es wimmelt von Menschen. Reporter kämpfen sich mit Ellbogen zum Eingang vor. Fotografen fummeln an Objektiven. Aber als die Pfleger Frida aus dem Krankenwagen ziehen, lassen die Presseleute verblüfft die Ausrüstung fallen. Die große Kahlo hat es wieder geschafft! Kinnladen klappen herunter, die Augen treten aus ihren Höhlen! Sie kommt auf einer Trage zu ihrer Vernissage! Diego grinst. Farill humpelt mit verkniffenen Lippen nebenher. Frida grüßt die Gäste aus der Horizontalen und strahlt durch die vor Schmerz zusammengebissenen Zähne. Das Lächeln einer Märtyrerin, wahrhaftig. Aber Frida ist wirklich glücklich. Es ist vielleicht sogar der glücklichste Augenblick in ihrem Leben. Die Pfleger schleusen sie in die Galerie und heben sie auf ihr Bett, das inzwischen mitten im Ausstellungsraum steht, mit Himmel und allem Drum und Dran. Ehrfürchtig umringen ihre Anhänger das Lager. Im Gänsemarsch ziehen sie an der Künstlerin vorbei, küssen ihr die Fingerspitzen und sind des Lobes voll. Einigen hat ihre majestätische Gegenwart die Sprache verschlagen, sie stehen wie gelähmt da. Da liegt sie, umgeben von Bewunderern, Berühmtheiten, Reportern und Fotografen,

Frida, die Königin, die große aztekische Herrscherin. Und ich bin überwältigt von Freude und einer tiefen inneren Befriedigung. Niemand beachtet mich, niemand richtet das Wort an mich. Kein Fotograf hat ein Bild von mir gemacht, kein Journalist nach meiner Meinung gefragt. Aber ich hatte Frida mit zu diesem Erlebnis verholfen.

4 Uhr 05. Das erste Morgenlicht tastet sich wie ein schüchterner Liebhaber über den Horizont. Irgendwo begrüßt ein Vogel mit fröhlichem Gezwitscher die Morgendämmerung. Dieser Tag wird anders sein. Es wird nicht regnen. Drei oder vier Arbeiter gehen mit großen Schritten zielstrebig die Straße hinunter. Sie sind mit Werkzeug beladen. Ich vermute, dass sie um 6 Uhr mit der Arbeit beginnen. Vielleicht müssen sie noch den weiten Weg bis in die Stadt zurücklegen. Unausgeschlafene Männer, die den ganzen Tag für ein, zwei Pesos schuften müssen, nicht genug, um ihre Familien zu ernähren. Es stimmt, was Frida sagt. Es ist ungerecht. Sie tun mir Leid. Sie sehen mich nicht. Sie wissen nicht einmal, dass es mich gibt oder dass es Frida gibt. Sie wissen nichts von Frida. Sie wissen nur etwas von Rückenschmerzen, feuchten Wänden und leeren Kinderbäuchen. Sie sind in ihre Gedanken versunken, und ich frage mich, ob ihnen nach Sterben zumute ist. Ich höre ihre Stimmen, ohne sie zu verstehen. Worüber sprechen sie, diese Arbeiter, die wir so leidenschaftlich lieben, aber nicht verstehen? Wie würde es sich anfühlen, einer von ihnen zu sein? »Cristi!« Frida ist wach. Ihre Zunge ist schwer, klebrig. »Cristi!« »Ja, mein Schatz, versuch wieder einzuschlafen.« »Die Schmerzen …« »Ich weiß, mein Schatz. Ich weiß.« »Lass sie nicht rein.« Aber es ist zu spät, Señora Mayet steht schon in der Tür. »Sie ist wach, Señora Mayet.« Die Schwester macht die Nachttischlampe an und holt aus einer verschlossenen Schublade ein Fläschchen Demerol. »Geben Sie mir die doppelte Menge, Mayet. Es tut zu weh.« Sie presst die Worte zwischen den Zähnen vor. Señora Mayet tut so, als verstünde sie nichts, zieht die Spritze auf und injiziert. »Können Sie die Dosis nicht erhöhen, Señora Mayet? Sie leidet.« Die Schwester sieht einfach durch mich hindurch. Dann macht sie das Licht aus und verlässt das Zimmer.

Vor einem Jahr haben sie ihr das Bein amputiert, nicht lange nach der großartigen Ausstellung in Lola Álvarez' Galerie. Das arme Bein. Es war so verkrüppelt und schrumpelig, dass es mich an Diegos schlaffen Schwanz oder den Hals einer gerupften Gans erinnerte. Dr. Farill hatte ihr eröffnet, dass sie es tun müssten. »Diesmal ist es nicht nur ein Zeh, Frida, sondern das halbe Bein, bis zum Knie.« Adelina Zendejas war bei uns. Adelina, Fridas alte Freundin aus der Prepa-Zeit. Frida schrie auf, so schrill, so ohrenbetäubend, dass der Verkehr stillstand, die Flugzeuge vom Himmel fielen, die Kirchenglocken zersprangen und die Wildkatzen in der Wüste tot umfielen. »Nein!« In ganz Coyoacán erbebten die Mauern, und in der *pulquería* an der Straßenecke fielen die Bilder von den Wänden. »Nein!!!« Aber es war nichts zu machen. Diego saß an ihrem Bett und streichelte ihr das Haar. »*Chiquitita*«, flüsterte er. »*Mi chiquitita.*« Adelina biss sich auf die Lippen. »Es wird alles gut werden, Frida«, sagte ich immer wieder. »Du hast schon so viel überstanden.«

Sie schloss die Augen und schwieg lange Zeit. Dann schlug sie die Augen plötzlich wieder auf. »Was soll das ganze Gezeter?«, rief sie. »Was soll das ganze Geheule? War ich nicht schon immer die Holzbein-Frida?« Und sie stimmte den alten Spottgesang aus unserer Schulzeit an: Fridalein, Hinkebein!

Ich weinte. Ich weinte mehr als sie. Frida malte. Sie malte Fridas mit kaputten Füßen, aber auch von Leben strotzende Melonen, Bananen und Mammeiäpfel. Da ich nicht malen konnte, blieb mir nur das Weinen. Frida tröstete mich. Ja, Doktor, sie tröstete mich. »Wozu brauche ich diese elende Pfote denn noch?«, sagte sie. »Sie taugt nichts mehr. Sie trägt mich nicht mehr dahin, wo ich hinwill! Sollen sie sie nur abhacken!« Aber das war bloß Fassade. Dahinter schrie sie und begehrte auf gegen ihr elendes Schicksal, das sie nicht tun ließ, was sie eigentlich tun wollte: schweben, tanzen, malen, lieben! »Mach dir keine Sorgen, Cristi«, sagte sie zu mir. »Solange es mich gibt, werde ich das Leben lieben, und wenn es Zeit ist zu gehen, werde ich mit Freuden gehen.« Ich sah ihr in die Augen. »Versprich mir nur eins, Cristi. Wenn *la pelona* die Sache allzu lange hinauszögert, dann hilf du ihr nach. Gib ihr einen kleinen Schubs, damit ich nicht unnötig leiden muss.« Ich antwortete nicht. »Versprich es mir«, flüsterte sie und zeichnete mit ihren Fingerspitzen Kreise in meine Handfläche. »Versprich es mir ...« Ich starrte auf meine zitternden Handgelenke und sagte keinen Ton.

»Sie wird sterben«, sagte Diego zu mir. »Ja«, antwortete ich. »Sie kann nicht mehr. Diesmal wird sie wirklich sterben.« Am Tag der Operation begleitete ich sie ins Krankenhaus wie schon so oft.

Der Arzt hatte ihr ein künstliches Bein anfertigen lassen. »Das ziehe ich nicht an«, verkündete sie. »Es tut mir weh und ist hässlich.« »Trag es, *chiquitita*!«, redete Diego ihr zu. »Ich werde dich mitnehmen zum Tanz!« »Du kannst Emma Hurtado mitnehmen zum Tanz, du verdammter Hurensohn!« Inzwischen lebte Diego ganz offen mit Emma zusammen. Aber statt seine neue Freundin zum Tanz auszuführen, ließ er seiner Frau ein Paar Stiefeletten schustern – zierliche rote Stiefelchen mit Glöckchen dran, Stiefel, die den falschen Fuß verbargen. Wenn Besuch kam, dann hob sie den Rock bis zum Knöchel und zeigte sie vor. »Es sind Tanzstiefeletten«, erzählte sie. »Diego wird mich mit in die Clubs nehmen!« Dann lachte sie und zwinkerte kokett. »Ich werde mit dem Arsch wackeln und mit all den jungen Kerlen flirten! Ich werde ihn eifersüchtig machen! Und wenn ich schon dabei bin, werde ich auch mit den jungen Mädchen flirten!«

Aber Frida tanzte nicht. Tatsächlich konnte sie kaum stehen. Stattdessen saß sie an guten Tagen im Rollstuhl und malte, obwohl ihre Arbeit schlampig wurde. Sie hatte sie nicht mehr im Griff, wissen Sie. Und an schlechten Tagen saß sie da und trank Brandy aus der Flasche und rauchte Kette, bis ihr Atem stank. Sie trieb es so weit, dass es niemand mehr in ihrer Nähe aushielt. Selbst ich floh manchmal für eine Nacht in meine Wohnung in der Stadt.

Eines Morgens schlief ich in meinem Zimmer im Blauen Haus, als Manuel mich weckte, indem er an die Tür pochte und wie ein verwundeter Wolf schrie: »Irgendwas stimmt mit Señorita Frida nicht! Ich kann sie nicht aufwecken!«

Sie lag in einer Lache aus Kot und Erbrochenem, die Zunge hing ihr aus dem Mund, wie ein kleines Tier. Das Bettzeug lag in einem unordentlichen Haufen auf dem Boden, als hätte sie sich davon angegriffen gefühlt und es in ihrer Verzweiflung von sich geworfen. Es herrschte ein unerträglicher Gestank. Überall lagen leere Pillendosen. Sie hatte die Schlaftabletten unter ihrem Kopfkissen gehortet und in einer Orgie der Selbstzerstörung heimlich geleert. Ich klingelte Dr. Farill aus dem Bett und rief durchs Telefon: »Frida hat sich umgebracht!« »Wo war denn die Krankenschwester?« »Woher zum Teufel soll ich das wissen! Kommen Sie sofort her!«

Aber sie war nicht tot. Sie wurde mit dem Notarztwagen ins Krankenhaus gefahren, bekam den Magen ausgepumpt und wurde gerettet. Danach kam Señora Mayet zu uns, weil Diego fand, dass Frida eine Schwester brauchte, die bei uns wohnte und sie rund um die Uhr betreute – nicht wie die anderen, die kamen und gingen. Es musste immer jemand für sie da sein. Immer. Aber selbst als wir Señora Mayet hatten, war ich dieser jemand. Ich, ihre Schwester. Denn, wenn Sie es genau wissen wollen, konnte das überhaupt niemand anderer durchhalten, Tag und Nacht für sie da zu sein – auch nicht gegen Bezahlung.

Ich habe Ihnen ja schon mal gesagt: Frida hat sich nur für eins interessiert. Nein, nicht für den Kommunismus und auch nicht für die Bedingungen der Arbeiter. Nicht für die Kunst oder die Wandmalereien als Mittel zur Erziehung der Massen oder dafür, wo es die besten Ölfarben gab. Nein, nein, auch nicht für Sex, noch nicht einmal für Sex. Das Einzige, was Frida wirklich faszinierte, war sie selbst. Die Leute halten mich für dumm. Sie sagen, ich hätte sowieso nie irgendetwas verstanden. Aber ich bin schlau genug um zu wissen: Frida Kahlo hatte eine lebenslange Romanze mit sich selbst, und niemand, weder Diego noch ich, niemand konnte Frida in Fridas Herz den Rang ablaufen. In jenen Tagen und Monaten, nachdem sie das Bein verloren hatte, war Frida gebrochen. Ihr fehlte ein Stück von sich selbst. Sie empfand sich als hässlich, zerbrochen, zerstückelt, kaputt. Und das war ihr Lieblingsthema. Sie war gefesselt von ihrem eigenen Leid. Sie trauerte um ihr verlorenes Bein und wollte, dass man mittrauerte. Aber wer konnte das schon auf Dauer leisten? Wir waren alle müde. Sie laugte jeden aus. Wer brachte schon die Geduld auf, unaufhörlich ihren Beschreibungen von jedem Zwicken und Zwacken zuzuhören? Wer, außer ihren Ärzten? Schließlich wurden sie dafür bezahlt, ihr zuzuhören, nicht wahr? Und so umgab sie sich mit Ärzten, den einzigen Menschen, die diese Faszination für ihren körperlichen Verfall teilten. Sie rief dauernd Dr. Eloesser an. Sie hatte davon geträumt, Ärztin zu werden, und jetzt bekam sie endlich die Gelegenheit, sich mit ganzer Aufmerksamkeit der Medizin zu widmen ...

Und dann kam endlich ein Arzt, der sie tatsächlich reden hören wollte, eine neue Art von Arzt, ein neuer Zeitvertreib, ein Psychiater. Ein Psychiater! Einer von Ihren Kollegen. Und so wurde Frida wieder ein Star, die erste Mexikanerin nämlich, die eine Psychoanalyse machte.

Und ich mache jetzt auch eine Analyse, stimmt's? Deshalb sind Sie ja hier, oder? Um in meiner Seele zu graben, um herauszufinden, warum ich getan habe, was ich getan habe, nicht wahr, Doktor? Aber das zählt nicht, oder Doktor? Ich meine, ob man der Achte, der Zehnte oder Fünfzehnte ist, der in Mexiko analysiert wird, das zählt nicht. Was zählt, ist, der Erste zu sein. Aber ich habe sowieso nie einen Rekord aufgestellt, ich bin nur eine Patientin mehr.

Haben Sie mir wirklich die ganze Zeit zugehört, Doktor? Wenn ja, dann wissen Sie jetzt, warum ich es getan habe. Ich habe es getan, weil ich sie geliebt habe. Und immer noch liebe.

4 Uhr 30. In diesem Moment, in der Stille vor der Morgendämmerung wirkt Gott seine Wunder. Ich ziehe mich in mich selbst zurück, in das geheime Schloss meiner Seele und fühle mich auf eigenartige Weise gewarnt, meine Sinne sind geschärft und hellwach. Ich nehme alles wahr, das lautlose Krabbeln eines Insekts, die nächtliche Ausgelassenheit der verliebten Straßenkatzen, das Surren der Moskitos, die über lebendigem Fleisch propellern, die Umrisse eines Bettpfostens, die gespenstischen Figuren, die die gekräuselten Blätter am welkenden Blumenstrauß auf dem Sims bilden, den Gestank der leeren Bettpfanne, das Blut, das mir in den Adern

pulsiert, Fridas stoßweises Atmen, mein eigenes rhythmisches Einatmen und Ausatmen, die Gedanken, die in meinem Kopf schwirren. Frida, die stöhnt und unverständliches Zeug murmelt ... Sie ist noch am Leben. Ich sitze neben ihr auf dem Bett. Ich nehme die Unruhe ihrer Augen unter den geschlossenen Lidern wahr. Das Morgenlicht kämpft um den neuen Tag. Schwach umarmt der erste Schimmer die zugezogenen Vorhänge. Frida murmelt, »Schmerz«, »Leid«, »unerträglich«, »Tanz« ... Tanz?

Lieber Gott, verleih uns Frieden.

»Cristi ...« »Ich weiß, Liebling.« »Cristi, du kommst nie darauf, wen ich gerade gesehen habe.« »Versuch dich auszuruhen, Liebling.« »Ich habe Prinzessin Frida Zoraída gesehen!« »Sprich nicht, Liebling.« »Prinzessin Frida Zoraída, Cristi! Ich habe sie seit so vielen Jahren nicht mehr gesehen!« Fridas Stirn glüht. Ich nehme ein feuchtes Tuch und lege es ihr über die Brauen. »Sie hatte dieselbe süße, glockenartige Stimme wie früher, Cristi. ›Bist du es, Prinzessin Frida Zoraída?‹, habe ich sie gefragt. Und sie hat gesungen wie früher ...«

Ich verstecke mich in dir! / Öffne mir die Tür! Frage mich nicht wie. / Ich erzähle es dir nie.

»Dann bin ich auf Zehenspitzen zum Fenster gegangen und habe an die Scheibe gehaucht, und als das Glas beschlagen war, habe ich mit dem Finger eine Tür hineingezeichnet. Ich bin durch die Tür hinaus und über die Ebene geflogen. Als ich zur Molkerei *Pinzón* kam, bin ich durch das ›o‹ von *Pinzón* geschlüpft.« »Hattest du dein gestärktes Schürzchen an, Liebling?« »Ich hatte ein Nachthemd an, Cristi. So eins wie dies hier, mit hoher Taille und weißen Spitzen. Und meine roten Stiefeletten mit den Glöckchen.« »Und was hatte Prinzessin Zoraída an, Frida?« »Sie war eine alte Frau, Cristi, genau wie ich. Aber sie hatte dieselbe weiße Schleife im Haar, die sie getragen hat, als wir noch klein waren, und ein langes rotoranges Kleid, besetzt mit kleinen runden Spiegeln, mit Ziermünzen, Perlen und purpurnen Tressen, genau wie früher, Cristi, genau wie früher. Aber statt der Filzstiefelchen mit den aufwärts gebogenen Spitzen, die sie damals hatte, trug sie rote Stiefel mit Glöckchen dran, genau wie ich. ›Tanz‹, forderte sie mich auf. Ich wollte nicht. ›Ich kann nicht‹, sagte ich zu ihr. Aber sie hat darauf bestanden und begonnen, hin und her zu humpeln, erst nach hier, dann nach dort. Sie hat mit mir getanzt und sich meinen Bewegungen ganz weich angepasst, wie ein Luftballon.« Prinzessin Frida Zoraída hatte ihr gesagt, wie anmutig sie war und wie sehr sie sie in ihrem Spitzennachthemd liebte, und Frida hatte vor Glück geweint. »Ich möchte wieder zu ihr, Cristi, und für immer bei ihr bleiben. Sie wird sich um mich kümmern, mein Schatz, dann brauchst du das nicht mehr zu tun.« »Es macht mir nichts aus, mich um dich zu kümmern, Frida.« »Es belastet dich zu sehr, Liebling. Es zehrt an dir.« »Nein, Frida, nein. Es macht mir überhaupt nichts aus!« »Ich liebe dich, Cristi, aber es ist jetzt Zeit für mich, zu Prinzessin Frida Zoraída zu gehen und bei ihr zu bleiben. Hilf mir, sie zu finden. Bitte, hilf mir, sie zu finden. Ich habe unsägliche Schmerzen ...«

Ich stehe auf und öffne den Vorhang. Endlich hat das Licht des Morgens die Dunkelheit beiseite geschoben, und ich kann Fridas Augen sehen, ihre wunderschönen braunen Augen mit den geschwungenen Brauen wie ein Vogel im Flug. »Ich ertrage die Schmerzen nicht mehr, Cristi. Unter meinem Kissen ist ein Fläschchen.« Ich schiebe die Hand unters Kissen und ziehe eine kleine braune Flasche Opiumtinktur hervor. Ich öffne sie und ziehe die Pipette auf. Frida lächelt, und wir küssen uns zum letzten Mal. Dann lege ich ihr ruhig und liebevoll das Pipettenende unter die Zunge, drücke auf den Pfropfen und lasse ihr die Arznei Tropfen für Tropfen in den Mund sickern.

Anmerkung der Autorin

›Meine Schwester Frida‹ ist ein fiktionales Werk. Biographische Fakten aus dem Leben der Frida Kahlo und der mexikanischen Geschichte bilden den Rahmen des Romans, viele Ereignisse und Figuren habe ich jedoch frei erfunden. So gibt es z. B. keine Hinweise, dass Frida tatsächlich ihre Puppensammlung zerstört oder einen fünfzehnjährigen Schüler verführt hat. Frida Kahlos Bisexualität ist gut dokumentiert; Leticia Santiago jedoch ist meine eigene Erfindung.

Viele Biographen erwähnen Fridas jüngere Schwester Cristina. Ich habe sie neu erschaffen und zu einer scharfblickenden Zeugin von Fridas Leben gemacht. Frida Kahlos letzte Stunden sind von Geheimnissen umgeben. 1953 beging sie einen Selbstmordversuch, und einige ihrer Biographen gehen davon aus, dass auch ihr Tod 1954 tatsächlich ein Selbstmord war. Es gibt aber keine Hinweise, das Cristina bei Fridas Tod eine Rolle gespielt hat. Cristina selbst starb am 7. Februar 1964.

›Meine Schwester Frida‹ habe ich in der Absicht geschrieben, Frida Kahlo in ihrem Wesen zu erfassen, nicht, ihr Leben zu dokumentieren. Es interessierte mich dabei besonders, wie es wohl gewesen ist, die »gewöhnliche« Schwester dieser ungewöhnlichen Frau zu sein. Die Rivalität der Schwestern um Diego ist biographisch gesichert; es bleibt viel Raum, über die psychologischen Auswirkungen dieser Rivalität zu mutmaßen. Darüber hinaus ging es mir um grundsätzliche Fragen menschlicher Beziehungen – insbesondere um unsere scheinbar unbegrenzte Fähigkeit, anderen wehzutun, auch denen, die wir aufrichtig lieben.

Ich habe mich vieler Primär- und Sekundär-Quellen bedient, um Informationen über Frida Kahlo zu sammeln: Fridas Briefe (»Cartas Apasionadas, Briefe der Leidenschaft«, hrsg. von Martha Zamora, München, Scherz 1999) und ihr Tagebuch (»The Diary of Frida Kahlo: An Intimate Self-Portrait«, New York, Harry N. Abrams und Mexiko, La Vaca Independiente) gaben tiefen Einblick in ihren Charakter. (Alle Briefstellen in ›Meine Schwester Frida‹ sind jedoch fiktional.) Weiterhin bezog ich Informationen aus Hayden Herreras herausragender Biographie (»Frida«, Frankfurt, Fischer Taschenbuch Verlag 1998, Band 13799) sowie aus folgenden Studien: Raquel Tibol, »Frida Kahlo, Una vida abierta«, Mexiko, Oasis 1983; Rauda Jamis, »Frida Kahlo, Ein Leben für die Kunst«, München, Goldmann 2000; Martha Zamora, »Frida Kahlo, The Brush of Anguish«, San Francisco, Chronicle Books 1990; Sarah M. Lowe, »Frida Kahlo«, New York, Universe 1991; J. M. G. Le Clézio, »Diego und Frida«, München, dtv 2002; Terri Hardin, »Frida Kahlo, A Modern Master«, New York, Smithmark 1997. Eine weitere Quelle war »Mexikanische Feste. Die Fiestas der Frida Kahlo« (München, Kaleidoskop 1998), eine Sammlung von Fridas Lieblingsrezepten, herausgegeben von Marie-Pierre Colle und Guadalupe Rivera, der Tochter von Diego und Lupe Marín. Mein Verständnis lateinamerikanischer Künstlerinnen wurde vertieft von Oriana Baddeleys und Valerie Frasers »Drawing the Line« (London, Verso 1989) sowie von Claudia Schaefers »Textured lives«, (Tucson, University of Arizona, 1992). Über Diego Rivera sind viele Bücher erschienen. Besonders aufschlussreich fand ich seine Autobiographie, »My Art, My Life« (New York, Dover 1960) und Bertram D. Wolfes »Das wunderbare Leben des Diego Rivera. Versuch einer Biographie« (Berlin, Arsenal 1996).

Ich möchte meinem Mann Mauro für seine Unterstützung und den unerschütterlichen Glauben an ›Meine Schwester Frida‹ danken. Dank auch an Hermann Lademann von The Overlook Press für seine großartige Lektoratsarbeit, an die Schriftstellerin Janice Eidus für ihre unschätzbaren Anmerkungen und an meine Agentin Anna Ghosh bei Scovil, Chichak, Galen.

Bárbara Mujica